全国船舶工业职业教育教学指导委员会"十三五"重点规划教材

船舶焊接工艺

主　编　韩　喆　杨　金
主　审　孙淑侠

哈尔滨工程大学出版社
Harbin Engineering University Press

内 容 简 介

本书从培养技能型、应用型人才的角度出发,根据现阶段高职高专院校船舶专业教学实际情况,结合专业人才培养方案编写。本书主要内容包括船舶材料基础、船舶用钢、焊接电弧的基本知识、船舶焊接方法、船舶焊接识图和船舶焊接检验等。

本书适用于高职高专院校船舶工程专业、船舶动力专业学生,也可供其他相关专业学生参考阅读。

图书在版编目(CIP)数据

船舶焊接工艺/韩喆,杨金主编. —哈尔滨:哈尔滨
工程大学出版社,2021.1(2023.7 重印)
ISBN 978 – 7 – 5661 – 2632 – 0

Ⅰ.①船… Ⅱ.①韩… ②杨… Ⅲ.①造船 – 焊接工艺
Ⅳ.①U671.83

中国版本图书馆 CIP 数据核字(2021)第 026213 号

选题策划 史大伟 薛 力
责任编辑 丁 伟
封面设计 李海波

出版发行 哈尔滨工程大学出版社
社　　址 哈尔滨市南岗区南通大街 145 号
邮政编码　150001
发行电话 0451 – 82519328
传　　真 0451 – 82519699
经　　销 新华书店
印　　刷 哈尔滨午阳印刷有限公司
开　　本 787 mm×1 092 mm 1/16
印　　张 18.25
字　　数 478 千字
版　　次 2021 年 1 月第 1 版
印　　次 2023 年 7 月第 3 次印刷
定　　价 49.80 元

http://www.hrbeupress.com
E-mail:heupress@ hrbeu.edu.cn

船舶行指委"十三五"规划教材编委会

编委会主任:李国安

编委会委员:(按姓氏笔画排名)

马希才	王 宇	石开林	吕金华	向 阳
刘屈钱	关业伟	孙自力	孙增华	苏志东
杜金印	李军利	李海波	杨文林	吴志亚
何昌伟	张 玲	张丽华	陈 彬	金湖庭
郑学贵	赵明安	柴敬平	徐立华	徐得志
殷 侠	翁石光	高 靖	唐永刚	戚晓霞
蒋祖星	曾志伟	谢 荣	蔡厚平	滕 强

前　言

　　高等职业技术教育是我国高等教育的重要组成部分,其目标是培养既有较强实际操作能力,又掌握一定理论基础的高级技术应用型人才;强调理论知识以够用为度,重点突出实际应用。本书在编写过程中力求深入浅出,理论联系实际,做到学用结合,使教材内容更具有科学性和实用性;同时注意吸收船舶建造中新材料、新工艺、新技术,使教材内容更具有先进性。本书还全面采用了新的技术标准、名词术语和法定计量单位。

　　本书通过分工合作编写而成,各章节分工如下:武汉船舶职业技术学院韩喆负责编写第1章、第2章、第3章,以及第6章的第2节和第3节;杨金负责编写绪论、第6章的第1节、第7章、第8章;武汉交通职业学院刘聪负责编写第4章和第5章,陈文祥负责编写第9章。本书由韩喆统稿,武汉船舶职业技术学院孙淑侠主审。

　　在本书的编写过程中,武汉船舶职业技术学院的校领导和焊接教研室的全体同人提供了莫大的支持和鼓励,在此一并表示衷心的感谢!

　　在本书的编写过程中,编者参阅了有关同类教材、书籍和网络资料,并得到了参编学校和企业的大力支持,特别是得到了船舶行指委、湖北省职工焊接技术协会的大力支持,在此致以深深的谢意!

　　由于编者经验不足、水平有限,本书难免存在疏漏和欠妥之处,敬请读者批评指正!

编　者

2020 年 10 月

目　　录

绪　　论

焊接技术早在 20 世纪 20 年代就开始应用于造船,到如今 21 世纪日益显示出其是现代船舶建造工程的关键工艺技术。船舶材料的发展与更新推动了船舶焊接技术的发展,使焊接技术成为现代船舶工业的基础工程技术之一。船舶焊接质量是评价造船质量的重要指标,焊接生产率是影响造船产量与生产成本的主要因素之一。因此,船舶焊接技术的进步对推动造船生产的发展具有十分重要的意义。

0.1.1　我国船舶焊接技术的概况

我国造船吨位目前已进入世界三强之列,船舶焊接技术在造船中发挥了巨大作用。焊接技术的发展促进了船舶建造的大型化和多样化,为我国海洋开发和建设提供了技术支持,并且还在不断进步。

1. 船舶焊接技术在造船中的巨大作用

①焊接技术的发展促进了船舶建造的大型化、多样化。目前我国主要骨干船厂的焊接技术已能基本满足建造散装货船、集装箱船、液化石油气船(LPG)、液化天然气船(LNG)等各类船舶的建造需要。一批具有代表性的外高桥型、江南型、沪东型、大连型船舶获得各国船东的好评。图 0 – 1 所示为 17 万立方级 LNG 船,该船采用双低速机直推的方式。

图 0 – 1　17 万立方级 LNG 船

②焊接技术的发展为我国海洋开发和建设提供了技术支持。例如,海洋石油钻井平台都是依靠先进的焊接技术建造的。图 0 – 2 所示为“海洋石油 941”自升式平台。图 0 – 3 所示为多功能深水供应船,其是大连中远船务工程集团有限公司为中海油服建造的 9 000 马力(约 6 615 kW)深水供应船(PSV)“海洋石油 661”。该船长 85 m,宽 20 m,设计吃水 7.1 m,甲板面积约 1 000 m²,最大载重量 4 700 t,入级 FF1 消防,并配备无人机舱,动力定位系统为 DP2,适航性与耐波性良好。该船的推进系统为电力推进,向电力系统具有良好的经济性、操纵性、安全性,可控制环境污染,降低排放,是目前亚洲最先进的多功能深水供应船。

图 0 - 2　"海洋石油 941"自升式平台

图 0 - 3　多功能深水供应船

③焊接技术的发展拓展了船厂的经营范围,使得船厂不仅能建造船舶,还能建造高层建筑钢结构、大型桥梁及市政设施等。图 0 - 4 所示为港珠澳大桥钢结构焊接施工图。

图 0 - 4　港珠澳大桥钢结构焊接施工图

2. 船舶焊接技术的最新发展

各种新材料、新钢种，尤其是高强度钢在船舶建造中的不断应用，促进了焊接新工艺的发展；CO_2气体保护自动焊、半自动焊、气电垂直自动焊等焊接方法，以及各种衬垫单面焊等高效焊接技术得到了大力推广；船舶分段制造的焊接自动化、半自动化率和焊接生产流水线作业水平得到了大力提高；在船台等现场焊接中全面推广应用衬垫单面焊技术，缩短了造船周期。加强了军品焊接技术研究，提高了军品焊接自动化率，改善了军品焊接质量。

0.1.2 船舶焊接技术的特点

在 20 世纪以前所建造的船舶多用铆接，从 20 世纪 30 年代开始逐步采用了焊接。焊接是通过加热、加压或两者并用，使同性或异性两工件产生原子间结合力的加工工艺和连接方式。焊接应用广泛，既可用于金属，也可用于非金属。焊接产品比铆接件、铸件和锻件质量轻，对于交通运输工具来说可以减轻自重，节约能量。焊接的密封性好，适于制造各类容器。发展联合加工工艺，使焊接与锻造、铸造相结合，可以制成大型、经济合理的铸焊结构和锻焊结构，经济效益很高。采用焊接工艺能有效利用材料，焊接结构可以在不同部位采用不同性能的材料，充分发挥各种材料的特长，达到经济、优质的目的。焊接已成为现代工业中一种不可缺少且日益重要的加工方法。

如果说用钢材代替木材来建造船舶是造船业的第一次技术革命，那么在船舶建造工艺上用焊接代替铆接则是第二次技术革命。在造船业中，焊接之所以能迅速取代铆接成为世界上广泛用于船舶建造的主要加工方法，就是因为它有着铆接无法比拟的巨大优越性。首先，船舶焊接结构合理，性能优良，承载能力高，接头连续，密封性好，焊接接头没有铆接的铆钉和间距，而是无缝的永久接头；其次，船舶焊接结构节省材料，焊接接头的熔敷金属量占整个船舶结构的 1% ~1.5%，而铆接接头的双层搭接量或连接板及铆钉则占 10% ~15%，比焊接接头多消耗材料 10% 以上；再次，船舶焊接技术适应性强，采用焊接方法其被连接件的板厚不受限制，可以实现现代船舶上各种金属材料的连接，还特别适用于结构复杂的船舶，对于现代特大型结构更是具有其他加工技术无法比拟的优越性；接着，船舶焊接工艺生产率高，设备投资少，传统的焊接工艺一般只需要焊机就可以了，而自动化程度较高的焊接设备，投入相对较大，其带来的效益远远大于投入，因而缩短了船舶建造周期，实现了分段造船、流水作业、预舾装工艺及"壳舾涂"一体化；最后，船舶焊接结构劳动条件较好，与铆接相比大大地降低了劳动强度和生产场地的噪声，特别是随着焊接技术的发展，焊接自动化程度的提高，焊接生产流水线的应用，生产环境也大为改观，使得劳动者由体能型向技能型转变。

当然，焊接工艺相比铆接工艺也存在一些不足：焊接结构的刚性大，整体性强，结构中存在应力集中区，往往会诱发裂纹，一旦裂纹扩展，就会导致船舶破损、开裂，从而造成海损事故。

因此，在建造船舶时，要根据船舶的特点，采用合理的焊接方法、焊接工艺，以减小焊接应力、焊接变形和焊接缺陷。所以确定先进的船舶焊接工艺，必须熟悉各种焊接材料、焊接方法及其特点，才能真正体现焊接技术的优越性，建造更多的优质船舶。

0.1.3 主要学习内容

本书主要包括船舶材料和船舶焊接技术两部分内容。

1. 船舶材料

①船舶材料基础,包括金属的晶体结构与结晶、铁碳合金相图和钢的热处理基础。

②船舶金属材料,包括一般强度船用结构钢、高强度船用结构钢和非铁船用金属材料,即铝、铜、钛及其合金等。

2. 船舶焊接技术

①焊接基本理论,包括焊接电弧、焊缝的形成过程、焊接接头的金相组织及性能、船舶焊缝符号及焊接结构装配图。

②船厂常用的焊接方法,包括焊条电弧焊、埋弧自动焊、气体保护焊(主要介绍二氧化碳气体保护焊和氩弧焊)和其他焊接加工方法。

③船舶金属材料的焊接,包括船用结构钢、船用非铁金属材料的焊接知识。

④船舶结构焊接工艺,包括甲板结构、船底结构、船侧结构、艏艉结构、上层建筑及船舶舾装件的焊接工艺。

⑤船舶焊接质量检验,主要介绍船舶焊接质量检验的意义、作用及在质量体系中的地位,常见焊接缺陷的判别方法,船厂常用焊接质量检测方法。

第1章 船舶材料基础

金属材料具有各种不同的使用性能,在生产上得到广泛应用。研究金属材料的根本目的是改善和提高其使用性能。金属材料的使用性能包括物理性能、化学性能、工艺性能和力学性能,对于结构材料来说,其中最重要的是力学性能。

1.1 金属材料的力学性能

金属材料的力学性能是指在力的作用下,所显示的与变形和破坏有关的性能。常用的力学性能指标有强度、塑性、硬度、冲击吸收功和疲劳极限等。

1.1.1 强度和塑性

1. 拉伸试验及拉伸曲线

静载荷拉伸试验是工业上常用的力学性能试验方法之一。试验时在试样两端缓慢地施加试验力,使试样的标距部分受轴向拉力,沿轴向伸长,直至试样拉断为止。通过测定试样对外加试验力的抗力,可以求出材料的强度值;通过测定试样在断裂后塑性变形的大小,可以求出材料的塑性值。

试验前,将材料制成一定形状和尺寸的标准拉伸试样。图1-1所示为常用的圆形拉伸试样。若设试样从开始加载直到断裂前所受的拉力为F,将与其对应的试样原始标距长度L_0的伸长量ΔL绘成曲线,便得到拉伸曲线。图1-2所示为退火状态的低碳钢拉伸曲线。用试样原始横截面积S_0去除拉力F得到应力σ,用试样原始标距L_0去除绝对伸长量ΔL得到应变ε,即$\sigma = F/S_0$,$\varepsilon = \Delta L/L_0$,则力-伸长($F-\Delta L$)曲线就成为工程上的应力-应变($\sigma - \varepsilon$)曲线。

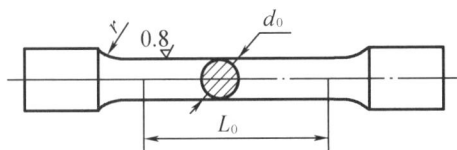

图1-1 圆形拉伸试样

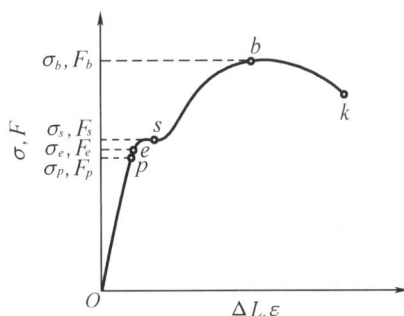

图1-2 低碳钢拉伸曲线

从图1-2拉伸曲线可看出,低碳钢在拉伸过程中明显地表现出不同的变形阶段,所以通常将低碳钢的应力-应变曲线当作典型情况来说明材料的力学性能。整个曲线可分为弹性变形、塑性变形及断裂三个阶段。在弹性变形阶段(oe 段)中,若卸除试验力,试样能完全恢复到原来的形状和尺寸;其中在 op 阶段,应力与应变呈正比关系,即符合虎克定律。当应力超过 σ_e,塑性变形便进入屈服阶段(es 段),应力应变曲线出现平台或锯齿,应力不增加或只有微小增加,试样却继续伸长。屈服之后材料进入均匀塑性变形阶段(sb 段),均匀变形的原因是冷变形强化(加工硬化),变形与硬化交替进行,变形量越大,使材料变形所需的应力越大。当试样变形达到最高点 b 时,变形强化跟不上变形的变化,不能再使变形转移,致使某处截面开始减小。在断裂阶段(bk 段),应力增大,变形加剧,形成缩颈。此时,施加于试样的力减小,而变形继续增加,直至断裂(k 点)。

2. 常用强度性能指标

强度是材料在外力作用下抵抗变形和断裂的能力。工程上常用的强度指标有规定非比例伸长应力、屈服强度、抗拉强度等。

(1)规定非比例伸长应力

金属材料在载荷作用下,试样标注部分的非比例伸长达到规定的原始标注百分比时的应力,以 σ_p 表示,单位为 MPa,即

$$\sigma_p = F_p / S_0$$

式中　F_p——试样非比例伸长为规定量时的拉力,N;

　　　　S_0——试样原始横截面积,mm^2。

弹性极限是理论上的概念,一般难以用实验直接测定,在工程实际中,常以屈服点或规定残余伸长应力代替。

规定非比例伸长应力是弹性元件设计和选材的主要依据。

(2)屈服强度

金属材料在载荷作用下,产生屈服时的最低应力称为材料的屈服强度,以 σ_s 表示,单位为 MPa,即

$$\sigma_s = F_s / S_0$$

式中　F_s——材料屈服时的拉伸力。

屈服点是具有屈服现象的材料特有的强度指标。除退火或热轧的低碳钢和中碳钢等少数合金有屈服现象外,大多数合金都没有屈服现象,因此提出"规定残余伸长应力"作为相应的强度指标。国家标准规定:当试样卸除拉伸力后,其标距部分的残余伸长达到规定的原始标距百分比的应力,作为规定残余伸长应力 σ_r。表示此应力的符号应附以角标说明,例如,$\sigma_{r0.2}$ 表示规定残余伸长率为 0.2% 时的应力。

$$\sigma_y = F_r / S_0$$

式中　F_r——产生规定残余伸长时的拉力,N。

国标曾将产生 0.2% 残余伸长率的规定残余伸长应力 $\sigma_{r0.2}$ 称为屈服强度,以 $\sigma_{0.2}$ 表示。目前一些技术资料仍沿用这一术语。

屈服强度是金属工程结构设计和选材的主要依据。

(3)抗拉强度

金属材料在载荷作用下,断裂前所能承受的最大应力称为抗拉强度(曾称强度极限),以 σ_b 表示,单位为 MPa,即

$$\sigma_b = F_b / S_0$$

抗拉强度的物理意义是表征材料在载荷作用下,对最大均匀变形的抗力,以及表征材

料在拉伸条件下所能承受最大力的应力值。它是设计和选材的主要依据之一,是工程技术上的主要强度指标。

3. 塑性性能指标

金属材料在载荷作用下,断裂前发生不可逆永久变形的能力就是塑性。常用的塑性指标是材料断裂时最大相对塑性变形,如拉伸时的断后伸长率和断面收缩率。

（1）断后伸长率

试样拉断后,标距的伸长与原始标距的百分比称为断后伸长率,以 δ 表示,即

$$\delta = \frac{L_1 - L_0}{L_0} \times 100\%$$

式中　L_1——试样拉断后的标距,mm;

　　　L_0——试样原始标距,mm。

试样的长度和截面尺寸对 δ 是有影响的。试样按直径的尺寸分为标准试样和比例试样两种。标准试样的直径为 20 mm,而比例试样的直径是任意的。因采用标距的不同,又有长、短试样之分。国家标准规定,长标距试样的标距为

$$L_0 = 10d_0$$

短试样的标距为

$$L_0 = 5d_0$$

式中　d_0——试样原始直径。

短试样的伸长率用符号 δ_5 表示,长试样的伸长率用符号 δ_{10} 表示,对同一材料 $\delta_5 > \delta_{10}$,通常试验优先选取短的比例试样。

（2）断面收缩率

试样拉断后,缩颈处横截面积的最大缩减量与原始横截面积的百分比称为断面收缩率,以 ψ 表示。其数值按下式计算:

$$\psi = \frac{S_0 - S_1}{S_0} \times 100\%$$

式中　S_0——试样原始横截面积,mm^2;

　　　S_1——试样断裂后缩颈处的最小横截面积,mm^2。

δ 或 ψ 数值越大,则材料的塑性越好。

除常温试验之外,还有《金属材料　高温拉伸试验方法》（GB/T 4338—2006）和《金属材料　低温拉伸试验方法》（GB/T 13239—2006）供选用。

1.1.2　硬度

硬度能够反映金属材料在化学成分、金相组织和热处理状态上的差异,是检验产品质量、研制新材料和确定合理的加工工艺所不可缺少的快速检测性能之一;同时硬度试验是金属力学性能试验中最简便、最迅速的一种方法。

硬度实际是指一个小的金属表面或小的体积内抵抗弹性变形、塑性变形或抵抗破裂的一种抗力,因此硬度不是一个单纯的确定的物理量,不是基本的力学性能指标,而是一个由材料的弹性、强度、塑性、韧性等一系列不同力学性能组成的综合性能指标,所以硬度所表示的量不仅取决于材料本身,还取决于试验方法和试验条件。

硬度试验一般采用压入法,常用的硬度性能指标有布氏硬度、洛氏硬度和维氏硬度等。

1. 布氏硬度

布氏硬度的测定原理是用一定大小的试验力 $F(N)$，把直径为 $D(mm)$ 的淬火钢球或硬质合金球压入被测金属的表面（图 1-3），保持规定的时间后卸除试验力，用读数显微镜测出压痕平均直径 $d(mm)$，然后按下列公式求出布氏硬度 HB 值，或者根据 d 值从有关的布氏硬度表中查出：

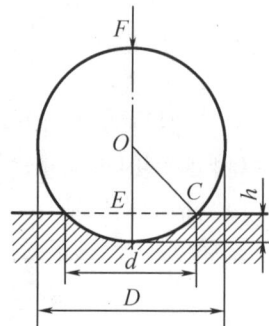

图 1-3　布氏硬度试验原理

$$HBS(HBW) = 0.102\frac{F}{\pi Dh} = 0.102\frac{2F}{\pi D(D - \sqrt{D^2 - d^2})}$$

淬火钢球作压头测得的硬度值以符号 HBS 表示，用硬质合金球作压头测得的硬度值以符号 HBW 表示。符号 HBS 和 HBW 之前的数字为硬度值，符号后面依次用相应数值注明压头直径（mm）、试验力（0.102F（N））、试验力保持时间（s）（10~15 s 不标注）。例如，500HBW5/750，表示用直径 5 mm 硬质合金球在 7 355 N 试验力作用下保持 10~15 s 测得的布氏硬度值为 500；120HBS10/1000/30，表示用直径 10 mm 的钢球压头在 9 807 N 试验力作用下保持 30 s 测得的布氏硬度值为 120。

由于金属材料有硬有软，被测工件有厚有薄、有大有小，如果只采用一种标准的 F 和 D，就会出现对某些材料和工件不适应的现象。因此，在生产中进行布氏硬度试验时，要求能使用不同大小的试验力和压头直径。对同一种材料采用不同的 F 和 D 进行试验时，能否得到相同的布氏硬度值，关键在于压痕几何形状的相似，即可建立 F 和 D 的某种选配关系，以保证布氏硬度的不变性。

布氏硬度试验时，常用的 $0.102F/D^2$ 的比例有 30，10，2.5 三种，根据金属材料种类、试样硬度范围和厚度的不同，按照表 1-1 的规范选择试验压头（钢球）直径、试验力及保持时间。

表 1-1　布氏硬度试验规范

材料种类	布氏硬度使用范围（HBS）	压头直径 D/mm	$0.102F/D^2$	试验力 F/N	试验力保持时间/s	备注
钢铸铁	≥140	10	30	29 420	10	压痕中心距试样边缘距离不应小于压痕平均直径的 2.5 倍。 两相邻压痕中心距离不应小于压痕平均直径的 4 倍。 试样厚度至少应为压痕深度的 10 倍。试验后，试样支撑面应无可见变形痕迹
		5		7 355		
		2.5		1 839		
	<140	10	10	9 807	10~15	
		5		2 452		
		2.5		613		
非铁金属材料	≥130	10	30	29 420	30	
		5		7 355		
		2.5		1 839		

表 1 – 1（续）

材料种类	布氏硬度使用范围（HBS）	压头直径 D/mm	$0.102F/D^2$	试验力 F/N	试验力保持时间/s	备注
非铁金属材料	35 ~ 130	10	10	9 807	30	
		5		2 452		
		2.5		613		
	<35	10	2.5	2 452	60	
		5		613		
		2.5		153		

　　目前,布氏硬度主要用于铸铁、非铁金属及经退火、正火和调质处理的钢材的硬度测试。

　　2. 洛氏硬度

　　洛氏硬度试验是目前应用最广的性能试验方法,它是通过直接测量压痕深度来确定硬度值的。

　　洛氏硬度试验原理如图 1 – 4 所示。它是用顶角为 120°的金刚石圆锥体或直径为 1.588 mm(1/16 in)的淬火钢球作压头,先施加的初始试验力 F_1(98 N),再加上主试验力 F_2,其总试验力 $F = F_1 + F_2$(588 N、980 N、1 471 N)。图中 0 – 0 为压头没有与试样接触时的位置;1 – 1 为压头受到初试验力 F_1 后压入试样的位置;2 – 2 为压头受到总试验力 F 后压入试样的位置。经规定的保持时间,卸除主试验力 F_2,仍保留初试验力 F_1,试样弹性变形的恢复使压头上升到 3 – 3 位置。此时压

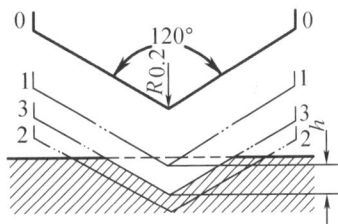

图 1 – 4　洛氏硬度试验原理

头受主试验力作用压入的深度为 h,即 1 – 1 位置至 3 – 3 位置。金属越硬,h 值越小。为适应人们习惯上"数值越大,硬度越高"的观念,人为地规定一常数 K 减去压痕深度 h 的值作为洛氏硬度指标,并规定每 0.002 mm 为一个洛氏硬度单位,用符号 HR 表示,则洛氏硬度值:

$$HR = \frac{K - h}{0.002}$$

　　由此可见,洛氏硬度值是一无量纲的材料性能指标,使用金刚石压头时,常数 K 为 0.2;使用钢球压头时,常数 K 为 0.26。

　　为了能用一种硬度计测定从软到硬的材料硬度,采用不同的压头和总负荷组成几种不同的洛氏硬度标度,每一个标度用一个字母在洛氏硬度符号 HR 后加以注明,我国常用的是 HRA、HRB、HRC 三种,试验条件及应用范围见表 1 – 2。洛氏硬度值标注方法为硬度符号前面注明硬度数值,如 52HRC、70HRA 等。

表1-2 常用的三种洛氏硬度的试验条件及应用范围

硬度符号	压头类型	总试验力 F/kN	硬度值有效范围	应用举例
HRA	120°金刚石圆锥体	0.588 4	70～85HRA	硬质合金,表面淬硬层,渗碳层
HRB	ϕ1.588 mm 钢球	0.980 7	25～100HRB	非铁合金,退火、正火钢等
HRC	120°金刚石圆锥体	1.471 1	20～67HRC	淬火钢,调质钢

洛氏硬度HRC可以用于硬度很高的材料,操作简便迅速,而且压痕很小,几乎不损伤工作表面,故在钢件热处理质量检查中应用最多。但由于压痕小,硬度值代表性就差些。如果材料有偏析或组织不均匀的情况,则所测硬度值的重复性差,故需在试样不同部位测定三点,取其算术平均值。

上述硬度试验方法中,布氏硬度试验力与压头直径受制约关系的约束,并有钢球压头的变形问题;洛氏硬度各标度之间没有直接、简单的对应关系。

由于洛氏硬度试验所用试验力较大,不宜用来测定极薄试样及渗氮层、金属镀层等的硬度,为此,人们应用洛氏硬度试验原理,减小试验力,提出了表面洛氏硬度试验方法。表面洛氏硬度的标尺有六种。在表1-3中列出了表面洛氏硬度试验的标尺、试验规范及应用。

表1-3 表面洛氏硬度试验的标尺、试验规范及应用

标尺	硬度符号	压头类型	初试验力 F_1/N	主试验力 F_2/N	总试验力 F/N	测量硬度范围	应用举例
15N	HR15N	金刚石圆锥体	29.42	117.7	147.1	70～94	渗氮钢、渗碳钢、极薄钢板、刀刃、零件边缘部分、表面镀层
30N	HR30N			264.8	294.2	42～86	
45N	HR45N			411.9	441.3	20～77	
15T	HR15T	ϕ1.588 mm 钢球	29.42	117.7	147.1	67～93	低碳钢、铜合金、铝合金等薄板
30T	HR30T			264.8	294.2	29～82	
45T	HR45T			411.9	441.3	1～72	

洛氏硬度试验的优点是操作简便、迅速,硬度值可直接读出,压痕较小,可在工件上进行试验,采用不同标尺可测定各种软硬不同的金属和厚薄不一的试样的硬度,因而广泛用于热处理质量的检验。其缺点是压痕较小,代表性差,由于材料中有偏析及组织不均匀等缺陷,所测硬度值重复性差,分散度大。此外,用不同标尺测得的硬度值彼此间没有联系,不能直接进行比较。

3. 维氏硬度试验

维氏硬度的试验原理与布氏硬度的相同,也是根据压痕单位面积所承受的试验力来计算硬度值。所不同的是维氏硬度试验的压头不是球体,而是两对面夹角 $\alpha=136°$ 的金刚石四棱锥体,如图1-5所示。压头在试验力 $F(N)$ 作用下,将试样表面压出一个四方锥形的压痕,经一定保持时间后,卸除试验力,测量出压痕对角线平均长度 d($d=(d_1+d_2)/2$),用以计算压痕的表面积 A(mm²)。维氏硬度值(HV)计算公式如下:

$$HV = \frac{0.102F}{A} = \frac{0.204F\sin(136°/2)}{d^2} = 0.189\ 1\frac{F}{d^2}$$

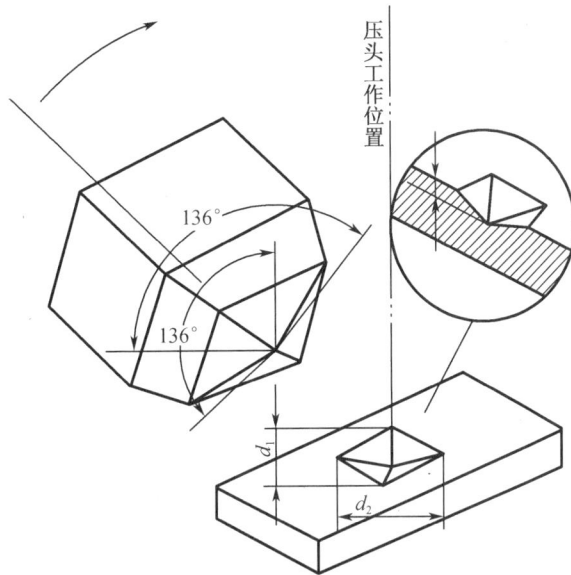

图1-5 维氏硬度试验压头及压痕

与布氏硬度值一样,维氏硬度值也不标注单位。

维氏硬度试验之所以采用正四棱锥体压头,是为了当改变试验力时,压痕的几何形状总保持相似,而不致影响硬度值。

1.1.3 冲击吸收功

机械零部件(如锻锤、冲床、铆钉枪等)在工作过程中不但受到静载荷或交变载荷作用,而且受到不同程度的冲击载荷作用。在设计和制造受冲击载荷的零件和工具时,必须考虑所用材料的冲击吸收功或冲击韧性。

目前最常见的冲击试验方法是摆锤式一次冲击试验,其原理如图1-6所示。

先将被测定的材料加工成标准试样,然后将其放在试验机的机架上,试样缺口背向摆锤冲击方向(图1-6);将具有重力F的摆锤举至高度H_1,使其具有势能(FH_1),然后摆锤落下冲击试样;试样断裂后摆锤上摆到高度H_2,在忽略摩擦和阻尼的条件下,摆锤冲断试样所做的功称为冲击吸收功,以A_K表示,单位为J,则有$A_K = FH_1 - FH_2 = F(H_1 - H_2)$。用试样的断口处截面积$S_N$去除$A_K$即得到冲击韧性,用$a_K$表示,单位为J/cm²,即

$$a_K = A_K/S_N$$

对一般常用钢材来说,所测冲击吸收功A_K越大,材料的韧性越好。但由于测出的冲击吸收功的A_K组成比较复杂,所以有时测得的A_K值及计算出来的a_K值不能真正反映材料的韧脆特性。

长期生产实践证明,A_K、a_K值对材料的组织缺陷十分敏感,能灵敏地反映材料品质、宏观缺陷和显微组织方面的微小变化,因而冲击试验是生产上用来检验冶炼和热加工质量的有效方法之一。由于温度对一些材料的韧脆程度影响较大,为了确定材料由塑性状态向脆

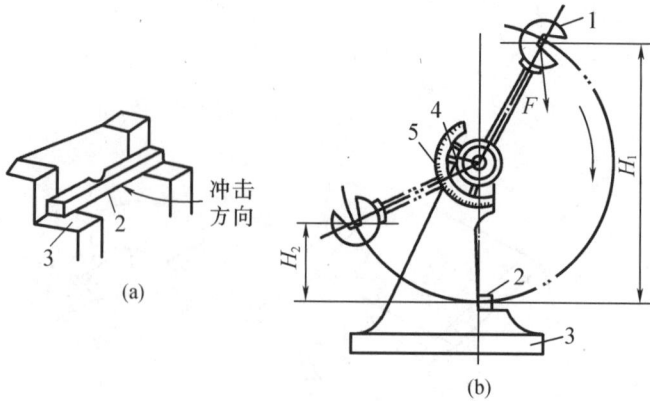

1—摆锤;2—试样;3—机架;4—指针;5—刻度盘。

图1-6 冲击试验原理图

性状态的转化趋势,可分别在一系列不同温度下进行冲击试验,测出A_K值随试验温度的变化。试验结果表明,A_K随温度的降低而减小;在某一温度范围,材料的A_K值急剧下降,表明材料由韧性状态向脆性状态转变,此时的温度称为韧脆转变温度。根据钢材及使用条件的不同,其韧脆转变温度的确定有冲击吸收功、脆性断面率、侧膨胀值等不同的评定方法。

1.1.4 疲劳极限

许多机械零件(如轴、齿轮、弹簧等)的工程结构都是在交变应力下工作的,它们工作时所承受的应力通常低于材料的屈服强度。材料在循环应力和应变作用下,在一处或几处产生局部永久性累积损伤,经一定循环次数后产生裂纹或突然发生完全断裂的过程称为材料的疲劳破坏。

疲劳破坏与静载荷下的破坏不同,断裂前没有明显的塑性变化,发生断裂也较突然。这种断裂具有很大的危险性,常常造成严重的事故。据统计,大部分机械零件的失效是由金属疲劳造成的,因此,工程上十分重视对疲劳规律的研究。无裂纹材料的疲劳性能指标主要是疲劳极限和疲劳缺口敏感度等。

在交变载荷下,金属材料承受的交变应力σ和断裂时应力循环次数N之间的关系,通常用疲劳曲线来描述,如图1-7所示。金属材料承受的交变应力越大,则断裂时应力循环次数越少;反之材料金属材料承受的交变应力越小,则断裂时应力循环次数越多。当应力低于某值时,应力循环到无数次也不会发生疲劳断裂,此应力值称为材料的疲劳极限,以σ_D表示。常用钢铁材料的疲劳曲线(图1-8(a))形状有明显的水平部分,其他大多数金属材料的疲劳曲线(图1-8(b))没有水平部分,在这种情况下,规定某一循环次数N_0断裂时所对应的应力作为条件疲劳极限,以$\sigma_R(N)$表示。

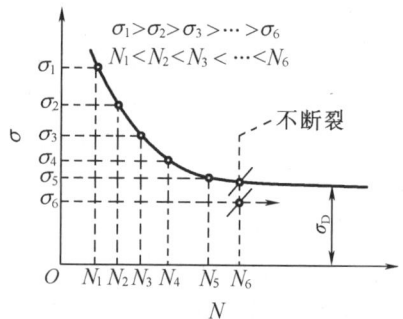

图1-7 疲劳曲线示意图

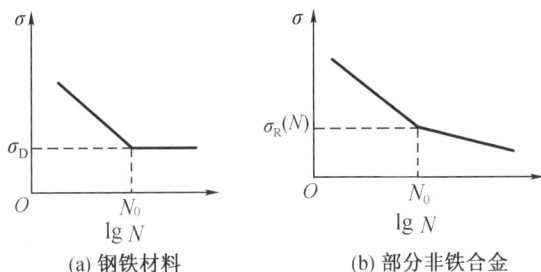

图 1-8 两种类型疲劳曲线

(a) 钢铁材料   (b) 部分非铁合金

通常材料疲劳性能的测定是在旋转弯曲疲劳试验机上进行的,具体试验方法参阅《金属材料 疲劳试验 旋转弯曲方法》(GB 4337—2015)。试验规范规定各种金属材料指定寿命(循环基数)N_0(如合金钢为 10^7 次,低碳钢为 5×10^6 次),若应力循环次数达到 N_0 仍不发生疲劳破坏,此时的最大应力可作为疲劳极限。通常在对称应力循环条件下的纯弯曲疲劳极限用 σ_{-1} 表示。

由于疲劳断裂通常是从零件最薄弱的部位或外部缺陷所造成的应力集中处发生,因此疲劳断裂对许多因素很敏感,如循环应力特性、环境介质、温度、零件表面状态、内部组织缺陷等,这些因素导致疲劳裂纹的产生或裂纹迅速扩展而降低疲劳寿命。

为了提高零件的疲劳抗力,防止疲劳断裂事故的发生,在进行机械零件设计和加工时,应选择合理的结构形状,防止表面损伤,避免应力集中。由于金属表面是疲劳裂纹易于产生的地方,而实际上大部分零件都承受交变弯曲或交变扭转载荷,表面处应力最大。因此,表面强化处理就成为提高疲劳极限的有效途径。

由于工程实际的要求,对疲劳的研究工作已逐渐从正常条件下的疲劳问题扩展到特殊条件下的疲劳问题,如腐蚀疲劳、接触疲劳、高温疲劳、热疲劳、微动磨损疲劳等。对这些疲劳及其测试技术还在进行广泛研究,并已逐步标准化。

1.2 常见金属的晶体结构

金属材料在固态下多为晶体,晶体中的原子(离子、分子)是长程、有序、规则排列的,且不同结合键的晶体有着不同的性能。以金属键相结合的金属晶体一般都具有较好的塑性,然而值得思考的是,为什么同样以金属键结合的晶态铁与晶态铝的塑性有很大差别呢?研究表明,材料的性能不仅与其组成原子的本性及原子间的结合键有关,还与晶体中原子(离子、分子)在三维空间长程、有序的具体排列方式(即晶体结构)有关。

1.2.1 金属的晶体结构

1. 晶体的特性

固态物质根据其原子排列特征可分为晶体和非晶体两类。晶体具有如下特点:

①组成晶体的基本质点(原子、离子或分子)在三维空间规则排列,因此晶体一般有规则的外形。

②具有一定的熔点。

③具有各向异性。一般情况下固态金属都是晶体。

2. 晶体结构的基本概念

实际晶体中的各类质点(主要是原子)虽然都在不停地运动着,但是在讨论晶体结构时,常把构成晶体的原子看作一个个固定的小球,这些原子小球按一定的几何形式在空间紧密堆积,如图1-9(a)所示。

工程上为便于描述晶体内部原子排列的规律,人为地将原子视为一个几何质点,并用一些假想的线条将各原子连接起来,便形成一个空间格子,简称晶格(图1-9(b))。由于晶体中原子做周期性规则排列,因此可以在晶格内取一个能代表晶格特征的,由最少数目的原子排列成最小结构单元来表示晶格,称为晶胞(图1-9(c))。不难看出,晶格是由晶胞不断重复堆砌而成的,通过对晶胞的研究可找出该种晶体中原子在空间的排列规律。为了研究晶体结构,通常取晶胞角上的某一结点作为原点,沿其三条棱边作三个坐标轴 x、y、z,称为晶轴。规定坐标原点的前、右和上方为轴的正方向,反之为负方向。而且常以晶胞棱边的长度 a、b、c 和棱边之间夹角 α、β、γ 六个参数作为晶格参数,表示晶胞的几何形状和大小,如图1-9(c)所示。其中 a、b、c 称为晶格常数,单位为 10^{-10} m,而 α、β、γ 称为晶轴间夹角,单位为度(°)。

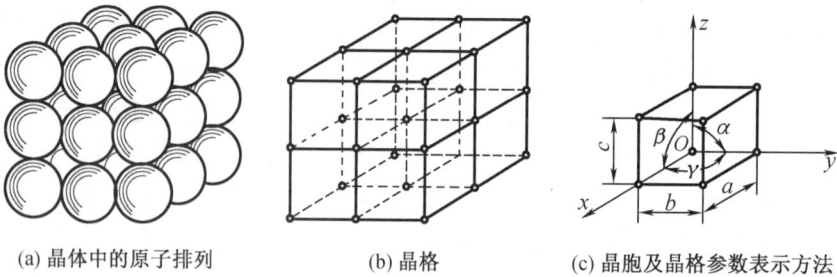

(a) 晶体中的原子排列   (b) 晶格   (c) 晶胞及晶格参数表示方法

图1-9 简单立方晶格与晶胞示意图

3. 常见金属的晶体结构

根据晶胞中原子小球排列的规律可以将晶格基本类型划分为14种。在金属材料中,常见晶格类型有体心立方晶格(图1-10)、面心立方晶格(图1-11)、密排六方晶格(图1-12)三种。

(1)体心立方晶格(B.C.C晶格)

体心立方晶格的晶胞中,8个原子处于立方体的角上,1个原子处于立方体的中心,角上8个原子与中心原子紧靠。具有体心立方晶格的金属有 Mo、W、V、α-Fe 等。

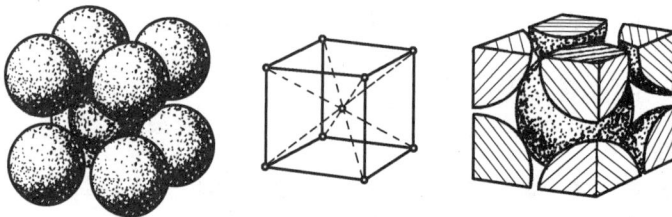

图1-10 体心立方晶格示意图

（2）面心立方晶格（F.C.C晶格）

面心立方晶格的晶胞中，金属原子分布在立方体的8个角上和6个面的中心。面中心的原子与该面4个角上的原子紧靠。具有这种晶格的金属有Al、Cu、Ni、Au、Ag、$\gamma-Fe$等。

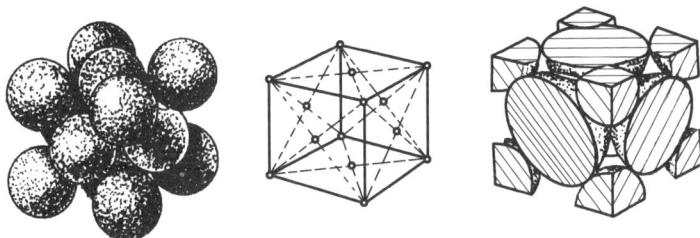

图1-11　面心立方晶格示意图

（3）密排六方晶格（H.C.P晶格）

密排六方晶格的晶胞中，12个金属原子分布在六方体的12个角上，在上下底面的中心各分布1个原子，上下底面之间均匀分布3个原子。具有这种晶格的金属有Mg、Cd、Zn、Be等。

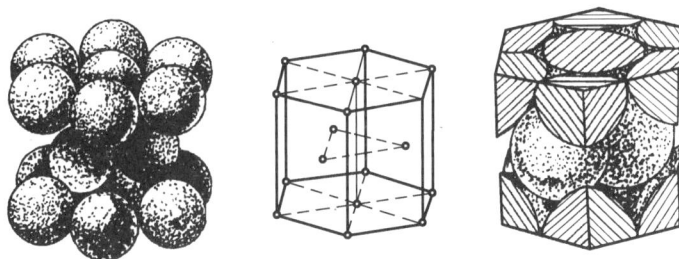

图1-12　密排六方晶格示意图

由以上三种金属晶体结构的特征可看出，面心立方晶格和密排六方晶格中原子排列紧密程度完全一样，是排列最紧密的两种形式。体心立方晶格中原子排列的紧密程度要差些。因此一种金属（如Fe）从面心立方晶格向体心立方晶格转变，将伴随着体积的膨胀。这就是钢在淬火时因相变而发生体积变化的原因。面心立方晶格中的空隙半径比体心立方晶格中的空隙半径要大，表示容纳小直径其他原子的能力要大。如$\gamma-Fe$中最多可容纳2.11%的碳原子，而$\alpha-Fe$中最多只能容纳0.02%的碳原子。这在钢的化学热处理（渗碳）过程中有很重要的实际意义。三种典型晶体结构特征见表1-4。

表1-4　晶体结构特征

结构类型	晶格常数	晶胞中原子数目	最近原子间距 d_0	致密度
体心立方	a	$1/8 \times 8 + 1 = 2$	$a\sqrt{3}/2$	0.68
面心立方	a	$1/8 \times 8 + 1/2 \times 6 = 4$	$a\sqrt{2}/2$	0.74
密排立方	$a、c$	$1/6 \times 12 + 3 + 1/2 \times 2 = 6$	a	0.74

4. 晶体的各向异性

在相同晶格中，由于不同晶面和晶向上的原子排列情况不同，因而原子间距不同，原子间相互作用的强弱亦不同，从而导致晶体的宏观性能在不同方向上具有不同数值，这种现象称为晶体的各向异性。例如，具有体心立方晶格的铁，其弹性模量 E 就各向不同。如图 1-13 所示，c 方向 E 约为 135 000 MPa，而 a 方向 E 约为 290 000 MPa。而且晶体的各向异性，在物理、化学和力学性能等方面都会表现出来。然而，实际使用的金属材料一般都不表现出各向异性，而表现出各向同性。例如，工业用铁的弹性模量 E，无论从何种方向取样，测定结果显示其弹性模量 E 全是 210 000 MPa。

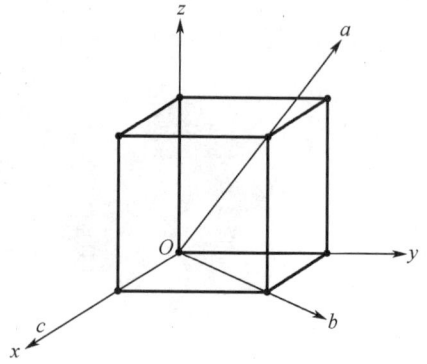

图 1-13 立方晶格的晶向

这主要是由于理想晶体和实际晶体结构之间还存在着很大的差异。

工业上使用的金属材料绝大多数是由许多单晶体组成的多晶体。所谓单晶体，是指其内部晶格位向基本一致的晶体，即接近于理想晶体，所以它具有各向异性的特征。而多晶体是由许多单晶体(即晶粒)组成的。在多晶体中，各晶粒的原子排列规律相同，只是位向不同而已。晶粒的性能在各个方向上相互影响，再加上晶界作用，因此完全掩盖了每个晶粒的各向异性。故测出多晶体的性能在各个方向上都几乎相等，显示出各向同性的特征。

1.2.2 金属的实际晶体结构

1. 单晶体和多晶体

晶体内部的晶格位向完全一致的晶体称为单晶体。金属的单晶体只能靠特殊的方法制得。实际使用的金属材料都是由许多晶格位向不同的微小晶体组成的，每个小晶体都相当于是一个单晶体，晶体内部的晶格位向一致，小晶体之间的位向却不相同。这种外形呈多面体、颗粒状的小晶体称为晶粒。晶粒与晶粒之间的界面称为晶界。由许多晶粒组成的晶体称为多晶体，如图 1-14 所示。

2. 晶体缺陷

金属晶体内部原子规则有序地排列是理想晶体的状态。实际上，金属由于结晶或其他加工等条件的影响，内部原子排列并不是理想完整的，存在大量的晶体缺陷。这些缺陷的存在会对金属性能产生显著的影响。

根据晶体缺陷存在形式的几何特点，通常将晶体缺陷分为点缺陷、线缺陷和面缺陷三大类。

(1) 点缺陷

点缺陷的特征是在晶体空间的三个方向上尺寸都很小，不超过几个原子间距。最常见的点缺陷是晶格空位和间隙原子，如图 1-15 所示。

①晶格空位。在晶体晶格中，若某结点上没有原子，则该结点称为空位。晶格中原子处于高频热振动中，当某些原子的动能大大超过给定温度下的平均动能时，原子可能脱离原来的结点，跑到晶体的表面(包括晶界面、孔洞、裂纹等内表面)，甚至从表面蒸发，使晶体内形成无原子的结点，即空位。

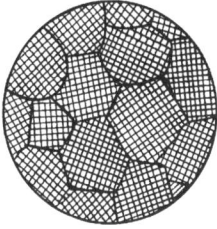

图 1 – 14　多晶体的晶粒与晶界示意图

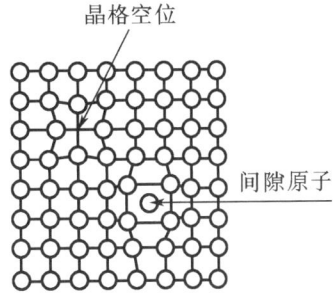

图 1 – 15　晶体中的晶格空位和间隙原子

②间隙原子。位于晶格间隙之中的原子叫作间隙原子。形成间隙原子是非常困难的,在纯金属中,主要的缺陷是晶格空位,而不是间隙原子。例如,铜在 1 000 ℃时,空位浓度约为间隙原子浓度的 10^{35} 倍。间隙原子会使其附近晶格发生很大畸变。

点缺陷的存在会使其周围的晶格发生畸变,并使材料的强度、硬度升高。

(2)线缺陷

线缺陷的特征是在晶体空间的两个方向上的尺寸很小,而在第三个方向上的尺寸很大。线缺陷属于位错,是一种很重要的晶体缺陷。其特点是围绕晶体中一条很长的线,在一定范围内原子发生有规律的错排,都离开它们原来的平衡位置。位错的主要类型有刃型位错和螺型位错。

刃型位错的几何模型如图 1 – 16 所示,在一个完整晶体的某一晶面(如图示 ABC 面)上,沿 EF 线垂直插入半个晶面。由于这多出的晶面像刀刃一样切入,使晶体中以 EF 为中心线的附近一定范围的区域内原子位置都发生错动,其特点是:ABC 晶面上半部原子受挤压,下半部原子受拉伸;而位错线中心的原子错动最大,晶格畸变严重;离位错线越远,晶格畸变越小,直至恢复正常。

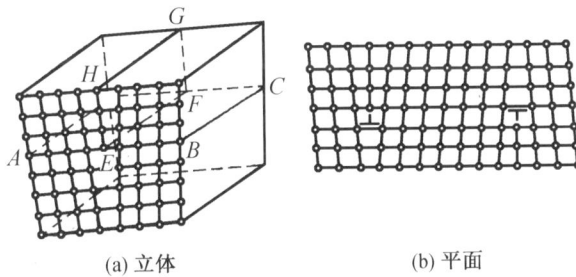

(a) 立体　　　　　(b) 平面

1 – 16　刃型位错的几何模型

金属晶体中的位错线往往大量存在,相互连接呈网状分布。单位体积晶体中位错的总长度称为位错密度,即

$$\rho = \frac{\sum L}{V}$$

式中　ρ——位错密度，m^{-2}；

$\sum L$——位错线总长度，m；

V——体积，m^3。

利用透射电子显微镜可观察位错并测定其密度。一般退火状态下，金属的位错密度为 $10^4 \sim 10^6\ cm^{-2}$，经过冷变形加工后可增至约 $10^{12}\ cm^{-2}$。

晶体中的位错不是固定不变的，在相应外部条件下，晶体中的原子发生热运动或晶体受外力作用而发生塑性变形时，位错在晶体中能够进行不同形式的运动，致使位错密度及组态发生变化。

位错的存在及其密度的变化对金属的力学性能及组织转变有显著影响。图 1-17 定性地表达了金属强度与金属中位错密度之间的关系。如果用特殊方法制成不含位错的直径为 $1.6\ \mu m$ 的铁晶须，其

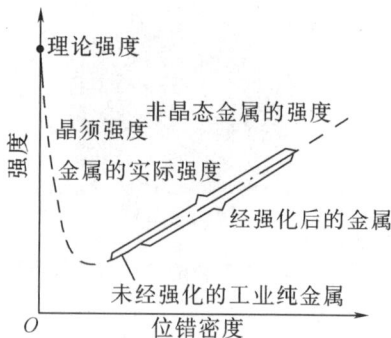

图 1-17　金属强度与位错密度之间的关系

抗拉力强度高达 13 000 MPa，而退火纯铁的抗拉强度则低于300 MPa。由于铁晶须中不含位错，不易塑性变形，故强度很高；而一般金属中含有位错，易于塑性变形，故强度较低。如果金属中位错密度很高，由于位错之间的相互作用和制约，金属强度也可以提高。例如，经剧烈冷变形的纯铁，由于晶体内产生了大量位错，故其抗拉强度也提高很多。

（3）面缺陷

面缺陷的特征是在一个方向上的尺寸很小，而在另两个方向上的尺寸很大。面缺陷主要指晶界和亚晶界。

①晶界。晶界处原子排列与晶内是不同的，要同时受到其两侧晶粒不同位向的综合影响，所以晶界处原子排列是不规则的，是从一种取向过渡到另一种取向的过渡状态（图 1-18）。大多数相邻晶粒的位向差都在 15°以上，称为大角晶界。

②亚晶界。在一个晶粒内部，还可能存在许多更细小的晶块，它们之间的晶格位向差很小，通常小于 3°，这些小晶块称为亚晶（有时将细小的亚晶粒称为镶嵌块）。亚晶粒之间的界面称为亚晶界。晶粒中这种亚晶与亚晶界称为亚组织（图 1-19）。亚晶界是由一些位错排列而成的小角晶界。图 1-20 所示为由刃型位错构成的小角晶界结构示意图。

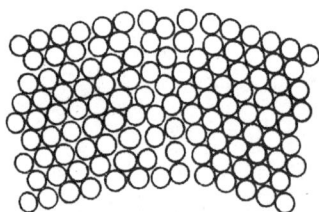

图 1-18　大角晶界的过渡结构模型

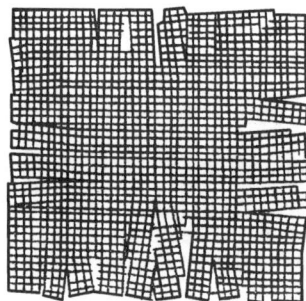

图 1-19　亚组织示意图

由于晶界处原子排列不规则,偏离平衡位置,故晶界上原子的平均能量高于晶内原子的平均能量,这部分高出的能量称为界面能(晶界能)。界面能的存在和原子排列不规则使晶界具有一系列不同于晶内的特性。例如,晶界比晶内易受腐蚀,晶界处熔点低,晶界对塑性变形(位错运动)具有阻碍作用等。在常温下,晶界处不易产生塑性变形,故晶界处硬度和强度均较晶内高。晶粒越细小,晶界越多,则金属的强度和硬度越高。

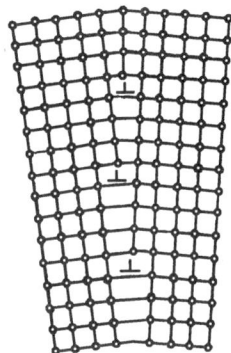

图1-20 小角晶界结构示意图

1.2.3 纯金属的结晶

1. 结晶的基本概念

物质由液态转变为固态的过程称为凝固,如果通过凝固形成晶体结构,则又称为结晶。晶体物质都有一个平衡结晶温度(熔点),液体低于这一温度时才能结晶,固体高于这一温度时便开始熔化。在平衡结晶温度,液体与晶体共存,处于平衡状态。

纯金属的实际结晶过程可用冷却曲线来描述。冷却曲线是金属的温度随时间而变化的曲线,可用热分析法测绘。从图1-21所示冷却曲线可以看出,液态金属随时间冷却到某一温度时,在曲线上出现一个平台,这个平台所对应的温度就是纯金属的实际结晶温度。因为结晶时放出结晶潜热,补偿了此时向环境散发的热量,使温度保持恒定;结晶完成后,温度继续下降。

试验表明,纯金属的实际结晶温度 T_1 总是低于平衡温度 T_0,这种现象叫作过冷现象。实际结晶温度 T_1 与平衡结晶温度 T_0(熔点)的差值 ΔT 称为过冷度。液体冷却速度越大,ΔT 越大。从理论上说,当散热速度无限小时,ΔT 趋于0,即实际结晶温度与平衡结晶温度趋于一致。

2. 结晶的条件

(1)能量条件

由图1-22可见,液态金属的自由能随温度上升降低得很快,所以两条曲线相交于一点,对应的温度为 T_0。它表示液态金属与固态金属的自由能相等,即二者处于平衡状态,由液态转变为固态和由固态转变为液态的可能性相同,宏观上表现为既不结晶,也不熔化。因此,T_0 是两态共存温度,也就是理论结晶温度或平衡结晶温度(还可以说是金属的熔点或凝固点)。

(2)结构条件

纯金属的结晶与其液态时的结构密切相关。前已述及,固态金属中的原子是做长程、有序、规则排列的,如图1-23(a)所示。研究指出,当固态金属熔融为液体后,原子长程、有序、规则排列的结构虽从整体上受到了破坏,但因原子间还存在着相当强的作用力,尤其在液态金属温度接近熔点时,其内部较小的范围(几十到几百个原子)内存在着时而形成又时而消失的短程、有序原子集团,如图1-23(b)所示。因为金属结晶的实质就是使具有短程、有序排列结构的液态金属转变成具有长程、有序排列结构的固态金属,所以在一定条件下,短程、有序排列的原子集团有可能成为结晶的核心。为此,液态金属内部极小范围内瞬时呈现的短程、有序原子集团,就是金属结晶所需的结构条件。

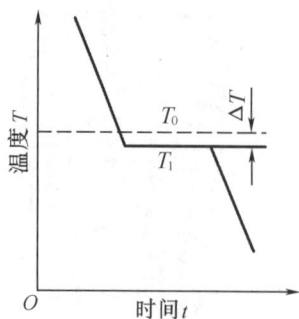

图1-21　纯金属结晶时的冷却曲线

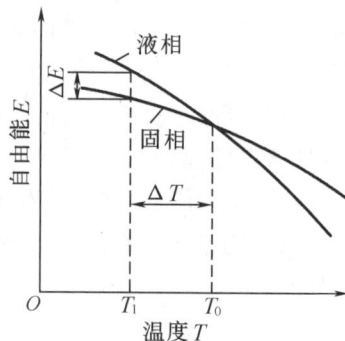

图1-22　液体和晶体自由能 E 随温度变化曲线

3.金属结晶的过程

液体金属冷却到结晶温度时,又是怎样进行结晶的呢?通过大量盐类饱和溶液凝固的模拟实验可以观察到,结晶是由晶核形成和晶核长大两个基本过程所构成的。

图1-24示意地说明了小体积金属液体在均匀冷却时的结晶过程。在液体冷却到结晶温度后,经过一段时间,一些尺寸较大的短程、有序原子集团开始变得稳定,并成为极细小的晶体,称为晶核。晶核的出现会使系统的自由能降低。随着时间的推移,这些成为晶核的微小晶体迅速地在液体中长大,与此同时,在液体的其他部分又有一些新的晶核出现并不断长大。这样的形核和长大过程不断进行下去,直到液体消失,小晶核长成一个个外形不规则的小晶体(即晶粒)并彼此相遇为止。上述过程不难理解,在金属结晶完毕后,就形成了多晶体的结构。

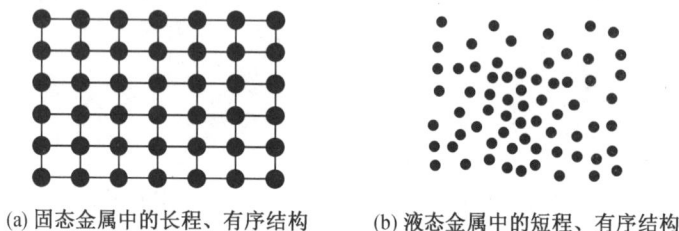

(a)固态金属中的长程、有序结构　　　(b)液态金属中的短程、有序结构

图1-23　金属固态与液态原子排列示意图

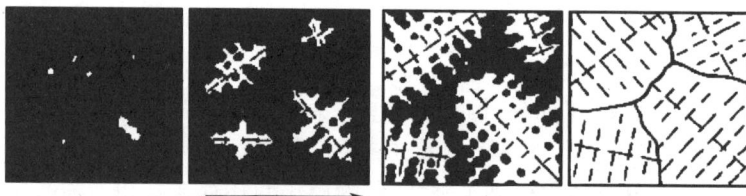

图1-24　金属结晶示意图

(1)晶核的形成

液态金属结晶是由形核和长大两个密切联系的基本过程来实现的。晶核的形成有以下两种方式:

①自发形核。在液态下，金属中存在大量尺寸不同的短程、有序的原子集团。在高于结晶温度时，它们是不稳定的，但是当温度降低到结晶温度以下，并且过冷度达到一定的大小之后，液态结晶的条件具备了，液态金属中那些超过一定大小（大于临界晶核尺寸）的短程、有序原子集团开始变得稳定，不再消失，而成为结晶核心。这种从液态结构内部由金属本身原子自发长出的结晶核心叫作自发晶核。

②非自发形核。实际上，金属往往是不纯净的，内部总含有这样或那样的外来杂质。杂质的存在常常能够促进晶核在其表面上形成。这种依附于杂质而生成的晶核叫作非自发晶核。

按照形核时能量有利的条件分析，能起非自发形核作用的杂质必须符合"结构相似、尺寸相当"的原则。只有当杂质的晶体结构和晶格参数与金属的相似或相当时，它才能成为非自发形核的基底，容易在其上生长出晶核。但是，有一些难熔杂质，即使其晶体结构与金属相差甚远，由于表面的细微凹孔和裂缝中有时能残留未熔金属，也能强烈地促进非自发核心的生成。

自发形核和非自发形核是同时存在的，在实际金属和合金中，非自发形核比自发形核更重要，往往起优先的、主导的作用。

（2）晶核的长大

晶核形成以后，便开始长大。当第一批晶核形成后，形核与长大这两个过程是同时进行的，直至每个晶核长大到相互接触，而每个长大了的晶核也就成为一个晶粒。

晶核长大受过冷度影响，当过冷度较大时，金属晶体常以树枝状态方式长大。图1-25示意地表示树枝状态晶体的形状。相邻的树枝状骨架相遇时，树枝骨架停止扩展，每个晶轴不断变粗长出新的晶轴，直到枝晶间液体全部消失，每一枝晶成长为一个晶粒。

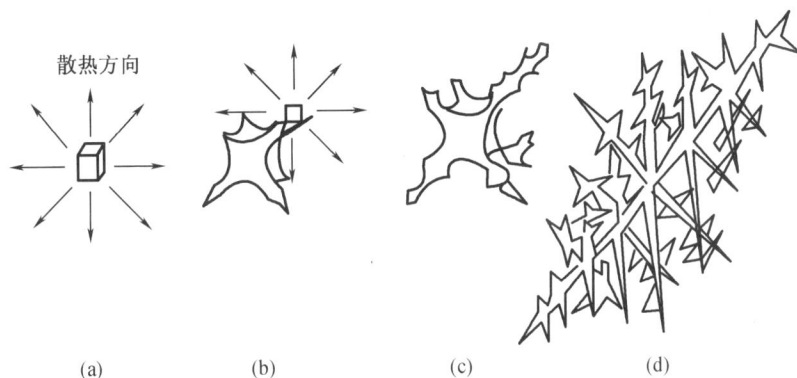

(a)　　　　　(b)　　　　　(c)　　　　　(d)

图1-25　晶核的长大

4.晶粒大小的控制

（1）金属结晶后的晶粒大小

金属结晶后，获得由许多晶粒组成的多晶体组织。晶粒大小可以用单位体积内晶粒的数目来表示。晶粒的大小对金属的力学性能、物理性能和化学性能均有很大影响。细晶粒组织的金属强度、硬度高，而且塑性、韧性也好；而粗晶粒组织的金属耐腐蚀性好。作为软磁材料的纯铁，晶粒越粗大，则磁导率越大，磁滞损耗越小。工程上通过晶粒细化来提高金属的机械性能，这种方法称为细晶强化。

（2）晶粒大小的控制措施

要想提高金属材料的力学性能，必须首先了解晶粒大小的影响因素及控制方法。控制晶粒大小的措施通常有以下四种：

①增大金属的过冷度。

金属结晶后，晶粒大小受形核率 N（晶核形成数目（ $mm^{-3} \cdot s^{-1}$ ））和长大率 G（ $mm \cdot s^{-1}$ ）的影响。N 越大，G 越小，则晶粒越细。

形核率是指在单位时间、单位体积液体中所形成的晶核数。形核率受两个因素的限制：一是随着过冷度的增加，晶核的临界半径和形核功减小，有利于晶核形成，形核率增大（形核功因子 N_1）；二是增加过冷度，降低原子的扩散能力，结果给形核造成困难，使形核率减小（原子扩散能力的因子 N_2），如图 1-26 所示，即有

$$N = N_1 \cdot N_2$$

图 1-27 定性地表示了形核率 N 及长大率 G 与过冷度 ΔT 之间的关系。N 和 G 都是随 ΔT 的增大而增大的，但两者的增长程度是不同的，N 的增长率大于 G 的增长率。但当过冷度超过一定值后，形核率和长大速度都会下降。这是由于液态金属结晶时成核和长大均需原子扩散才能进行。当温度太低时，原子的扩散能力减弱了，因而形核率和长大速度都降低。对于液态金属，一般不会得到如此大的过冷度，通常处于曲线的左边上升部分。所以，随着 ΔT 的增大，形核率 N 及长大率 G 都增大，结果是使晶粒细化。

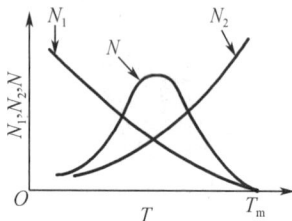

图 1-26　形核率与温度的关系

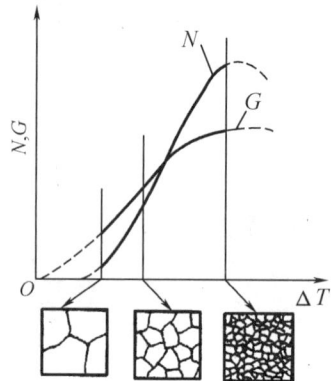

图 1-27　形核率及长大率与过冷度之间的关系

增大过冷度的主要方法是提高液态金属的冷却速度。

②变质处理。

金属的体积较大时，获得大的过冷度是困难的。对于形状复杂的铸件，常常还不允许过多地提高冷却速度，生产上为了得到细晶粒铸件，多采用变质处理。

变质处理就是浇注前在液态金属中加入少量的变质剂或孕育剂，促使形成大量非自发晶核，以细化晶粒和改善组织。变质剂的作用在于增加晶核的数量或者阻碍晶核的长大。变质处理在冶金和铸造生产中应用十分广泛，如钢中加入铝、钛、钒、硼等；铸铁中加入硅钙等；铸造铝硅合金中加入钠盐等。

③振动。

在金属结晶的过程中采用机械振动、超声波振动等方法，可以破碎正在生长中的树枝

状晶体,形成更多的结晶核心,获得细小的晶粒。

④电磁搅动。

将正在结晶的金属置于一个交变的电磁场中,由于电磁感应现象,液态金属会翻滚起来,冲断正在结晶的树枝状晶体的晶枝,增加了结晶的核心,从而可细化晶粒。

5. 合金的相结构

(1)合金的基本概念

合金是指由两种或两种以上的金属元素或金属与非金属元素组成的具有金属特性的物质。如黄铜是由铜和锌组成的合金;碳钢是由铁和碳组成的合金;硬铝是由铝、铜和镁等元素组成的合金。

组成合金的最基本的、独立的物质称为组元。组元通常是纯元素,但也可以是稳定的化合物。根据组成合金组元数目的多少,合金可以分为二元合金、三元合金和多元合金。

给定组元后,可以不同比例配制出一系列成分不同的合金,这一系列合金就构成一个合金系。合金系也可以分为二元系、三元系和多元系等。

合金中,具有同一化学成分且结构相同的均匀部分称为相。合金中相与相之间有明显的界面。液态合金通常都为单相液体。合金在固态下,由一种固态组成时称为单相合金,由两种及以上固态组成时称为多相合金。

组织是指用金相观察方法看到的由形态、尺寸不同和分布方式不同的一种或多种相构成的总体,以及各种材料的缺陷和损伤。合金可以由一个相组成,其组织称为单相组织;也可以由几种相复合而成,其组织称为多相组织。合金的性质取决于它的组织,而合金组织的性质又取决于合金中相的性质。所以,要想掌握合金的组织和性质,就必须了解合金的相结构及其性质。

(2)合金的相结构

合金的相结构是指合金中的晶体结构。由于组元间相互作用不同,固态合金的相结构可以分为固溶体和金属化合物两大类。

①固溶体。

合金在固态下,组元间仍能互相溶解而形成均匀相,这种固相称为固溶体。

固溶体中的晶体类型与其中某一组元的晶体类型相同,而其他组元的晶体结构将消失。能保留住晶体结构的组元元素称为溶剂;晶格结构消失的组元元素称为溶质。因此,固溶体的晶格与溶剂的晶格相同,而溶质以原子状态分布在溶剂的晶格中。

按照溶质原子在溶剂晶格中分布情况的不同,固溶体可分为间隙固溶体和置换固溶体两类。

溶质原子处于溶剂晶格各结点的间隙中,这种形式的固溶体称为间隙固溶体,如图1-28(a)所示。

溶质原子代替一部分溶剂原子而占据溶剂晶格中的某些结点位置,这种形式的固溶体称为置换固溶体,如图1-28(b)所示。

由于溶剂晶格的空隙有一定的限度,随着溶质原子的介入,溶剂晶格将发生畸变,如图1-29(a)所示。溶入的溶质原子越多,所引起的畸变就越大。当晶格畸变量超过一定数值时,溶剂的晶格就会变得不稳定,于是溶剂原子就不能继续溶解,所以间隙固溶体的溶质在溶剂中的溶解度是有一定限度的,这种固溶体称为有限固溶体。

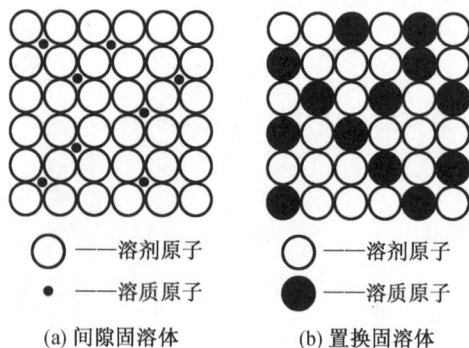

○ ——溶剂原子　　　　○ ——溶剂原子

● ——溶质原子　　　　● ——溶质原子

(a) 间隙固溶体　　　　(b) 置换固溶体

图 1 – 28　固溶体结构示意图

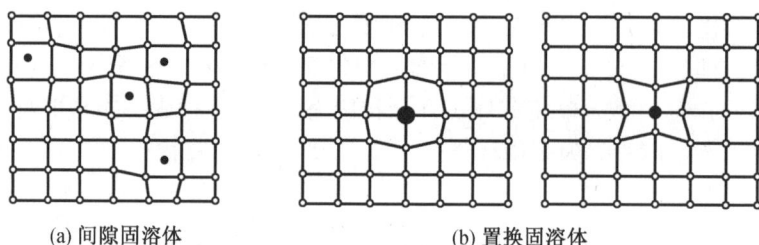

(a) 间隙固溶体　　　　　　　　(b) 置换固溶体

图 1 – 29　固溶体中的晶格畸变示意图

当形成置换固溶体时,由于溶质原子与溶剂原子的直径不可能完全相同,因此也会造成固溶体晶格常数的变化和晶格的畸变,如图 1 – 29(b)所示。

固溶体的晶格发生畸变,塑性变形抗力增大,从而使金属材料的强度和硬度增高。这种通过溶入溶质元素形成固溶体,使金属材料的强度和硬度升高的现象,称为固溶强化。

固溶强化是提高金属材料力学性能的重要途径之一。实践表明,适当控制固溶体中的溶质含量,可以在显著提高金属材料的强度和硬度的同时,仍能保持相当好的塑性和韧性。因此,对综合力学性能要求较高的结构材料,都是以固溶体为基体的合金。

②金属化合物。

金属化合物的晶格类型与组成化合物各组元的晶格类型完全不同,一般可用化学分子式表示。例如钢中渗碳体(Fe_3C)是由铁原子和碳原子所组成的金属化合物,它具有如图1 – 30所示的复杂晶格形式。

由于金属化合物的晶格与其组元晶格完全不同,因此其性能也不同于组元。金属化合物的熔点一般较高,性能硬而脆,当它呈细小颗粒均匀分布在固溶体基体上时,将使合金的强度、硬度和耐磨性明显提高,这一现象称为弥散强化。因此,金属化合物在合金中常作为强化相存在,它是许多合金

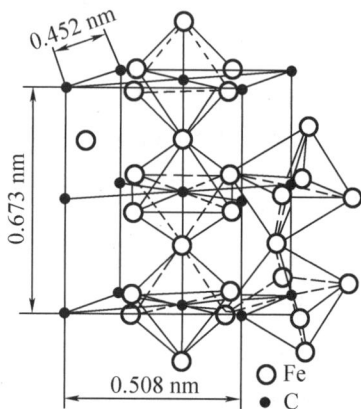

图 1 – 30　Fe_3C 的晶格形式

钢、有色金属和硬质合金的重要组成相。

工业用合金的组织仅由金属化合物一相组成的情况是极少见的,绝大多数合金的组织都是固溶体与少量金属化合物组成的混合物。调整固溶体中溶质含量和金属化合物的数量、大小、形态及分布状况,可以使合金的力学性能在较大范围内变动,以满足工程上不同的使用要求。

1.3 铁碳合金相图

工业生产中应用最广泛的钢铁材料属于铁碳合金。普通碳钢、铸铁是铁碳合金,合金钢和合金铸铁等实际上是有意加入合金元素的铁碳合金。因此,研究铁碳合金具有非常重要的现实意义。若想深入了解铁碳合金,就必须首先研究其相结构与相图。

1.3.1 纯铁的同素异构转变

大多数金属在结晶终了之后以及继续冷却过程中,其晶体结构不再发生变化,但也有一些金属,如 Fe、Co、Ti、Mn、Sn 等,在结晶之后继续冷却时,还会出现晶体结构变化,从一种晶格转变为另一种晶格。金属在固态下随着温度的改变由一种晶格转变为另一种晶格的变化称为同素异构(晶)转变。由同素异构转变所得到的不同晶格的晶体称为同素异构(晶)体。

纯铁的冷却曲线上有三种同素异构体,液态纯铁(L)在 1 538 ℃时开始结晶出具有体心立方晶格的 δ – Fe;继续缓冷到 1 394 ℃时,δ – Fe 开始转变为具有面心立方晶格的 γ – Fe;再冷却到 912 ℃时,γ – Fe 转变为具有体心立方晶格的 α – Fe;如果再继续冷却到室温时,α – Fe 的晶格类型不再发生变化,整个转变过程可以表示如下:

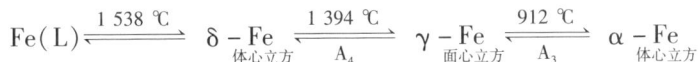

$$\text{Fe(L)} \underset{}{\overset{1\ 538\ ℃}{\rightleftharpoons}} \underset{\text{体心立方}}{\delta – \text{Fe}} \underset{A_4}{\overset{1\ 394\ ℃}{\rightleftharpoons}} \underset{\text{面心立方}}{\gamma – \text{Fe}} \underset{A_3}{\overset{912\ ℃}{\rightleftharpoons}} \underset{\text{体心立方}}{\alpha – \text{Fe}}$$

1.3.2 铁碳合金的组织及其性能

工业纯铁虽然塑性较好,但强度较低,所以很少用它制造机械零件,常用的是铁碳合金。铁碳合金的相结构主要有固溶体和金属化合物两类。属于固溶体相的有铁素体和奥氏体,属于金属化合物相的主要有渗碳体。

1. 铁素体

纯铁在 912 ℃以下为具有体心立方晶格的 α – Fe。碳溶于 α – Fe 中的间隙固溶体称为铁素体,以符号 F 表示。由于 α – Fe 是体心立方晶格,其晶格间隙的直径很小,因而溶碳能力极差,在 727 ℃时溶碳量最大($w(C) = 0.021\ 8\%$),随着温度的下降,溶碳量逐渐减少,在 600 ℃时溶碳量约为 0.005 7%,因此,其室温时的性能几乎与纯铁相同,强度、硬度不高,但具有良好的塑性和韧性。

2. 奥氏体

碳溶于 γ – Fe 中的间隙固溶体称为奥氏体,以符号 A 表示。γ – Fe 是面心立方晶格,它的致密度虽然高于体心立方晶格的 α – Fe,但由于其晶格间隙的直径要比 γ – Fe 大,故溶碳能力也较大。在 1 148 ℃时,溶碳量最大($w(C) = 2.11\%$);随着温度的下降,溶碳量逐渐减小,在 727 ℃时,溶碳量 $w(C) = 0.77\%$。奥氏体的性能与其溶碳量及晶粒大小有关,一般奥氏体的硬度为(170～220)HBS。伸长率 δ 为40%～50%,因此,奥氏体的硬度较低,而塑性较高,易于锻压成形。

3. 渗碳体

渗碳体的分子式为 Fe_3C,它是一种具有复杂晶格的间隙化合物。渗碳体的 $w(C) = 6.69\%$;熔点为1 227 ℃;不发生同素异晶转变;硬度很高((950～1 050)HV),而塑性和韧性几乎为零,脆性极大。

4. 珠光体

铁素体和渗碳体组成的机械混合物称为珠光体,用符号 P 表示。其 $w(C) = 0.77\%$,性能介于铁素体和渗碳体之间,缓冷时硬度为(180～200)HBS。

5. 莱氏体

碳的质量分数为4.30%的铁碳合金液,冷却到1 148 ℃时,同时结晶出奥氏体和渗碳体的共晶体,该共晶体称为高温莱氏体,用符号 L_d 表示。在727 ℃以下由珠光体和渗碳体所组成的莱氏体,称为低温莱氏体,用符号 L_d' 表示。莱氏体硬而脆,是白口铸铁的基本组织。

1.3.3 Fe－Fe₃C 相图分析

铁碳合金相图是人类经过长期实践及大量科学实验后总结出来的,是研究钢和铁的基础,也是选择材料、制订热加工和热处理工艺的主要依据。简化后的 Fe－Fe₃C 相图如图1－31 所示。图中纵坐标为温度,横坐标为碳的质量分数(0～6.69%)。

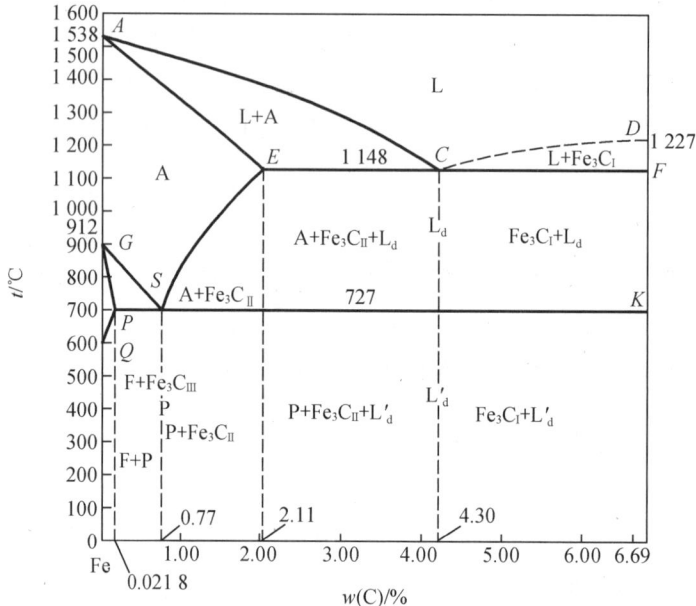

图1－31 简化后的 Fe－Fe₃C 相图

1. 图中主要特性点及其意义

A——纯铁的熔点(1 538 ℃)。

D——渗碳体的熔点(理论计算值1 227 ℃)。

C——共晶点(1 148 ℃, $w(C) = 4.30\%$)。

E——碳在 $\gamma-Fe$ 中的最大溶解度（1 148 ℃，$w(C)=2.11\%$）。

G——纯铁的同素异晶转变点，在 912 ℃时，$\alpha-Fe$ 与 $\gamma-Fe$ 相互转变。

S——温度为 727 ℃，$w(C)=0.77\%$，在该温度时，奥氏体同时析出铁素体和渗碳体的机械混合物，即珠光体。这一过程即共析反应，S 点为共析点。

2.图中主要特性线及其意义

ACD——液相线。该线以上全部为液态金属，用符号 L 表示。液态铁碳合金冷却到该线时开始结晶，在 AC 线以下结晶出奥氏体；在 CD 线以下结晶出渗碳体，称为一次渗碳体，用符号 Fe_3C_I 表示。

$AECF$——固相线。该线以下全部为固态。

ECF——共晶线。液态合金冷却到该线时发生共晶反应。

ES——又称 A_{cm} 线，是碳在 $\gamma-Fe$ 中的溶解度曲线。随着温度的降低，从奥氏体中析出二次渗碳体，用符号 Fe_3C_{II} 表示。

GS——又称 A_3 线，是奥氏体和铁素体的相互转变线。随着温度的降低，从奥氏体中析出铁素体。

PSK——又称 A_1 线，是共析线，温度为 727 ℃。凡 $w(C)$ 为 0.021 8% ~ 6.69% 的铁碳合金，在此温度时奥氏体都会发生共析转变。

根据上述各主要特点、线意义的分析，可以写出铁碳合金相图中各区域的组织。

3.$Fe-Fe_3C$ 相图中铁碳合金的分类

$Fe-Fe_3C$ 相图中，不同成分的铁碳合金具有不同的显微组织和性能。根据相图中 P 点和 E 点，可将铁碳合金分为工业纯铁、钢和白口铸铁三大类。

（1）工业纯铁

工业纯铁是成分为 P 点（$w(C)=0.021\,8\%$）左边的铁碳合金，其室温组织为铁素体和极少量的三次渗碳体（Fe_3C_{III}）。

（2）钢

钢是成分为 P 点与 E 点之间（$w(C)=0.021\,8\% \sim 2.11\%$）的铁碳合金，其特点是高温固态组织为塑性很好的奥氏体，因而可进行热变形加工。根据相图中 S 点，钢又可分为以下三种。

①共析钢，是指成分为 S 点（$w(C)=0.77\%$）的合金，其室温组织为珠光体。

②亚共析钢，是指成分为 S 点左边（$w(C)=2.11\% \sim 0.021\,8\%$）的合金，其室温组织为珠光体 + 铁素体。

③过共析钢，是指成分为 S 点右边（$w(C)=0.77\% \sim 2.11\%$）的合金，其室温组织为珠光体 + 二次渗碳体。

（3）白口铸铁

白口铸铁是成分为 E 点右边（$w(C)=2.11\% \sim 6.69\%$）的铁碳合金，其特点是液态结晶时都有共晶转变，因而与钢相比有较好的铸造性能。但高温组织中硬脆的渗碳体量很多，故不能进行热变形加工。根据相图中 C 点，白口铸铁又可分为以下三种。

①共晶白口铸铁，是指成分为 C 点（$w(C)=4.30\%$）的合金，其室温组织为变态莱氏体。

②亚共晶白口铸铁，是指成分为 C 点左边（$w(C)=2.11\% \sim 4.30\%$）的合金，其室温组织为变态莱氏体 + 珠光体 + 二次渗碳体。

③过共晶白口铸铁,是成分为 C 点右边($w(C)=4.30\%\sim6.69\%$)的合金,其室温组织为变态莱氏体 + 一次渗碳体。

1.3.4　铁碳合金的结晶过程及其组织

为了进一步认识相图,现以上述几种典型铁碳合金为例,分析其平衡结晶过程和室温下的显微组织。

1. 共析钢的结晶过程

图 1-32 中合金Ⅰ在 1 点温度以上为液态合金;当缓慢冷却到 1 点时,开始从液体中结晶出奥氏体,直至 2 点结晶完毕;2~3 点为单相的奥氏体;继续缓慢冷却到 3 点(S 点)时,奥氏体发生共析反应,转变成珠光体。

2. 亚共析钢的结晶过程

图 1-32 中合金Ⅱ为亚共析钢。合金温度在 3 点以上的组织转变过程与共析钢相同,当温度降到 3 点时,奥氏体中碳的质量分数沿 GS 线增加;当温度降到 4 点时,剩余奥氏体中碳的质量分数达到 0.77%,进行共析反应,转变为珠光体;当温度降到 4 点以下时,合金组织基本上不发生变化。所有亚共析钢的室温组织都由铁素体和珠光体组成,其差别仅在于其中铁素体与珠光体的相对量不同,合金中碳的质量分数越高,珠光体越多,铁素体则越少。

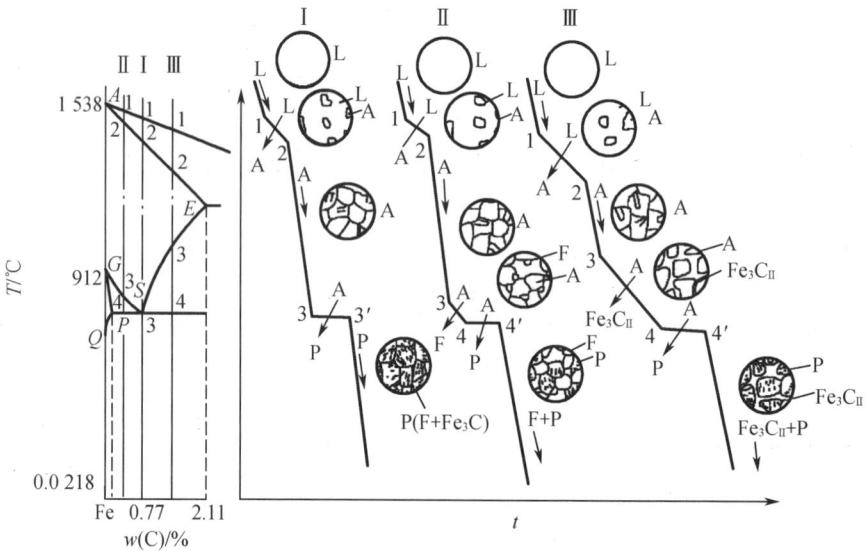

图 1-32　铁碳合金相图中的典型合金

3. 过共析钢的结晶过程

图 1-32 中合金Ⅲ为过共析钢。它与共析钢的主要区别是当温度降到 3 点时,将从奥氏体晶界处析出二次渗碳体。随着二次渗碳体的析出,奥氏体中碳的质量分数沿 ES 线不断下降。当温度降至 4 点时,奥氏体中碳的质量分数为 0.77%,故在 727 ℃ 发生共析转变,生成珠光体,最后得到的过共析钢室温组织为网状二次渗碳体和珠光体。

1.3.5 Fe – Fe₃C 相图的应用

1. 定性分析含碳量对铁碳合金平衡组织和性能的影响

(1)含碳量对铁碳合金平衡组织的影响

从上面分析的结果可以看出,不同种类的铁碳合金,其室温组织是不同的。运用杠杆定律可以求得碳的质量分数与铁碳合金缓冷后的组织组分及相组分间的定量关系,其关系如图 1 – 33 所示。

(2)碳的质量分数对性能的影响

在铁碳合金中,渗碳体一般可认为是一种强化相。当它与铁素体构成片状珠光体时,可提高合金的强度和硬度,故合金中珠光体量越多,其强度与硬度越高,而塑性和韧性却相应降低。但对于过共析钢而言,渗碳体如果明显地以网状分布在晶界上,特别在白口铸铁中渗碳体作为基体时,将使铁碳合金的塑性和韧性大大下降,这就是高碳钢和白口铸铁脆性高的主要原因。

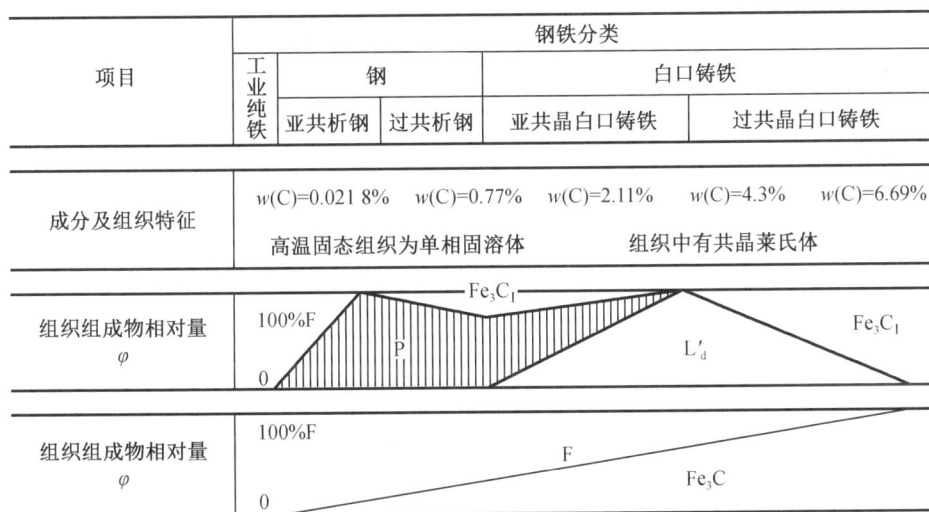

图 1 – 33 碳的质量分数与组织组分及相组分间的定量关系

图 1 – 34 所示为碳的质量分数对碳钢力学性能的影响。当钢中 $w(C) < 0.9\%$ 时,随着钢中碳的质量分数的增大,钢的强度和硬度直线上升,而塑性和韧性不断降低;当钢中 $w(C) > 0.9\%$ 时,因渗碳体网的存在,不仅钢的塑性和韧性进一步降低,而且其强度也明显下降。为了保证工业上使用的钢具有足够的强度,并具有一定的塑性和韧性,钢中碳的质量分数一般都不超过 1.4%。

2. Fe – Fe₃C 相图在工业生产中的应用

Fe – Fe₃C 相图从客观上反映了钢铁材料的组织随着成分和温度变化的规律,因此在工程上为选材、用材及制订铸造、锻压、焊接、热处理等热加工工艺提供了重要的理论依据。

(1)在选材方面的应用

由 Fe – Fe₃C 相图可知,铁碳合金含碳量不同,其平衡组织也各不相同,从而导致其力学性能不同,因此可以根据零件的不同性能要求来合理地选材。例如,桥梁、船舶、车辆及各种建筑材料要求塑性、韧性好,可选用低碳的亚共析钢;对工作中承受冲击载荷的各种机械零件,要求有较好的强度和韧性,可选用中碳的亚共析钢;制造各种切削工具、模具及量具时,需要高的硬度和耐磨性,可选用高碳的共析、过共析钢;对于形状复杂的箱体、机器底座等,可选用熔点低、流动性好的铸铁材料。

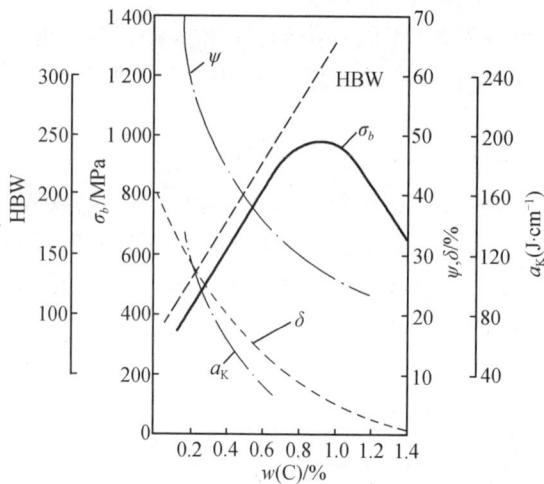

图 1-34 碳的质量分数对碳钢力学性能的影响

（2）在铸造生产上的使用

参照 Fe-Fe₃C 相图可以确定钢铁的浇注温度,通常浇注温度在液相线以上 50~60 ℃为宜。在所有成分的合金中,共晶成分的白口铸铁和纯铁铸造工艺性能最好。这是因为它们的结晶温度区间最小(为零),故流动性好,分散缩孔少,可使缩孔集中在冒口内,得到质量好的致密铸件。因此,在铸造生产中,接近共晶成分的铸铁得到了较为广泛的应用。此外,铸钢也是常用的一种铸造合金,其 $w(C)$ 为 0.2%~0.6%。由于其熔点高,结晶温度区间较大,故铸造工艺性能比铸铁差,常需经过热处理才能使用。铸钢主要用于制造一些形状复杂、强度和韧性要求较高的零件。

（3）在锻压生产上的应用

钢在室温时组织为两相混合物,塑性较差,变形困难,只有将其加热到单相奥氏体状态时,才具有较低的强度、较好的塑性和较小的变形抗力,有利于锻压成形。因此,在进行锻压或热轧加工时,要把坯料加热到奥氏体状态。加热温度不宜过高,以免钢材氧化烧损严重;但变形的终止温度也不宜过低,过低的温度除了会增加能量的消耗和设备的负担外,还会因塑性的降低而导致开裂。因此,各种碳钢较合适的锻轧加热温度范围是:变形开始温度为 1 150~1 200 ℃;变形终止温度为 750~850 ℃。

（4）在焊接生产上的应用

焊接时,由于局部区域(焊缝)被快速加热,故从焊缝到母材各处的温度是不同的。由 Fe-Fe₃C 相图可知,温度不同,冷却后的组织性能就不同,为了获得均匀一致的组织性能,需要通过焊后热处理来调整和改善。

（5）在热处理生产上的应用

由 Fe-Fe₃C 相图可知,铁碳合金在固态加热或冷却过程中均有相的变化,所以钢和铸铁可以进行有相变的退火、正火、淬火和回火等热处理。此外,奥氏体有溶解碳及其他合金元素的能力,而且溶解度随着温度的升高而增大,这就是钢可以进行渗碳和其他化学热处理的缘故。

1.4　钢的热处理

钢的热处理是指采用适当方式对钢件在固态下进行加热、保温和冷却,以获得预期组织结构和所需性能的工艺方法。它是提高材料使用性能和改善工艺性能的基本途径之一,是挖掘材料潜力,保证产品质量、延长零(部)件使用寿命的重要热加工工艺。

1.4.1　钢的热处理基本原理

1. 加热与保温

对钢加热的目的一般是使钢奥氏体化。由 $Fe - Fe_3C$ 相图可知,共析钢在 A_1 线以下温度时为珠光体。要使珠光体转变为奥氏体,必须把钢加热到 A_1 线以上的某一温度。而且要保温一段时间,才能使内外温度一致,成分均匀,以便在冷却后得到均匀的组织与稳定的性能。

珠光体全部转变成奥氏体初期的晶粒细小,但加热温度高或保温时间长,奥氏体晶粒都会长大,这就会影响材料的力学性能。所以热处理时加热温度不可过高,保温时间不能过长,这样才能获得细小晶粒的奥氏体,冷却后就得到细晶粒组织。

2. 奥氏体等温冷却转变曲线

完全转变成奥氏体的共析钢只有在缓慢冷却到 A_1 线以下某一温度时才变成珠光体。若冷却速度加快,则奥氏体开始转变的温度也随之降低。由于过冷度不同,转变以后的产物及其性能也不同。

通过实验建立的等温转变曲线可清楚地反映奥氏体等温转变规律。例如,将共析钢加热到奥氏体状态,然后分别测得在 A_1 线以下各个温度时的奥氏体转变开始时间和转变终了时间,最后在温度 - 时间坐标系上把所有转变开始点和转变终了点分别连接起来,便形成奥氏体等温转变曲线,如图 1 - 35 所示。因曲线形状像字母"C",故奥氏体等温转变曲线又称 C 曲线。

在 C 曲线的上半部,当过冷度很小时,即 A_1 线下至 650 ℃,过冷的奥氏体生成渗碳体层片较粗的珠光体(P),其硬度为(7 ~ 25)HRC;当过冷度稍大时,即 650 ~ 600 ℃,则生成渗碳体层片较细的珠光体,称索氏体(S),其硬度为(25 ~ 35)HRC;当过冷度再增大时,即 600 ~ 500 ℃,则生成渗碳体层片极细的珠光体,称为屈氏体(T),其硬度为(35 ~ 45)HRC。

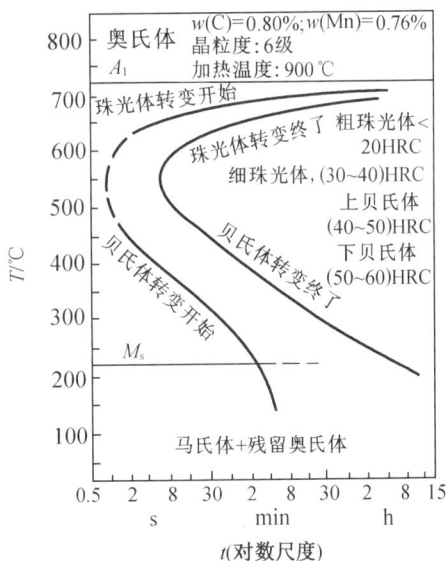

图 1 - 35　共析钢过冷奥氏体等温冷却转变曲线

在 C 曲线的下半部,由于温度很低,碳原子扩散困难,过冷奥氏体开始转变前保持的时间又重新增加。在 500~230 ℃时,等温转变的产物虽然仍是铁素体和渗碳体的机械混合物,但其组织和形状皆明显地不同于珠光体,称为贝氏体(B),硬度为(40~55)HRC。

当奥氏体以更大的冷却速度过冷到很低的温度,即在 230 ℃(M_s)线以下时,碳原子无法扩散,不能形成渗碳体,但 γ - Fe 仍转变成 α - Fe,碳原子被迫全部存在于 α - Fe 中,形成一种碳在 α - Fe 中的过饱和固溶体,称为马氏体(M)。马氏体的硬度很高,可达到 65HRC,但是很脆。在这一转变过程中,马氏体的比定压热容比奥氏体大,故会发生体积膨胀,这就对尚未转变的奥氏体造成很大的压力,阻碍它们向马氏体转变,所以就有一部分残余奥氏体存在。残余奥氏体越多,钢的硬度就越低。随着温度的降低,转变成马氏体的量增多,直至 -50 ℃时,奥氏体才能全部转变为马氏体。

与共析钢比较,亚共析钢和过共析钢的 C 曲线上部分别有一条先析出铁素体和一条先析出二次渗碳体的线。

C 曲线对研究热处理理论和制订热处理工艺具有重要的指导意义。每种成分的钢都有自己的 C 曲线,可以在有关手册中查到。

3.奥氏体连续冷却转变

在实际生产中,奥氏体的转变一般是在连续冷却过程中进行的,与等温转变有一定的区别。图 1 - 36 是共析钢过冷奥氏体连续冷却转变曲线。图中 P_s 线为珠光体转变开始线;P_f 线为珠光体转变终了线;K 线为珠光体转变中止线;v_c 为马氏体转变时的临界淬火冷却速度,又称下临界冷却速度,是钢在淬火时为抑制非马氏体转变所需的最小冷却速度;v_c' 为上临界冷却速度,是保证过冷奥氏体全部转变为珠光体的最大冷却速度。冷却速度介于 v_c' 与 v_c 之间时,过冷奥氏体一部分转变为珠光体;当冷却曲线与 K 线相交时,转变中止;当剩余奥氏体冷却至 M_s 线以下时,发生马氏体转变。

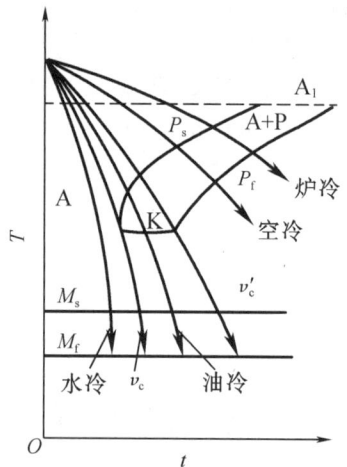

图 1 - 36 共析钢过冷奥氏体
连续冷却转变曲线

1.4.2 钢的热处理工艺

热处理工艺过程包括加热、保温和冷却三个阶段,通常可以用温度 - 时间坐标系来表示,称为热处理工艺曲线。

1.退火

将钢件加热到 A_3(对亚共析钢)线或 A_1(对过共析钢)线以上某一温度范围,保温一段时间后,在炉中或埋入导热性较差的介质中,使其缓慢冷却的热处理方法叫作退火。

退火的目的:降低硬度,以利于切削加工;细化晶粒,改善组织,提高力学性能;消除零件中的内应力(加热到 A_1 线以下即可)。

2.正火

正火的作用与退火相似。正火是将钢加热到 A_3 或 A_{cm} 线以上某一温度范围,保温一段时间后,从炉中取出,在空气中冷却的热处理方法。由于正火的冷却速度比退火的快,所以得到的珠光体组织比退火后的更细,强度和硬度都有所提高。另外,正火是炉外冷却,不占用设备,生产率高,所以正火工艺应用广泛。

3. 淬火

将钢加热到 A_3 线或 A_1 线以上某一温度范围后,保温一段时间后,在水中或油中急剧冷却的热处理方法叫作淬火。淬火可使钢获得马氏体组织。马氏体是钢的基体组织中强度与硬度最高的组织。淬火的目的,对于工具或耐磨零件来说,是提高硬度和耐磨性;对于一般结构零件来说,能使强度和韧性得到良好的配合,以适应不同工作条件的需要。对于含碳量很低的钢进行一般的淬火处理是没有意义的。

4. 回火

把淬火后的工件重新加热到 A_1 线以下,保温一段时间后,再以适当的冷却速度冷却到室温的热处理方法叫作回火。回火的目的是消除因淬火冷却速度过快而产生的内应力,防止工件变形和开裂,并减小脆性。此外,回火可使淬火组织趋于稳定,使工件获得适当的硬度、稳定的尺寸和较好的综合力学性能等,故回火总是紧随淬火后进行。

根据加热温度,回火可分为低温回火、中温回火和高温回火。淬火工件的硬度随回火温度的升高而降低。

低温回火(加热温度为 150～250 ℃)可减小工件的内应力,降低脆性,保持高的硬度,常用于要求硬度高、耐磨性好的零件,如刀具、模具等。

中温回火(加热温度为 350～500 ℃)可显著减小工件的淬火应力,提高弹性,常用于各种弹簧。

高温回火(加热温度为 500～650 ℃)可消除淬火应力,使零件获得较高的强度和韧性。通常把淬火加高温回火的操作称为调质处理。调质处理广泛用于要求具有较好综合力学性能的重要零件,如齿轮、连杆、螺栓和轴等。

5. 钢的表面热处理

零件在机器中的作用不同,对它们的要求也不同。在动载荷和摩擦条件下工作的齿轮、曲轴等,要求表面具有较高的硬度和较好的耐磨性,同时要求其心部具有足够的强度和韧性。仅从材料方面考虑是无法满足要求的。采用高碳钢,硬度虽高,但心部韧性不足;若采用低碳钢,心部韧性虽好,但表面硬度很低,易磨损。为了兼顾零件表面和心部的要求,工业上广泛采用表面热处理的方法。所谓表面热处理,就是通过改变零件表层组织或同时改变表层化学成分的一种热处理工艺。常用的表面热处理方法有表面淬火热处理和表面化学热处理两种。

(1)表面淬火热处理

表面淬火是将工件的表层淬硬到一定深度,而心部仍保持未淬火状态的一种局部淬火方法。它主要是改变零件的表层组织。常用的表面淬火方法有以下两种:

①火焰表面淬火。火焰表面淬火是利用氧－乙炔或氧－煤气混合气体燃烧的火焰对零件进行快速加热,使零件表面很快达到淬火温度后,立即喷水或喷乳化液进行冷却的方法。火焰淬火的设备简单,淬硬速度快,变形小;但容易过热,淬火效果不够稳定,因而在实际应用中有一定的局限性。

②感应加热表面淬火。其加热原理是在一个导体线圈中通过一定频率的交流电,线圈内外即产生一个频率相同的交变磁场。若把工件放入线圈(感应圈)内,工件上就会产生与线圈电流频率相同、方向相反的感应电流,此电流在工件内自成回路,称为涡流。涡流能使电能变成热能,使工件加热,涡流主要集中在零件的表面,频率越高,涡流集中的表层就越薄,这种现象称为集肤效应。

根据电流频率,感应加热表面淬火又可分为高频(100～1 000 kHz)表面淬火、中频(1～10 kHz)表面淬火和工频(普通工业电 50 Hz)表面淬火。高频表面淬火可得到 0.5～2.0 mm 深的淬硬层,中频表面淬火可得到 3～5 mm 深的淬硬层,工频表面淬火可得到 10～15 mm 深的淬硬层。

感应加热表面淬火速度快,生产率高,产品质量好,易于实现机械化和自动化,所以在工业上获得日益广泛的应用,对大批量流水线生产更为有利。但因设备价格较高,维修、调整困难,形状复杂的零件的感应器不易制造,故不适用于单件生产。

(2)钢的化学热处理

化学热处理是将钢件放在某种化学介质中,通过加热、保温使介质中的某些元素渗入工件表面,以改变表层的化学成分和组织,从而改变工件表层性能的热处理方法。常见的化学热处理有渗碳、渗氮、渗铝和渗铬等方法,其中,以渗碳和渗氮应用最多。

渗氮是使碳钢零件表面增碳的过程。在渗碳后,零件紧接着淬火处理,可使表面硬度、耐磨性提高,而心部仍保持良好的塑性和韧性。

渗氮是使氮渗入钢件表面的过程,又称氮化。氮化层具有高硬度、良好的耐磨性和抗蚀性,经过渗氮处理的零件可用于 600 ℃ 高温,而其表面硬度不会显著降低。氮化用钢应是含有铬、钼、铝等元素的合金钢,因为这些合金元素的氮化物分布在氮化层中,能使零件表面获得极高的硬度(70HRC 以上)。渗氮处理时的温度不高(500～650 ℃),渗氮后不需淬火,因而零件变形小,能保持较高的精度。

思考题

1.解释下列常用机械性能指标:σ_b,σ_s,σ_{-1},δ,ψ,a_K,A_K,HB,HRC,HV。

2.淬火钢的拉伸曲线上没有出现屈服平台,如何根据其拉伸曲线得到屈服强度?

3.试说明布氏硬度、洛氏硬度与维氏硬度的实验原理,并比较布氏、洛氏和维氏硬度试验方法的优缺点。

4.解释下列名词:晶体,非晶体,晶格,晶胞,晶格常数,致密度,配位数,晶体的各向异性,点缺陷,线缺陷,面缺陷,亚晶界,位错,单晶体,多晶体。

5.为何单晶体具有各向异性,而多晶体在一般情况下显示出各向同性?

6.铁从 800 ℃ 加热到 1 000 ℃ 时,体积如何变化,为什么?

7.金属结晶的基本规律是什么? 形核率 N 和长大速率 G 受哪些因素的影响?

8.何谓自发形核与非自发形核?

9.为什么一般材料都希望获得细晶粒? 细化晶粒的方法有哪些?

10.解释下列名词:合金,组元,相,组织,固溶体,金属化合物,固溶强化。

11. 固溶体与化合物有何区别？固溶体的类型有哪几种？

12. 试绘出简化的 $Fe - Fe_3C$ 相图,填写各区域组织,说明主要特性点、特性线的表示符号,温度,含碳量及其含义。

13. 简述 $w(C) = 0.45\%$ 和 $w(C) = 1.20\%$ 的铁碳合金的结晶过程。

14. 随着含碳量的增加,钢的力学性能有何变化,为什么？

15. 共析钢过冷奥氏体等温冷却有哪几种组织转变？

16. 什么是马氏体？马氏体转变有什么特点？

17. 退火的目的和方式有哪些？

18. 常用的淬火方法有哪些？画图说明。

第 2 章　船 舶 用 钢

2.1　钢的分类和牌号

2.1.1　钢的分类

工业用钢的种类繁多,可根据需要采用不同的分类方法,在有些情况下可将几种不同方法混合使用。

1. 传统的钢的分类方法

(1)按用途分类

按用途,钢可分为建筑及工程用钢、机械制造用结构钢、工具钢、特殊性能钢、专业用钢(如桥梁钢、锅炉用钢)等,每一大类又可分为许多小类。

(2)按冶金质量分类

按冶金质量(有害杂质硫、磷含量),钢可分为普通质量钢、优质钢、高级优质钢。

(3)按冶炼方法分类

按冶炼方法,钢可分为平炉钢、转炉钢、电炉钢。按炼钢时所用脱氧方法,钢又可分为沸腾钢、镇静钢和半镇静钢。

(4)按钢中含碳量分类

按钢中含碳量,钢可分为低碳钢($w(\mathrm{C}) \leqslant 0.25\%$)、中碳钢($w(\mathrm{C}) = 0.25\% \sim 0.60\%$)、高碳钢($w(\mathrm{C}) > 0.60\%$)。

(5)按钢中合金元素的总含量分类

按钢中合金元素的总含量,钢可分为低合金钢($w(\mathrm{Me}) \leqslant 5\%$)、中合金钢($w(\mathrm{Me}) = 5\% \sim 10\%$)、高合金钢($w(\mathrm{Me}) > 10\%$)。

(6)按钢中合金元素的种类分类

按钢中合金元素的种类,钢可分为锰钢、铬钢、硼钢、硅锰钢、铬镍钢等。

(7)按合金在空气中冷却后所得到的组织分类

按合金在空气中冷却后所得到的组织,钢可分为珠光体钢、贝氏体钢、马氏体钢、奥氏体钢、莱氏体钢等。

(8)按最终加工方法分类

按最终加工方法,钢可分为热轧材或冷轧材、拉拔材、锻材、挤压材、铸件等。

2. 新的钢的分类方法

钢的分类分为"按化学成分分类"和"按主要质量等级和主要性能及使用特性分类"两部分。

（1）按化学成分分类

根据各种合金元素规定含量界限值,可将钢分为非合金钢、低合金钢、合金钢三大类,如表 2 - 1 所示。

表 2 - 1　非合金钢、低合金钢和合金钢中合金元素规定质量分数的界限值

合金元素	合金元素规定质量分数界限值/%			合金元素	合金元素规定质量分数界限值/%		
	非合金钢	低合金钢	合金钢		非合金钢	低合金钢	合金钢
Al	<0.10	—	≥0.10	Se	<0.10	—	≥0.10
B	<0.000 5	—	≥0.000 5	Si	<0.50	0.50~0.90	≥0.90
Bi	<0.10	—	≥0.10	Te	<0.10	—	≥0.10
Cr	<0.30	0.30~0.50	≥0.50	Ti	<0.05	0.05~0.13	≥0.13
Co	<0.10	—	≥0.10	W	<0.10	—	≥0.10
Cu	<0.10	0.10~0.50	≥0.50	V	<0.04	0.04~0.12	≥0.12
Mn	<1.00	1.00~1.40	≥1.40	Zr	<0.05	0.05~0.12	≥0.12
Mo	<0.05	0.50~0.10	≥0.10	混合稀土	<0.02	0.02~0.05	≥0.05
Ni	<0.30	0.30~0.50	≥0.50	其他元素(S,P,C,N除外)	<0.05		≥0.05
Nb	<0.02	0.02~0.06	≥0.06				
Pb	<0.40	—	≥0.40				

此外,根据表 2 - 1 的分类,采用"非合金钢"一词代替传统的"碳素钢"。但在施行新的钢的分类标准以前所制定的有关技术标准中均采用"碳素钢"。这些标准中,有的仍属现行标准,所以"碳素钢"名称也将会沿用一段时间。

（2）按主要质量等级、主要性能及使用特性分类

①非合金钢的主要分类。按主要质量等级,非合金钢可分为普通质量非合金钢、优质非合金钢、特殊质量非合金钢。

a.普通质量非合金钢。该类钢是指对生产过程中控制质量无特殊规定的,一般用途的非合金钢。并应同时满足下列条件:化学成分符合表 2 - 1 中对非合金钢的规定;不规定钢材热处理条件;如产品技术条件有规定,其特性值(最高值和最低值)应符合表 2 - 2 中的规定;未规定其他质量要求。

表 2 - 2　普通质量非合金钢特性值

最高值	最低值	最高值	最低值
$w(C)=0.100\%$ $w(S)=0.045\%$ $w(P)=0.045\%$	$\sigma_b=690$ MPa σ_s或$\sigma_{0.2}=360$ MPa $\delta=33\%$	$w(N)=0.007\%$ 硬度:60HRB	弯心直径≥0.5×试样厚度 $A_K(20℃)≤27$ J

普通质量非合金钢主要包括一般用途非合金结构钢、非合金钢筋钢、铁道轻轨和垫板用碳钢、一般用途低碳钢丝、花纹钢板。

b. 优质非合金钢。在生产过程中需要按规定控制质量,如控制晶粒度,降低硫、磷含量,改善表面质量或增加工艺控制等,以达到比普通质量非合金钢高的质量要求。

优质非合金钢主要包括机械结构用优质非合金钢、工程结构用非合金钢(如《碳素结构钢》(GB/T 700—2006)中的 C、D 级碳钢)、冲压用低碳薄钢板、冷镦用钢板、锅炉和压力容器用钢、造船用钢、铁道重轨碳钢等。

c. 特殊质量非合金钢。非合金钢在生产过程中需要严格控制质量和性能,如要求控制淬透性和纯洁度;同时还根据不同情况规定一些特殊要求,如冲击性能、有效淬硬深度或表面硬度、表面缺陷、钢中非金属夹杂物含量(成品 $w(P,S) \leqslant 0.025\%$)、残余元素(Cu 、 Co 、 V)的最高含量等方面的要求。

特殊质量非合金钢主要包括保证淬透性非合金钢,保证厚度方向性能非合金钢,铁道用非合金钢,航空、兵器等专业用非合金结构钢,核能用非合金钢,碳素弹簧钢,碳素工具钢等。

②低合金钢的主要分类。低合金钢按主要质量等级,可分为普通质量低合金钢、优质低合金钢、特殊质量低合金钢;按主要性能及使用特性分类,可分为可焊接的低合金高强度结构钢、低合金耐候钢、低合金钢筋钢、铁道用低合金钢、矿用低合金钢、其他低合金钢。

a. 普通质量低合金钢。对生产过程中控制质量无特殊规定的、一般用途的低合金钢合金含量较低,不规定钢材热处理条件(钢厂根据工艺需要进行的退火、正火、消除应力及软化处理除外),对产品特性值规定类似表 2 - 2 中的条件。

普通质量低合金钢主要包括一般用途低合金钢(如 Q295、Q345)、一般低合金钢筋钢、低合金轻轨、矿用低合金结构钢。

b. 优质低合金钢。与优质非合金钢类似,在生产过程中需要严格控制质量。这类钢主要包括可焊接的低合金高强钢(如 Q390、Q420)、锅炉和压力容器用低合金钢、造船用低合金钢、低合金高耐候钢等。

c. 特殊质量低合金钢。该类钢是指在工程中需要严格控制质量和性能的低合金钢,特别是要求控制 S、P 等含量和提高纯洁度,并至少应满足下列条件之一的特殊质量要求:

(a)规定限制非金属夹杂物含量和(或)材质内部均匀性,如钢板抗层状撕裂性能;

(b)规定严格限制 P 和(或)S 的最高含量,规定熔炼分析值 $w(P,S) \leqslant 0.020\%$,成品分析值 $w(P,S) \leqslant 0.025\%$;

(c)规定限制残余元素(Cu 、 Co 、 V)的最高含量;

(d)规定钢材的低温($-40\ ℃$ 以下)冲击性能;

(e)对可焊接的低合金最高强度钢,规定 $\sigma_{s\,\min} = 420\ MPa$ 。

特殊质量低合金钢主要包括核能用低合金钢、保证厚度方向性能低合金钢、铁路用低合金车轮钢等。

③合金钢的主要分类。合金钢按主要质量等级及使用特性,可分为优质合金钢和特殊质量合金钢。

a. 优质合金钢。该类钢主要包括一般工程结构用合金钢,合金钢筋钢,地质、石油钻探用合金钢等。

b. 特殊质量合金钢。该类钢主要包括压力容器用合金钢、热处理合金钢筋钢、合金结构钢、合金弹簧钢、轴承钢、合金工具钢、不锈钢和耐热钢、特殊物理性能钢等。

2.1.2 工业用钢牌号表示方法

按照《钢铁产品牌号表示方法》（GB/T 221—2008）的规定，我国钢铁产品牌号的表示，通常采用大写汉语拼音字母、化学元素符号与阿拉伯数字相结合的方式：

①钢铁产品牌号中化学元素采用国际常用的化学元素符号表示，混合稀土元素用"RE"表示。

②钢铁产品的名称、用途、特性和工艺方法等，一般采用汉语拼音的缩写字母表示，质量等级采用字母 A、B、C、D、E 表示。

1. 碳素结构钢和低合金高强度结构钢的牌号表示

（1）碳素结构钢和低合金高强度结构钢

钢号冠以"Q"，后面的数字表示屈服点值（MPa）。必要时钢号后面可标出质量等级和脱氧方法符号。其中，质量等级用 A、B、C、D、E 表示 S、P 含量不同；脱氧方式表示符号：F（沸腾钢）、b（半镇静钢）、Z（镇静钢）、TZ（特殊镇静钢）。例如，Q235AF 代表屈服点 σ_s = 235 MPa、质量为 A 级的沸腾碳素结构钢。

（2）优质碳素结构钢

钢号开头的两位数字表示钢中碳的平均质量分数，以碳的平均质量分数 ×100 表示，Mn 含量较高的优质碳素结构钢数字后面应标出"Mn"。例如，45Mn 表示钢中碳的平均质量分数为 0.45% 且 Mn 含量较高的优质碳素结构钢。

（3）易切削结构钢

钢号冠以"Y"，以区别优质碳素结构钢。例如，Y30 表示碳的平均质量分数 0.30% 的易切削结构钢。

（4）碳素工具钢

钢号冠以"T"，后面的数字表示碳的平均质量分数 ×10。例如，T8 表示平均 $w(C)$ = 0.80% 的碳素工具钢。Mn 含量较高者，在钢号的数字后标出"Mn"，高级优质碳素工具钢钢号后加注"A"。

2. 合金钢的牌号

合金钢的牌号是按照合金钢中碳的含量及所含合金元素的种类（元素符号）和含量来编制的。一般牌号的第一部分是表示碳的平均质量分数的数字；对于结构钢，以碳的平均质量分数 ×10 表示，对于工具钢以碳的平均质量分数 ×100 表示。当钢中某合金元素的平均质量分数 $w(Me)$ < 1.5% 时，牌号中只标出元素符号，不标明含量；当 $w(Me)$ = 1.50% ~ 2.49%，2.50% ~ 3.49%…时，在该元素后面相应地用整数 2，3，…注出其近似含量。

（1）合金结构钢

例如，60Si2Mn 表示平均 $w(C)$ = 0.60%，1.5% < $w(Si)$ < 2.5%，$w(Mn)$ < 1.5% 的合金结构钢；09Mn2 表示平均 $w(C)$ = 0.09%，1.5% < $w(Mn)$ < 2.5% 的合金结构钢。钢中钒、钛、铝、硼、稀土等均属微量合金元素，虽然含量很低，但仍应在钢号中标出，如 40MnVB、25MnTiBRE 等。

（2）合金工具钢

当平均 $w(C)$ < 1.00% 时，用一位数字表示碳的平均质量分数，如前所述；当 $w(C)$ ≥ 1.00% 时，为了避免与结构钢相混淆，牌号前不标数字。例如，9Mn2V 表示平均 $w(C)$ =

0.09%，$w(Mn)=2\%$，含少量 V 的合金工具钢；CrWMn 牌号前面没有数字，表示钢中平均 $w(C)>1.00\%$，$w(W)<1.5\%$，$w(Mn)<1.5\%$ 的合金工具钢。高速工具钢牌号中不标出含碳量，如 W18Cr4V。

（3）特殊性能钢

牌号的表示方法与合金工具钢基本相同，只是当 $w(C)\leqslant0.08\%$ 及 $w(C)\leqslant0.03\%$ 时，在牌号前面分别冠以"0"及"00"，如 0Cr19Ni9、00Cr30Mo2 等。

3. 铸钢的牌号

工程用铸造碳钢，牌号前面是 ZG（"铸钢"二字大写汉语拼音的首字母）；后面第一组数字表示屈服点；第二组数字表示抗拉强度，若牌号末尾标字母 H（焊），则表示该钢是焊接结构用碳素铸钢。例如，ZG230—450 表示屈服强度为 260 MPa、抗拉强度为 450 MPa 的工程用铸钢。

《铸钢牌号表示方法》（GB/T 5613—2014）规定，以化学成分表示的铸钢牌号中"ZG"后面一组数字表示铸钢的名义万分碳含量，其后排列各主要合金元素符合及名义百分含量。例如 ZG15Cr1Mo1V，表示平均 $w(C)=0.15\%$，$w(Cr)=0.9\%\sim1.4\%$，$w(Mo)=0.9\%\sim1.4\%$，$w(V)=0.9\%$ 的铸钢。

2.2　合金元素在钢中的作用

合金元素能够提高钢的力学性能，改善钢的工艺性能，并赋予钢某些特殊的物理化学性能，其根本原因是合金元素与钢的基本组元铁或碳发生相互作用，改变了钢的组织结构，并影响了钢热处理时加热、冷却过程中的组织转变，这就是合金元素在钢中的作用。

合金元素在钢中的作用十分复杂，尤其是几种元素同时加入时，很难做出精确的预测，但是人们在长期的生产和科学实践中总结出了很多重要的规律。

2.2.1　主要常存元素在非合金钢中的作用

1. 锰的作用

在碳钢中，$w(Mn)=0.25\%\sim0.80\%$。锰能溶于铁素体，使铁素体强化；也能溶于渗碳体，提高其硬度。锰还能增加并细化珠光体，从而提高钢的强度和硬度。锰可与硫形成 MnS，以消除硫的有害作用，因此锰在钢中是有益的元素。

2. 硅的作用

在镇静钢（用铝、硅铁和锰铁脱氧）中，$w(Si)=0.10\%\sim0.40\%$。在沸腾钢（只用锰铁脱氧）中，$w(Si)\leqslant0.07\%$。硅能溶于铁素体使之强化，从而使钢的强度、硬度、弹性都得到提高，因此硅在钢中也是有益的元素。

应该注意，用作冷冲压件的非合金钢，常因硅对铁素体的强化作用，致使钢的弹性极限升高，而冲压性能变差。因此冷冲压常常采用含硅量低的沸腾钢制造。

3. 硫的影响

硫是钢中的有害元素，在钢中以化合物 FeS（熔点 1 190 ℃）形式存在。FeS 与 Fe 形成低熔点（985 ℃左右）的共晶体，分布在晶界上。钢加热到 1 000～1 200 ℃进行锻压或轧制时，由于分布在晶体上的共晶体已熔化，钢在晶界开裂，这种现象称为热脆。

锰与硫的亲和力较强，在钢中形成熔点为 1 620 ℃的 MnS，且 MnS 在高温时有塑性，可避免钢的热脆性。

4.磷的影响

磷也是钢中的有害元素,在常温下能溶于铁素体,使钢的强度、硬度提高,但使塑性和韧性显著降低,在低温时表现尤为突出。这种在低温时由磷导致钢严重变脆的现象称为冷脆。

磷、硫虽是有害元素,但可提高钢的切削加工性能。因为磷、硫可增加钢的脆性,使切屑容易断裂,从而能提高切削效率,延长刀具寿命,还能改善工件表面粗糙度。因此在受力不大的标准件中,有意将磷、硫含量提高为 $w(S) = 0.08\% \sim 0.35\%$,$w(P) = 0.05\% \sim 0.15\%$。这种钢称为易切削钢。

2.2.2　合金元素与铁、碳的作用

铁和碳是钢中的两种基本元素,二者形成碳钢中的三个基本相,即铁素体、奥氏体和渗碳体。所以,合金元素与铁碳之间的作用是合金内部组织结构变化的基础。

1.合金元素与铁的作用

几乎所有的合金元素(除 Pb 外)都可溶入铁中,形成合金铁素体或合金奥氏体。其中原子直径较小的合金元素(如 N 和 P)与铁形成间隙固溶体;原子直径较大的合金元素(如锰、镍和钴等)与铁形成置换固溶体。

当合金元素可溶于铁素体时,由于与铁的晶格类型和原子半径不同而造成晶格畸变;此外,合金元素易分布于位错线附近,对位错线的移动起牵制作用,降低位错的易动性,从而提高塑性变形抗力,产生固溶强化效果,使钢的强度和硬度提高,但塑性和韧性下降。

2.合金元素与碳的作用

在一般的合金化理论中,按与碳亲和力的大小,可将合金元素分为碳化物形成元素与非碳化物形成元素两大类。

凡是在元素周期表中排在铁(第26号)右侧的合金元素,它们与碳的结合力小于铁,都是非碳化物形成元素,如 Ni、Co、Cu、Si、Al、N 和 B 等。由于不能形成碳化物,除了在极少数高合金钢中可形成金属化合物外,这些元素几乎都溶解在铁素体或奥氏体中。

凡是在化学元素周期表中排在铁左侧的合金元素,它们与碳的结合力大于铁,都是碳化物形成元素,而且离铁越远,越易形成比 Fe_3C 更稳定的碳化物。按它们与碳结合的能力,由弱到强为 Mn、Cr、Mo、W、V、Nb、Zr 和 Ti。

碳化物形成元素中,有些元素(如 Mn)与碳的亲和力较弱,除少量可溶于渗碳体中形成合金渗碳体外,大部分仍溶于铁素体或奥氏体中。而与碳亲和力较强的一些元素(如 Cr、Mo 和 W 等),当其含量较低时,多半溶于渗碳体中,形成合金渗碳体;当其含量较高时,则可能形成新的特殊的合金碳化物,如 $Cr_{23}C_6$。与碳亲和力很强的碳化物形成元素(如 Nb、Ti 和 Zr 等),几乎总是与碳形成特殊的碳化物,仅在缺碳或高温的条件下,才以原子状态进入固溶体中。

碳化物是钢中的重要相之一,碳化物的类型、数量、大小、形状及分布对钢的性能有很重要的影响。

2.2.3　合金元素对铁碳相图的影响

合金元素对碳钢中的相平衡关系有很大影响,加入合金元素后,将使 $Fe - Fe_3C$ 相图发

生变化。

1. 对奥氏体相区的影响

按照对奥氏体相区的影响,合金元素可分为扩大奥氏体相区的元素和缩小奥氏体相区的元素两类。

(1)扩大奥氏体相区的元素

扩大奥氏体相区的元素有 Ni、Mn、Co、C、N 和 Cu 等,这些元素使 A_1 和 A_3 温度降低,使 S 点和 E 点向左下方移动,从而使奥氏体区域扩大,使钢在室温下获得单相奥氏体组织,成为奥氏体钢,如 $w(Ni) > 8\%$ 的 18 − 8 型不锈钢和 $w(Mn) > 13\%$ 的 ZGMn13 耐磨钢均属于奥氏体钢。

(2)缩小奥氏体相区的元素

缩小奥氏体相区的元素有 Cr、Mo、Si、W 等,使 A_1 和 A_3 温度升高,使 S 点和 E 点向左上方移动,从而使奥氏体区域缩小。当加入的元素超过一定含量后,奥氏体可能完全消失,使钢在包括室温在内的较大温度范围内获得单相铁素体,成为铁素体钢,如含 17% ~ 28% Cr 的 Cr17、Cr25 和 Cr28 不锈钢就是铁素体不锈钢。

2. 合金元素对 S 点和 E 点的影响

凡能扩大奥氏体相区的元素,都使 S 点和 E 点向左下方移动;凡能缩小奥氏体相区的元素,都使 S 点和 E 点向左上方移动。因此,大多数合金元素均使 S 点和 E 点左移。而 S 点向上或向下移动,则直接影响了共析转变温度(A_1 温度)。

S 点向左移动,意味着共析成分降低,与碳的质量分数相同的亚共析钢相比,合金钢组织中的珠光体数量增加,使钢得到强化。E 点向左移动,会使发生共晶转变的碳的质量分数降低,当碳的质量分数较低时,钢具有莱氏体组织,如在高速钢中,虽然碳的质量分数只有 0.7% ~ 0.8%,但是由于 E 点的左移,在铸态下会得到莱氏体组织,成为莱氏体钢。

共析温度的降低或升高会直接影响热处理加热的温度,所以锰钢和镍钢的淬火温度低于碳钢,在热处理加热时容易出现过热现象;而含有缩小奥氏体相区元素的钢,其淬火温度就需要相应地提高了。

2.2.4　合金元素对热处理的影响

合金元素的作用大多要通过热处理才能发挥出来。除低合金钢外,合金钢一般都是经过热处理后使用的。

1. 对奥氏体化及奥氏体晶粒长大的影响

合金钢的奥氏体形成过程基本上与非合金钢相同,但由于碳化物形成元素都阻碍碳原子的热迁移,因而都减缓奥氏体的形成。合金元素形成的碳化物与渗碳体难溶于奥氏体,溶解后也不易均匀扩散。因此合金钢的奥氏体要比非合金钢的奥氏体需要的温度高,保温时间更长。

因为高熔点的合金碳化物、特殊碳化物的细小颗粒分散在奥氏体组织中,能机械地阻碍晶粒长大,所以热处理时合金钢(锰钢除外)不易过热。

2. 对过冷奥氏体转变的影响

除 Co 外,大多数合金元素都使钢的过冷奥氏体的稳定性提高,从而使钢的 C 曲线右移,使临界冷却速度降低,从而提高钢的淬透性。这样做,一方面有利于大截面零件的淬透;另一方面可采用较缓和的冷却介质淬火,有利于降低淬火应力,减少变形、开裂。

合金元素只有溶于奥氏体中才能使 C 曲线右移,如果奥氏体中存在未溶化合物(稳定的碳化物、氮化物、氧化物等),那么反而会为奥氏体分解时产生新相形核准备质点,使分解速度加快,降低淬透性。

除 Co、Al 以外,大多数合金元素都使 M_s 点下降,并增加残余奥氏体量。

3. 对回火转变的影响

由于淬火时溶入马氏体的合金元素会阻碍原子的热迁移,阻碍马氏体的分解,所以合金钢回火到相同的硬度,需要比非合金钢更高的加热温度,这说明合金元素提高了钢的耐回火性(回火稳定性)。所谓耐回火性,是指淬火钢在回火时抵抗强度、硬度下降的能力。

在高合金钢中,W、Mo、V 等强碳化物形成元素在 500~600 ℃ 回火时,会形成细小弥散的特殊碳化物,使钢回火后硬度有所升高;同时淬火后残余的奥氏体在回火冷却过程中部分转变为马氏体,使钢回火后硬度显著提高。这两种现象都称为"二次硬化"。

高的耐回火性和二次硬化使合金钢在较高温度(500~600 ℃)仍保持高硬度(≥60HRC),这种性能称为热硬性。热硬性对高速切削刀具及热变形模具等非常重要。

2.3　船体结构钢及其性能要求

船体结构钢按强度等级可分为一般强度船体结构钢和屈服强度大于或等于 265 MPa 的高强度船体结构钢(简称高强钢)两类。本节主要介绍一般强度船体结构钢。

2.3.1　一般强度船体结构钢的化学成分

一般强度船体结构钢按钢材等级分为 A、B、D、E 四级,各级的化学成分各不相同;随着钢材等级的提高,其锰碳比也相应增大,有利于提高钢的韧性。其化学成分见表 2-3。

表 2-3　一般强度钢的化学成分

钢的等级		A	B	D	E
化学成分(质量分数)/%	C	≤0.21	≤0.21	≤0.21	≤0.18
	Si	≤0.50	≤0.35	≤0.35	≤0.35
	Mn	≥2.5w(C)	0.80~1.20	0.60~1.20	0.70~1.20
	P	≤0.035	≤0.035	≤0.035	≤0.035
	S	≤0.035	≤0.035	≤0.035	≤0.035
	Als	—	—	≥0.015	≥0.015

注:1. A 级型钢 C 含量上限可到 0.23%。

2. 所有质量等级钢的 C 含量为 w(C)+w(Mn)/6≤0.40%。

3. 当 B 级钢材做冲击实验时,Mn 含量下限可到 0.60%。

4. 厚度大于 25 mm 的 D 级钢和 E 级钢,可以测定总 Al 含量代替酸溶 Al 含量,此时总 Al 含量应不小于 0.020%。经船检部门同意后,也可使用其他细化晶粒元素。

5. 钢中 Cu 含量应不大于 0.35%,Cr、Ni 含量应各不大于 0.30%。

2.3.2　一般强度船体结构钢的性能要求

1.对强度和塑性的要求

船体构件在工作时受到不同外力的作用,如航行中的船舶在重力、浮力和波浪的作用下,使甲板和船底的受力处于拉伸和压缩交变的情况下,为使船体形状不发生改变和不致破损,就要求钢材有各种合适的机械性能。船用钢材最常用的力学性能指标是屈服强度、拉伸强度、屈强比、延伸率和断面收缩率等。

(1)对屈服强度的要求

屈服强度是造船材料机械性能的主要指标,在我国通常以此作为船体强度计算的技术依据,从而决定船体构件的尺寸。船体结构设计如果选用屈服强度较高的钢材,就可以减小结构的截面积,降低材料的消耗,减小船体的质量,因此能提高船舶的装载能力或航速;但如果选用钢材的屈服强度过高,当按强度要求计算选择结构剖面时,可能造成结构的稳定性不足,船体刚性较差。因此,对不同的船舶,应选择屈服强度适当的钢材来建造。

(2)对抗拉强度的要求

抗拉强度是材料断裂前所承受最大载荷的应力值。

抗拉强度在技术上是很重要的,其物理意义是表征材料对最大均匀变形的抗力,表征材料在拉伸条件下所能承受的最大载荷的应力值。它是设计和选材的主要依据之一,也是材料的重要力学性能指标。《国内航行海船建造规范》中规定,一般强度船体结构钢的抗拉强度为 $400 \sim 490$ N/mm²,高强度船体结构钢的抗拉强度有 $440 \sim 550$ N/mm² 和 $490 \sim 620$ N/mm² 两种。

(3)对屈强比 σ_s/σ_b 的要求

屈强比是屈服强度与抗拉强度之比,为钢材强度储备的一个指标。它与钢材的屈服强度及形变强化性能有关。形变强化是指金属经塑性变形而引起强度升高的现象。在金属整个变形过程中,当应力超过屈服强度之后,塑性变形并不像屈服平台那样连续流变下去,而需要继续增加外力才能继续进行,这说明金属有一种阻止塑性变形的抗力,这种抗力就是形变强化性能。因此,屈强比反映了金属结构具有的抗偶然过载能力的大小,也反映了金属均匀塑变的冷变形加工工艺性能。

随着船体结构屈服强度等级的提高,屈强比也逐渐增加,有的可在 0.95 以上。

目前,船舶结构的设计,其应力都处于弹性应力范围。在船体的个别部位,结构的应力集中及建造施工带来的附加应力重新分布。应力重新分布所需的钢材塑性变形是很小的,结构钢材的一般塑性性能都能满足,因此,船体结构钢在一般的船舶结构使用条件下,不会承受高于屈服强度的应力,对于结构的通常使用条件,可不必考虑屈强比对船体安全的影响。

但是屈强比在船舶结构承受塑性过载的情况下是有意义的。塑性过载是指船体因偶然情况,如特异海况、冲击或搁浅触礁,在战时遭受爆炸冲击等而发生的局部结构塑性过载。这时结构和材料将发生较大的塑性变形,由于形变强化,材料承受的应力将超过屈服强度,在这种情况下,钢材的屈强比是有意义的,即钢材屈强比越小,延缓结构损坏过程的潜力越大,结构可靠性越高。但也不能过分强调 σ_s/σ_b 的作用,因为高强度船体结构钢的屈强比虽比一般船体结构钢高,但经合金化和完全热处理的高强度钢较一般强度船体结构钢,具有高出许多的耐脆性破坏的抗力指标,因而不论在常温下或在较低温度下,都可以保证船体结构具有良好的形变能力和使用可靠性。

一般强度船体结构钢的屈强比为 0.48 ~ 0.59,高强度船体结构钢的屈强比为 0.53 ~ 0.71(或 0.57 ~ 0.72)。

(4)对伸长率和断面收缩率的要求

对于船用钢材来说,塑性亦是重要的性能指标之一。材料具有良好的塑性,才能在加工过程中经受冷热加工,在航行过程中避免因局部受力而破坏。钢材常用的塑性指标包括由拉伸试验测得的断后伸长率(δ)和断面收缩率(ψ)。

①断后伸长率。断后伸长率决定了钢材承受总塑性变形的能力,《国内航行海船建造规范》中要求,对一般强度船体结构钢,$\delta_5 > 22\%$;对高强度船体结构钢,A_{32}、D_{32}、E_{32} 等级的 $\delta_5 \geq 22\%$,A_{36}、D_{36}、E_{36} 等级的 $\delta_5 \geq 22\%$。

②断面收缩率。ψ 的数值一般采用光滑圆柱试样的拉伸试验来获得,它表示钢材的局部延伸率。局部延伸率亦是钢材的重要性能,即钢材承受局部塑性变形的能力。经验表明,断面收缩率大于或等于50%,对于船体钢来说就足够了,但在规范中没有明确的规定。

2. 对疲劳性能的要求

金属结构在交变应力作用下破坏的过程,称为疲劳破坏。

船舶在使用过程中,不可避免地要承受各种交变载荷的作用,如波浪的拍击、浪涌中的沉浮、机器的振动和水下舰艇的下潜上浮等,使材料产生高周疲劳和低周疲劳,这些都可能导致结构的破坏,因此保证船舶材料有必要的疲劳强度是相当重要的。通常船体结构承受的是工作应力较低而交变频率较高的高周疲劳。

疲劳极限与静强度之间存在一定的关系,根据大量试验归纳出的经验公式如下:

一般钢材 $\qquad\qquad\qquad \sigma_{-1} = 0.35\sigma_b + 12.2$

高强度钢 $\qquad\qquad\qquad \sigma_{-1} = 0.25(1 + 0.35\psi)\sigma_b$

从经验公式可看出,高周疲劳极限与静强度间存在线性关系,材料的静强度高,一般其疲劳极限也高。但这仅在中、低强度范围内存在。

低应力高周疲劳抗力评定常用的指标有疲劳极限、疲劳极限过负荷持久值和疲劳缺口敏感度等。

3. 对冲击韧性的要求

船舶用钢应具有良好的冲击韧性,以防止脆性断裂,尤其应具有较低的脆性转变温度,以防止低温脆断。

4. 对船舶用钢的工艺性能要求

船体结构的零件经常要进行轧圆、折边、角弯、刨边等冷加工。对形状复杂的双向曲度钢板,用冷加工方法成形往往比较困难,需采用热加工方法成形。船体各种结构的连接都采用焊接,为了保证船体构件加工性能和加工、焊接后的机械性能,对钢材的加工工艺性和可焊性必须给予充分的重视。

(1)冷加工对钢材的要求

船体构件大多采用冷加工方法成形,如船体外板、肋骨、肋板等,为了确保船体构件具有良好的冷加工工艺性能,要求船体结构钢的含碳量限制在较低的范围内(一般 $w(C) \leq 0.22\%$)。钢中含碳量是促使加工硬化的一个重要因素。所谓加工硬化,是指金属在经过冷态下的塑性变形之后,强度随着变形程度的增加而提高,而塑性却随之降低。船体结构钢的冷加工工艺性能通常用冷弯试验测定。如果采用宽试样,试样弯曲到120°(标准试样为180°)不裂,则认为冷弯性能良好。船用碳素钢和低合金钢含碳量都较低,故一般都能满足这个要求。

（2）热加工对钢材的要求

曲率较大或具有双向曲度的船体构件（如轴包板、艉舭柱及潜艇耐压壳体肋骨等）用冷加工方法成形往往比较困难,通常采用热加工方法成形。钢材在加热过程中,随着温度的升高,强度下降,塑性提高,易于成形,但不可避免地要发生氧化（表面烧损1%～3%）和脱碳（脱碳层一般为2～3 mm）。当钢加热到相变点以上某一温度时,晶粒会剧烈地长大,此时机械性能大大降低,这种现象称为过热。过热可用退火或正火来改善,但如果加热到更高温度或长时间在高温下加热,则炉内氧气渗入钢的内部组织,破坏了钢的晶粒结构,甚至造成晶界局部熔化,这种现象称为过烧。过烧的钢件一般极难挽救。因此在钢件加热过程中,必须严格控制加热温度与加热时间。

热加工的起始温度一般低于固相线100～200 ℃,一般为1 050～1 200 ℃。温度过高易过烧,过低则塑性不够。热加工终止温度范围为800～880 ℃,不能太高,否则晶粒剧烈地长大;也不能太低,否则变形抗力大,加工困难。

热加工不仅改变了钢件的形状和尺寸,也改变了钢的内部组织,在一定程度上改善了钢的性能。

（3）钢材冷、热加工性能的评价——弯曲试验

弯曲试验的目的是检验钢材在冷、热加工或经过相当于淬火的温度骤变后,承受规定弯曲程度的塑性变形性能,并显示其缺陷。弯曲试验的试样形式和尺寸根据材料的种类,按规范的要求执行。

弯曲试验有冷弯和热弯两种方法。

冷弯试验是指试样在室温下进行试验。

热弯试验是指试样在弯曲前均匀加热到某一技术要求下的温度,在试验机上进行弯曲试验。

弯曲试验是把试样放在压力机（或特殊试验机）上进行的,弯曲的角度和弯心直径视材料的特性和厚度而定。加在试样上的载荷应保证在试样支点的中间,并平稳地增加。

弯曲后可用5倍放大镜或肉眼检查试样弯曲处的外表面有无裂缝、断裂或起层等缺陷。如无上述缺陷,则可以认为材料合格。

（4）钢的焊接性

金属材料的焊接性是指金属材料对焊接加工的适应性,即在一定的焊接工艺条件下,获得优质焊接接头的难易程度。焊接性评定有间接判断法和直接试验法两种,详细内容见后面相关章节。

2.4　特殊性能钢

现代科学技术的发展对钢材提出了许多关于特殊性能的要求,例如,化工部门要求钢材具有耐酸不锈性能,仪表工业要求材料具有特殊的电磁性能,汽轮机制造部门则要求钢材具有良好的高温强度,等等。这些特殊的物理化学性能只有采用特殊性能钢才能获得。

特殊性能钢是指具有某些特殊的物理、化学、力学性能,因而在特殊的环境下或特殊的工作条件下工作的钢种。工程中常用的特殊性能钢包括不锈钢、低温钢、耐热钢等。

2.4.1 不锈钢

1. 金属腐蚀的概念

金属腐蚀的形式有两种,一种是化学腐蚀,一种是电化学腐蚀。化学腐蚀是金属直接与周围介质发生纯化学作用。例如,钢在氧化性气氛中加热发生氧化反应形成氧化皮。电化学腐蚀是金属在酸、碱、盐等电解质溶液中由于原电池的作用而引起的腐蚀。

2. 常用不锈钢

(1)马氏体不锈钢

常用马氏体不锈钢含碳量为 0.10% ~0.45% ,含铬量为 12% ~18% ,属于铬不锈钢,主要包括 Cr13 型不锈钢和高碳不锈轴承钢 7Cr17 等。常用马氏体不锈钢的化学成分、热处理、力学性能及用途见表 2 - 4。生产中应用最广泛的马氏体不锈钢有 1Cr13、2Cr13、3Cr13、4Cr13 等。

马氏体不锈钢中的含铬量一般大于 12% ,使钢的电极电位明显升高,因而耐腐蚀性明显提高。但这类钢中含有较多的碳,含碳量增加,钢的硬度、强度、耐磨性及切削性显著提高,而耐腐蚀性下降。含碳量较高的 3Cr13、4Cr13 等不锈钢适于制造医疗器械、弹簧和轴承部件等机器零件;而含碳量较低的 1Cr13、2Cr13 等不锈钢具有较高的塑性、韧性和良好的综合力学性能,常用来制造汽轮机叶片、水压机阀及在较高温度下工作的螺钉、螺帽等机器零件。可见马氏体不锈钢多用来制造力学性能要求较高、耐腐蚀性要求较低的零件。

表 2 - 4 常用马氏体不锈钢的化学成分、热处理、力学性能及用途

牌号	化学成分(质量分数)/%						热处理温度/℃		
	C	Si	Mn	Cr	Ni	其他	退火温度	淬火温度	回火温度
1Cr13	≤0.15	≤1.0	≤1.0	11.5 ~ 13.5	≤0.60	—	800 ~ 900 缓冷或约 750 快冷	950 ~ 1 000 油冷	700 ~ 750 快冷
3Cr13	0.20 ~ 0.35	≤1.0	≤1.0	12 ~ 14	≤0.60	—		920 ~ 980 油冷	600 ~ 750 快冷
7Cr17	0.60 ~ 0.75	≤1.0	≤1.0	16 ~ 18	≤0.60	Mo≤ 0.75	800 ~ 920 缓冷	1 010 ~ 1 070 油冷	100 ~ 180 快冷
11Cr17	0.95 ~ 1.20	≤1.0	≤1.0	16 ~ 18	≤0.60	Mo≤ 0.75			

牌号	力学性能						用途举例
	σ_b	σ_s	δ	ψ	A_K/J	硬度	
1Cr13	540	345	25	55	78	≥159 HBS	良好的耐腐蚀性和切削性,制作一般用途的零件和刀具,如螺栓、螺母等
3Cr13	735	540	12	40	24	≥217 HBS	制作硬度较高的耐蚀耐磨刀具、量具、阀座、阀门医疗器具等
7Cr17	—	—	—	—	—	≥54 HRC	淬火、回火后,强度、韧性、硬度较好,可制作刀具、量具、轴承等
11Cr17	—	—	—	—	—	≥58 HRC	所有不锈钢和耐热钢中硬度最高,可制作喷嘴、轴承等

（2）铁素体不锈钢

这类钢的成分特点是含铬量高（$w(Cr) > 15\%$），含碳量低（$w(C) < 0.15\%$）。在加热和冷却过程中没有或很少发生 α 与 γ 的相互转变，属于铁素体钢。随着含铬量的增大，基体电极电位升高，钢的耐腐蚀性提高。该类钢在氧化性酸中具有良好的耐腐蚀性，同时具有较高的抗氧化性能，广泛用于硝酸、氮肥、磷酸等工业，也可作为高温下的抗氧化材料。工业上常用的铁素体不锈钢牌号有 1Cr17、1Cr17Ti、1Cr28、1Cr25Ti 及 1Cr17Mo2Ti 等。常用铁素体不锈钢的化学成分、热处理、力学性能及用途见表 2－5。其中以 Cr17 型不锈钢使用最为普遍。1Cr17 钢 $w(C) \leqslant 0.12\%$，高温下有部分 γ 相形成，但铁素体占主要部分，属于半铁素体钢；其他钢种是单相铁素体组织。1Cr28 钢含铬量较高，在氧化性介质中耐腐蚀性更好。

表 2－5　常用铁素体不锈钢的化学成分、热处理、力学性能及用途

牌号	化学成分（质量分数）/%						热处理温度/℃	
	C	Si	Mn	Cr	Ni	其他	退火温度	固溶处理温度
1Cr17	≤0.12	≤0.75	≤1.00	16.00 ~ 18.00	≤0.60	—	750 ~ 850 空冷或缓冷	—
00Cr30Mo2	≤0.01	≤0.40	≤0.40	28.50 ~ 32.00	—	Mo1.50 ~ 2.50	900 ~ 1 050 快冷	—

牌号	力学性能						用途举例
	σ_b	σ_s	δ	ψ	A_K/J	硬度	
1Cr17	450	205	22	50	—	≥183HBS	耐腐蚀性良好的通用不锈钢，用于建筑装潢、家用电器、家庭用具等
00Cr30Mo2	450	295	20	45	—	≥228HBS	耐腐蚀性很好，用于耐有机酸、苛性碱设备，耐点腐蚀

（3）奥氏体不锈钢

奥氏体不锈钢是工业上应用最广泛的不锈钢。最常见的是 $w(Cr) = 18\%$、$w(Ni) = 9\%$ 的 18－8 型不锈钢，如 0Cr18Ni9、1Cr18Ni9、2Cr18Ni9、0Cr18Ni9Ti、1Cr18Ni9Ti 等。常用奥氏体不锈钢的化学成分、热处理、力学性能及用途见表 2－6。在 18－8 型不锈钢基础上加入 Ti、Ni 是为了消除晶间腐蚀；加入 Mo 和 Cu 是为了提高钢在盐酸、磷酸、尿素中的耐腐蚀性，如 0Cr18Ni12Mo2Ti 等。这类钢具有很好的耐腐蚀性、抗氧化性和较高的力学性能。在氧化性、中性及弱氧化性介质中，奥氏体不锈钢的耐腐蚀性远比铬不锈钢的好，其室温及低温韧性、塑性及焊接性也是铁素体不锈钢不能比拟的。

表2-6 常用奥氏体不锈钢的化学成分、热处理、力学性能及用途

牌号	化学成分(质量分数)/%						热处理温度/℃	
	C	Si	Mn	Cr	Ni	其他	退火温度	固溶处理温度
1Cr18Ni9	≤0.15	≤1.00	≤2.00	17.00~19.00	—	—	—	1 010~1 150 快冷
0Cr19Ni9	≤0.08	≤1.00	≤2.00	18.00~20.00	—	—	—	1 010~1 150 快冷
00Cr19Ni10	≤0.03	≤1.00	≤2.00	18.00~20.00	—	—	—	1 010~1 150 快冷

牌号	力学性能						用途举例
	σ_b	σ_s	δ	ψ	A_K/J	硬度	
1Cr18Ni9	520	205	40	60	—	≥187HBS	冷加工后有高强度,用于建筑装潢材料和生产硝酸、化肥等化工设备零件
0Cr19Ni9	520	205	40	60	—	≥187HBS	应用最广泛的不锈钢,可制作食品、化工、核能设备的零件
00Cr19Ni10	480	177	40	60	—	≥187HBS	碳的质量分数低,耐晶间腐蚀,可制作焊后不热处理的零件

2.4.2 低温钢

近年来,工业中大量使用液氮、液化天然气、液化石油气等。为了存储、运输这些液化气体,需要大量的低温容器、运输船舶等。低温容器、运输船舶必须采用具有特殊性能的低温钢进行制造。

1.低温钢的性能要求

(1)低温强度

保证材料在低温条件下有足够的强度。

(2)温韧性

凡是体心立方晶体格的金属都有冷脆性,随着温度的降低,出现脆性转变温度T_c,材料的断裂从韧性转变为脆性。对于低温钢,在低温下的缺口韧性很重要,一般要求梅氏试样$\alpha_K \geq 60$ J/cm^2;夏氏V形缺口试样$C_V \geq 25$ J/cm^2(三个试样平均值);单试样$C_V \geq 25$ J/cm^2。

(3)工艺性

要求考虑到制造低温容器时钢材的可焊性及工艺性。可焊性主要以低温钢中的合金元素的碳当量判断。

(4)耐腐蚀性

要求对容纳的物质具有一定的耐腐蚀性。

2. 常用的低温钢

（1）奥氏体低温钢

奥氏体不锈钢具有良好的低温性能，最早用作低温钢，18 – 8 型钢中 0Cr18Ni9 和 1Cr18Ni9 应用最广，但在 – 200 ℃以下奥氏体不稳定。25Cr – 20Ni 是最稳定的奥氏体不锈钢，用于超低温（ – 268.9 ℃液态）条件。我国为了节约铬、镍，研制了 15Mn26A14，现已开始在生产中使用。

（2）低碳马氏体低温钢

属于这类钢的主要是 1Ni9。镍可以改善铁素体的低温韧性，降低脆性转变温度。1Ni9 可用于制造 – 196 ℃条件下使用的液氮、液化天然气设备。

1Ni9 钢淬火后的组织为低碳马氏体；正火组织除低碳马氏体外，还含有一定数量的铁素体和少量的奥氏体（铁素体和奥氏体的数量视工件的尺寸而定）。

1Ni9 钢具有良好的焊接性，但经过冷变形后需进行 565 ℃消除应力退火，以提高室温和低温时钢的韧性。

（3）铁素体型低温钢

属于这类低温钢的是一些低合金钢，其金相组织为铁素体 + 少量珠光体。

①16MnRE。用作 – 40 ℃使用的低温钢，已在 – 40 ℃条件下工作的中、低压力容器中使用。

②5% Ni 钢。其使用温度范围为 – 150 ~ – 100 ℃，一般采用 840 ~ 850 ℃正火或淬火后，556 ~ 560 ℃回火。这种钢在保证其强度的条件下，为改善塑性和韧性，还可以采取临界热处理（临界区 760 ~ 780 ℃正火或淬火）。

③06AlNbCuN。这种钢是我国研制的，最低使用温度为 – 120 ℃。Al、Nb 的作用是生成 AlN、NbN，氮化物在热轧状态大部分熔解，经正火处理可使氮化物以极细小形状呈弥散分布，从而细化晶粒，提高钢的低温韧性。这种钢应进行正火处理，正火温度为 910 ~ 970 ℃，最好的正火温度是 940 ℃。

2.4.3　耐热钢

耐热钢是指在高温下工作并具有一定强度和抗氧化、耐腐蚀能力的钢种。耐热钢包括热不起皮钢（热稳定钢）和热强钢。热不起皮钢是指在高温下抗氧化或抗高温介质腐蚀而不破坏的钢。热强钢是指在高温下有一定抗氧化能力并具有足够强度而不产生大量变形、断裂的钢。

1. 耐热钢的热稳定性和热强性

耐热钢常用来制造蒸汽锅炉、蒸汽轮机、燃气涡轮、喷气发动机、火箭、原子能装置等的构件或零件。这些零件或构件一般在 450 ℃以上甚至 1 100 ℃以上工作，并且承受静载荷、疲劳载荷或冲击载荷的作用。钢件与高温空气、蒸汽或燃气相接触，表面会发生高温氧化或腐蚀破坏。材料在高温作用下，屈服强度和抗拉强度要降低，尤其要降低钢的形变强化作用。特别是在高温下，给钢件加一比该温度下屈服强度还低的恒定的应力，那么在温度和载荷的长时间作用下，钢将以一定的速度产生塑性变形，这一现象称为蠕变。蠕变的发生最终能导致构件断裂。因此，钢件在高温下承受各种负荷应力的作用，必须具备足够的热稳定性和热强性。

钢的热稳定性是指钢在高温下抗氧化或抗高温介质腐蚀的能力。钢的抗氧化性高低一般用单位时间、单位面积上氧化后质量增加或减少的数值来表示。

热强性表示金属在高温和载荷长时间作用下抵抗蠕变和断裂的能力,即表现材料的高温强度,通常以条件蠕变极限和持久强度来表征。

2. 常用耐热钢

(1)珠光体耐热钢

这类钢属于低碳合金钢,工作温度在 450~550 ℃ 时有较高的热强性,主要用于制造载荷较小的动力装置上的零部件,如锅炉钢管或其他管道材料。典型钢种有 15CrMo、12CrMoV、12MoVWBSiRe 等。

(2)马氏体耐热钢

这类钢包括用来制造汽轮机叶片的 $w(C)$ 为 10%~13% 的 Cr 钢和用于制造汽油机或柴油机排气阀的 Cr - Si 钢,工作温度为 550~600 ℃。

汽轮机叶片钢常用牌号有 1Cr13、15Cr11MoV、15Cr12WMoVA 等。在 1Cr13 马氏体不锈钢基础上,加入 W、Mo、V、Ti、Nb 是为了强化基体固溶体及形成更稳定的碳化物,加入 B 可以强化晶界,从而提高钢的热强性和叶片的使用温度。

常用耐热钢的牌号、热处理、力学性能及用途见表 2-7。

表 2-7　常用耐热钢的牌号、热处理、力学性能及用途

类别	牌号	热处理		室温力学性能(不小于)			用途举例
		淬(正、退)火温度/℃	回火温度/℃	σ_b/MPa	$\sigma_{0.2}$/MPa	δ/%	
奥氏体型	1Cr18Ni9Ti	920~1 100 固溶	—	705	315	20	870 ℃ 以下反复加热的锅炉过热器、再热器等
	4Cr14Ni14Mn12W2Mo	820~850 快冷	—	685	390	35	内燃机重载荷排气阀等
	3Cr18Mn12Si2N	1 100~1 150 快冷	—	440	295	22	锅炉吊架,耐1 000 ℃ 高温,加热炉传送带、料盘等
珠光体型	15CrMo	900~950 空冷	630~700 空冷	440	225	22	不大于 550 ℃ 的锅炉受热管、垫圈等
	12CrMoV	960~980 空冷	700~760 空冷	540	345	25	不大于 570 ℃ 的汽轮机叶片、导管等
马氏体型	1Cr13	950~1 000 油冷	700~750 快冷	885	590	19	小于 800 ℃ 的抗氧化件
	4Cr9Si2	1020~1 040 油冷	700~780 油冷	539	343	25	热强性高,用于小于 700 ℃ 的内燃机进气阀或轻载发动机排气阀等

表 2 - 7（续）

类别	牌号	热处理		室温力学性能（不小于）			用途举例
		淬(正、退)火温度/℃	回火温度/℃	σ_b/MPa	$\sigma_{0.2}$/MPa	δ/%	
1Cr12Mo		950～1 000 空冷	650～710 空冷	520	205	40	汽轮机叶片、喷嘴块、密封环等

（3）奥氏体耐热钢

由于 γ - Fe 原子排列较 α - Fe 致密，原子间结合力较强，再结晶温度高，因此具有更高的热强性和抗氧化性。最高工作温度可达 850 ℃。

奥氏体耐热钢钢种很多，1Cr18Ni9Ti、1Crl8Ni9Mo 等属于固溶强化型奥氏体耐热钢，可在 600～700 ℃以下使用，具有良好的抗氧化性和一定的热强性，通常用来制作喷气发动机排气管和冷却良好的燃烧室零件。

4Cr14Ni14Mn12W2Mo 是国内外应用较多的一种以碳化物作强化相的奥氏体耐热钢，具有较高的热强性，可在 600～700 ℃环境中使用，通常用来制造内燃机重载荷排气阀、喷气发动机涡轮及叶片材料或高温紧固件。

2.5 船体结构钢的选用与代用

船体结构钢的选用通常要根据船舶的用途、船舶吨位的大小、船舶的使用条件和钢材的成本等因素决定。

2.5.1 我国对船体结构钢选用的规定

我国《钢质海船入级与建造规范》（2001）按船体各部位结构承受应力情况的重要程度把它们分为三类，即次要类、主要类和特殊类。船体各强力构件的材料级别应不低于表 2 - 8 中的规定；表内没有列入的构件一般可使用 A/AH 级。对于不同级别的船体构件，应根据船体构件的板厚按表 2 - 9 选用。

表 2 - 8 材料级别和钢级的选用

构件类别	构件名称	材料级别或钢级	
		船中 0.4L[⑦]内	船中 0.4L 外
次要类	纵舱壁下列板 通常的露天甲板板	I	A/AH
	舷侧板	I	A/AH
主要类	船底板，包括龙骨板 强力甲板板[①] 强力甲板以上的纵向连续构件(不包括舱口围板) 纵舱壁上列板 顶边舱的上部斜板和垂直列板(舱口纵桁)	II	A/AH

表 2 – 8（续）

构件类别	构件名称	材料级别或钢级	
		船中 0.4L⑦ 内	船中 0.4L 外
特殊类	舷侧顶列板,包括圆弧形舷板② 强力甲板边板② 纵舱壁处的甲板板③ 舭列板④⑤ 纵向连续的舱口围板⑥	Ⅲ	Ⅱ 船中 0.6L 外为 I

注:①大开口角隅处的强力甲板板应做特殊考虑。凡可能发生局部高应力处的强力甲板应选用材料级别Ⅲ或 E/EH 钢级。

②船长大于 250 m 的船舶,在船中 0.4L 范围内,应选用不低于 E/EH 钢级。

③船宽超过 70 m 的船舶,至少应有 3 列甲板板为材料级别Ⅲ。

④船长小于 150 m 且整个船宽范围内设有双层底的船舶,舭列板可选用材料级别Ⅱ。

⑤船长大于 250 m 的船舶,舭列板应选用不低于 D/DH 钢级。

⑥纵向连续的舱口围板,当板厚≥20 mm 时,应选用不低于 D/DH 钢级。

⑦L 为船长。

表 2 – 9 各材料级别要求的钢级

材料级别	I		II		III	
板厚 t/mm	一般强度钢	高强度钢	一般强度钢	高强度钢	一般强度钢	高强度钢
$t \leq 15$	A	AH	A	AH	A	AH
$15 < t \leq 20$	A	AH	A	AH	B	AH
$20 < t \leq 25$	A	AH	B	SH	D	DH
$25 < t \leq 30$	A	AH	D	DH	D	DH
$30 < t \leq 35$	B	AH	D	DH	E	EH
$35 < t \leq 40$	B	AH	D	DH	E	EH
$40 < t \leq 50$	D	DH	E	EH	E	EH

2.5.2 高强度船体结构钢的选用

船舶结构选用高强度钢明显的效果是减小了构件尺寸,因此使船体的质量减小。由于船舶自重减小,故可提高其航速,增加其续航能力和载货量;并能减少建造船舶的材料使用量,使船舶的建造成本降低。

此外,对于潜艇,为了增加其下潜深度,获得更好的战术技术性能,经常要求选用更高强度级别的船体结构钢。

另一方面,选用高强度结构钢也会带来以下问题:

1. 船体的刚性

船体的刚性与其建造材料的弹性模数及船体截面惯性矩有关,但高强度结构钢的弹性模数与普通碳素结构钢的弹性模数一样,在选用高强度结构钢建造的条件下,往往会因为构件尺寸减小而使船体刚度不足。因此,选用高强度结构钢建造船舶时,要求长宽比 $L/D \leqslant 14$,船舶的挠度与船长之比 $1/1\,400 < f/L < 1/500$。

2. 船体结构的稳定性

由于船体构件截面积尺寸的减小,在压应力的作用下,在更低的临界应力条件下构件出现失稳现象。为此,采用高强度结构钢建造船体时,要在远离中性轴的甲板和底部外边上配置适当数量的防挠材,以增加其承载的面积。

3. 疲劳强度

由光滑试样的结构试验结果可以得出:高强度结构钢的疲劳强度大致随其强度极限上升而成比例上升。但高强度结构钢的极限强度提高远较屈服强度提高得慢,故在使用高强度结构钢建造船体时,疲劳强度是一个不可忽视的问题。

4. 耐海水腐蚀性能

高强度结构钢的耐海水腐蚀性能并不比碳素结构钢的耐海水腐蚀性能优越,因此选用高强度结构钢设计的船舶结构应留有与碳素结构钢一样的腐蚀余量。

5. 冷热加工性能与可焊性

高强度结构钢的冷热加工性能与可焊性较碳素结构钢的冷热加工性能与可焊性复杂得多。

2.5.3 钢种的代用与换算

在船舶建造过程,有时可能会碰到材料的种类和规格不全符合设计要求的情况,这就需要解决代用和换算的问题。

1. 钢种的代用原则

进行钢种代换时,应按下述原则进行考虑:

①以高强度等级代替低强度等级时,个别构件的代用,尺寸不变;大量代用时,应进行强度计算,并须征得验船部门的认可。

②以低强度等级代替高强度等级时,个别不受力构件允许代用;受力构件或大量代用一般不允许,如确需要,须进行强度等的换算,增大尺寸,同时复核由于增重而对船舶性能产生的影响,并须征得原设计部门或验船部门的同意。

③钢种代用应考虑焊接的可能性,选择适当的焊接材料,注意不同钢种的电化学腐蚀影响。

④钢种代用后,应将船体上的代用部位在完工图纸上正确注明,以备以后查证和维修之用。

2. 高强度结构钢代替一般强度结构钢的换算

对船底和强力甲板均为纵骨架式的船舶,高强度结构钢代替一般强度结构钢时换算系数按下式计算:

$$K = \frac{\sigma_{s1} + \sigma_{b1}}{\sigma_{s2} + \sigma_{b2}} \cdot C$$

式中　K——高强度结构钢的换算系数;

σ_{s1}——一般强度结构钢的屈服强度下限,kgf/mm²[①];

σ_{b1}——一般强度结构钢的抗拉强度下限,kgf/mm²;

σ_{s2}——高强度结构钢的屈服强度下限,kgf/mm²;

σ_{b2}——高强度结构钢的抗拉强度下限,kgf/mm²;

C——系数,按表2-10取值。

采用代替方法时,总纵强度换算、局部构件强度换算应符合表2-11、表2-12中要求。

表2-10　高强度结构钢的屈服强度与 C 值的关系

高强度钢的屈服强度/(kgf·mm⁻²)	32	36	40
C	1.024	1.032	1.054

表2-11　总纵强度换算表

项目	换算公式	K_1
强力甲板边线间的剖面模数 W'_J 平板龙骨上表面的剖面模和 W'_D	$W'_J = K_1 W_D (\text{cm}^2 \cdot \text{m})$ $W'_D = K_1 W_D (\text{cm}^2 \cdot \text{m})$	$K_1 = K$ 或 0.066 7 L/H, 当 $L \leq 180$ m 或 0.066 5 L/H, 当 $L > 180$ m 取其中大者

注:W_J——按低碳钢算得的剖面模数,cm²·m;

$\quad W_D$——按低碳钢算得的平板龙骨上表面剖面模数,cm²·m;

$\quad L$——船长,m;

$\quad H$——型深,m。

表2-12　局部构件换算表

项目	换算公式	附注
强力甲板厚度 舷侧外板厚度	按总纵强度决定,且 $t' = \sqrt{K} \cdot t$	—
船底外板厚度	$T' = (K + 2\sqrt{K}) \cdot t/3$	—
甲板纵骨的剖面模数 船底纵骨的剖面模数 内底纵骨的剖面模数	$W' = KW$	艉机型船舶的强力甲板,纵骨惯性矩不得小于按低合金钢计算的数值,甲板及船底纵骨间距不得大于60 t'(t'为纵骨带板厚度)
纵骨架式强横梁的剖面模数和惯性矩	按采用低合金时算得的数值	—
甲板纵桁的剖面模数	$W' = KW$	舱口围板作为甲板纵桁时,惯性矩不得低于低碳钢算得的数值

---

① 1 kgf/mm² = 9.8 × 10⁶ Pa。

表 2-12(续)

项目	换算公式	附注
双层底的肋板厚度 底纵桁厚度 内底板厚度 内底边板厚度	$t' = \sqrt{K} \cdot t$	—
平面舱壁板厚度	$t' \leqslant \sqrt{K} \cdot t$	—
舱壁扶强材的剖面模数	$W' \leqslant KW$	—
艏部 $0.1L$ 区域的强力甲板、舷侧外板、冰区加强部分的外板厚度	$t' = \sqrt{K} \cdot t$	—

思考题

1. 说明下列牌号分别属于何种金属材料,其中的数字和符号的含义分别是什么。
ZMn13-2、1Cr18Ni9Ti、1Cr13、4Cr9Si2、15CrMo、3Cr18Mn12Si2N、1Ni9。

2. 分析合金元素对提高钢的热强性和热稳定性方面的特殊作用,比较高温和常温结构钢的合金化方向。

3. 什么叫作合金钢? 同碳素钢相比,它有哪些优越性?

4. 试述普通低合金钢的性能特点(同普通碳素钢比)。

5. 连接下列常用材料的牌号。

16Mn	合金渗碳钢
20CrMnTi	滚动轴承钢
50CrVA	普通低合金结构钢
40Cr	合金弹簧钢
GCr15	合金调质钢

6. 如何提高钢的耐腐蚀性? 不锈钢的成分有何特点?

7. 为什么不锈钢中铬的质量分数不得低于 13%? Cr12MoV 钢是否属于不锈钢,为什么? 不锈钢是否在任何介质中都是不锈的? 下列用品常用何种不锈钢制造?

(1)外科手术刀;

(2)汽轮机叶片;

(3)硝酸槽;

(4)食品设备容器。

8. 请比较 1Cr13、1Cr17、1Cr18Ni8Ti 钢的强度及耐腐蚀性高低,并说明理由。

9. 低温用钢的性能有什么要求?

10. 钢种的选用和代用原则是什么?

第3章 船用非铁金属材料

非铁金属(又称有色金属)及其合金是指铁基以外的其他合金。它们的种类很多,有色金属材料在船舶行业应用较多的主要有铝、铜、钛、镁、锌及其合金等。有色金属与黑色金属相比,具有一系列特点:有的有良好的导热性和导电性,如银、铜、铝等;有的有优异的化学稳定性,如铝、钛等;有的比强度(单位质量能够提供的强度)高,如铝合金、钛合金等。近年来,航空、航海中为减小质量,提高运载能力和航行速度,要求材料强度高、密度小。此外,石油、化工、航海中的设备及其零件要在腐蚀介质中工作,要求材料具有良好的耐腐蚀性,所以有色金属在近代造船行业中应用广泛,特别是高强度、耐腐蚀的轻合金材料的应用,大大改善了船舶的使用性能。

3.1 铝及铝合金

3.1.1 纯铝

工业上使用的纯铝主要具有以下性能与特点:

①纯铝的密度小($2.7\ \text{g/cm}^3$)。其强度很低,$\sigma_b = 80 \sim 100$ MPa;但塑性很好,$\delta = 30\% \sim 50\%$。其熔点为660 ℃,结晶后具有面心立方晶格,没有同素异构转变。

②导电、导热性能仅次于银、铜、金,居于第四位。若按比导电率(单位质量的导电能力)计算,铝的导电能力约为铜的2倍。

③具有良好的抗大气腐蚀能力。在空气中铝的表面可生成致密的氧化膜,可有效地隔绝铝和氧的接触,阻止表面的进一步氧化。

根据上述特点,工业纯铝的主要用途为:代替较贵重的铜制作导线、电缆;配制铝合金;制作具有导热和抗大气腐蚀性能而对强度要求不高的用具和器皿。

工业纯铝中常见的杂质是铁和硅,杂质越多,其导电性能越低,耐腐蚀性、塑性越差。

3.1.2 铝合金的分类及对船用铝合金性能的基本要求

纯铝的强度很低,不适于作为结构材料。为了提高其强度,最有效的方法是在纯铝中加入适当的合金元素(如硅、铜、镁、锰等),通过固溶强化、时效强化及弥散强化来实现。目前,铝合金的强度可以提高到$\sigma_b = 500 \sim 600$ MPa,接近普通钢的强度,比强度甚至比钢还高。例如,高强度铝合金的抗拉强度σ_b为600 MPa,比强度为222;而高强钢的抗拉强度σ_b为1 300 MPa 时,其比强度只有168。铝合金一般仍具有密度小、耐大气腐蚀、导热性好等特点。

1. 铝合金的分类

根据铝合金的化学成分和工艺特点,可将铝合金分为变形铝合金和铸造铝合金两类。可用铝合金状态图来说明二者成分上的差异。工程上常用的铝合金大都具有与图3-1类似的相图。由图3-1可见,成分在 DD′ 以左的合金,在加热到较高温度时,可以得到单相固溶体,合金塑性较好,适宜于进行锻造、压延与拉伸,故称为变形铝合金;成分在 DD′ 以右的合金,由于结晶温度低,有共晶组织存在,因而流动性好,适于进行铸造,称为铸造铝合金。

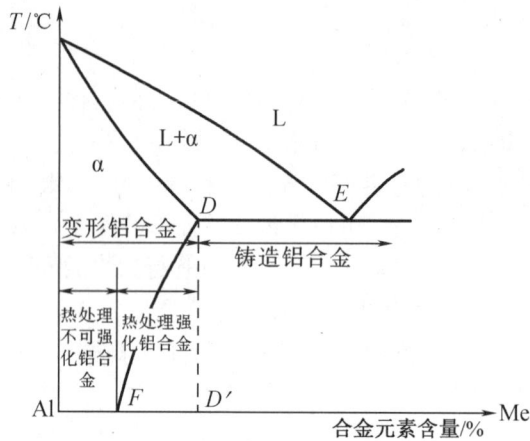

图3-1 铝合金状态图的一般类型

变形铝合金又可分为两类:成分位于 F 点以左的合金,其固溶体的成分不随温度而变化,因此属于不能热处理强化的铝合金;成分在 F 点以右的合金,其固溶体的成分随温度而变化,因此可用淬火(固溶处理)和随后的时效硬化,使合金的强度大大提高,故称为热处理强化的铝合金。

2. 对铝合金性能的基本要求

铝合金应具有较好的综合机械性能,在满足耐腐蚀性、可焊性和加工性要求的前提下,尽可能保持较高的强度(特别是屈服强度),以满足设计需求。这些性能的具体要求如下:

(1)机械性能方面

①屈强比。保持一定差距,一般不大于0.8,利于半成品和零件的加工矫正工作。

②高温强度。在加热到100 ℃之前,应保持机械性能不变;加热到250 ℃时,屈服强度大于60%。

③疲劳强度。平板试样的疲劳强度不小于50 MPa,带焊缝试样的疲劳强度不小于40 MPa。

④延伸率。不小于10%,以适应各种加工工艺需要。

(2)耐腐蚀性方面

应具有良好的耐腐蚀性,特别是耐海水腐蚀。对高强度变形铝合金,还要求有较好的耐晶间腐蚀和耐应力腐蚀性能。

(3)其他方面

热处理不可强化铝合金,应具有良好的可焊性和加工性;热处理可强化铝合金,经过一定热处理后,应具有良好的加工性,并具有在热处理中抵抗变形的能力。

3. 铝合金的时效硬化

把铝合金加热到 α 相区,保温后在水中快冷,得到单相过饱和的 α 固溶体,这种处理方式称为固溶处理或淬火。铝合金淬火后,强度与硬度并不明显提高,其塑性非但没有下降,反而有所上升。经相当长时间(4~6昼夜)的室温放置后,淬火后的铝合金的强度与硬度才显著提高,而塑性则有所下降。这种淬火铝合金随时间的延长而发生强化的现象称为时效硬化。

室温下进行的时效称为自然时效。加热条件下进行的时效称为人工时效。图 3 - 2 表示铜的质量分数为4%时的铝合金自然时效强度变化曲线。由图可见,在自然时效的最初几个小时内,铝合金强度变化很小,这段时间称为孕育期。铝合金在这段时间内塑性较好,极易进行铆接、弯曲等操作。随着时间的延长,铝合金的强度才逐渐显著提高。

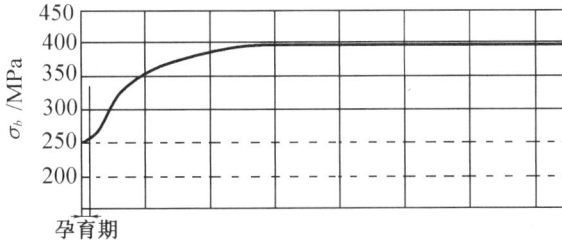

图 3 - 2 铝铜合金自然时效强度变化曲线

时效硬化的效果与加热温度有关。由图 3 - 3 可见,时效温度越高,时效强化过程进行得越快,但所得最大强度值也越低。

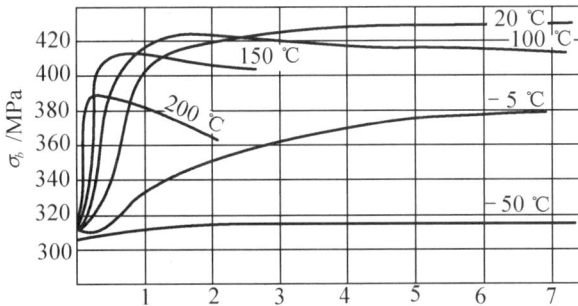

图 3 - 3 铝铜合金在不同温度下的时效曲线

已经时效硬化的铝合金,如若需恢复其塑性,可在230~250 ℃下短时间加热,然后快冷至室温,合金将重新恢复塑性,即性能恢复到淬火状态。若在室温下放置,则与新淬火合金一样,仍能进行正常的自然时效与人工时效,这种现象称为回归现象。

4. 变形铝合金

变形铝合金按其化学成分与主要性能特点,分为防锈铝、硬铝、超硬铝和锻铝四种,见表 3 - 1。它们常在冶金厂加工成各种规格的型材,如板、带、线、管等。

《变形铝及铝合金牌号表示方法》(GB/T 16474—2011)中规定,变形铝合金牌号用四位字符体系表示,牌号的第一、三、四位为数字,第二位为字母"A"。牌号中第一位数字是依主要合金元素 Cu、Mn、Si、Mg、Mg_2Si、Zn、其他元素的顺序来表示变形铝合金的组别。依其主要合金元素的排列顺序分别标示为 2,3,4,5,6,7。例如,5A50 表示以 Mg 为主要合金元素的变形铝合金,后两位数字用以表示同一组别的不同铝合金。

表 3-1 常用变形铝合金的牌号、化学成分和力学性能

组别	牌号	化学成分(质量分数)/%					力学性能		原代号
		Cu	Mg	Mn	Zn	其他	σ_b/MPa	δ/%	
防锈铝	5A50	0.10	4.80~5.50	0.30~0.60	0.20	Si0.5 Fe0.5	265	15	LF5
	3A21	0.20	—	1.00~1.60	—	Si0.6 Fe0.7 Ti0.15	<167	20	LF21
硬铝	2A01	2.20~3.00	0.20~0.50	0.20	0.10	Si0.5 Fe0.5 Ti0.15	—	—	LY1
	2A11	3.80~4.80	0.40~0.80	0.40~0.80	0.30	Si0.7 Fe0.7	<235	12	LY11
						Ti0.15	373	15	
	2A12	3.80~4.90	1.20~1.80	0.30~0.90	0.30	Si0.5 Fe0.5	≤216	14	LY12
						Ti0.15	456	8	
超硬铝	7A04	1.40~2.00	1.8~2.80	0.20~0.60	5.00~7.00	Si0.5 Fe0.5	245	10	LC4
						Gr0.10~ 0.25	490	7	
						Ti0.10	549	6	
锻铝	6A02	0.20~0.60	0.45~0.90	或Gr 0.15~0.35	—	Si0.5~1.2 Fe0.5 Ti0.15	304	8	LD2
	2A50	1.80~2.60	0.40~0.80	0.40~0.80	0.30	Si0.7~1.2 Fe0.7 Ti0.15	382	10	LD5

下面简要介绍几类变形铝合金。

(1)防锈铝合金

这类合金锻造退火后是单相固溶体组织,其塑性好,耐腐蚀性强。防锈铝合金中的主要合金元素是锰和镁。锰在铝中通过固溶强化可提高铝合金的强度,但其主要作用还是提高铝合金的耐蚀能力,所以各种含锰的防锈铝均具有比纯铝更好的耐腐蚀性。镁对铝可进一步固溶强化,尤其会使合金的密度降低,因而其制成品比纯铝还轻。但其对防锈铝合金的耐腐蚀性能有轻微损害。常见的防锈铝合金有5A50、3A21等。

在航空工业中,防锈铝合金应用甚广,适于制造焊接零件,如耐腐蚀性高的容器(油

箱)、防锈蒙皮及受力小的结构件等。

防锈铝合金均属热处理不可强化的铝合金,加工硬化是其唯一的强化手段。

(2)硬铝合金

硬铝合金是 Al – Cu – Mg 合金,并含少量的锰。加入铜和镁能形成强化相 $CuAl_2$(θ 相)及 $CuMgAl_2$(S 相),使合金能通过热处理进行时效硬化。锰的加入主要是为了改善合金的耐腐蚀性,也有一定的固溶强化作用,但锰的析出倾向小,因此不参与时效硬化。由于其比强度较高,故名硬铝。常见的硬铝合金有 2A01、2A11、2A12 等。

硬铝的耐腐蚀性较差,更不耐海水侵蚀,所以在硬铝板材的表面常轧覆薄层的纯铝,称为包覆铝,以增加其耐腐蚀性。硬铝常用于航空制造业结构件的制造,如飞机螺旋桨、叶片、隔框、蒙皮、支架、承受高负荷的铆钉等。

(3)超硬铝合金

超硬铝合金是 Al – Cu – Mg – Zn 合金,这是强度最高的一种铝合金。其时效硬化相除了 θ 相和 S 相以外,还有强化效果很大的 η 相($MgZn_2$)及 T 相($Al_2Mg_3Zn_3$),这种合金经过适当淬火和 120 ℃左右的人工时效后,可以获得很高的力学性能。常见的超硬铝合金有 7A04 等。

超硬铝合金的最大缺点是耐腐蚀性差,一般也要包覆铝,以提高其耐腐蚀性。由于其比强度已相当于超高强度钢,故名超硬铝合金。超硬铝合金主要用于制造飞机的受力构件,如飞机的起落架、大梁等。

(4)锻铝合金

锻铝合金是用于制作形状复杂的大型锻件的铝合金,多数属于 Al – Cu – Mg – Si 合金。其力学性能与硬铝合金相近,热塑性和耐腐蚀性较高,更适于锻造,故名锻铝合金。常见的锻铝合金有 6A02、2A50 等。

由于锻铝合金的热塑性好,所以适于制造航空及仪表工业中各种形状复杂、要求比强度较高的锻件,如各种叶轮、框架或高温条件下(200~300 ℃)工作的零件,如内燃机的活塞及汽缸等。

(5)铸造铝合金

用来制作铸件的铝合金称为铸造铝合金。铸造铝合金要求具有良好的铸造性能,为此在铸造铝合金中必须有适当数量的共晶体。铸造铝合金分为铝 – 硅系、铝 – 铜系、铝 – 镁系和铝 – 锌系四种,其中铝 – 硅系应用最广。

以 ZAlSi7Mg 为例,铸造铝合金的牌号表示方法如下:Z 为汉语拼音"铸"字的大写首字母;Al 为铝的元素符号;Si 为硅的元素符号;7 为硅的质量分数;Mg 为镁的元素符号。

常用铸造铝合金的牌号、化学成分、力学性能及用途见表 3 – 2。

下面介绍铝 – 硅系合金。室温下硅在铝中的溶解度极小。由于共晶成分附近的合金熔点低,结晶温度范围小,流动性好,收缩与热裂倾向小,具有优良的铸造性能。如代号为 ZL102 的铸造铝合金中,硅的质量分数为 10%~13%,其铸造缓冷后的组织主要是 α + Si 共晶体,其中硅晶体呈粗大针状,是一个脆硬相,使合金的强度、塑性降低。若在浇铸前向液体合金中加入质量分数为 2%~3% 的变质剂(25% NaCl + 60% NaF + 15% $NaAlF_6$)进行变质处理,可使合金的组织和性能发生很大的变化,得到初晶 α + (α + Si)共晶体,这是由于钠能使共晶点向右下方移动,使变质后的合金获得亚共晶组织。ZL102 合金变质处理后,其强度由 140 MPa 提高到 180 MPa,伸长率由 2% 提高到 6%。

表 3-2　常用铸造铝合金的牌号、化学成分、力学性能及用途

合金牌号（代号）	化学成分（质量分数）/%							力学性能		主要用途
	Si	Cu	Mg	Mn	Zn	Ti	其余 Al	σ_b/MPa	δ/%	
ZAlSi7Mg（ZL101）	6.0 ~ 8.0	—	0.2 ~ 0.4	—	—	—	—	205 195	2 2	仪器和零件,抽水机壳体,工作温度不超过185 ℃的汽化器
ZAlSi12（ZL102）	10.0 ~ 13.0	—	—	—	—	—	—	155 145 135	2 4 4	仪表工作温度不超过200 ℃,要求气密性并承受低载荷的零件
ZAlSi9Mg（ZL104）	4.5 ~ 5.5	1.0 ~ 1.5	0.4 ~ 0.6	—	—	—	—	235 195 225	0.5 1 0.5	在255 ℃以下工作的零件,如风冷发动机的汽缸、机匣,液压泵的壳体
ZAlSi12Cu2Mg（ZL108）	11.0 ~ 13.0	1.0 ~ 2.0	0.4 ~ 1.0	0.3 ~ 0.9	—	0.15 ~ 0.35	—	195 255	—	要求高强度及低膨胀系数的内燃机活塞和其他耐热零件
ZAlCu5Mn（ZL201）	—	4.5 ~ 5.3	—	0.6 ~ 0.9	—	—	—	295 335	8 4	在300 ℃以下工作的零件,如支臂、挂架梁、内燃机汽缸、活塞等
ZAlMg10（ZL301）	—	—	9.5 ~ 11.5	—	—	—	—	280	10	在大气和海水中工作的零件,承受大振动载荷且工作温度不超过150 ℃的零件
ZAlZn11Si7（ZL401）	6.0 ~ 8.0	—	0.1 ~ 0.3	—	9.0 ~ 13.0	—	—	245 195	1.5 2	工作温度不超过200 ℃且结构形状复杂的零件

　　仅含有 Si 的铝 – 硅合金,其主要缺点是强度较低,而且不能进行淬火及时效处理。

　　为了提高铝 – 硅合金的强度,可在其中加入镁、铜等合金元素,以形成强化相,如 $CuAl_2$、Mg_2Si、$CuMgAl_2$ 等,使得合金在变质处理后可进行淬火及时效处理,以进一步提高其强度。

　　铸造铝 – 硅合金俗称硅铝明。一般用来制造质轻、耐蚀、形状复杂但强度要求不高的铸件,如发动机汽缸,手提电动工具或风动工具,以及仪表的外壳等。同时,加入镁、铜的铝 – 硅合金(如 ZL108)还具有较好的耐热性与耐磨性,常用于制造内燃机的活塞等。

3.1.3　铝合金的腐蚀与防腐

1. 铝及铝合金常见的腐蚀形式

铝的电位低,化学性质活泼,容易受到腐蚀,但其氧化后生成的 Al_2O_3 氧化膜连续、致密,能够有效阻止继续氧化。所以在大气中,铝具有良好的耐腐蚀性,纯度越高,耐大气腐蚀能力越强。

铝在海水中由于受到氯离子的作用而使氧化膜破坏,产生点蚀现象。

硬铝合金有较高的耐腐蚀性,但在应力作用下有晶间腐蚀倾向。

热处理强化铝合金,时效强化后强化相沿着晶界析出,造成晶界处韧性下降,容易引起晶间腐蚀。

晶间腐蚀使晶粒间丧失结合力,强度急剧下降,其危害性很大。

2. 铝合金常用防腐措施

目前多用铝 – 镁合金制造船体结构,上层建筑使用时,为了更耐久,仍然采取涂层保护。与海水接触的船体均涂以防污漆,以减少海洋生物的附着。但应注意,油漆中不可含有铅、汞、汞盐或铜,否则会产生腐蚀。

铝合金结构和钢结构采用螺栓或铆钉连接时,钢结构的结合处应镀锌或在清锈后喷涂铝基漆,而铝结构上涂覆一层铬酸锌;有时分别在钢构件和铝构件的结合面上涂漆,再在它们之间垫上密封橡胶带。对于铝合金船体,也可用锌作为牺牲阳极来进行防腐,但必须注意锌块的纯度,避免熔铸时混入铁质,否则会降低保护效果。

铝制小艇或快艇,可以进行阳极氧化处理,使其表面形成一层致密而连续的 Al_2O_3 氧化膜;或包覆铝丁橡胶;或包覆一层板材厚度为 2% ~ 4% 的工业纯铝,使艇体与海水隔绝,这些方法都可以达到防腐的目的。

3.2　铜及铜合金

3.2.1　纯铜

工业上使用的纯铜,其铜的质量分数为 99.70% ~ 99.95%,呈玫瑰红色。当表面生成氧化膜后,呈紫色,故称紫铜。其性能和特点如下:

①密度为 $8.96\ g/cm^3$,熔点为 1 083 ℃,具有面心立方晶格,无同素异构转变;

②有优良的导电性、导热性及良好的耐腐蚀性,并具有抗磁性;

③强度不高($\sigma_b = 230 \sim 240$ MPa),硬度很低(40 ~ 50HBS),塑性很好($\delta = 45\%$ ~ 50%),易于进行冷、热压力加工。

纯铜主要用作导电材料,如电线、电缆等,还可用来配制各种合金。纯铜及其合金对于制造不允许受磁性干扰的磁学仪器(如罗盘、航空仪表和炮兵瞄准环等)具有重要价值。冷加工后的纯铜,将产生加工硬化,强度可提高到 400 ~ 500 MPa,但塑性下降到 2% 左右。

3.2.2　铜合金的分类及牌号表示方法

铜合金按化学成分可以分为黄铜、青铜和白铜三大类。

$$铜合金\begin{cases}黄铜\begin{cases}普通黄铜\\特殊黄铜\end{cases}\\白铜\\青铜\begin{cases}锡青铜\\特殊青铜\end{cases}\end{cases}$$

黄铜是指以锌为主要合金元素的铜合金。普通黄铜是铜－锌二元合金。在此基础上加入其他合金元素称为特殊黄铜。

黄铜的牌号表示方法是用"黄"字的大写汉语拼音首字母"H"加数字表示,数字代表含铜量。例如,H68 表示铜的质量分数约为 68% ,余量为锌的普通黄铜。铸造黄铜的牌号前加字母"Z",例如,ZCuZn38 表示锌的质量分数为 38% 的铸造黄铜。

特殊黄铜的牌号表示方法:H + 主加合金元素的化学符号 + 铜及各合金元素的名义质量分数。例如,HPb59 - 1 表示铜的名义质量分数为 59% ,铅的名义质量分数为 1% 的铅黄铜。

白铜指以镍为主要合金元素的铜合金。

青铜指除了黄铜和白铜以外的所有铜合金。

青铜的牌号表示方法:"青"字的大写汉语拼音首位字母"Q" + 第一个主加元素符号及其名义质量分数 + 数字(其他合金元素的名义质量分数)。铸造青铜的牌号表示方法与铸造铝合金的牌号表示方法相同。例如,ZCuSn10P1 表示锡的名义质量分数为 10% ,磷的质量分数小于或等于 1% ,余量为铜的铸造锡青铜。

3.2.3 黄铜

黄铜的性能与它的成分和组织有关。轧制退火状态的黄铜,其机械性能随着含锌量的增加而发生变化:当含锌量为 30% 时,黄铜具有最大的塑性;而含锌量为 40% 时,黄铜具有最大的硬度。

1. 普通黄铜

(1)普通黄铜的性能

普通黄铜的力学性能与锌的质量分数有关,锌的质量分数对力学性能的影响如图 3 - 4 所示。由图可见,当锌的质量分数增加时,由于锌在铜中的溶解度增加,其强度、硬度升高,同时塑性也在改善。当合金中的 $w(Zn)$ 大于

图 3 - 4　锌对铜机械性能的影响

32% 后,伸长率开始下降,但由于一定数量的强化相的强化作用,强度继续升高;当合金中的 $w(Zn)$ 大于 45% 以后,强度和塑性都急剧下降,此时的铜合金在生产中已无实用价值。

(2)常用的普通黄铜

①H90 及 H80 等均为单相黄铜,有优良的耐腐蚀性、导热性和冷变形能力,并呈金黄色,故有金色黄铜之称,其常用于镀层、艺术装饰品、奖章及散热器等。

②H68 及 H70 等均为 Q 单相黄铜,按其成分称为七三黄铜。其具有优良的冷、热塑性变形能力,适于用冷冲压方式制造形状复杂的管、套类零件,如弹壳、波纹管等,故又有弹壳

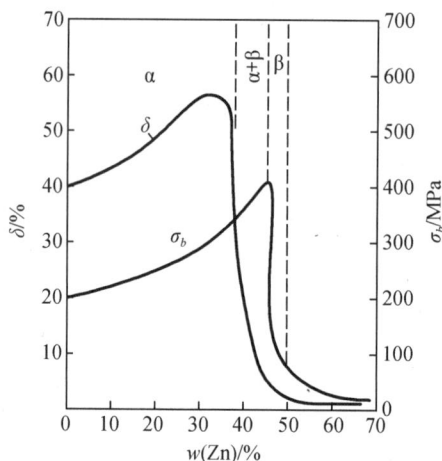

黄铜之称。

③H62 及 H59 等均为 α + β′双相黄铜,按其成分称为六四黄铜。它的强度较高,并有一定的耐腐蚀性,用于制作电器上要求导电、耐腐蚀及适当强度的结构件,如螺栓、螺母、垫圈、弹簧及机器中的轴套等,是应用广泛的合金,有商业黄铜之称。

常用普通黄铜及特殊黄铜的牌号、化学成分、力学性能及用途见表 3 – 3。

表 3 – 3　常用普通黄铜及特殊黄铜的牌号、化学成分、力学性能及用途

组别	牌号		化学成分(质量分数)/%		力学性能			主要用途
	名称	代号	Cu	其他	σ_b/MPa	δ/%	HBS	
普通黄铜	96 黄铜	H90	88.0 ~ 91.0	余量 Zn	245 392	35 3	—	双金属片、供水和排水管、证章、艺术品
	68 黄铜	H68	67.0 ~ 70.0	余量 Zn	294 392	40 13	—	复杂的冷冲压件、散热器外壳、弹壳、导管、波纹管、轴套
	62 黄铜	H62	60.5 ~ 63.5	余量 Zn	294 412	40 10	—	销钉、铆钉、螺钉、螺母、垫圈、弹簧、夹线板
特殊黄铜	62 – 1 锡黄铜	HSn62 – 1	61.0 ~ 63.0	Sn0.7 ~ 1.1 余量 Zn	249 392	35 5	—	与海水和汽油接触的船舶零件
	80 – 3 硅黄铜	HSi80 – 3	79.0 ~ 81.0	Si2.5 ~ 4.5 余量 Zn	300 350	15 20	—	船舶零件、在海水、淡水和蒸汽(<265 ℃ 条件下工作的零件)
	58 – 2 锰黄铜	HMn58 – 2	57.0 ~ 60.0	Mn1.0 ~ 2.0 余量 Zn	382 588	30 3	—	海轮制造业的弱电用零件
	59 – 1 铅黄铜	HPb59 – 1	57.0 ~ 60.0	Pb0.8 ~ 1.9 余量 Zn	343 411	25 5	—	热冲压及切削加工零件,如销、螺钉、螺母、轴套
	40 – 3 – 1 锰黄铜	ZCuZn40 Mn3Fe1	53.0 ~ 58.0	Mn3.0 ~ 4.0 Fe0.5 ~ 1.5 余量 Zn	440 490	18 15	98 108	轮廓不复杂的重要零件,海轮上在 300 ℃ 以下工作的管配件、螺旋桨等大型铸件

注:力学性能中分母的数值,对变形黄铜是指加工硬化状态(变形程度50%)的数值,对铸造黄铜是指金属型铸造时的数值;分子的数值,对变形黄铜为退火状态(600 ℃)时的数值,对铸造黄铜为砂型铸造时的数值。主要用途未在国标中规定。

2. 特殊黄铜

为了改善黄铜的性能,往往加入一些其他合金元素,如铅、铝、锰、铁、硅、锡和镍等,这种黄铜即特殊黄铜。加入铅可以改善黄铜的切削性能;加入铝可以提高黄铜的强度、硬度

和耐腐蚀性;锰、硅、镍等均能在一定程度下溶入铜内形成固溶体,提高合金的强度和硬度,同时改善黄铜的耐腐蚀性。锡黄铜在淡水及海水中均耐腐蚀,俗称"海军黄铜"。我国造船行业用来制造与海水接触的零件和高温耐蚀的冷凝管就有 HSn62 - 1 和 HSn70 - 1。

特殊黄铜分为压力加工用和铸造用两种。前者有足够的变形能力,所以加入合金元素较少;后者不要求很高的塑性,故为了提高强度和铸造性能,可以加入较多的合金元素。

我国民用船舶的中小型螺旋桨主要采用铸造锰铁黄铜(ZHMn55 - 3 - 1),高速小艇和大型螺旋桨采用高强度铸造铝黄铜(ZHAl67 - 5 - 2 - 2)或高锰铝青铜(ZQAl12 - 8 - 3 - 2)。因为螺旋桨是推进船舶的重要部件,随着船舶建造向大型化和高速化发展,对制造螺旋桨的材料要求越来越高。我国船舶专业标准对铜合金螺旋桨的技术要求规定了化学成分和机械性能,见表 3 - 4 和表 3 - 5。

表 3 - 4 螺旋桨铜合金的化学成分

| 合金牌号 | 主要化学成分(质量分数)/% | | | | | | | | | | 总量 |
	Cu	Mn	Al	Fe	Ni	Zn	C	Si	Pb	Sb	
ZQAl 14 - 8 - 3 - 2	余量	13.5 ~ 15.0	7.8 ~ 8.8	2.8 ~ 4.0	1.8 ~ 2.5	—	0.1	0.15	0.02	—	1
ZQAl 12 - 8 - 3 - 2	余量	11.5 ~ 14.0	7.0 ~ 8.5	2.5 ~ 4.0	1.8 ~ 2.5	—	0.1	0.15	0.02	—	1
ZHAl 67 - 5 - 2 - 2	67 ~ 70	2.0 ~ 3.0	4.5 ~ 6.0	2.0 ~ 3.0	—	余量	—	—	0.50	0.1	1
ZHMn 55 - 3 - 1	53 ~ 57	3.0 ~ 4.0	<0.6	0.5 ~ 1.5	—	余量	—	—	0.50	1.0	1

表 3 - 5 螺旋桨铜合金的机械性能

合金牌号	抗拉强度/MPa	延伸率 δ_5/%	冷弯角 α/(°)	布氏硬度/HB
ZQAl14 - 8 - 3 - 2	≥750	≥15	≥25	>170
ZQAl12 - 8 - 3 - 2	≥660	≥20	≥30	>160
ZHAl67 - 5 - 2 - 2	≥620	≥12	>25	>160
ZHMn55 - 3 - 1	≥480	≥20	>30	>100

船用黄铜除了上述特殊黄铜外,用得较多的普通黄铜牌号为 H68 和 H62。H68 黄铜中,铜含量为 67% ~70%,其余为锌,$\sigma_b \approx 400$ MPa,$\psi = 15\%$。可以用加工硬化方法来提高强度,冷热变形能力好,主要用于不接触海水的零件,可以制造各种导管、衬套、散热器外壳等。H62 黄铜含铜量为 60.5% ~63.5%,$\sigma_b \approx 420$ MPa,$\psi = 10\%$。它适合于热加工,可用于不与海水蒸气接触的温度低于 200 ℃的工作零件,以及淡水热交换器、螺钉、垫圈等。

3.2.4 青铜

1. 锡青铜

除了黄铜和白铜以外的所用铜合金都称为青铜。锡青铜是以锡为主加元素的铜合金。工业用锡青铜含锡量为3%~14%。其机械性能随含锡量的变化而变化。一般含锡量小于8%的合金具有良好的塑性和适宜的强度,易于压力加工;含锡量大于10%的合金塑性差,只适合铸造。含锡量对锡青铜力学性能的影响如图3-5所示。

除了锡之外,在青铜中还可以加入锌、铝、磷。锌可以改善合金的铸造性能,并提高它的抗磨损和耐用性;加入铅可以改善切削加工性,提高抗氧化性和耐腐蚀性;加入磷可以起到脱氧的作用。

锡青铜的耐腐蚀性和耐磨性均比纯铜和黄铜的好,都用于制造耐磨零件,如轴套、轴瓦等;也可用来制造与酸、碱、蒸汽接触的零件,温度低于200 ℃的蒸汽管系和阀件。

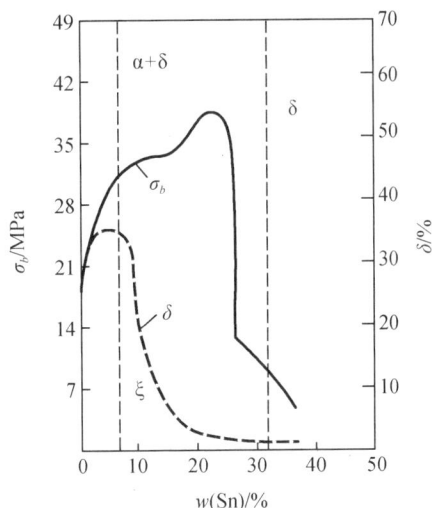

图3-5 含锡量对锡青铜力学性能的影响

2. 特殊青铜

在青铜中加入锡以外的其他合金元素,如铝、锰、硅、铅和铁等元素,这种铜合金称为无锡青铜或特殊青铜。

特殊青铜按主要加入元素分为铝青铜、铅青铜、锰青铜、硅青铜、铍青铜等。

以铝为主加元素的铜合金称为铝青铜。铝青铜可以经过热处理(淬火 + 时效)强化。铝青铜比锡青铜有更高的机械性能、耐磨性及耐腐蚀性。常用来铸造承受重载的耐磨件,如齿轮、蜗轮、轴套、船舶零件及其他要求耐腐蚀、耐磨损的零件。常用船用青铜的化学成分、机械性能及用途见表3-6。

表3-6 船用青铜的化学成分、机械性能及用途

名称	牌号	化学成分(质量分数)%			加工状态	机械性能		用途
		Sn	Cu	其他		σ_b/MPa	δ/%	
锡磷青铜	ZQSn 10-1	9.0~11.0	余量	Pb0.5~1.0	砂型铸件	200	3	制造摩擦轮、齿轮、轴套、轴瓦等
锡锌青铜	ZQSn 10-2	9.0~11.0	余量	Zn2~4	砂型铸件	200	10	制造艉轴套筒、叶轮壳体
锡锌铅青铜	ZQSn 8-4-3	7.0~9.0	余量	Zn3~5 Pb2~4	砂型铸件	200	10	制造通海阀叶轮、壳体等

表 3 – 6(续)

名称	牌号	化学成分(质量分数)%			加工状态	机械性能		用途
		Sn	Cu	其他		σ_b/MPa	δ/%	
锡锌铅镍青铜	ZQSn 3 – 7 – 5 – 1	2.5 ~ 4.5	余量	Zn2 ~ 4 Pb3 ~ 6 Ni0.5 ~ 1.5	砂型铸件	180	8	同锡锌铅青铜
高锰铝青铜	ZQSn 12 – 8 – 3 – 2	Mn11.5 ~ 14.0	余量	Al7.0 ~ 8.5 Fe2.5 ~ 4.0 Ni1.8 ~ 2.5	砂型铸件	660	20	制造螺旋桨

常用的铝青铜牌号有 QAl11 – 6 – 6、QAl10 – 5 – 5 等。实际应用的铝青铜中铝的质量分数一般为 8% ~ 11%。

以铍为主加元素的铜合金称为铍青铜。铍的密度小(1.85 g/cm^3),熔点高(1 280 ℃),是一种硬而脆的金属。常用铍青铜中铍的质量分数为 1.7% ~ 2.5%。铜里添加少量的铍,就会使合金的性能发生很大的变化。铍青铜通过淬火和时效处理,可以具有很高的强度(1 200 ~ 1 500 MPa)和硬度((350 ~ 400)HBS),远远超过其他所有铜合金,甚至可以与高强度的钢相媲美。与此同时,它的弹性极限、疲劳极限、耐磨性、耐腐蚀性也很好,是一种各种性能结合良好的合金。另外,它还具有导电性好、导热、耐寒、无磁、受冲击时不产生火花等一系列优点。

铍青铜在工业上用来制造重要用途的弹性元件、耐磨零件,如钟表齿轮;高温、高压、高速工作的轴承和其他重要零件,如航海罗盘、电焊机电极、防爆工具等。它的主要缺点是价格较高。

常用的铍青铜牌号有 QBe2、QBe1.5、QBe1.7 等。

3.3 钛 合 金

3.3.1 钛及钛合金的种类和性能

1. 工业纯钛和高纯度钛的性能

现在大量使用的钛称为工业纯钛,是用镁热法生产的,纯度达 99.5%,又称镁热法钛。最纯的钛是使用"碘化法"制成的,纯度高达 99.9%,称为碘化法钛或高纯度钛。

钛的密度为 4.5 g/cm^3,熔点为 1 668 ℃,呈银白色。固体钛是具有同素异构转变的金属,在 882.5 ℃以下为密排六方晶格,称为 α 钛;882.5 ℃以上为体心立方晶格,称为 β 钛。钛的导热性低,无磁性。高纯度钛在室温条件下强度不高,但塑性较好,因此不用它作为结构材料。现将钛与铝、铁、镁、镍等的主要物理性质列于表 3 – 7,以做比较。

工业纯钛具有强烈的加工硬化效应。图 3 – 6 所示为冷变形对工业纯钛强度和塑性的影响曲线。当变形程度小于 20% 时,$\sigma_{0.2}$ 和 HB 随着变形程度增加而迅速增加;在变形程度大于 20% 以后,$\sigma_{0.2}$ 和 HB 增加速度变慢,δ 不再明显降低。

表 3 - 7　钛与铝、铁、镁、镍的物理性质

物理性能	金属名称				
	钛	铝	铁	镁	镍
密度/(g·cm⁻³)	4.5	2.7	7.8	1.74	8.9
熔点/℃	1 668	660	1 538	651	1 445
线膨胀系数 α/(10⁻⁶℃⁻¹)	9	22.9	11.7	26	13.5
导热系数 λ/℃	16.75	217.8	83.8	159.2	60.7
弹性模数 E/MPa	11 250	7 240	21 400	4 360	19 900

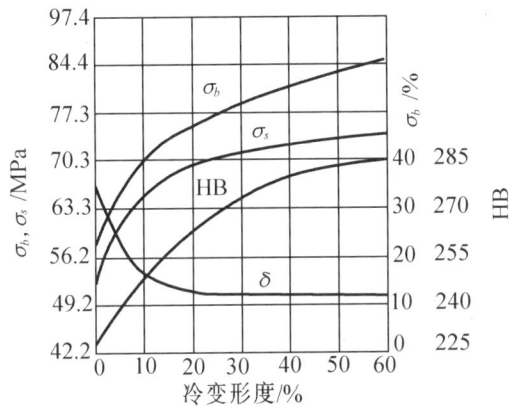

图 3 - 6　工业纯钛的变形程度

2. 钛合金的种类和性能

钛虽然具有密度小、熔点高、抗蚀性能好等一系列特性,但工业纯钛的机械性能不高,又不能热处理强化,因而限制了其在工业上的应用。在工业中广泛使用的是钛合金。

钛合金依靠钛和其他元素间的化学作用,形成固溶体和金属间化合物来提高强度。工业用钛合金的主要合金元素有铬、锰、钼、钒、铁、铝和锡。根据合金在使用状态的组织,可以将钛合金分为 α 型、β 型和 $\alpha + \beta$ 型三大类。

(1) α 型钛合金

这类钛合金退火状态组织为单相 α 固溶体或者 α 固溶体加微量的金属间化合物。α 型钛合金的主要合金元素是铝,其次是锡和锆。铝在 α 型钛合金中能提高同素异晶转变的温度,扩大 α 相区,起到固溶强化的作用,提高合金的强度和耐热性。锡和锆在钛中能形成无限固溶体,起显著的固溶强化作用,而不显著降低合金的塑性,同时还能够提高合金的热强性。

α 型钛合金不能热处理强化,一般在退火状态下使用,具有良好的热稳定性、热强性及优良的可焊性,在惰性气体的保护下可以进行各种方法的焊接,但在室温时强度较低,塑性变形能力比其他类型钛合金差。α 型钛合金的牌号用"TA"表示,如 TA1、TA8 等。其机械性能见表 3 - 8。

表 3 – 8 α 型钛合金的机械性能

合金牌号	化学成分	室温机械性能				高温机械性能			材料供应状态
		σ_b/MPa	δ_5/%	ψ/%	α_K/ $(J \cdot cm^{-2})$	试验温度/℃	σ_b/MPa	σ_{100}/MPa	
TA1	工业纯钛	350	25	50	80	—	—	—	板材退火
TA2		450	20	45	70	—	—	—	
TA3		550	15	40	50	—	—	—	
TA4	3Al	700	12	40	55	—	—	—	板材退火
TA5	4Al – 0.005B	700	15	24	60	—	—	—	棒材退火
TA6	5Al	700	10	27	30	350	430	400	棒材退火
TA7	5Al – 2.5Sn	800	10	27	30	350	500	450	棒材退火
TA8	5Al – 2.5Sn – 3Cu – 1.5Zr	1 000	10	25	20 ~ 30	500	700	500	棒材退火

(2)β 型钛合金

这类钛合金中含有较多的稳定元素,其总量超过 17%。退火或者淬火状态得到单相的 β 固溶体组织。β 型钛合金的主要合金元素是铬、钼、钒等 β 相稳定元素,此外还加入铝、锡、锆等元素。铝能强化和提高合金的热强性,锡、锆能使合金具有良好的塑性。

β 型钛合金的特点是在淬火状态有很好的塑性,可以冷成形;淬火时效后具有很高的强度;可焊性好,但热稳定性差。β 型钛合金的牌号用"TB"表示,如 TB1、TB2。其化学成分与机械性能见表 3 –9。该类型合金适合于制造螺栓、铆钉、冷轧板材和带材等。

表 3 –9 β 型钛合金的化学成分与机械性能

合金牌号	化学成分	热处理状态	室温机械性能				高温机械性能		
			σ_b/MPa	δ_5/%	ψ/%	α_K/ $(J \cdot cm^{-2})$	试验温度/℃	σ_b/MPa	σ_{100}/MPa
TB1	3Al – 8Mo – 11Cr	固溶	≤1 100	18	—	30	400	750	—
		固溶 + 时效	1 300	5	10	15	400	1 200	—
TB2	3Al – 5Mo – 5V – 8Cr	固溶	≤1 000	18	—	30	—	—	—
		固溶 + 时效	1 400	7	10	15	—	—	—

(3)α + β 型钛合金

这类钛合金含 β 稳定元素较多,总量为 2% ~ 6%,一般不超过 8%,退火状态组织为 α + β 型固溶体。α + β 型钛合金的主要合金元素是钒、锰、钼、铁和铬等,它们溶于 β 相中起固溶强化作用和提高 β 相的稳定性,并通过淬火使合金具有时效强化效果。此外还加入 α 稳定元素铝和中性元素锡,可以强化 α 相,溶于 β 相中强化 β 固溶体,提高合金强度。

α + β 型钛合金的特点是具有较高的机械性能和优良的高温变形能力,能比较顺利地进行各种热加工,并能通过淬火和时效处理,使合金的强度得以提高,但这类合金的热稳定性较差,可焊性不如 α 型钛合金。α + β 型钛合金的牌号用"TC"表示,如 TC1、TC2 等。其机械性能见表 3 – 10。

表 3 – 10 α + β 型钛合金的机械性能

合金牌号	化学成分	室温机械性能				高温机械性能			材料供应状态
		σ_b/MPa	δ_5/%	ψ/%	α_K/$(J \cdot cm^{-2})$	试验温度/℃	σ_b/MPa	σ_{100}/MPa	
TC1	2Al – 1.5Mn	600	15	30	45	350	350	330	棒材退火
TC2	3Al – 1.5Mn	700	12	30	40	350	430	400	棒材退火
TC3	5Al – 4V	950	10	30	40	—	—	—	棒材退火
TC4	6Al – 4V	950	10	30	40	400	630	580	棒材退火
TC5	5Al – 2.5Cr	950	10	23	30	400	600	560	棒材退火
TC6	5Al – 2Cr – 2Mn – 1Fe	950	10	23	30	450	600	550	棒材退火
TC7	6Al – 0.5Cr – 0.4Fe – 0.4Si – 0.01B	1 000	10	23	35	550	600	—	棒材退火
TC8	6.5Al – 3.5Mo – 0.25Si	1 050	10	30	30	450	720	700	棒材退火
TC9	6.5Al – 3.5Mo – 2.5Sn – 0.3Si	1 140	9	25	30	500	850	620	棒材退火
TC10	6Al – 6V – 2Sn – 0.5Cu – 0.5Fe	1 050	12	30	35	400	800	800	棒材退火

作为铸造的钛合金,常用的有工业纯钛、Ti – 5Al – 2.5Sn 和 Ti – 6Al – 4V 三种。目前,国外对高强度铸造钛合金及耐腐蚀钛合金进行了大量的研究工作。铸造钛合金的机械性能见表 3 – 11。

表 3 – 11 铸造钛合金的机械性能

化学成分	机械性能			
	σ_b/MPa	$\sigma_{0.2}$/MPa	δ/%	ψ/%
工业纯铁	40	38	12	—
Ti – 5Al – 2.5Sn	80.5	73.5	10	—

表 3 – 11 铸造钛合金的机械性能

化学成分	机械性能			
	σ_b/MPa	$\sigma_{0.2}$/MPa	δ/%	ψ/%
Ti – 6Al – 4V	96	84	6	10
Ti – 6Al – 4V – Co	114	107	3	9
Ti – 6Al – 6V – 2Sn	116	103	8.5	16
Ti – 6Al – 2Sn – 4Zr – 6Mo	112	99	8.5	13
Ti – 4Al – 2Mo – 2V – 0.51Si	112	1 012	5	—
Ti – 4Al – 8Zr – 4Sn – 2V	112	98	8	15
Ti – 6Al – 6Sn – 2Zn – 1Mo – 0.25Si	96	84	11	22
Ti – 3Al – 8V – 6Cr – 4Mo – 4Zr	103	90	8	17.5
Ti – 3Al – 8Mo – 8V – 2Fe	88	87	7	11.8
Ti – 3Al – 10V – 8Zr	87	85	11	31.5
Ti – 3Al – 13V – 11Cr	83	78	5	11
Ti – 11.5Mo – 6Zr – 4.5Sn	85	76	18.5	61.1

一般认为铸态钛合金的机械性能比锻态略低,其比较见表 3 – 12。

表 3 – 12 铸态和锻态钛合金机械性能比较

化学成分	铸态			锻态		
	σ_b/MPa	$\sigma_{0.2}$/MPa	δ/%	σ_b/MPa	$\sigma_{0.2}$/MPa	δ/%
Ti6Al4V$_\alpha$	94.5	85	9.9	98	91	15
Ti6Al4V$_\beta$	114	107	5	112 ~ 126	105 ~ 122	18
Ti5Al25Sn	88	76	7.6	91	84	17

3.3.2 钛及钛合金的耐腐蚀性能

钛无论是在正常大气和海水中,还是在一般污染的大气和海水中,或是在较高流速及较高温度的条件下,都具有优良的耐腐蚀性能。钛在大气中的腐蚀速率为 2.03×10^{-5} mm/a,在海水中的腐蚀速率为 7.6×10^{-4} mm/a,均低于不锈钢。在流速为 42 m/s 的海水中,腐蚀速率为 5×10^{-8} mm/a。

氧化剂可使钛的耐腐蚀性能提高。在中性溶液中加入少量硝酸或其他氧化剂,可提高钛的耐腐蚀能力。一般情况下,钛不发生孔蚀,也不发生晶间腐蚀。工业纯钛耐应力腐蚀。非氧化性的酸类溶液(盐酸、稀硫酸溶液等)能溶解钛。

钯对纯钛及钛合金的耐腐蚀性能有显著的影响。在钛及钛合金中加入质量分数约为 0.2% 的钯,可以大大提高钛及钛合金的耐腐蚀性能,如工业纯钛在 5% 的稀盐酸中的腐蚀速率为 25.4 mm/a,而钯钛合金的只有 0.254 mm/a。

锆也能提高钛的耐腐蚀性能。在 60 ℃、15% 的稀盐酸溶液中,钛的腐蚀速率比含有 5% 锆的钛合金高 2 倍。在钛中加入钼来改善其耐热性,效果显著。钛钼合金在盐酸、硫酸和磷酸中有较高的耐腐蚀性。

3.3.3　钛及钛合金在造船工业中的应用

钛是自然界中富有元素之一,占地壳总质量的 0.61%,在金属中仅仅次于铝、铁、镁。钛由于具有密度小、强度高、耐腐蚀和无磁性等优点,已成为国防工业的重要金属材料,在飞机、导弹、火箭、宇宙飞船、深潜器和无线电通信等方面获得了广泛的应用。

钛合金在舰艇上的应用,主要有下列几个方面:

1. 在深潜器方面的应用

当深潜器结构已确定时,其极限下潜深度与壳体材料的屈服强度和壳体厚度的乘积成正比。加厚壳体不可能得到很大的下潜深度,因为壳体质量增大,有效质量就会减小,而要保持有效载重量又会使得潜艇尺寸大到实际不便使用的程度。根据美国“阿鲁明纳”(Aluminant)号深潜器资料记载,该艇设计破坏深度为 6 750 m,若使用屈服强度相等的钢和钛合金($\sigma_{0.2}$ = 1 029 MPa)来制造壳体,钛合金壳体的质量大约可以减小 40%。又如“阿尔文”(Alvin)号深潜器,若保持壳体质量不变,使用屈服强度相等的钢和钛合金($\sigma_{0.2}$ = 700 MPa),深潜器工作深度分别为 2 440 m 和 4 270 m,即使用钛合金来代替钢,同一深潜器能够探索的海底面积可以增大 80%。

2. 在高速、大型快艇方面的应用

高速、大型快艇和水翼艇的壳体在航行中受高速海水的冲刷和较大的载荷,要求材料具有高强度和良好的抗海水腐蚀性能,为了选择航速在 60 kn 以上的快艇和水翼艇的艇体材料,美国海军工程试验站对钛合金、不锈钢等 30 种材料进行了试验(水速 30.5 m/s),结果证明钛合金和不锈钢有良好的抗蚀能力。有关文献证明,钛合金和不锈钢在高水速时性能相近,在中等水速和低水速时钛合金性能优于不锈钢。综合考虑在停泊、加速和高速时的腐蚀速率条件,钛合金较好。钛合金也是水翼艇的较好水翼材料。钛合金还具有无磁性的特点,因此可以用作快艇和扫雷艇艇体的材料,其性能优于铝合金与钢材。

3. 在其他方面的应用

钛合金可用来制造螺旋桨和艉轴,这不仅是由于它具有高的屈强比,可以减小质量,还由于它具有高的耐疲劳腐蚀性能,可以降低空泡腐蚀速率,提高使用寿命和推进效率。此外,钛合金还可用来制造耐海水腐蚀的管系、阀门、船舶动力机械中的燃气轮机叶片等设备。

思考题

1. 铝及铝合金的物理、化学、力学及加工性能有什么特点?

2. 说明铝合金分类的大致原则。

3. 铝合金的淬火与钢的淬火有什么不同?

4. 解释铝合金的时效强化现象。什么是人工时效处理？什么是自然时效处理？两者对材料造成的性能有何不同，为什么？

5. H62 与 H68 的成分相差并不大，为什么在组织上的差异却很大？

6. 什么是特殊黄铜？它与普通黄铜相比有哪些特殊性能？

7. 锡青铜属于什么合金？试说明含锡量对锡青铜性能的影响。为什么工业用锡青铜中锡的质量分数大多不超过 14%？

第4章 焊接电弧的基本知识

焊接是指通过加热或加压,或两者并用,用或不用填充材料,使焊件达到原子间结合的一种方法。被结合的两个物体可以是各种同类或不同类的金属、非金属(石墨、陶瓷、塑料等),也可以是一种金属与一种非金属。但是,目前工业中应用最普遍的还是金属之间的结合,因此本书主要讨论的也是金属的焊接方法。

焊接在造船中的应用引起了造船工业的革命,促进了造船事业的发展。焊接代替铆接后,不仅出现了全焊接船(1920年在世界上出现了第一艘全焊接船),并使船体从散装建造方式发展到分段建造方式,大大缩短了造船周期。

在现代造船中,焊接是一项很关键的工艺,它不仅对船体的建造质量有很大影响,而且对提高生产率,缩短造船周期起着很大的作用。目前,焊接工时在整个船体建造工时中约占40%,焊接成本占船体建造总成本的40%左右。因此,研究、改进焊接技术对提高造船生产率有着重大的意义。20世纪70年代以来,随着船体建造量的增加,世界各造船国家的主要船厂都陆续进行了现代化改造,分别建立了平面分段流水生产线,实现了平面分段装配焊接的机械化、自动化,形成了具有数十种焊接工艺方法组成的,以节能、高效为特征的造船焊接技术体系,大大加快了船舶的建造速度。

近年来,我国造船工业有了很大发展。造船焊接新技术、新工艺不断涌现,如适合船用的远控防触电交流弧焊机、硅整流焊机、CO_2焊机、逆变式焊机、气电垂直自动焊机、以不同材质为衬垫的单面焊双面成形焊机等,在我国很多船厂得到了应用。

4.1 焊接方法的分类

目前,在工业生产中应用的焊接方法已达百余种。根据焊接过程特点可将焊接方法分为熔焊、压焊、钎焊三大类,每大类又可按不同的方法细分为若干小类。

4.1.1 熔焊

将待焊处的母材金属熔化以形成焊缝的焊接方法称为熔焊。实现熔焊的关键是要有一个能量集中、温度足够高的局部热源。若温度不够高,则无法使材料熔化;而若能量集中程度不够,则会加大热作用区的范围,徒然增加能量损耗。按所使用热源,熔焊可分为以下几大类:电弧焊(以气体导电时产生的电弧热为热源,以电极是否熔化为特征分为熔化极电弧焊和非熔化极电弧焊两类)、气焊(以乙炔或其他可燃气体在氧中燃烧的火焰为热源)、铝热焊(以铝热剂的放热反应产生的热为热源)、电渣焊(以熔渣导电时产生的电阻热为热源)、电子束焊(以高速运动的电子流撞击焊件表面所产生的热为热源)、激光焊(以激光束照射到焊件表面所产生的热为热源)。

在熔焊时,为了避免焊接区的高温金属与空气相互作用而使性能恶化,在焊接区要实施保护。保护的方法通常有造渣、通以保护气和抽真空三种。因此,保护形式常常是区分熔焊方法的另一个特征。

4.1.2 压焊

焊接过程中,必须对焊件施加压力(加热或不加热)以完成焊接的方法称为压焊。为了降低加压时材料的变形抗力,增加材料的塑性,压焊时在加压的同时常伴随加热措施。

按所施加焊接能量,压焊的基本方法可分为电阻焊(包括点焊、缝焊、凸焊、对焊)、摩擦焊、超声波焊、扩散焊、冷压焊、爆炸焊和锻焊等。

4.1.3 钎焊

钎焊是采用比母材熔点低的钎料,在低于母材熔点、高于钎料熔点的温度下,借助于钎料润湿母材的作用以填满母材的间隙并与母材相互扩散,最后冷却凝固形成牢固接头的方法。常见的钎焊方法有烙铁钎焊、火焰钎焊等。

4.2 焊接电弧的产生和组成

在夏天,我们常看到天空中的闪电,这是一种气体放电现象。在两电极之间的气体介质中,强烈而持久的放电现象称为电弧。电弧放电时产生高温(可达6 000 ℃左右)和强光。人类认识了这种现象,并应用于工业生产中。电弧高热可用于电弧切割、碳弧气刨和电弧炼钢等;电弧的强光能照明(如探照灯)或用弧光灯放映电影等。

焊接电弧也是一种气体放电现象,只不过它是发生在电极与焊件之间的。电弧焊就是利用焊接中电弧放电产生的热量来加热熔化焊条(焊丝)和母材,使之形成焊接接头的。电弧是电弧焊接的热源。

4.2.1 焊接电弧的产生

图4-1为焊接回路示意图。焊接时,将焊条与焊件各接到焊接电源的一个极上,当焊条接触焊件而又随即拉开的瞬间,在焊条端部和焊件之间就会产生明亮的电弧。

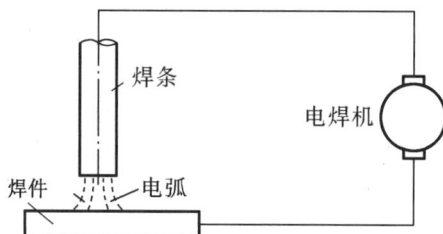

图4-1 焊接回路示意图

电弧实质上是在一定条件下,电荷通过两电极之间的气体空间的一种导电现象,或者说是一种气体放电现象(即电流通过气体的现象)。焊接电弧是由焊接电源提供的,具有一定电压的两电极间或电极与焊件间,气体介质产生强烈而持久的放电现象就叫作焊接电弧。

4.2.2 焊接电弧的组成

焊接电弧由阴极区、弧柱区和阳极区三部分组成,如图4-2所示。

阴极区是电弧的重要部分。它是靠近阴极表面的一段很短的区域,其长度约为10^{-6}cm,温度达3 200 ℃,放出的热量为电弧总热量的38%。在阴极区中,除了存在向弧柱发射电子外,还有从弧柱进入阴极区的阳离子。阳离子触及阴极表面(阴极斑点)发生中和,停止运动。

弧柱区主要是阳离子和自由电子的混合物,也有一些阴离子和中性微粒。其中心温度达6 000 ℃,放出的热量为电弧总热量的20%。由于阴极和阳极部分很薄,所以弧柱长度几乎等于电弧长度。

阳极区是靠近阳极的很薄一层,但它的长度比阴

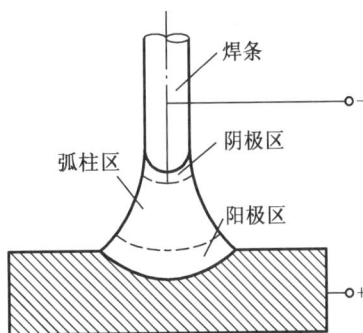

图4-2 焊接电弧的组成

极区要大些,约为10^{-4}cm。由于阴极表面受高速电子的撞击,传递较大的能量,因此阳极获得的能量较阴极高。在与阴极材料相同的情况下,阳极表面的温度略高于阴极表面,达3 900 ℃,放出的热量为电弧总热量的42%。

4.3 焊接电弧的分类和极性

4.3.1 焊接电弧的分类

焊接电弧的性质与供电电源的种类、电弧的状态、电弧周围的介质及电极材料有关。焊接电弧按照不同的方法,可做出如下的分类:

①按电流种类,可分为交流电弧、直流电弧和脉冲电弧(包括高频脉冲电弧)。

②按电弧状态,可分为自由电弧和压缩电弧。

③按电极材料,可分为熔化极电弧和非熔化极电弧。

4.3.2 焊接时的极性

采用直流电源焊接时,直流电焊机的正、负极与焊条、工件有两种不同接法,即直流电弧的极性有两种。

①正接法,如图4-3(a)所示,焊件接电焊机的正极(阳极),焊条接电焊机的负极(阴极)。因此,焊件温度较高,能获得较大熔深,适用于焊接厚板。

②反接法,如图4-3(b)所示,焊件接电焊机的负极,焊条接电焊机的正极,适合于焊接薄板,以防烧穿。

4.3.3 焊接电弧的静特性

一定长度的电弧在稳定状态下,电弧电压U_f与电弧电流I_f之间的关系称为焊接电弧的静态伏安特性,简称伏安特性或静特性。可用下列函数表示:

$$U_f = f(I_f)$$

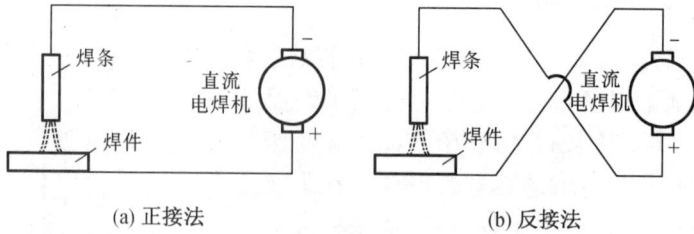

(a) 正接法　　　　　　　　　　(b) 反接法

图 4-3　直流电焊机的不同的接法

焊接电弧是非线性负载,即电弧两端的电压与通过电弧的电流之间不呈正比例关系。当电弧电流从小到大在很大范围内变化时,焊接电弧的静特性近似为 U 形曲线,故也称为 U 形特性,如图 4-4 所示。

U 形静特性曲线可看成由三段(Ⅰ、Ⅱ、Ⅲ)组成。在Ⅰ段,电弧电压随电流的增大而下降,是下降特性段;在Ⅱ段,呈等压特性,即电弧电压不随电流而变化,只取决于电弧的长度,电弧的长度越长,则电弧电压越大,是平特性段;在Ⅲ段,电弧电压随电流增大而增大,是上升特性段。

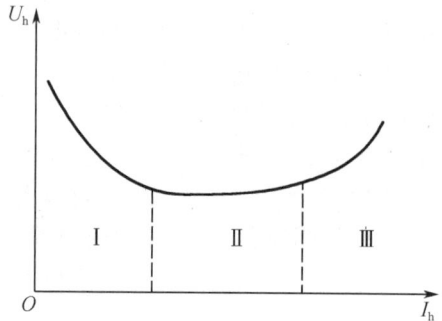

图 4-4　焊接电弧的静特性曲线

对于各种不同的焊接方法,它们的电弧静特性曲线是有所不同的,而且在其正常使用范围内,并不包括电弧静特性曲线的所有部分。静特性的下降段由于电弧燃烧不稳定而很少采用。手工电弧焊、埋弧焊一般工作在静特性的水平段,即电弧电压只随弧长而变化,与焊接电流关系很小;不熔化极气体保护焊、微束等离子弧焊、等离子弧焊也一般工作在水平段,当焊接电流较大时才工作在上升段;熔化极气体保护焊(氩弧焊和二氧化碳气体保护焊)和水下焊接基本上工作在上升段。

4.4　焊缝的形成过程和焊接热影响区

在焊接电弧的高温作用下,焊条端部金属熔化形成熔滴,母材(或焊件)也局部熔化形成熔池,熔池经熔滴填满,冷却后形成焊缝。在熔池上部充满大量气体和熔渣,使熔池金属得到保护,也使焊缝金属的性能得到改善。

4.4.1　焊条金属的熔化和过渡

焊接时,电流通过焊芯产生电阻热,使焊芯预热(通常可达 600~700 ℃)。同时焊条端部受到电弧的直接加热而迅速熔化。在这两部分热量中,电弧热是使焊条熔化的主要热源。

焊条端部金属在电弧热作用下发生熔化,熔化的液体以颗粒状不断向熔池转移,这一过程称为熔滴过渡。

熔滴过渡对焊接过程的稳定性、焊缝成形、飞溅及焊接接头的质量有很大影响,因此了解熔滴过渡的规律对于掌握熔化焊工艺是很重要的。

电弧焊中,熔滴的过渡有三种形式,即短路过渡、滴状过渡和射流过渡。

1. 短路过渡

当电弧长度小于焊条直径时,焊条熔化的金属在焊条末端与熔池之间形成液体金属小桥,并随之爆破而向熔池过渡,这种过渡称为短路过渡(图4-5)。

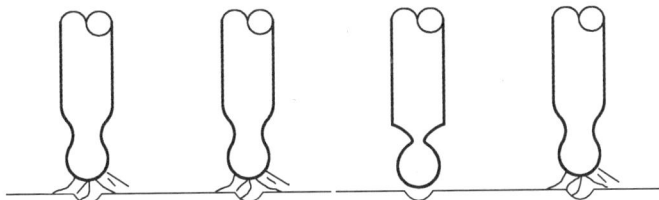

图4-5　熔滴短路过渡

短路过渡时,熔化金属首先集中在焊条下端,并开始形成熔滴。然后熔滴加大、颈部变细拉长,这时颈部电流密度加大,电磁力促进颈部继续下延。当熔滴与熔池接触时发生短路,电弧熄灭,短路电流迅速上升,电压为零。此时电磁力也迅速增大,并在重力、表面张力和气体吹力等共同作用下,颈缩部分爆断,熔滴落入熔池。在颈缩断开的瞬时,电源电压很快恢复到引弧电压,于是电弧又重新引燃,焊条末端又出现熔滴,重复上述过程。

2. 滴状过渡

当电弧长度大于焊条直径时,焊条金属以颗粒熔滴形式向熔池过渡(图4-6),因为不发生短路,所以焊接电流和电压的波动很小。

滴状过渡的力主要是熔滴自身的重力、气体吹力和电磁力,而液体金属表面张力则起阻碍作用。

3. 射流过渡

在细焊丝、大电流,即电流密度超过一定临界值时,熔滴不再是较大的滴状,而以极微小的颗粒向熔池喷射,所以把这种过渡形式称为射流过渡。射流过渡具有电弧稳定、没有飞溅、熔深大、焊缝成形好及生产率高等优点。在熔化极氩弧焊中,当采用大电流、反接时,熔滴常以射流形式过渡。

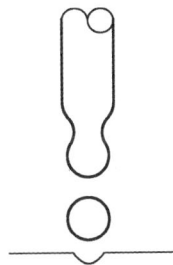

图4-6　滴状过渡

4.4.2　焊接接头的金相组织

焊接时,钢材受到高温的影响,内部的金相组织会发生一系列变化,这些变化将在很大程度上决定焊后焊接接头的质量。

焊接接头是由焊缝金属、热影响区和在焊接过程中组织不发生变化的基本金属三部分所组成的,如图4-7所示。

图中熔池的边缘是液体金属与基本金属的交界处,称为熔合线。此处基本金属处于部分熔化状态,焊缝结晶就是从熔合线的晶粒表面开始的。因熔合线是熔池中温度最低的部位,散热条件好,熔池金属就沿散热相反的方向结晶,最后形成柱状晶粒。

此外,在焊接热源的作用下,靠近熔池的一部分基本金属被加热到较高的温度,随后又冷却,这相当于使其受到一次热处理,会引起这一段金属组织和性能的变化,故称这部分金

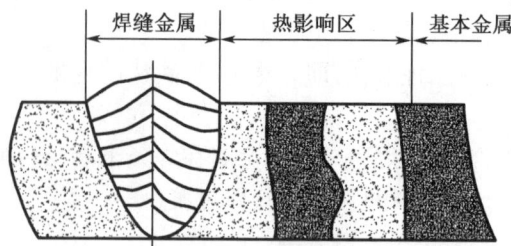

图 4-7 焊接接头的组织

属为热影响区。

在热影响区内，根据各部位的温度，还可以将金相组织划分为以下几个主要组织区域。

1. 不完全熔化区

不完全熔化区是从焊缝金属转入基本金属的过渡区域，包括很窄的一条被加热到熔点的基本金属带。这个区在最高加热温度时，由固态金属和液态金属所组成。在低碳钢的焊接接头上，该区不易辨别，而在中碳钢和高碳钢中则可明显区分。由于它是焊缝与基本金属的过渡区，所以对于焊接接头的质量影响很大。

2. 过热区

过热区与不完全熔化区相邻，在焊接过程中强烈过热，形成粗大晶粒，致使金属的塑性和冲击韧性显著降低。在焊接合金钢时，过热区容易产生裂纹，因此往往通过提高焊接速度和采用多层焊或控制层间温度等方法来减小这个区域的宽度。

3. 正火区(完全重结晶区)

正火区在焊接过程中被加热至相变温度以上，使珠光体转变为奥氏体组织，冷却后保持细晶粒，因而使它的机械性能高于基本金属的机械性能。

4. 不完全重结晶区

不完全重结晶区与正火区相邻，焊接时处于 750 ~ 900 ℃ 的温度区间，部分金属改变其原来结晶状态而进行重结晶，另一部分则保持原来的结晶状态。该区的机械性能对焊接接头的性质没有显著影响。

热影响区的大小与接头形式、焊接方法、焊接工艺参数以及焊条的化学成分等因素有关。通常使用优质焊条焊接时，热影响区的宽度为 5 ~ 6 mm。

热影响区组织的变化取决于基本金属的化学成分以及焊接时加热和冷却的情况。不同牌号的钢材具有不同的过热倾向和淬火能力。在焊接低碳钢时，热影响区金属组织的变化对该区的力学性能和使用性能影响并不严重，但对于某些含碳量较高的碳素钢和低合金钢，由于冷却速度快而造成淬火，得到脆性组织，或者由于高温停留时间太长而造金属过热，晶粒粗大，其结果都会使热影响区的塑性、韧性下降，甚至在应力作用下出现裂纹。有些具有特殊性能的合金钢，还会由于内部组织的变化而失去其原有的特殊性能(如不锈钢的耐腐蚀性能等)。

通常根据基本金属的化学成分、生产工艺条件、结构形式和用途对热影响区的组织和焊接接头性能提出一定的要求。因此，必须通过选择焊接工艺参数、控制层间温度、采用预热或焊后热处理等措施来控制焊接热循环或调整热影响区组织，以使焊接接头的力学性能达到应有的质量要求。

4.5 焊接应力与变形

焊接时,焊接热源的高度集中使焊件受到不均匀的加热,因此各部位金属受热膨胀和冷却收缩的程度也不相同,使焊接结构中产生了焊接应力和变形。焊接应力会影响结构的承载能力,影响焊后机械加工的精度,而且也是引起焊接裂纹和脆断的主要因素。焊接变形造成结构尺寸、形状的变化,这就需要焊后进行大量复杂的矫正工作,有的结构无法矫正,甚至使焊件报废。

本节主要讨论产生焊接应力与变形的原因,预防和减小焊接应力与变形的措施,以及消除焊接应力与变形的方法。

4.5.1 焊接应力与变形产生的原因

1. 焊接应力与变形的概念

(1)应力与变形的基本概念

物体在受到外力或温度等因素的作用下,其形状和尺寸会发生变化,这种变化称为物体的变形。物体的变形一般分为弹性变形和塑性变形两种。物体在外力或其他因素的作用下发生变形,当外力或其他因素消失后,变形也随之消失,物体恢复原状,这种变形就称为弹性变形,反之就称为塑性变形。

在物体受到外力作用发生变形的同时,在其内部会出现一种抵抗变形的力,这种力就叫作内力。物体由于受到外力的作用,在单位截面积上出现的内力就叫作应力。

但应力并不都是由外加机械力引起的,如温度、金属组织或化学成分变化等,只要引起物体内部的不均匀性变形,就会在其内部出现应力。这种当没有外力存在时,物体内所存在的应力叫作内应力。内应力存在于许多工程结构中,如铆接结构、铸造结构、焊接结构等。焊接应力就是一种内应力。内应力的显著特点是:在物体内部,内应力是自平衡的,形成一个平衡力系。

(2)焊接应力与变形的概念

焊接应力是焊接过程中及焊接过程结束后,存在于焊件中的内应力。按应力作用时间的不同,焊接应力可分为焊接瞬时应力和焊接残余应力。焊接瞬时应力是焊接过程中某一瞬时的焊接应力,它随时间而变化。焊件冷却后,残留于焊件内的应力称为焊接残余应力。

焊接变形即由焊接引起的变形。焊接变形包括焊接过程中的变形和焊接残余变形。焊后焊件不能消失的变形称为焊接残余变形。

我们所说的焊接应力及焊接变形,一般是指焊接残余应力和焊接残余变形。

2. 研究焊接应力与变形时的几个假定

焊接过程中,影响焊接应力与变形的因素很多,为抓住主要矛盾,简化讨论,常做如下几种假定。

(1)平截面假定

如果构件较长而截面较小,则在考虑构件变形时,可以认为构件变形后,其横截面仍为一平面。即可以认为构件变形时,其横截面是平行移动或转动的,截面本身不变形。

(2)金属性质不变假定

金属的热物理性质是随温度的不同而改变的。为了便于分析讨论,假定金属的线胀系

数 α、比热容 c、热导率 λ 等都是常量,不随温度而变化。

(3)屈服强度与温度关系的假定

低碳钢材料的屈服强度 σ_s 与温度 T 的实际关系如图 4-8 中虚线所示,我们将它简化成图中粗实线所示。由简化曲线可知,在 0~500 ℃时,将低碳钢的屈服强度 σ_s 作为一个常数;而在 500~600 ℃时,σ_s 按线性规律减小到零;600 ℃以上时就成为完全塑性的材料,此时任何变形都不会在其内部引起应力。

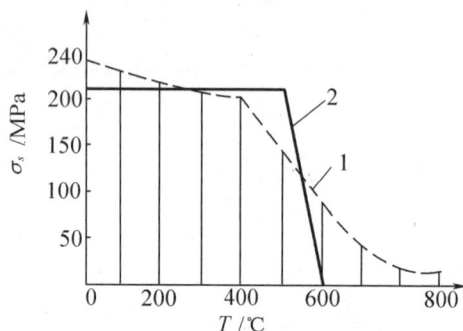

1—实测曲线;2—简化曲线。

图 4-8 低碳钢屈服强度与温度的关系

对低碳钢材料来说,使其内部压缩应力达到屈服强度时的升高温度 T_s(假设初始温度为 0 ℃)仅为 100 ℃,即此时压缩弹性变形达到最大值;若温度继续升高,相应温度下的最大压缩弹性变形逐渐减小,相应温度下的压缩塑性变形逐渐增大,其内部的压应力数值保持在相应温度下的屈服强度;当温度大于 600 ℃时,只产生压缩塑性变形,而无弹性变形。

3. 焊接应力与变形产生的原因

在焊接过程中,由于焊接接头区域受不均匀的局部加热和冷却,其膨胀和收缩又受到周围低温金属的牵制而不能自由进行,这就是焊件中产生焊接应力与变形的根本原因,其次是由焊缝金属的收缩、金属组织的变化及焊件刚性的不同所致。另外,焊缝在焊接结构中的位置、装配焊接顺序、焊接方法、焊接电流及焊接方向等对焊接应力与变形的大小、方向、分布等也都有一定的影响。下面着重介绍几个主要因素,其他在影响因素中陆续讨论。

(1)焊件的不均匀受热

焊件的焊接是一个局部加热过程。在长度为 L_0、厚度为 δ 的钢板中心堆焊时,其温度的分布如图 4-9 所示。焊接时,焊件上的温度分布极不均匀,焊缝及其附近区域被加热到熔化状态或接近熔点,而远离焊缝的区域温度却较低。下面就钢板中心堆焊或对接时的应力与变形情况进行讨论。

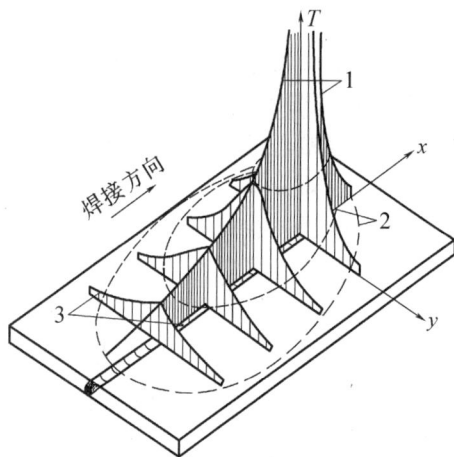

1—沿纵向的温度分布;

2—等温线;3—沿横向的温度分布。

图 4-9 钢板中心堆焊或对接时的温度分布

在焊接过程中,由于钢板经受了不均匀加热,其加热温度为中间高、两边低。这样,焊件就出现了不均匀膨胀,即温度高的金属伸长较多;温度低的金属则伸长较少;而未加热部分的金属没有伸长。这里我们假设钢板是由许多能自由伸缩的小窄板条组成的,每个小窄板条都可看作受均匀加热的杆件。这样从钢板中间到边缘,根据受热程度的不同,小窄板条的理论伸长情况应如图 4 - 10(a)中虚线所示。但实际上钢板是一个整体并且相互牵制,根据"平截面假定",钢板的端面伸长只能是一条直线,因此钢板的实际伸长情况如图 4 - 10(a)中实线所示。从图中可以看出,钢板中间温度高的金属受到两边温度低的金属阻碍,限制了它的自由伸长,使这部分金属产生了压应力。由于焊接时的温度远高于600 ℃,其压应力超过了材料的屈服强度,这样在中间温度高的部位产生了压缩塑性变形,即图中虚线所围绕的空白部分;同时两边温度低的金属由于受到反作用力而产生了拉应力。此时,钢板中存在压应力和拉应力,并处于平衡状态,钢板整体伸长 ΔL。

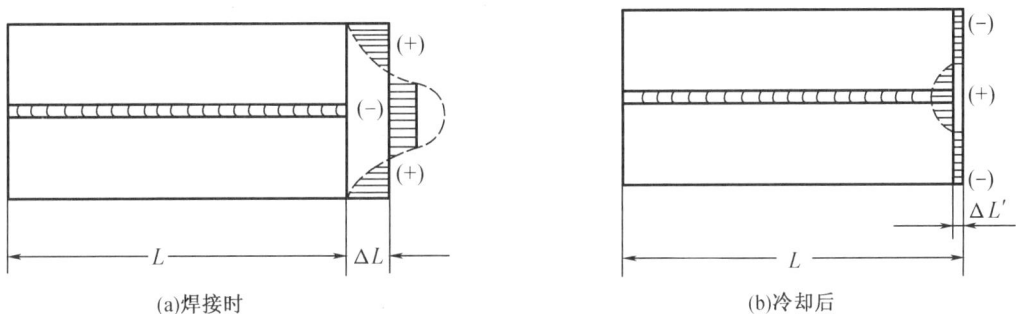

(a)焊接时 （b)冷却后

（＋)表示拉应力;（－)表示压应力。

图 4 - 10 钢板中心堆焊或对接时的应力与变形

当冷却时,由于中间温度高的金属在加热时产生了压缩塑性变形,所以最后的长度要比原来的短些。从理论上说,它的缩短量应等于压缩塑性变形量,如图 4 - 10(b)中虚线的形状。但实际上由于相互牵制的影响,两边的金属阻碍了中间金属的收缩,所以实际的收缩变形如图中实线所示。这样冷却后钢板整体缩短了 $\Delta L'$,在钢板的边缘出现了压应力,而在钢板中间因没能完全收缩,则出现了拉应力。

通过上述的分析可知:

①焊接是一个不均匀的加热过程,焊后焊件必然有焊接应力和焊接变形,即焊件的不均匀加热是产生焊接应力与变形的主要原因。

②通常,焊接过程中焊件的变形方向与焊后的变形方向相反。

③焊接加热时,焊缝及其附近区域将产生压缩塑性变形;冷却时,压缩塑性变形区要收缩。如果这种收缩能充分进行,则焊接变形大,焊接应力小;如果这种收缩不能充分进行,则焊接变形小而焊接应力大。

④焊接过程中及焊接结束后,焊件中的应力分布都是不均匀的。焊后焊缝及其附近区域的焊接应力通常是拉应力。

（2)焊缝金属的收缩

绝大多数物质从液态转变为固态时,其体积都要收缩。焊缝金属也不例外,当它冷却由液态转变为固态时,其体积要收缩。由于焊缝金属与母材是紧密联系的,因此焊缝金属并不能自由收缩。焊后,焊缝金属的收缩将引起整个焊件的变形,同时在焊缝中引起应力。另外,一条焊缝是逐步形成的,焊缝中先结晶的部分要阻止后结晶部分的收缩,也会产生焊接应力与变形。

对焊缝金属的收缩量有较大影响的因素有:

①焊缝金属的化学成分。化学成分不同,焊缝金属的收缩量也不同。例如,18-8型不锈钢焊缝比低碳钢焊缝的收缩率大。

②液态金属的温度。焊缝金属在电弧高温下呈液态形成熔池。熔池温度越高,冷却后焊缝金属的收缩量越大。

③焊缝金属量。焊缝金属量越多,冷却后产生的收缩量越大。

(3)金属组织的变化

在同种金属焊接时,在热影响区不可避免地要发生金相组织的同素异构转变;而在异种金属焊接时,会产生晶格构造的差异。金属各种组织比体积的不同,会导致金属体积发生变化。焊接过程中伴随金相组织转变所出现的体积变化将产生新的内应力,冷却以后,如果相变产物仍旧保留下来,那么在焊件中就产生了组织应力和变形。

(4)焊件的刚性和拘束

焊件的刚性是指焊件抵抗变形的能力。任何焊件都有一定的刚性,只是刚性大小不同而已。刚性越大的焊件,抵抗变形的能力越强,越不容易产生变形。有些焊件虽然自身的刚性小,但周围用刚度大的物体给予加固,既增加了对焊件的拘束,也可以增大其抵抗变形的能力。焊件的刚性和拘束越大,焊接过程中及焊后冷却过程中的变形越小,焊接残余变形也越小。但是由于刚性和拘束大,焊件在焊接过程中不能较自由地变形,焊件内的压缩塑性变形较大,将导致焊接残余应力的增大,由此可见,焊件的刚性和拘束与焊接应力、焊接变形有密切的关系。焊件的刚度和拘束越大,焊接变形就越小,焊接应力则越大;反之,焊件的刚度和拘束越小,焊接变形就越大,焊接应力则越小。

在实际生产中,往往利用焊件的刚性和拘束与焊接变形和焊接应力的这种关系来控制焊件的变形或减小焊接应力。例如,生产中,对于某些薄件往往采用夹具夹持等方法来增加对焊件的拘束,以减小焊件的残余变形(当然,焊接应力可能增加,但这种情况下影响产品质量的主要问题是焊接变形);又如,生产中为了防止产生焊接裂纹,有时可采用开"减应力槽"的方法来减小焊件局部的刚性,以达到减小焊接应力的目的。

焊件的刚性与焊件材料、焊件截面形状和尺寸都有关系。通常,封闭截面焊件比非封闭截面焊件的刚性大;焊件截面尺寸越大,焊件的刚性越大;截面相同时,焊件越长,则刚性越小。当然,材质不同,焊件的刚性也不相同。

4.5.2 焊接应力

1.焊接应力的分类

焊接应力的分类方法很多,可从不同的角度来进行划分:

(1)按其产生的原因分类

①温度应力(也称热应力),它是由于焊件的不均匀受热引起的焊接应力。焊件上的温度分布越不均匀,引起的焊接应力越大。

②残余应力,它是当温度在结构中的分布不均匀所造成的内应力达到材料的屈服强度时,结构局部区域发生塑性变形,而当温度恢复到原始均匀状态后残存在物体中的应力。

焊件在焊完之后便残存着这种内应力,即焊接残余应力。

③组织应力,它是由于金属温度变化而发生组织转变、晶粒体积改变所产生的应力。

(2)按其作用的方向分类

①纵向应力,方向平行于焊缝轴线的应力。

②横向应力,方向垂直于焊缝轴线的应力。

(3)按其在空间作用的方向分类

焊接应力按其在空间作用的方向,可分为单向应力、双向应力(平面应力)和三向应力(体积应力)。实际上,焊件中的应力总是三向的,但当一个或两个方向上的应力数值很小时,可假定焊接应力为单向应力或双向应力。通常,窄而薄的板材对接时焊缝中的应力为单向的,中等厚度的板材对接时焊缝中的应力为双向的,而大厚度板材对接时焊缝中的应力为三向的,如图4-11所示。在这三种应力中,以三向应力对结构的承载能力影响最大,极容易导致焊接接头产生裂纹,故焊接中应尽量避免产生三向应力。

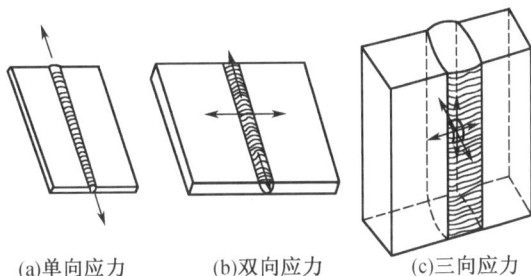

(a)单向应力　　　(b)双向应力　　　(c)三向应力

图4-11　对接焊缝中的应力

2.焊接应力的分布

船体是由许许多多的钢构件焊接而成的总体。对于这样一个复杂焊接结构,焊接应力的分布显然是很复杂的,要想清楚地了解各部位的应力是有许多困难的。但在实际生产中,只要掌握一些简单接头的应力分布情况,就可以定性地分析由简单接头组成的复杂结构中的应力分布情况,从而避免由于焊接应力过大引起的结构失效。现将对接接头中的应力分布情况介绍如下。

(1)纵向应力的分布

对接接头中纵向应力沿板宽方向的分布如图4-12(a)所示,在焊缝及其附近塑性变形区为拉伸应力,该部分应力往往达到屈服强度;而远离焊缝的母材则为压应力,根据板的宽度不同,压应力逐渐减小到零(宽板)或维持某个值,甚至有所增加。纵向应力沿焊缝长度方向的分布如图4-12(b)所示,中段的纵向应力保持为常值,但在焊缝的两端,因受自由边界的影响,应力由常值逐渐趋于零。

(2)横向应力的分布

在对接焊缝中横向应力的分布比较复杂,它与焊件的宽度、定位焊位置、施焊方向和施焊顺序等因素有关。横向应力的产生有两方面原因:一方面是由焊缝及其附近的塑性变形区的纵向收缩引起的;另一方面是由焊缝及其附近塑性区的横向收缩引起的。

对于平板对接焊缝,如图4-13(a)所示,可以假设将钢板沿焊缝中心切开,则两块钢板都相当于在其一侧堆焊一样,焊后边缘焊缝区域将产生纵向收缩,两块钢板将产生向外侧弯曲的变形,如图4-13(b)所示。但实际上,两块钢板是由焊缝连接成一个不可分离的整体的,因此在焊缝两端产生横向压应力,中间部位产生横向拉应力,如图4-13(c)所示。这就是纵向收缩引起的横向应力。

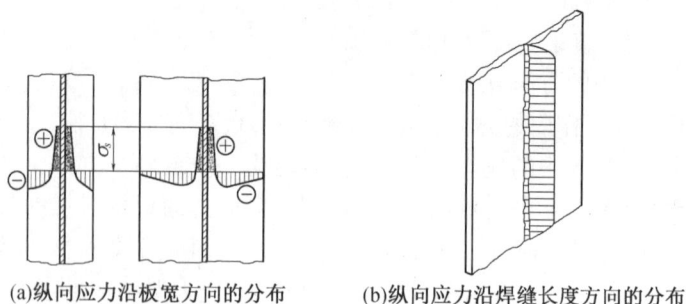

(a)纵向应力沿板宽方向的分布   (b)纵向应力沿焊缝长度方向的分布

图4-12 对接接头的纵向焊接应力

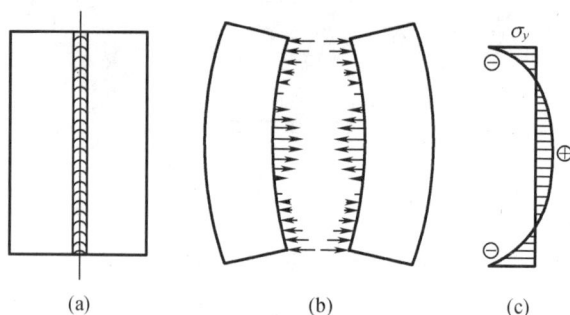

(a)   (b)   (c)

图4-13 纵向收缩引起的横向应力

下面再分析焊缝及其附近塑性区的横向收缩引起的横向应力的分布情况。由于一条焊缝不可能在同一时间内焊完,总有先焊和后焊之分,焊缝全长上的加热时间不一致,同一时间内各部分的受热温度不均匀,膨胀与收缩也不一致,因此焊缝金属受热后就不能自由变形。先焊部分先冷却,后焊部分后冷却,先冷却的部分又限制后冷却部分的横向收缩,这种相互之间的限制和反限制,最终在焊缝中形成了横向应力。焊缝末端因为最后冷却,受到拉应力的作用,如图4-14所示,可见这部分横向应力与焊接方向、焊接方法及焊接顺序有关。图4-15所示为对接焊施焊方向不同时横向焊接应力的分布情况。

上面分析的对接焊缝中的横向应力分布只适用于焊条电弧焊。因为焊条电弧焊中,电弧移动缓慢,在焊下一段时,上一段来不及冷却。在埋弧自动焊时,采用的电弧功率较大,并且速度很高,因此沿焊缝在长度方向的加热和冷却相对较均匀。因此,埋弧自动焊中横向应力比焊条电弧焊的小一些,分布也均匀一些。

焊缝总的横向应力,即是由纵向收缩引起的横向应力和由焊缝冷却先后不同形成的横向收缩引起的横向应力合成的结果。大型试件横向应力测定结果如图

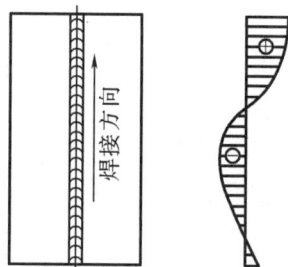

图4-14 横向收缩引起的横向应力

4－16 所示。焊条电弧焊连续直通焊的横向应力分布与此类似。

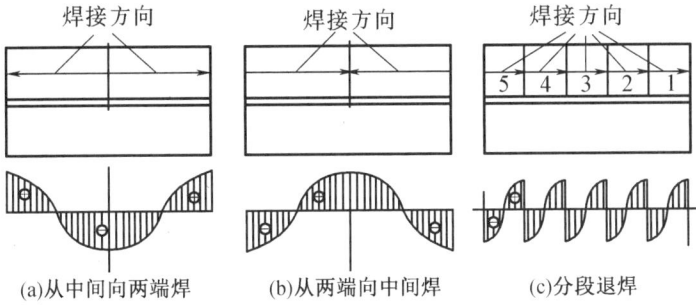

图4－15 对接焊施焊方向不同时横向焊接应力的分布情况

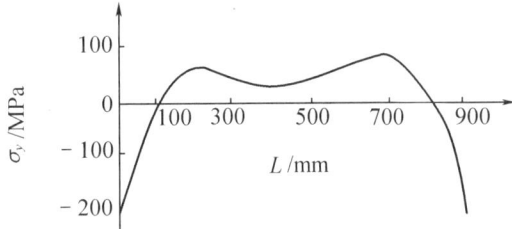

图4－16 平板对接焊缝(埋弧焊)横向应力分布

对接焊缝横向应力在与焊缝平行的各截面(Ⅰ—Ⅰ、Ⅱ—Ⅱ、Ⅲ—Ⅲ)上的分布大致与焊缝截面(0—0)上的相同,但离开焊缝的距离越远,应力就越低,如图4－17所示。

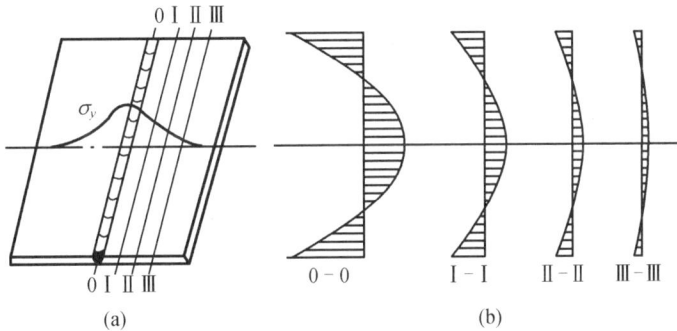

图4－17 横向焊缝沿板宽方向的分布

(3)封闭焊缝中的应力

所谓封闭焊缝是指船体中的人孔、窗孔等四周的焊缝,以及修理船舶使用圆形补板进行镶板的焊缝,这类焊缝构成封闭回路,故称封闭焊缝。这种焊缝是在较大拘束条件下焊接的,因此内应力比自由状态下的大,封闭(管接头、人孔或镶板四周的)焊缝附近的应力分布如图4－18所示。σ_r为径向应力,σ_θ为切向应力。由图可见,径向应力σ_r为拉应力;切向应力σ_θ在焊缝附近最大,为拉应力,由焊缝向外侧逐渐降低,并变成压应力,由焊缝向中心逐渐达到均匀值。封闭焊缝的内部为均匀双向应力场,切向应力与径向应力相等,其数值与环形焊缝的直径有关。直径越小,刚度越大,其中的内应力也越大,所以在焊接人孔、管道接头及船壳板修补中都要注意封闭应力的问题。

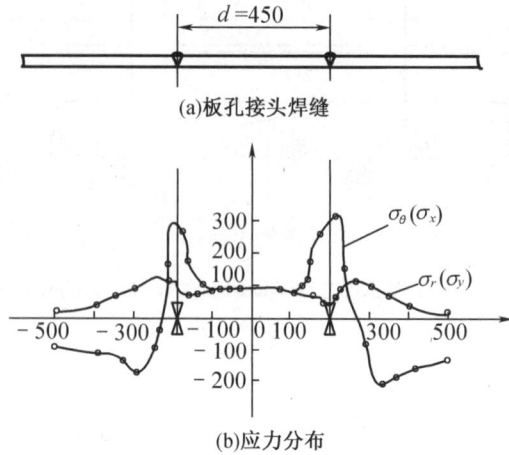

(a)板孔接头焊缝

(b)应力分布

图 4 – 18　封闭焊缝附近的应力分布

(4)焊接结构梁中的焊接应力

在船体结构中会遇到大量 T 形梁、工形梁和箱形梁的焊接。如前所述,对于这类构件,可将其翼板、腹板分别当作板中心堆焊和板边堆焊,从而可以得出图 4 – 19 所示纵向应力分布图。一般情况下,焊缝附近区域总是产生纵向(轴向)拉伸应力,在 T 形梁和工形梁的腹板中则会产生压应力,该压应力可能导致腹板局部或整体失稳,出现波浪变形,所以通常在焊接结构梁中加入加强肋板以提高其稳定性。

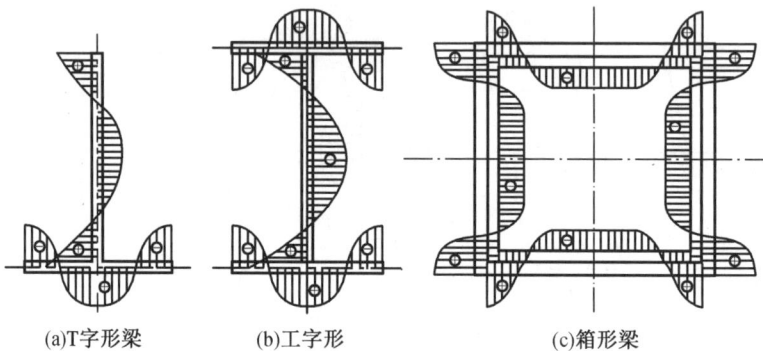

(a)T字形梁　　　　(b)工字形　　　　(c)箱形梁

图 4 – 19　梁截面上的纵向应力分布

3. 焊接应力对焊接结构的影响

(1)焊接应力对构件强度的影响

船体结构多用塑性较好的低碳钢和低合金结构钢制造,一般情况下,处于塑性状态,焊接应力对其静载强度没有不良影响;但焊接应力将消耗材料部分塑性变形的能力。在低温、动载或腐蚀介质下使材料处于脆性状态时,由于应力不能重新分配或来不及重新分配,随着外力的增加,内应力与外力叠加在一起,材料中的应力峰值增加,一直达到材料的强度

极限 σ_b，发生局部破坏，最终会导致整个构件断裂。焊接应力与外力 σ 叠加的情况如图 4-20 所示。

单向与双向拉伸内应力通常不影响材料的塑性，而三向拉伸内应力的存在将大大降低材料的塑性。厚大焊件焊缝及三向焊缝交叉点处，都会产生三向焊接拉伸应力，所以要特别注意。对于由塑性较低的金属材料焊接而成的焊件，在受力过程中，无足够的塑性变形，而在加载过程中应力峰值不断增加，直到达到材料的屈服极限后发生破坏。

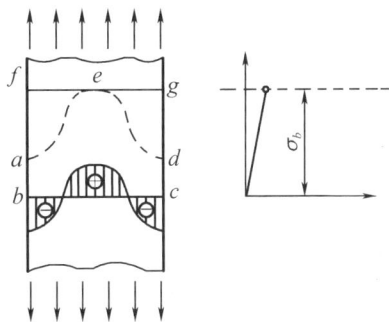

图 4-20 脆性材料中载荷作用下平板中应力分布情况

（2）焊接应力对结构疲劳强度的影响

大量的疲劳强度试验表明，压应力有可能阻止疲劳断裂的发生和疲劳裂纹的扩展，因此对于承受交变载荷的构件，往往在表面造成压应力层，以防止疲劳断裂。

（3）焊接应力降低机械加工的精度

工件中如果存在残余应力，则在机械加工中随着材料的切除，原来存在于这部分材料中的内应力也一起消失。加工好的工件卸去卡具以后，不平衡的内应力使工件产生新的变形，因而零件的最终加工精度受到影响。保证焊件的加工精度最有效的办法有两种：一是消除内应力后再机加工；二是采用逐层递减切削量法，即对所要加工的表面逐层切削，每切削一层，就将焊件从卡具上卸下，释放应力和变形，这种方法一般可以满足结构的精度要求。

（4）焊接应力对受压构件稳定性的影响

这是由于焊后构件存在压应力区，在与外载压应力叠加后，压应力便迅速增长并达到失稳的临界应力状态，致使结构产生波浪变形。对受焊接压应力作用已产生局部失稳的构件来说，其因受压载荷的有效面积不断减少，所以更容易出现失稳的现象。

（5）焊接应力对构件应力腐蚀开裂的影响

应力腐蚀开裂是拉应力和腐蚀共同作用下产生裂纹的一种现象。应力腐蚀开裂过程大致可分为三个阶段：第一阶段，局部腐蚀逐渐发展成微小裂纹；第二阶段，微小裂纹在拉应力和腐蚀的交替作用下，形成裂纹新界面，新界面又被腐蚀，这样裂纹不断地扩展；第三阶段，当裂纹扩展到一个临界值时，就在拉应力的作用下以极快的速度迅速扩展而造成脆性断裂。也有这样一种情况，即当裂纹扩展到一定时候就发生泄漏，而应力不再增加，此时裂纹也可能停止扩展，在这些结构中不一定发生断裂，例如容器。

4. 减小焊接应力的措施

在焊接过程中采用一些简单的工艺措施往往可以减小焊接应力，降低应力的峰值，避免在大面积范围内产生较大的拉应力，并且使其应力分布更为合理。

（1）采用合理的焊接顺序和方向

①尽量使焊缝能自由收缩，先焊收缩量比较大的焊缝。图 4-21 某构件角接接头中应先焊板的对接焊缝 1，后焊角接焊缝 2，使对接焊缝 1 能自由收缩，从而减小内应力。

②先焊工作时受力较大的焊缝。如图 4-22 所示，先焊受力最大的翼缘对接焊缝①，后焊腹板对接焊缝②，最后再焊翼缘角接焊缝③。这样的焊接顺序可以使受力较大的翼缘焊

缝预先承受压应力,而腹板则为拉应力。翼缘角接焊缝留在最后焊接,则可使腹板有一定的收缩余地,同时也可以在焊翼缘板对接焊缝时采取反变形措施,防止产生角变形。

③在拼版时,应先焊错开的短焊缝,然后焊直通的长焊缝,如图4-23所示。采用相反的顺序,即先焊焊缝3,再焊焊缝1和2,则由于短焊缝的横向收缩受到限制将产生很大的拉应力。

④在焊接交叉焊缝时,应该特别注意交叉处的焊缝质量。例如,T形焊缝和十字焊缝应按图4-24所示的焊接顺序焊接,才能使横向收缩比较自由,有助于避免在焊缝的交叉点处产生裂纹。同时焊缝的起弧或收尾也要避开交叉点或虽然在交叉点上,但在焊接相交的另一条焊缝之前,起弧或收尾处应被铲掉。

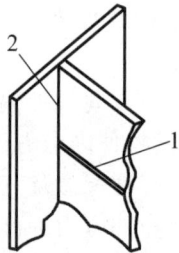

1—对接焊缝;2—角接焊缝。

图4-21 角接接头按收缩量大小确定的焊接顺序

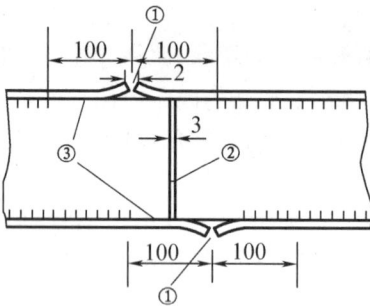

1,2—对接焊缝;3—角接焊缝。

图4-22 工字钢接头按受力大小确定的焊接顺序

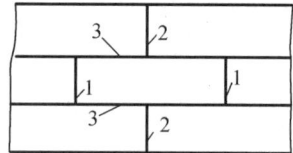

图4-23 按焊缝布置确定焊接顺序

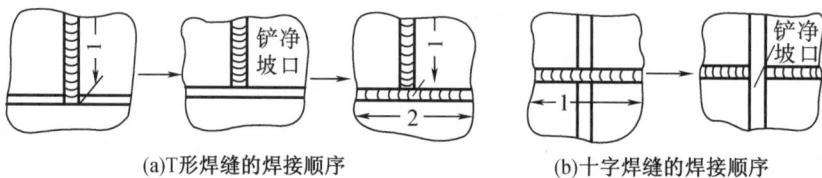

(a)T形焊缝的焊接顺序　　(b)十字焊缝的焊接顺序

图4-24 交叉焊缝的焊接顺序

(2)留"裕度"法

在焊接封闭焊缝或其他刚性较大、自由度较小的焊缝时,焊前留出收缩"裕度",增加收缩焊缝的自由度,以此来减小焊接应力,如图4-25所示。

(3)加热"减应区"法

选择构件的适当部位进行加热使之伸长,加热区的伸长带动焊接部位,使它产生一个与焊缝收缩方向相反的变形。随后再去焊接或焊补原来刚性很大的焊缝,在冷却时,加热区的收缩和焊缝的收缩方向相同,使焊缝能自由地收缩,焊接应力可大大减小。这个加热部位就叫作"减应区"。这种方法是减少焊接区与构件上阻碍焊接区自由收缩的部位(减应区)之间的温度差,使它们尽量均匀冷却和收缩,以减小焊接应力,如图4-26所示。

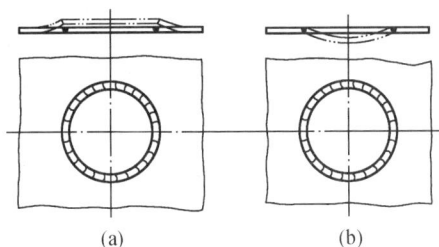

图4-25　留"裕度"法应用实例

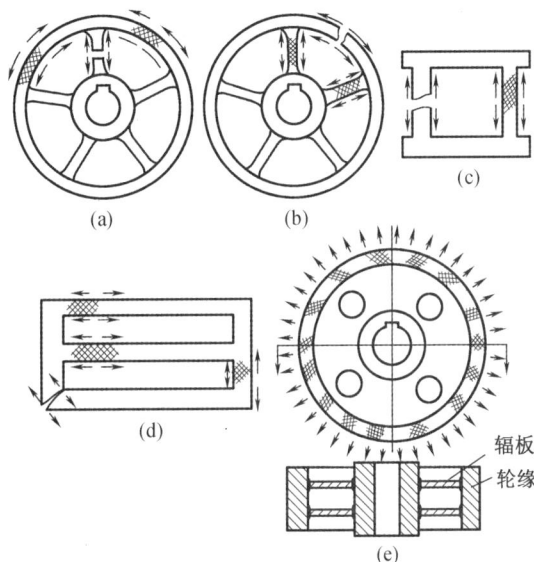

网纹为减应区;→为膨胀方向。

图4-26　几种简单结构加热"减应区"法示意图

（4）锤击或碾压焊缝

每焊一道焊缝后马上用带小圆弧面的风枪或小手锤锤击焊缝区,使焊缝得到延伸,从而降低内应力。锤击应保持均匀、适度。避免锤击过分产生裂纹。采用碾压焊缝的方法也可有效降低结构内应力。

5. 消除焊接应力的方法

因为焊接内应力的不利影响只有在一定的条件下才表现出来,所以许多焊接结构未经消除内应力的处理也能安全运行。焊接结构是否需要消除内应力,采用什么消除内应力的方法,必须根据生产实践经验、科学实验及经济效果等方面综合考虑。

（1）焊后热处理

目前,钢结构常用的消除焊接残余应力的方法是采用焊后热处理,就是把焊件整体或局部均匀加热至材料相变温度以下某一温度范围,并经过一定时间的保温。此时,金属虽未发生相变,但在这样的温度下其屈服强度降低,使它内部由于残余应力的作用而产生一定的塑性变形,从而使应力得到消除,然后再均匀缓慢地冷却下来。这样,可消除大部分应力,并可改善焊缝热影响区的组织与性能。

整体焊后消除应力热处理,一般是在炉内进行的。对于某些构件无法用加热炉进行加热的,可采用其他加热方式(电阻、红外线、火焰和感应加热等)进行局部的热处理,以降低焊接结构内部残余应力的峰值,使应力分布趋于平缓,起到部分消除应力的作用。局部消除应力热处理时,应保证有足够的加热宽度,一般不应小于工件厚度的4倍,并且在加热宽度范围内各点均应达到规定的温度。在冷却时,应该用绝缘材料包裹加热区域,以降低冷却速度,达到消除焊接残余应力的目的。

(2)机械拉伸法

机械拉伸法是指对焊接结构进行加载,使焊接塑性变形区得到拉伸,以减小由焊接引起的局部压缩塑性变形量,使内应力降低。消除掉的焊接残余应力值与加载时产生的应力值大小有关。加载应力越高,压缩塑性变形就抵消得越多,内应力也就消除得越彻底。

机械拉伸消除应力特别适用于一些焊接容器,它可以通过水压试验起到机械拉伸的作用。水压试验应采取一定的过载系数,试验时应控制水的温度,使之高于材料的脆性转变温度,以免加载时发生脆断事故。

(3)温差拉伸法

这种方法的基本原理与机械拉伸法相同,即是通过使焊缝区域受到拉伸塑性变形来抵消焊接时所产生的压缩塑性变形。所不同的是,机械拉伸法利用外力来进行拉伸,而该方法则是利用局部加热的温差来拉伸焊缝区。其具体方法是:在焊缝两侧各用一个适当宽度的氧 – 乙炔火焰或其他火焰加热到150~200 ℃,在火焰后一定距离处喷水冷却,火焰和喷水管以相同的速度向前移动,使焊缝区域受到拉伸,从而消除焊缝纵向的残余应力,如图4 – 27所示。如果技术参数选择适当,可以取得较好的消除应力效果。

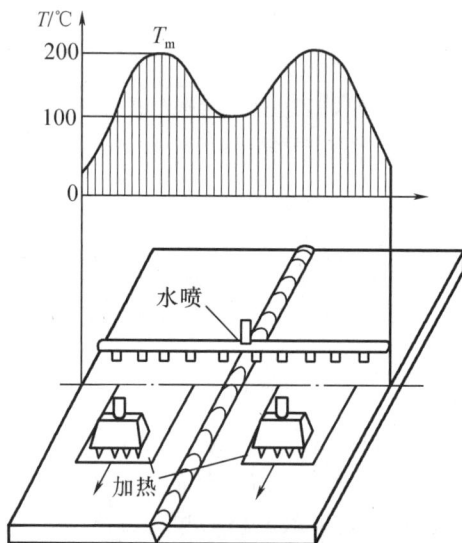

图4 – 27　温差拉伸法

(4)振动法

振动法又称振动时效,或振动消除应力法(VSR)。它是对焊缝区域施加震动载荷,使振源与结构发生稳定的共振,利用稳定共振产生的变载应力,使焊缝区域产生塑性变形,以达到消除残余应力,从而使构件尺寸获得稳定的一种方法。

试验证明,当变载荷达到一定数值,经过多次循环加载后,结构中的内应力逐渐降低。从内应力的消除效果看,振动法比用同样大小的静载拉伸好。据报道,用振动法来消除碳钢、不锈钢及某些铝合金结构中的内应力可取得较好的效果。这种方法的优点是设备简单而廉价,处理成本低,时间比较短,没有高温回火时的金属氧化问题,是目前值得推广的一种高效节能的降低焊接残余应力的方法。

4.5.3　焊接变形

金属结构件经过焊接后出现局部或整体尺寸和形状的改变,这种变化叫作焊接变形。

1. 焊接变形的种类

焊接变形可分为两大类:一类是整体变形,即整个结构形状和尺寸发生了变化;另一类是局部变形,它是指发生于焊接结构某部分的焊接变形。局部变形对结构的使用性能影响较小,一般也容易控制和矫正。

按焊接变形的特征,又可将焊接变形分为以下六种基本变形形式,如图4-28所示。

(1)整体变形

整体变形是由焊缝在各个方向收缩而引起的,包括收缩变形、弯曲变形和扭曲变形,如图4-28(a)(c)(d)所示。收缩变形是由焊缝的纵向和横向收缩造成的整个结构的长度缩短和宽度变窄;弯曲和扭曲变形是由焊缝在结构中布置不对称时产生的,也可能是由装配质量不好、焊件搁置不当、焊接程序和焊接方向不合理造成的。通常弯曲变形、扭曲变形与纵向和横向收缩相伴而同时发生,如图4-29(a)所示。

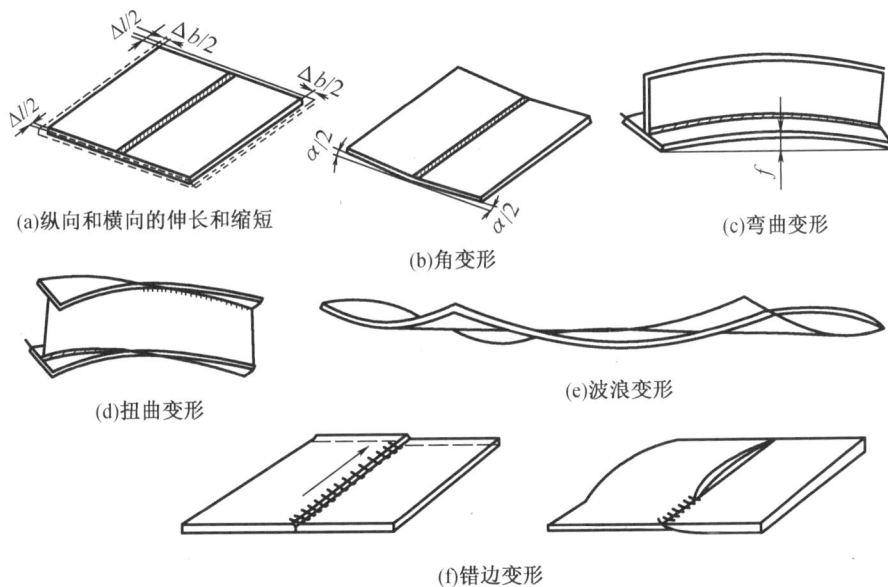

(a)纵向和横向的伸长和缩短　(b)角变形　(c)弯曲变形　(d)扭曲变形　(e)波浪变形　(f)错边变形

Δb—横向伸缩量;α—角变形;f—弯曲变形的挠度。

图4-28　焊接变形的基本形式

（2）局部变形

局部变形包括图4-28(b)(e)(f)所示的角变形、波浪变形和错边变形。角变形主要是由温度沿板厚方向分布不均匀和熔化金属沿厚度方向收缩量不一致引起的,因此一般发生在中、厚板的对接接头。波浪变形产生于薄板结构中,它是由纵向和横向的压应力使薄板失去稳定造成的。也有的结构因众多的角变形彼此衔接,在外观上类似于波浪变形,如图4-29(b)所示。错边变形主要是由组成焊件的两零件在装夹时夹紧程度不一致、刚度各不相同或物理性质不同,以及装配不良或电弧偏离坡口中心等引起的。

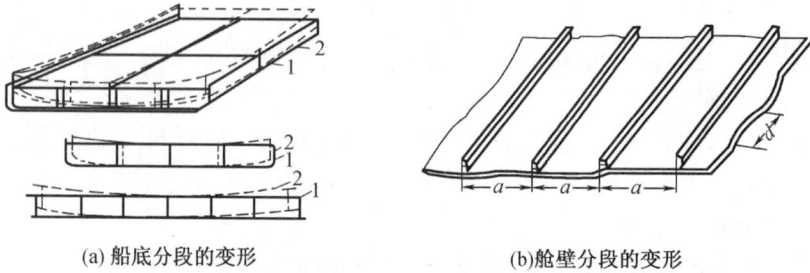

(a)船底分段的变形   (b)舱壁分段的变形

1—变形前;2—变形后;a—肋板间距;d—波浪变形量。

图4-29　船体结构焊接变形

2.影响焊接变形的因素

焊接结构中产生的焊接变形是个很复杂的问题,涉及的因素甚多,也不可能针对船体结构各部位产生的焊接变形逐一加以讨论,而只能分析引起焊接变形的一些主要因素。

（1）金属材料的热物理性能

金属材料的热物理性能对焊接变形有一定的影响,这种影响是材料本身特性引起的,与工艺因素无关。通常材料的膨胀系数越大,则焊接时产生的塑性变形越大,冷却后纵横向收缩也越大。如不锈钢和铝的线膨胀系数都比低碳钢大,因而焊后变形也大。导热性大的金属,焊后的变形也较大,铝及其合金即属此类金属。

（2）施焊方法和焊接工艺参数

不同施焊方法引起的收缩量也不同。当焊件的厚度相同时,单层焊的纵向收缩量要比多层焊收缩量大,这是因为多层焊时,先焊焊道冷却后阻止了后焊焊道的收缩。逐步退焊比直通焊收缩量小,这是因为前者可使焊件温度比较均匀,产生的压缩塑性变形比较分散。

焊接工艺参数的影响主要为线能量。一般规律是,随着线能量的增加,压缩塑性变形区扩大,因而收缩量增大。

（3）焊缝的长度及其截面积

焊缝的长度和截面积的大小对收缩量有很大影响。一般来说,焊缝的纵向收缩量随着焊缝长度的增加而增加,而焊缝的横向收缩量随焊缝宽度增加而增加。横向收缩量还与板厚、坡口形式及接头形式有关。焊条电弧焊时,板厚增加,收缩量增大;自动焊时则有所不同。在同样厚度条件下,V形坡口比X形坡口收缩量大;对接焊缝的横向收缩量比角接焊缝的大。

（4）焊缝在结构中的位置

焊缝在结构中布置得不对称是造成焊接结构弯曲变形的主要因素。焊缝离中和轴越近,弯曲变形越小;焊缝离中和轴越远,弯曲变形越大。对于船体焊接结构,中和轴上下都有许多焊缝,且距中和轴的距离也各不相同,因此很容易产生整体弯曲变形。

（5）结构的刚性和几何尺寸

结构的刚性取决于截面形状和尺寸。截面积越大,则结构抗弯刚度越大,弯曲变形越小。在同样截面形状和大小时,结构的抗弯刚度还取决于截面的布置,即取决于截面惯性矩。如图4－30所示箱形梁,按图(a)放置的抗弯刚度大于按图(b)放置的抗弯刚度。

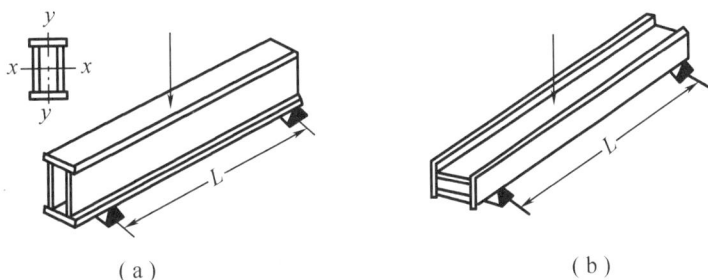

（a）　　　　　　　　　　　　　（b）

图4－30　箱形梁惯性矩对弯曲变形的影响

（6）装配和焊接程序

随着装配过程的进展,船体结构的整体刚性也在增大。因此就整个结构生产而言,有边装配边焊接和装配成整体后再焊接两种方式可供选择。如果仅从增加刚性以减小变形的角度看,采用后一种方式,对于结构截面和焊缝布置都对称的简单结构来说,可以减小其弯曲变形。例如,对于工形梁的装焊,如果采用边装配边焊接方式,则焊后产生较大的弯曲变形;而采用全部构件装配之后再焊接的方式,则弯曲变形较小。对于复杂结构来说,全部构件装配后再焊接的方式往往是不合理的。一是边装配边焊接所产生的变形不一定都反映到总变形量中去;二是有些零部件因施工上的需要,只能采用边装配边焊接的方式进行。因此需根据实际情况来决定采取的装焊方式。

焊接顺序对变形的影响也很大:最先焊焊缝引起的变形最大,后焊焊缝引起的变形逐渐减小。而最终变形方向往往与最先焊的焊缝引起的变形方向一致。例如,图4－31工形梁装配好以后,如果先焊焊缝1和2,再焊焊缝3和4,则焊接之后工形梁产生上挠变形,如图4－31(a)所示;如果改变焊接顺序,先焊焊缝1和4,后焊焊缝3和2,焊后工形梁的挠曲则可以减小,如图4－31(b)所示。因此,合理的焊接顺序可以减小结构的变形,消除大量的矫正工作量,有利于结构生产成本的降低。

3. 防止与减小焊接变形的措施

金属结构经焊接后的变形若超过允许范围,将会影响结构的承载能力,特别是对船体这样的复杂结构,很容易产生变形。因此,在船体建造过程中,必须对焊接变形加以控制。造船生产中所采取的防止或减小焊接变形的措施有两大类:一种是结构设计方面的措施;另一种是制造工艺方面的措施。

（1）船体结构设计方面

在焊接结构设计时,不仅要考虑到结构的强度、刚度、稳定性及经济性,还要考虑到制造工艺和焊接的特点来进行结构设计才能减小焊接变形。这里提出几点原则,作为结构设计时参考：

①由于船体分段建造法可大大减小船台工作量，也可使船体总焊接变形得到控制，所以在船体结构设计时应考虑船体分段划分的可能性，以便使船台的焊接工作量减至最小。

②分段中的焊缝应保持对称性，或者靠近结构的中心线，以防止弯曲变形。对于厚度大于 8 mm 的板，应尽量采用 X 形坡口而不采用 V 形坡口。

③在保证结构强度的前提下，减小焊缝的截面尺寸，以减小收缩变形。

④尽可能减少焊缝的数量。

⑤在装配焊接时，可采用简单装配焊接胎夹具。

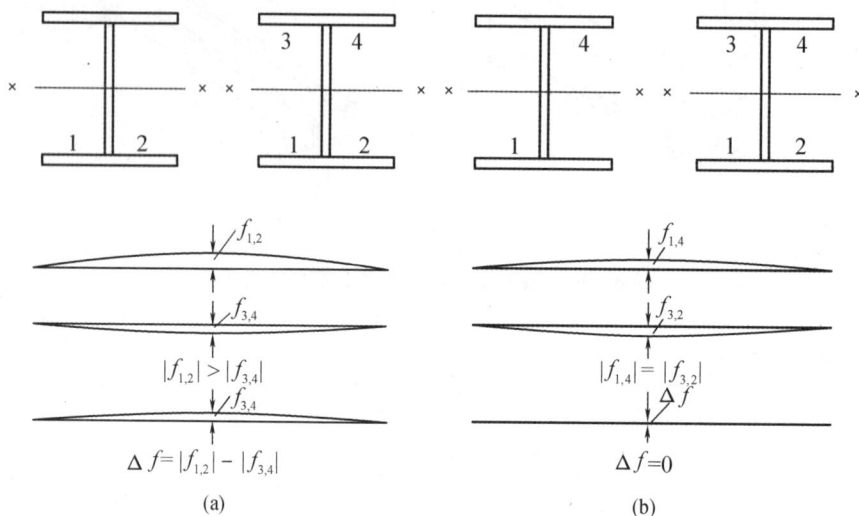

图 4-31　工形梁装焊顺序对弯曲变形的影响

（2）船舶建造工艺方面

①严格对加工、装配工序的要求。不仅应注意焊接工序，还要求各工序都按技术条件保证加工零件的尺寸和质量。坡口的装配间隙不可过大，否则不仅增多熔敷金属量，加大变形，而且在埋弧自动焊时，还有可能烧穿。

②预留收缩余量。无论采取何种措施，焊接结构的收缩变形总是要发生的。生产中为了弥补焊后尺寸的缩短，往往在备料中预先考虑加放收缩余量。由于收缩大小受许多因素的影响，所以加放余量的大小往往采用经验数据或经验公式进行近似估计，见表 4-1。

表 4-1　焊缝纵向收缩量的近似值

名称	对接焊缝	连续角接焊缝	间断角接焊缝
收缩量/(mm·m^{-1})	0.15~0.30	0~0.40	0~0.10

③反变形法根据结构焊后变形情况，预先给出一个方向相反、大小相等的变形，用以抵消结构焊后产生的变形。图 4-32（a）是厚度为 8~12 mm 钢板 V 形坡口单面对接的变形情况，当采用反变形后，如图 4-32（b）所示，基本上消除了焊接变形。

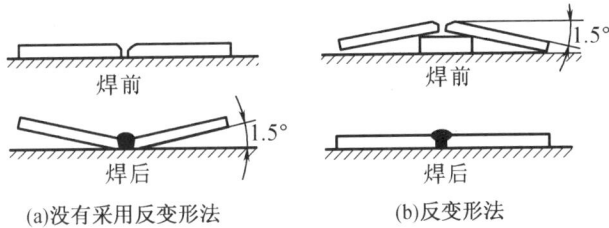

图 4 – 32　钢板对接焊的变形情况

又如船台装配时,由于船体中和轴偏于船底部,而此时船体中的大部分焊缝及甲板以上所有结构焊缝都位于中和轴之上,焊接后船体产生向上翘起的变形。此外,上层建筑多为薄壁结构,容易产生波浪变形,为消除波浪变形而采用火焰矫正,这部分热量的加入更加剧了船体的上翘。此时采用龙骨线反变形法消除船体上翘非常有效,如图 4 – 33 所示。反变形的数值可根据经验用光顺曲线作出。一般采用的经验数据为:总段建造时,每米船长放 – 1 mm(适用于中小型船舶,负号表示反变形向下);塔式或岛式建造时,每米船长放 – 0.8 ~ – 0.5 mm(适用于大型船舶);对于具有长上层建筑及长护舷材的船舶,反变形数值应加大。

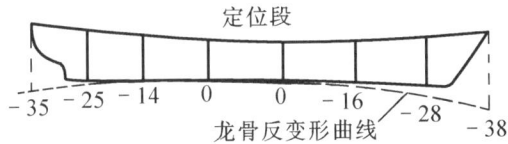

图 4 – 33　船体总段大合龙反变形图

④刚性固定法。刚性固定有多种方式,在大型船板拼接焊时,为了防止一条焊道焊到终端时出现横向张开位移,或焊完后出现终端裂纹,工程上常常采用一种专用引弧板(或叫作弹性引弧板),如图 4 – 34(a)所示,它既把弧坑从焊缝引出,又有效地避免了焊缝的终端裂纹。图 4 – 34(b)所示为管法兰对接焊时,用弓形夹固定上下法兰的情形。图 4 – 34(c)所示为薄板焊接时,在接缝两侧放置压铁,并在薄板四周焊上临时点固焊缝,就可以减少焊接之后产生的波浪变形。对于批量生产方式,如造船流水线的拼板工序,可采用电磁铁代替压铁,或用电磁平台代替普通平台,除可减少波浪变形外,还能提高生产率。此外,在钢板拼接时,还可以采用加“马板”的方法控制焊接变形,如图 4 – 34(d)所示。

⑤合理的焊接顺序。当结构装配后,焊接顺序对焊接变形的大小和焊缝应力的分布有很大影响。因此,在施工设计时,要按照建造方法、分段结构特点及装配的主要顺序,预先制订出分段、总段和船台合龙的焊接顺序。

图 4 – 35 所示为艏部外板焊接顺序,原则上应当先焊横向焊缝,后焊纵向焊缝。这样,横向焊缝因横向收缩而产生的单值应力可在纵向焊缝纵向收缩的影响下减弱。船体横向焊缝单值应力的存在,在其一旦与外载荷引起的应力叠加之后,就容易产生裂纹或断裂,这是制订焊接顺序时应该极为注意的。纵焊缝的焊接应由下而上(按焊缝 5,6,7 顺序)进行,目的在于减小船体结构的上翘。

(a)　　　　　　　(b)　　　　　　　(c)　　　　　　　(d)

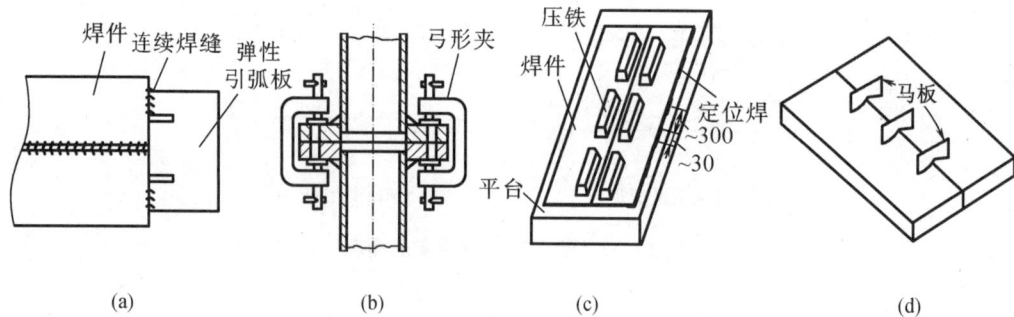

图4-34　刚性固定法减少焊接变形

4.焊接变形的矫正

焊接结构发生了超出技术要求所允许的变形后,应设法矫正,使之符合产品质量要求。实践表明,很多变形的结构是可以设法矫正的。各种矫正变形的方法实质上都是设法造成新的变形去抵消已经发生的变形。

(1)机械矫正焊接变形

机械矫正的实质是利用机械力将焊接接头区域已经缩短的纤维再次拉长。一般可采用矫平机或压力机来进行,如图4-36所示。矫正薄板的波浪变形可以采取手工锤击

图4-35　艏部外板焊接顺序

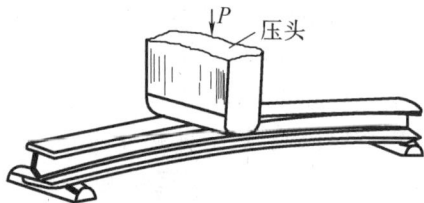

焊缝区的方法,使焊缝区得到延伸,从而消除焊缝区因纵向缩短而引起的波浪变形。为了避免留下印痕,可在焊件表面垫上平锤,然后进行锤击。机械矫正一般用于塑性较好的材料及形状简单的焊件。

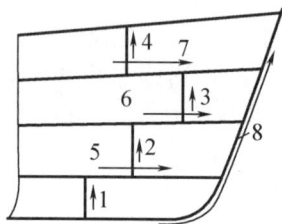

图4-36　工字梁焊后弯曲变形的机械矫正

(2)火焰矫正焊接变形

火焰矫正又叫作"火工矫正"。它是利用氧-乙炔火焰或其他火焰对金属局部加热使其产生新的变形来抵消已经产生的焊接变形。火焰矫正的实质与机械矫正正好相反,它不是利用焊件上尺寸短的部分的延伸来消除变形,而是将焊件上尺寸较长的部分缩短来消除焊接变形。其加热方法主要有点状、线状(或带状)和三角形加热三种,如图4-37所示。点状加热主要用于薄板波浪变形的矫正,如船舶上层建筑的焊接变形常用此法矫正;线状加热主要用于角变形的矫正,如T形梁角变形的矫正;三角形加热主要用于矫正厚度较大、刚性较强的构件的弯曲变形,如船体结构的强肋骨和纵桁等焊接T型材的弯曲变形。

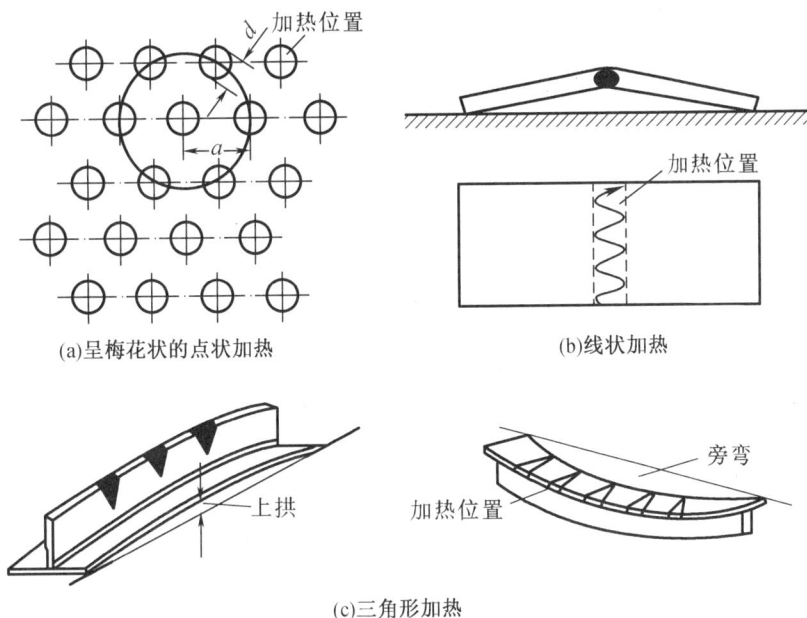

(a)呈梅花状的点状加热　　　　　　　(b)线状加热

(c)三角形加热

a—加热点间距; d—加热点直径。

图 4 - 37　火焰矫正加热方法

火焰矫正适用于低碳钢和普通低合金钢。

（3）机械与火焰综合矫正法

有时同时采用机械与火焰两种方式矫正焊接变形可以得到更好的效果。如图 4 - 38 所示的船体双层底分段,正装法的分段焊后变形为半宽缩小和两舷上翘;倒装法的分段变形方向则相反。矫正时需将分段翻身搁置在木墩上,分段中间加重物载荷,同时再在适当的位置用火焰进行加热。

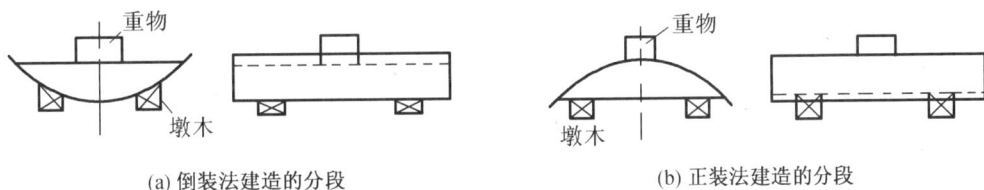

(a) 倒装法建造的分段　　　　　　　　(b) 正装法建造的分段

图 4 - 38　船体分段焊接变形的综合矫正

思考题

1. 名词解释:焊接电弧、气体电离、电子发射、电弧静特性、电弧磁偏吹。

2. 焊接电弧由哪几部分组成?

3. 电弧静特性曲线呈什么形状? 当采用不同的电弧焊方法时,在一定的条件下,其静特性是曲线的哪一部分?

4. 什么叫作电弧的稳定性？影响电弧稳定性的因素有哪些？

5. 熔滴过渡的形式有哪几种？

6. 影响熔滴过渡的作用力有哪些，其在焊接过程中的作用如何？

7. 焊接接头由哪几部分组成？焊接热影响区分为哪几部分？

8. 结构焊接后会产生什么形式的变形？

9. 焊接变形有哪几种？

10. 影响焊接应力和变形的因素有哪些？

11. 减小焊接应力和变形应采取哪些措施？

12. 焊接变形矫正的方法有哪几种？

第5章 船舶焊接方法

5.1 焊条电弧焊

焊条电弧焊是常用的焊接方法之一,它使用的设备简单,操作方便灵活,适应在各种条件下的焊接,特别适合于形状复杂的焊接结构的焊接。因此,虽然焊条电弧焊劳动强度大,焊接生产率低,但仍然在国内外焊接生产中占据着重要位置。

5.1.1 焊条电弧焊的基本原理、特点及应用

1. 焊条电弧焊的原理

焊条电弧焊是用手工操纵焊条进行焊接的电弧焊方法。它利用焊条与焊件之间建立起来的稳定燃烧的电弧,使焊条和焊件熔化,从而获得牢固的焊接接头,其原理如图 5-1 所示。焊接过程中,药皮不断分解、熔化而生成气体及熔渣,保护焊条端部、电弧、熔池及其附近区域,防止大气对熔化金属的有害污染。焊条芯也在电弧热作用下不断熔化进入熔池,成为焊缝的填充金属。

2. 焊条电弧焊的特点

焊条电弧焊与其他熔焊方法相比,具有下列特点:

(1)操作灵活

焊条电弧焊之所以成为应用最广泛的焊接方法,主要是因为它的灵活性。由于焊条电弧焊设备简单、移动方便、电缆长、焊把轻,因而广泛应用于平焊、立焊、横焊、仰焊等各种空间位置和对接、搭接、角接、T 形接头等各种接头形式的焊接。

(2)待焊接头装配要求低

由于焊接过程由焊工手工控制,可以适时调整电弧位置和运条姿势,修正焊接工艺参数,以保证跟踪接缝和均匀熔透。因此,对焊接接头的装配精度要求相对降低。

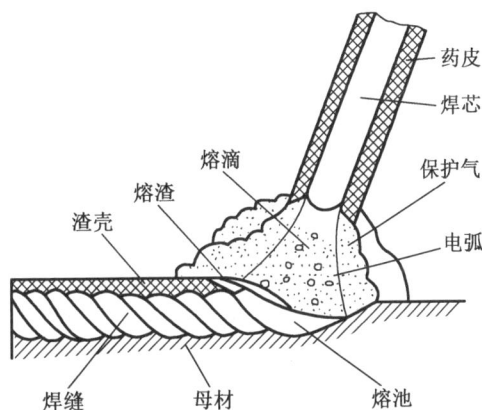

图 5-1　焊条电弧焊原理

(3)可焊金属材料广

焊条电弧焊广泛应用于低碳钢、低合金结构钢的焊接。选配相应的焊条,焊条电弧焊也常用于不锈钢、耐热钢、低温钢等合金结构钢的焊接,还可用于铸铁、铜合金、镍合金等材料的焊接,以及耐磨损、耐腐蚀等特殊使用要求的构件进行表层堆焊。

(4)焊接生产率低

焊条电弧焊与其他电弧焊相比,由于其使用的焊接电流小,每焊完一根焊条后必须更

换焊条,以及因清渣而停止焊接等,故这种焊接方法的熔敷速度慢,焊接生产率低,劳动强度大。

（5）焊缝质量依赖性强

虽然焊接接头的力学性能可以通过选择与母材力学性能相当的焊条来保证,但焊缝质量在很大程度上依赖于焊工的操作技能及现场发挥,甚至焊工的精神状态也会影响焊缝质量。

5.1.2 焊条

焊条是涂有药皮的并供焊条电弧焊用的熔化电极,它由药皮和焊芯两部分组成。焊条既作为电极,在焊条熔化后又作为填充金属直接过渡到熔池,与液态的母材熔合后形成焊缝金属。因此,焊条不但影响电弧的稳定性,而且直接影响到焊缝金属的化学成分和力学性能。为了保证焊缝金属的质量,必须对焊条的组成、分类、牌号及选用、保管知识有较深的了解。

1. 焊条的组成及作用

焊条是由焊芯（金属芯）和药皮组成（图5-2）的。在焊条首部药皮有45°左右的倒角,这是为了便于引弧。在尾部有一段裸焊芯,约占焊条总长的1/16,便于焊钳夹持并有利于导电。焊条直径（实际是指焊芯直径）通常为2 mm、2.5 mm、3.2 mm或3 mm、4 mm、5 mm、5.8 mm（或6 mm）等几种,常用的是3.2 mm、4 mm、5 mm三种,其长度L一般为250～450 mm。

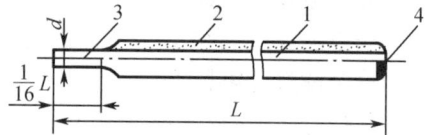

1—焊芯;2—药皮;3—夹持端;4—引弧端。

图5-2 焊条组成示意图

（1）焊芯

焊条中被药皮包覆的金属芯称为焊芯。焊芯一般是具有一定长度及直径的钢丝。焊接时,焊芯有两个作用:一是传导焊接电流,产生电弧,把电能转换成热能;二是焊芯本身熔化作为填充金属,与液体母材金属熔合形成焊缝。

（2）药皮

压涂在焊芯表面上的涂料层称为药皮。药皮在焊接过程中发生复杂的冶金反应和物理、化学变化,基本上解决了裸焊条在焊接时出现的问题,所以说药皮也是决定焊缝金属质量的主要因素之一。药皮的主要作用如下:

①机械保护作用。

a. 气保护。在焊接时,焊条药皮熔化后产生大量的气体,笼罩着电弧区和熔池,基本上把熔化金属和空气隔绝开来。这些气体中绝大部分是还原性气体（如 CO、H_2 等）,能在电弧区和熔池周围形成一个很好的保护层,防止空气中的氧、氮侵入,起到了保护熔化金属的作用。

b. 渣保护。焊接过程中药皮被电弧高温熔化后形成熔渣,覆盖着熔滴和熔池金属,这样不仅隔绝空气中的氧、氮,保护焊缝金属,还能减缓焊缝的冷却速度,促进焊缝金属中气体的排出,减少生成气孔的可能性,并能改善焊缝的成形和结晶,起到渣保护的作用。

②冶金处理渗合金作用。通过熔渣与熔化金属的冶金反应,除去有害杂质（如 O、H、S、P）和添加有益的合金元素,使焊缝获得合乎要求的力学性能。

③改善焊接工艺性能。使电弧稳定燃烧、飞溅小、焊缝成形好、易脱渣和熔敷效率

高等。

　　总之,药皮的作用是保证焊缝金属获得合乎要求的化学成分和力学性能,并使焊条具有良好的焊接工艺性能。

　　2.焊条的分类和型号

　　(1)焊条的分类

　　①按焊条的用途可分为低碳钢和低合金高强度钢焊条、钼和铬钼耐热钢焊条、不锈钢焊条、堆焊焊条、低温钢焊条、铸铁焊条、镍及镍合金焊条、铜及铜合金焊条、铝及铝合金焊条。

　　②按焊条药皮熔化后的熔渣特性分类。

　　a.酸性焊条的熔渣成分主要是酸性氧化物(SiO_2、TiO_2、Fe_2O_3)及其他在焊接时易放出氧气的物质。酸性熔渣的脱氧不完全,同时不能有效地清除焊缝中的硫、磷等杂质,故焊缝金属的力学性能较低,一般用于焊接低碳钢和不太重要的钢结构中。

　　b.碱性焊条的熔渣的成分主要是碱性氧化(如大理石、萤石等),并含有较多的铁合金作为脱氧化剂和合金剂,焊接时大理石($CaCO_3$)分解产生的CO_2作为保护气体。碱性熔渣脱氧较完全,又能有效地消除焊缝金属中的氢和氧,合金元素烧损少,所以焊缝金属的力学性能和抗裂性能较好,可用于合金钢和重要碳钢结构的焊接。

　　(2)焊条型号的编制方法

　　①按国家标准规定碳钢焊条型号的编制方法。

　　a.字母"E"表示焊条。

　　b.前两位数字表示熔敷金属抗拉强度的最小值,单位为×10 MPa。

　　c.第三位数字表示焊条的焊接位置,"0"及"1"表示焊条适用于全位置焊接(平、立、横、仰焊),"2"表示焊条适用于平焊及平角焊,"4"表示焊条适用于向下立焊。

　　d.第三位和第四位数字组合时表示焊接电流种类及药皮类型,见表5-1。

表5-1　碳钢和低合金钢焊条型号的第三、四位数字组合的含义

焊条型号	药皮类型	焊接位置	电流种类
E××00	特殊型	平、立、横、仰	交流或直流正、反接
E××01	钛铁矿型		交流或直流正、反接
E××03	钛钙型		交流或直流正、反接
E××10	高纤维钠型		直流反接
E××11	高纤维钾型		交流或直流反接
E××12	高钛钠型		交流或直流反接
E××13	高钛钾型		交流或直流正、反接
E××14	铁粉钛型		交流或直流正、反接
E××15	低氢钠型		直流反接
E××16	低氢钾型		交流或直流反接
E××18	铁粉低氢型		交流或直流反接

表 5 – 1（续）

焊条型号	药皮类型	焊接位置	电流种类
E××20	氧化铁型	平焊、平角焊	交流或直流正接
E××22	氧化铁型	平焊、平角焊	交流或直流正接
E××23	铁粉钛钙型	平焊、平角焊	交流或直流正、反接
E××24	铁粉钛型	平焊、平角焊	交流或直流正、反接
E××27	铁粉氧化铁型	平焊、平角焊	交流或直流正接
E××28	铁粉低氢型	平、立、横、仰、立向下	交流或直流反接
E××48	铁粉低氢型	平、立、横、仰、立向下	交流或直流反接

②按国家标准规定低合金钢焊条型号的编制方法。

低合金钢焊条型号 E×××× 的编制方法与碳钢焊条的相同。但焊条型号后面有短画"–"与前面数字分开，后缀字母为熔敷金属的化学成分分类代号，其中 A 表示碳 – 钼钢焊条；B 表示铬 – 钼钢焊条；C 表示镍 – 钢焊条；NM 表示镍 – 钼钢焊条；D 表示锰 – 钼钢焊条；G、M 或 W 表示其他低合金钢焊条，字母后的数字表示同一等级焊条中的编号。如还有附加化学成分时，附加化学成分直接用元素符号表示，并以短画"–"与前面后缀字母分开。

焊条型号举例如下：

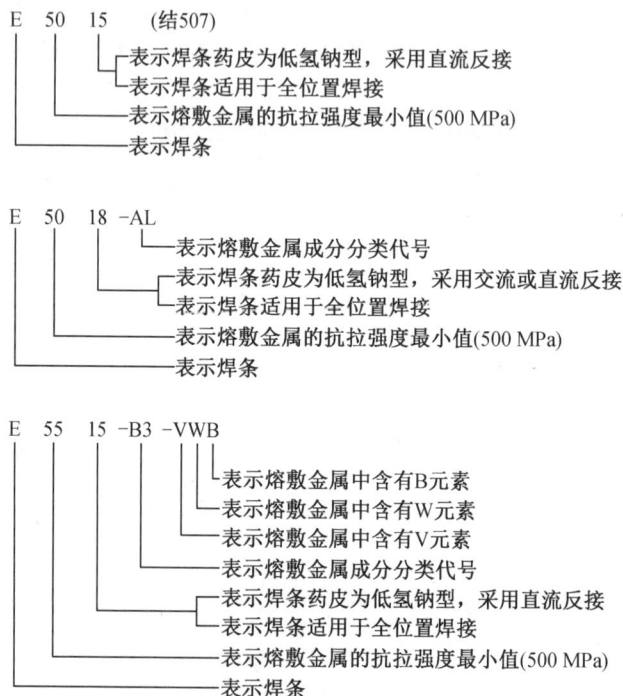

E 50 15 （结507）
└─表示焊条药皮为低氢钠型，采用直流反接
└─表示焊条适用于全位置焊接
└─表示熔敷金属的抗拉强度最小值(500 MPa)
└─表示焊条

E 50 18 –AL
└─表示熔敷金属成分分类代号
└─表示焊条药皮为低氢钠型，采用交流或直流反接
└─表示焊条适用于全位置焊接
└─表示熔敷金属的抗拉强度最小值(500 MPa)
└─表示焊条

E 55 15 –B3 –VWB
└─表示熔敷金属中含有B元素
└─表示熔敷金属中含有W元素
└─表示熔敷金属中含有V元素
└─表示熔敷金属成分分类代号
└─表示焊条药皮为低氢钠型，采用直流反接
└─表示焊条适用于全位置焊接
└─表示熔敷金属的抗拉强度最小值(500 MPa)
└─表示焊条

③按国家标准规定不锈钢焊条型号的编制方法。

a. 字母"E"表示焊条。

b. 熔敷金属含碳量用"E"后的一位或两位数字表示,具体含意为:"00"表示含碳量不大于0.04%;"0"表示含碳量不大于0.10%;"1"表示含碳量不大于0.15%;"2"表示含碳量不大于0.20%;"3"表示含碳量不大于0.45%。

c. 熔敷金属含铬量近似值,用百分之几表示,并以短画"−"与表示含碳量的数字分开。

d. 熔敷金属含镍量近似值,用百分之几表示,并以短画"−"与表示含铬量的数字分开。

e. 若熔敷金属中含有其他重要合金元素,当元素平均含量低于1.5%时,型号中只标明元素符号,而不标注具体含量;当元素平均含量大于或等于1.5%、2.5%、3.5%等时,一般在元素符号后面相应标注2、3、4等数字。

f. 焊条药皮类型及焊接电流种类在焊条型号后面附加如下代号表示:后缀15表示焊条为碱性药皮,适用于直流反接焊接;后缀16表示焊条为碱性或其他类型药皮,适用于交流或直流反接焊接。

(3)焊条牌号的编制

下面主要介绍最常用的第一大类焊条,即结构钢焊条。

结构钢焊条(包括碳钢焊条和低合金焊条)的牌号用"J"字表示,"J"后面的第一、二位数字表示焊缝金属的抗拉强度等级,见表5−2;第三位数字表示焊条药皮类型和焊接电源种类,见表5−3;数字后面的符号表示焊条的特殊性能,见表5−4。常用焊条牌号和型号的对照见表5−5。

造船行业专用结构钢焊条通常在其牌号前加"C",即"造船专用",如CJ322、CJ422、CJ506等。

表5−2 结构钢焊条按强度等级分类

牌号	焊缝金属抗拉强度/MPa	焊缝金属屈服极限/MPa	牌号	焊缝金属抗拉强度/MPa	焊缝金属屈服极限/MPa
J42×	420	330	J70×	690	590
J50×	490	410	J80×	780	690
J55×	540	440	J90×	880	780
J60×	590	530	J10×	980	880

表5−3 焊条药皮类型和适用的焊接电源种类

牌号	焊条药皮类型	焊接电源	牌号	焊条药皮类型	焊接电源
J××0	不属于已规定的类型	不规定	J××5	纤维素型	交流或直流
J××1	钛型	交流或直流	J××6	低氢型	交流或直流
J××2	钛钙型	交流或直流	J××7	低氢型	直流
J××3	钛铁矿型	交流或直流	Z××8	石墨型	交流或直流
J××4	氧化铁型	交流或直流	Al××9	盐基型	直流

表 5 - 4 各字母符号的意义

字母符号	表示的意义	字母符号	表示的意义
D	底层焊条	R	压力容器用焊条
DF	低尘焊条	RH	高韧性超低氢焊条
Fe	铁粉焊条	SL	渗铝钢焊条
Fe13	铁粉焊条,焊条名义熔敷效率130%	X	立向下焊用焊条
Fe18	铁粉焊条,焊条名义熔敷效率180%	XG	管子用立向下焊焊条
G	高韧性焊条	Z	重力焊条
GM	盖面焊条	Z15	重力焊条,焊条名义熔敷效率150%
GR	高韧性压力容器用焊条	CuP	含 Cu 和 P 的耐大气腐蚀焊条
H	超低氢焊条	CrNi	含 Cr 和 Ni 的耐海水腐蚀焊条
LMA	低吸潮焊条		

焊条牌号举例如下：

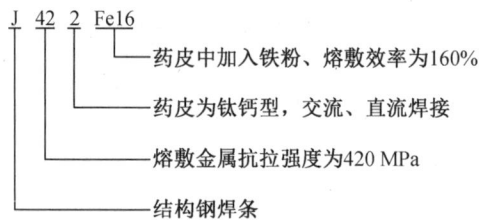

```
J  42  2  Fe16
            └── 药皮中加入铁粉、熔敷效率为160%
         └───── 药皮为钛钙型，交流、直流焊接
      └──────── 熔敷金属抗拉强度为420 MPa
   └─────────── 结构钢焊条
```

表 5 - 5 常用焊条牌号和型号对照表

牌号	型号	药皮类型	焊接电流	主要用途
结 421	E4313	高钛钾	交直流	焊接一般低碳钢薄板结构
结 422	E4303	钛钙型	交直流	焊接较重要的低碳钢结构和同强度等级的低合金钢
结 425	E4310	高纤维素钠型	交直流	适用于立向下焊的低碳钢薄板结构
结 426	E4316	低氢钾型	交直流	焊接重要的低碳钢及某些低合金钢
结 427	E4315	低氢钠型	直流	焊接重要的低碳钢及某些低合金钢
结 502	E5003	钛钙型	交直流	焊接 16Mn 及相同强度等级的低合金钢的一般结构
结 506	E5016	低氢钾型	交直流	焊接中碳钢及某些重要的低合金钢结构,如 16Mn 等
结 507	E5015	低氢钠型	直流	焊接中碳钢及 16Mn 等重要的低合金钢结构
结 606	6016 - D1	低氢钾型	交直流	焊接中碳钢及相应强度的低合金钢的结构

3.焊条的选用和保管

(1)焊条的选用

焊条的种类很多,各有其应用范围,使用是否恰当对焊接质量、劳动生产率及产品成本

都有很大影响,通常应根据组成焊接结构钢材的化学成分、力学性能、焊接性、工作环境(有无腐蚀介质,高温还是低温)等要求、焊接结构的形状(刚性大小)、受力情况和焊接设备(是否有直流电焊机)等方面,进行综合考虑,以决定选用哪种焊条。

在选用焊条时应注意下列原则:

①考虑焊件的力学性能、化学成分。

a.低碳钢、中碳钢和低合金钢可按其强度等级来选用相应强度的焊条,但是在焊接结构刚性大,受力情况复杂时,应选用比钢材强度低一级的焊条。这样,焊后可保证焊缝既有一定的强度,又能得到满意的塑性,以避免因结构刚性过大而使焊缝撕裂。但遇到焊后要进行回火处理的焊件,则应防止焊缝强度过低和焊缝中应有的合金元素达不到要求。

b.在焊条的强度确定后,选用酸性还是碱性焊条主要取决于焊接结构具体形状的复杂性、钢材厚度的大小(即刚性大小)、焊件载荷的情况(静载还是动载)和钢材的抗裂性及得到直流电源的难易等。一般来说,对于塑性、冲击韧性和抗裂性能要求较高,低温条件下工作的焊缝都应选用碱性焊条。当受某种条件限制而无法清理低碳钢焊件坡口处的铁锈、油污和氧化皮等脏物时,应选用对铁锈、油污和氧化皮敏感性小,抗气孔性能较强的酸性焊条。

异种钢的焊接(如低碳钢与低合金钢、不同强度等级的低合金钢焊接),一般选用与较低强度等级钢材相匹配的焊条。

②考虑焊件的工作条件与使用性能。

a.对于工作环境有特定要求的焊件,应选用相应的焊条,如低温钢焊条、水下焊条等。

b.对珠光体耐热钢,一般选用与钢材化学成分相似的焊条或根据焊件的工作温度来选取。

③考虑简化工艺,提高生产率,降低成本。

a.薄板焊接或点焊宜采用"E4313",焊件不易烧穿且易引弧。

b.在满足焊件使用性能和焊条操作性能的前提下,应选用规格大、效率高的焊条。

c.在使用性能基本相同时,应尽量选择价格较低的焊条,降低焊接生产的成本。

焊条除根据上述原则选用外,有时为了保证焊件的质量,还需通过试验来最后确定。为了保证焊工的身体健康,在允许的情况下应尽量多采用酸性焊条。

(2)焊条的保管

电焊条应保存在干燥的地方,避免受潮。特别是碱性焊条,每次都要经烘干处理后才能使用。

5.1.3　焊条电弧焊工艺

1.焊接接头形式、坡口和焊缝

(1)接头形式

用焊接方法连接的接头称为焊接接头(简称接头)。焊条电弧焊常用的基本接头形式有对接接头、搭接接头、角接接头和T形接头,如图5-3所示。

选择接头形式时,主要根据产品的结构,并综合考虑受力条件、加工成本等因素。例如,对接接头具有受力均匀、节省金属等优点,故应用最多。但是,对接接头对下料尺寸和组装的要求比较严格。T形接头焊缝大多数情况下只承受较小的切应力或仅作为联系焊缝。搭接接头对装配要求不高,也易于装配,但接头承载能力低,一般用在不重要的结构中。

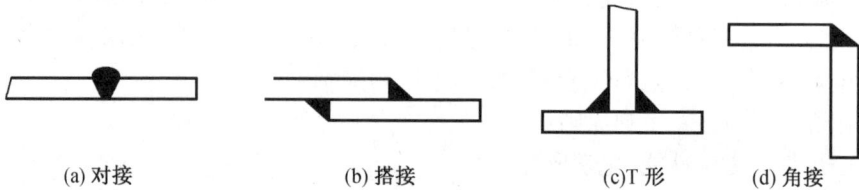

(a) 对接　　　　　(b) 搭接　　　　　(c)T 形　　　(d) 角接

图 5 - 3　焊接接头的基本形式

（2）坡口

坡口是根据设计或工艺需要，在焊件的待焊部位加工成一定几何形状并经装配后构成的沟槽。用机械、火焰或电弧等加工坡口的过程称为开坡口。开坡口的目的是保证电弧能深入焊缝根部使其焊透，并获得良好的焊缝成形，以及便于清渣。对于合金钢来说，坡口还能起到调节母材金属和填充金属比例（即熔合比）的作用。

坡口形式取决于焊接接头形式、焊件厚度和对接头质量的要求，GB/T 985—2008 中对此做了详细规定。对接接头是焊接结构中最常见的接头形式。根据板厚不同，对接接头常用的坡口形式有 I 形坡口、Y 形坡口、带钝边 U 形坡口等，如图 5 - 4 所示。

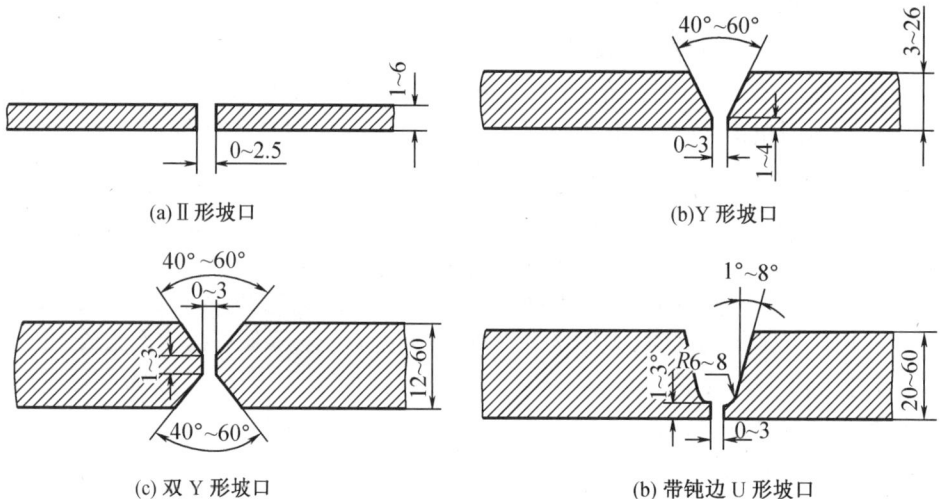

(a)Ⅱ形坡口　　　　　　　　(b)Y 形坡口

(c) 双 Y 形坡口　　　　　　　(b) 带钝边 U 形坡口

图 5 - 4　对接焊缝坡口形式

根据焊件厚度、结构形式及承载情况不同，角接接头和 T 形接头的坡口形式可分为 I 形坡口、带钝边的单边 V 形坡口和 K 形坡口等。

（3）焊缝

焊缝是指焊件经焊接后所形成的结合部分。焊缝可按以下几种方法进行分类：

按空间位置可分为平焊缝、横焊缝、立焊缝及仰焊缝四种形式，如图 5 - 5 所示；

按结合方式可分为对接焊缝、角焊缝及塞焊缝三种形式，如图 5 - 6 所示；

按焊缝断续情况可分为连续焊缝和断续焊缝两种形式。断续角焊缝如图 5 - 7 所示。

2. 焊接工艺参数及选择

焊条电弧焊的焊接工艺参数通常包括焊条直径、焊接电流、电弧电压、焊接速度、电源种类和极性、焊接层数等。焊接工艺参数选择得正确与否,直接影响到焊缝形状、尺寸、焊接质量和生产率,因此选择合适的焊接工艺参数是焊接生产中一个不可忽视的重要问题。

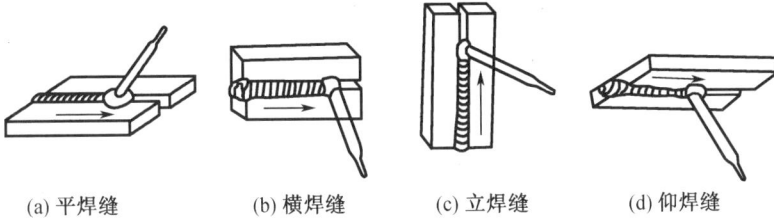

(a) 平焊缝　　(b) 横焊缝　　(c) 立焊缝　　(d) 仰焊缝

图 5-5　焊缝的空间位置

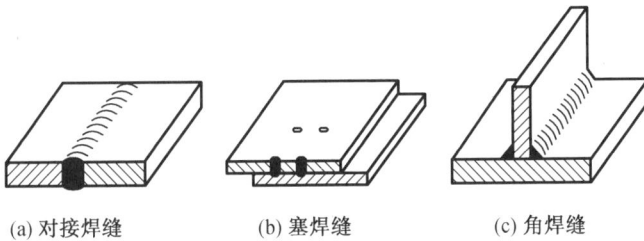

(a) 对接焊缝　　(b) 塞焊缝　　(c) 角焊缝

图 5-6　焊缝结合方式

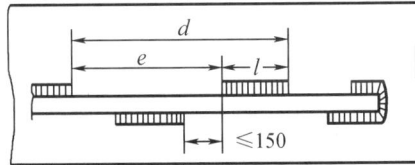

(a)交错断续角焊缝

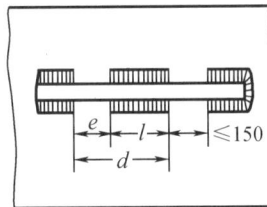

(b)并列断续角接焊缝

图 5-7　断续角接焊缝

(1)焊条直径

焊条直径是指焊芯直径。它是保证焊接质量和效率的重要因素。焊条直径一般根据焊件厚度选择,同时还要考虑接头形式、施焊位置和焊接层数,对于重要结构还要考虑焊接热输入的要求。一般情况下,焊条直径与焊件厚度之间的关系见表5-6。

表 5-6　焊条直径与焊件厚度之间的关系　　　　　　　　　　　　单位:mm

焊件厚度	2	3	4~5	6~12	>13
焊条直径	2	3.2	3.2~4	4~5	4~6

在板厚相同的条件下,平焊位置的焊接所选用的焊条直径应比其他位置大一些,立焊、横焊和仰焊应选用较细的焊条,一般不超过4 mm。第一层焊道应选用小直径焊条焊接,以后各层可以根据焊件厚度选用较大直径的焊条。T形接头、搭接接头都应选用较大直径的焊条。

(2)焊接电源种类和极性的选择

用交流电源焊接时,电弧稳定性差。用直流电源焊接时,电弧稳定、柔顺,飞溅小,但电弧磁偏吹较交流严重。低氢型焊条稳弧性差,因此通常采用直流弧焊电源。用小电流焊接薄板时,也常用直流弧焊电源,因为引弧比较容易,电弧比较稳定。

低氢型焊条用直流电源焊接时,一般要反接,因为反接的电弧比正接稳定。焊接薄板时,焊接电流小,电弧不稳,因此焊接薄板时,不论用碱性焊条还是用酸性焊条,都选用直流反接。

(3)焊接电流的选择

选择焊接电流时,应根据焊条类型、焊条直径、焊件厚度、接头形式、焊接位置和层数等因素综合考虑。焊接电流过小,会使电弧不稳,造成未焊透、夹渣及焊缝成形不良等缺陷;反之,焊接电流过大,易产生咬边、焊穿,增大焊件变形和金属飞溅量,也会使焊接接头的组织由于过热而发生变化。所以,要合理选择焊接电流。

焊接电流与焊条直径之间的关系见表5-7。

表 5-7　焊接电流与焊条直径之间的关系

焊条直径/mm	1.6	2	2.5	3.2	4	5
焊接电流/A	25~40	40~65	50~80	100~130	160~210	220~270

焊接位置不同,电流也不一样。平焊最大,横焊次之,仰焊第二,立焊最小。

在相同条件的情况下,碱性焊条使用的焊接电流一般比酸性焊条小10%左右,否则焊缝中易产生气孔。

总之,在保证不焊穿和成形良好的条件下,应尽量采用较大的焊接电流,并适当提高焊接速度,以提高焊接生产率。

(4)焊缝层数的选择

在焊件厚度较大时,往往需要进行多层焊。对于低碳钢和强度等级较低的低合金钢的多层焊,每层焊缝厚度过大时,对焊缝金属的塑性(主要表现在冷弯上)有不利影响。因此,对质量要求较高的焊缝,每层厚度最好不大于4 mm。

焊接层数主要根据焊件厚度、焊条直径、坡口形式和装配间隙等来确定,可做如下近似估算:

$$n = \delta/d$$

式中　　n——焊接层数;

　　　　δ——焊件厚度,mm;

　　　　d——焊条直径,mm。

　　(5)电弧电压与焊接速度的控制

　　焊条电弧焊的电弧电压主要由电弧长度来决定:电弧越长,电弧电压越高;电弧越短,电弧电压越低。在焊接过程中,应尽量使用短弧焊接。立焊、仰焊时弧长应比平焊更短些,以利于熔滴过渡,防止熔化金属下滴。碱性焊条焊接时应比酸性焊条焊接时弧长短些,以利于电弧的稳定和防止气孔产生。

　　焊接过程中,焊接速度应该均匀适当,既要保证焊透,又要保证不焊穿,同时还要使焊缝宽度和余高符合设计要求。如果焊接速度过高,熔化温度不够,易造成未熔合、焊缝成形不良等缺陷;如果焊接速度过低,高温停留时间增长,热影响区宽度增加,焊接接头的晶粒变粗,力学性能降低,同时使焊件变形量增大。当焊接较薄焊件时,易形成烧穿。

　　焊接速度直接影响焊接生产率,所以应该在保证焊缝质量的基础上采用较大的焊条直径和焊接电流,同时根据具体情况适当加快焊接速度,以提高焊接生产率。

　　焊接工艺参数对热影响区的大小和性能有很大的影响。采用小的焊接工艺参数,如降低焊接电流,增大焊接速度等,都可以减小热影响区的尺寸。不仅如此,从防止过热组织和晶粒细化的角度看,也是采用小的焊接工艺参数比较好。

5.1.4　高效焊条电弧焊

　　下面介绍目前我国造船厂已推广应用的几种高效焊条电弧焊的方法。

　　1.高效焊条和专用焊条

　　(1)高效铁粉焊条

　　为提高焊条的熔敷速度(单位时间内焊缝所得到的填充金属的总量),可在焊条药皮内增加铁粉量。这类焊条的牌号有 J421Fe13、J422Fe、J504Fe14、J506Fe16 等。它们是在钛型、钛钙型、氧化铁型和低氢型药皮的基础上加入30%以上的铁粉而得到的,以便焊接时有较多的铁过渡到焊缝中去,其熔敷效率可达130%~250%,焊接效率可提高50%以上。同时,铁粉焊条具有较好的导电性和导热性,因而可以采用较大的焊接电流。

　　(2)立向下焊专用焊条

　　船体结构中,立角接焊缝约占焊缝长度的40%,而且大部分立角接焊缝的施焊条件差,空间小,不易操作,因此,提高立角接焊缝的劳动生产率并改善劳动条件,是个重要而迫切需要解决的问题。通常立焊都采用从下向上焊的方式,为了防止熔化金属向下淌,则必须限制熔池体积,因此采用小的焊接电流,同时焊条做横向摆动,致使焊缝形状凸出,浪费金属,生产率低。

　　目前已研制出多种牌号的立向下焊焊条,可自上向下施焊,应用日益广泛。这类焊条的特点是:焊接时产生较多的保护气体,电弧吹力较大,既能承托住铁水和熔渣使其不下淌,又能增加熔深;自上而下焊接,焊条一般不需要摆动,直施而下,焊接熔池连续,焊工操作方便,劳动强度较低。立向下焊焊条的牌号有 J421X、J506X、J507X、J507XG 等。

　　立向下焊焊条适用于立角接和立对接焊缝的焊接,主要应用在船舶上层建筑。

　　2.高效率重力焊接法

　　高效率重力焊接法是高效率的铁粉焊条与重力焊装置相结合的一种半机械化焊接法。

它采用的焊条是重力焊专用焊条——重力焊条,牌号有 J422Z13、J501Z18、J503Z 等。这种焊条直径多为 5~5.8 mm,长度为 700 mm,在焊条头涂有专门供引弧用的药。这种焊条专用于重力式焊接。

滑轨式重力装置如图 5-8 所示。使用时,把滑轨连接架的底座靠紧焊件,将焊钳升起,把焊条夹在焊钳上,焊条的端部对准所要焊的坡口,然后借助炭精棒或其他金属棒引燃电弧,焊条开始熔化缩短,焊钳在自重作用下沿滑轨下移并带动焊条沿焊道方向施焊。当焊条熔化到距末端约 15 mm 时,由于滑轨熄弧圆的作用,焊钳自动翘起熄弧。改变滑轨的倾角,可获得不同的焊缝长度和焊脚尺寸。焊缝长度可在 800~1 100 mm 范围内变化。

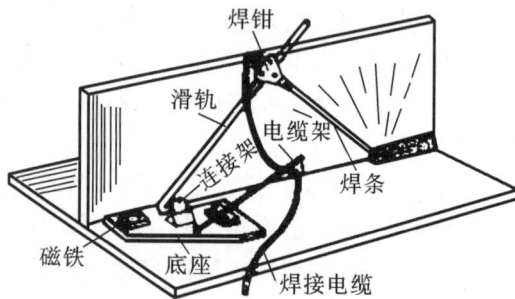

图 5-8　滑轨式重力装置

重力焊设备简单,操作方便,一人可以同时管理几台焊接架施焊和采用长而粗的高效焊条,生产率高。这种高效率焊接方法特别适用于水平位置角接焊缝的焊接,作为船体和桥梁的填角接焊缝的焊接方法得到了广泛的应用,如船底双层底分段角接焊缝、肋板加强材角接焊缝、T 型材角接焊缝等。

3. 焊条电弧焊单面焊双面成形

为保证焊缝根部焊透和获得正反两面均好的焊缝成形,一般焊件都需进行双面焊,这样焊接工时较长,而且有的结构不能任意翻转,势必带来大量的封底仰焊缝,有时由于焊接位置狭小,甚至无法封底焊,这给焊接生产带来了一定困难。

焊条电弧焊单面焊双面成形法如图 5-9 所示,是一种强制反面成形的焊接方法。它借助于在接缝反面衬上一块衬垫而达到反面成形的目的。

为了保证焊缝反面焊透和外形美观,要求开不留钝边的 V 形坡口,同时要求焊件接缝反面平直,以便保证衬垫能贴紧(下一节还将介绍)。

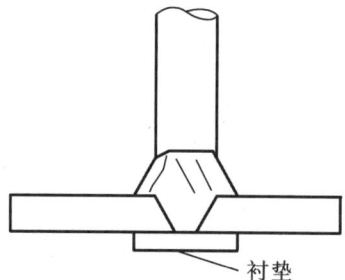

图 5-9　单面焊双面成形法

5.2　埋　弧　焊

埋弧焊是目前广泛使用的一种生产率较高的机械化焊接方法。它与焊条电弧焊相比，虽然灵活性差一些，但焊接质量好、效率高、成本低，劳动条件好。本章将首先介绍埋弧焊的原理、特点及应用范围；然后介绍埋弧焊的焊接材料；再着重分析埋弧焊的冶金过程和焊接工艺；最后介绍埋弧焊设备。

5.2.1　埋弧焊的原理、特点及应用范围

1.埋弧焊的焊接过程和原理

埋弧焊是电弧在焊剂层下燃烧进行焊接的方法。这种方法是利用焊丝和焊件之间燃烧的电弧产生热量，熔化焊丝、焊剂和母材而形成焊缝的。焊丝作为填充金属，而焊剂则对焊接区起保护和合金化作用。由于焊接时电弧掩埋在焊剂层下燃烧，电弧光不外露，因此称为埋弧焊。

埋弧焊的焊接过程如图5-10所示。焊接时电源的两极分别接在导电嘴和焊件上，焊丝通过导电嘴与焊件接触，在焊丝周围撒上焊剂，然后接通电源，则电流经过导电嘴、焊丝与焊件构成焊接回路。焊接时，焊机的启动、引弧、送丝、机头（或焊件）移动等过程全由焊机进行机械化控制，焊工只需按动相应的按钮即可完成工作。

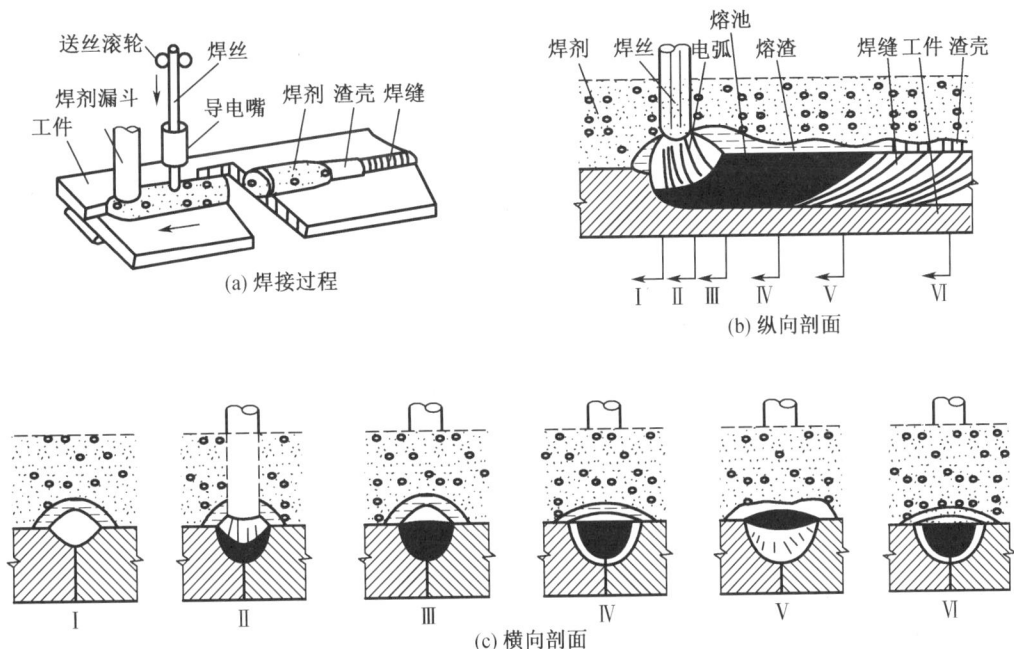

图5-10　埋弧焊的焊接过程

2.埋弧焊的特点

（1）埋弧焊的主要优点

①焊接生产率高。这主要是因为埋弧焊是经过导电嘴将焊接电流导入焊丝的，与焊条

电弧焊相比,导电的焊丝较短,其表面又无药皮包覆,不存在药皮成分受热分解的限制,所以允许使用比焊条电弧焊大得多的电流,使得埋弧焊的电弧功率、熔透深度及焊丝的熔化速度都相应增大。

②焊缝质量好。这首先是因为埋弧焊时电弧及熔池均处在焊剂与熔渣的保护之中,保护效果比焊条电弧焊好。其次,焊剂的存在也使熔池金属凝固速度减缓,液态金属与熔化的焊剂之间有较多的时间进行冶金反应,减少了焊缝中产生气孔、裂纹等缺陷的可能性,焊缝化学成分稳定,表面成形美观,力学性能好。此外,埋弧焊时,焊接工艺参数可通过自动调节保持稳定,焊缝质量对焊工操作技术的依赖程度亦可大大降低。

③焊接成本较低。这首先是由于埋弧焊使用的焊接电流大,可使焊件获得较大的熔深,故埋弧焊时焊件可开I形坡口或开小角度坡口,因而既节约了因加工坡口而消耗掉的焊件金属和加工工时,也减少了焊缝中焊丝的填充量。而且,由于焊接时金属飞溅极小,又没有焊条头的损失,所以也节约了填充金属。此外,埋弧焊的热量集中,热效率高,故在单位长度焊缝上所消耗的电能也大大减少。正是由于上述原因,在使用埋弧焊焊接厚大焊件时,可获得较好的经济效益。

④劳动条件好。由于埋弧焊实现了焊接过程的机械化,操作较简便,焊接过程中操作者只是监控焊机,因而大大减轻了焊工的劳动强度。另外,埋弧焊电弧是在焊剂层下燃烧,没有弧光的有害影响,放出的烟尘和有害气体也较少,所以焊工的劳动条件大为改善。

（2）埋弧焊的主要缺点

①难以在空间位置施焊。这主要是因为采用颗粒状焊剂,而且埋弧焊的熔池也比焊条电弧焊的大很多,为保证焊剂、熔池金属和熔渣不流失,埋弧焊通常只适用于平焊或倾斜度不大的位置焊接。其他位置的埋弧焊须采用特殊措施保证焊剂能覆盖焊接区时才能进行焊接。

②对焊件装配质量要求高。由于电弧埋在焊剂层下,操作人员不能直接观察电弧与坡口的相对位置,当焊件装配质量不好时易焊偏而影响焊接质量。因此,埋弧焊时焊件装配必须保证接口间隙均匀,焊件平整无错边现象。

③不适合焊接薄板和短焊缝。这是由于埋弧焊电弧的电场强度较高,焊接电流小于100 A时电弧稳定性不好,故不适合焊接太薄的焊件。另外,埋弧焊由于受焊接小车的限制,机动灵活性差,一般只适合焊接长直焊缝或大圆弧焊缝;对于焊接弯曲、不规则的焊缝或短焊缝则比较困难。

3.埋弧焊的分类及应用范围

（1）分类

近年来,埋弧焊作为一种高效、优质的焊接方法有了很大的发展,已演变出多种埋弧焊工艺方法并在工业生产中得到实际应用。埋弧焊按送丝方式、焊丝数量或形状、焊缝成形条件等分为多种类型,见表5-8。

表5-8　埋弧焊工艺方法分类

分类依据	分类名称	应用范围
按送丝方式	等速送丝埋弧焊	细焊丝高电流密度
	变速送丝埋弧焊	粗焊丝低电流密度

表 5 –8（续）

分类依据	分类名称	应用范围
按焊丝数目或形状	单丝埋弧焊	常规对接、角接、筒体纵缝、环缝焊
	双丝埋弧焊	高生产率对接、角接焊
	多丝埋弧焊	螺旋焊管等超高生产率对接焊
	单极埋弧焊	耐磨、耐蚀合金埋弧焊
按焊缝成形条件	双面埋弧焊	常规对接焊
	单面焊双面成形埋弧焊	高生产率对接焊、难以双面焊的对接焊

（2）应用

①从焊缝类型和焊件厚度方面来看，凡是焊缝可以保持在水平位置或倾斜度不大的焊件，不管是对接、角接还是搭接接头，都可以用埋弧焊焊接，如平板的对接焊缝、圆筒形焊件的纵缝和环缝、各种焊接结构中的角接缝和搭接缝等。

埋弧焊可焊接的焊件厚度范围很大。除了厚度在 5 mm 以下的焊件由于容易烧穿，埋弧用得不多外，较厚的焊件都适于用埋弧焊焊接。目前，埋弧焊焊接的最大厚度已达 65 mm。

②从焊接材料种类方面来看，随着焊接冶金技术和焊接材料生产技术的发展，适合埋弧焊的材料已从碳素结构钢发展到低合金结构钢、不锈钢、耐热钢及某些有色金属，如镍基合金、铜合金等。此外，埋弧焊还可在基体金属表面堆焊耐磨或耐腐蚀的合金层。铸铁因不能承受高热输入量引起的热应力，一般不能用埋弧焊焊接。铝、镁及其合金因没有适用的焊剂，目前还不能使用埋弧焊焊接。铅、锌等低熔点金属材料也不适于用埋弧焊焊接。

可以看出，适于埋弧焊的范围是很广的。最能发挥埋弧焊快速、高效率特点的生产领域是造船、锅炉、化工容器、大型金属结构和工程机械等工业制造部门。埋弧焊是当今焊接生产中普遍使用的焊接方法之一。

5.2.2　埋弧焊的焊接材料

1. 焊丝

焊丝在埋弧焊中是作为填充金属的，也是焊缝金属的组成部分，所以对焊缝质量有直接影响。根据焊丝的成分和用途可将其分为碳素结构钢焊丝、合金结构钢焊丝和不锈钢焊丝三大类。随着埋弧焊所焊金属种类的增加，焊丝的品种也在增加，目前生产中已在应用高合金钢焊丝、各种有色金属焊丝和堆焊用的特殊合金焊丝等新品种焊丝。

在选择埋弧焊用焊丝时，最主要的是考虑焊丝中锰和硅的含量。无论采用单道焊还是多道焊，都应考虑焊丝向熔敷金属中过渡的锰、硅对熔敷金属力学性能的影响。埋弧焊焊接低碳钢时，选用的焊丝牌号有 H08A、H08E、H08C、H15Mn 等，其中 H08A 应用最为普遍。当焊件厚度较大或对力学性能的要求较高时，则可选用含锰量较高的焊丝，如 H10Mn2。在对合金结构钢或不锈钢等合金元素含量较高的材料焊接时，则应考虑材料的化学成分和其他方面的要求，选用成分相似或性能上可满足材料要求的焊丝。

为适应焊接不同厚度材料的要求，同一牌号的焊丝可加工成不同的直径。埋弧焊常用的焊丝直径有 2 mm、3 mm、4 mm、5 mm 和 6 mm 五种。使用时，要求将焊丝表面的油、锈等清理干净,以免影响焊接质量。有些焊丝表面镀有一薄层铜,可防止焊丝生锈并使导电嘴与焊丝间的导电更为可靠,提高电弧的稳定性。

焊丝一般成卷供应,使用前要盘卷到焊丝盘上。在盘卷及清理过程中,要防止焊丝产生局部小弯曲或在焊丝盘中相互套叠,否则会影响焊接时正常送进焊丝,破坏焊接过程的稳定性,严重时会迫使焊接过程中断。

2. 焊剂

焊剂在埋弧焊中的主要作用是造渣,以隔绝空气对熔池金属的污染,控制焊缝金属的化学成分,保证焊缝金属的力学性能,防止气孔、裂纹和夹渣等缺陷的产生。同时,考虑实施焊接工艺的需要,还要求焊剂具有良好的稳弧性能,形成的熔渣应具有合适的密度、黏度、熔点、颗粒和透气性,以保证焊缝获得良好的成形,最后熔渣凝固形成的渣壳具有良好的脱渣性能。

埋弧焊的焊剂可按制造方法、用途、化学成分、化学性质和颗粒结构等分类。我国目前主要是按制造方法和化学成分分类。按制造方法可将焊剂分为熔炼焊剂、烧结焊剂和黏结焊剂三大类。

熔炼焊剂是按配方比例将原料干混均匀后入炉熔炼,然后经过水冷粒化、烘干、筛选而成为成品的焊剂。熔炼焊剂成分均匀、颗粒强度高、吸水性小、易储存,是国内生产中应用最多的一类焊剂。其缺点是焊剂中无法加入脱氧剂和铁合金,这是由熔炼过程中烧损十分严重所致。熔炼焊剂的牌号前面加"HJ"两字母。"HJ"两字母的后面有三位数字,第一位数字表示焊剂中氧化锰的平均含量,第二位数字表示焊剂中的二氧化硅、氟化钙的平均含量,第三位数字表示同一类型焊不同牌号,按1,2,3,…,9顺序排列。对同一种牌号焊剂生产两种颗粒度,细颗粒产品后面加一"细"字。

熔炼焊剂的牌号举例如下:

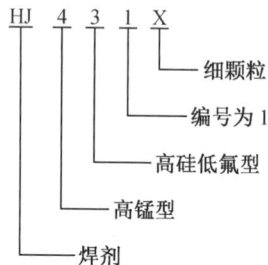

```
HJ  4  3  1  X
                └──── 细颗粒
             └─────── 编号为1
          └────────── 高硅低氟型
       └───────────── 高锰型
    └──────────────── 焊剂
```

烧结焊剂和黏结焊剂都属于非熔炼焊剂,都是将原料粉按配方比例混拌均匀后,加入黏结剂调制成湿料,再经烘干、粉碎、筛选而成。所不同的是,烧结焊剂是在400~1 000 ℃温度下烘干(烧结)而成的;而黏结焊剂则是在350~400 ℃的较低温度下烘干而成的。非熔炼焊剂由于制造过程中未经高温熔炼,焊剂中加入的脱氧剂和铁合金等几乎没有损失,可以通过焊剂向焊缝过渡大量合金成分,补充焊丝中合金元素的烧损,常用来焊接高合金钢或进行堆焊。另外,烧结焊剂脱渣性能好,所以大厚度焊件窄间隙埋弧焊时均用烧结焊剂。

3. 焊剂和焊丝的选用与配合

焊剂和焊丝的正确选用及二者之间的合理配合是获得优质焊缝的关键,也是埋弧焊工艺过程的重要环节,所以必须按焊件的成分、性能和要求,正确、合理地选配焊剂和焊丝。

　　在焊接低碳钢和强度等级较低的合金钢时,选配焊剂和焊丝首先以满足力学性能要求为主,使焊缝强度达到与母材等强度,同时要满足其他力学性能指标要求。

　　在进行埋弧焊焊剂与焊丝的选配时,其次应考虑埋弧焊的工艺特点和冶金特性。一是稀释率高的影响。在开I形坡口对接焊缝单道焊或双面焊,以及开坡口对接焊缝的根部焊道焊接时,由于埋弧焊焊缝熔透深度大,母材大量熔化,稀释率可高达70%。在这种情况下,焊缝金属的成分在很大程度上取决于母材的成分,而焊丝的成分不起主要作用。因此选用合金元素含量低于母材的焊丝进行焊接,并不降低接头的强度。例如,Q345(16Mn)钢开I形坡口对接接头,可选用含锰量比母材低的H08MnA焊丝和HJ431焊剂。二是热输入高的影响。埋弧焊是一种高效焊接方法,为获得高的熔敷率,通常选用大电流焊接,因此,焊接过程中就产生了高的输入热量,结果是降低了焊缝金属和热影响区的冷却速度,从而降低了接头的强度和韧性。因此在厚板开坡口焊缝填充焊道焊接时,应选用合金成分略高于母材的焊丝,并配用中性焊剂。

　　此外还应考虑焊接速度的影响。通常埋弧焊的焊接速度为25 m/h,最大焊接速度可达100 m/h以上。在这种情况下,焊缝良好的成形不仅取决于焊接工艺参数的合理选配,也取决于焊剂的特性。硅钙型、锰硅型及氧化铝型焊剂的特性能满足高速埋弧焊的要求。

　　常用埋弧焊焊剂的用途及配用的焊丝见表5-9。

表5-9　常用埋弧焊焊剂的用途及配用的焊丝

焊剂类别	焊剂型号	成分类型	用途	配用焊丝	电流种类	烘干时间和温度/(h×℃)
熔炼型	HJ130	无Mn高Si低F	低碳钢、低合金钢	H10Mn2	交直流	2×250
	HJ131	无Mn高Si低F	Ni基合金	Ni基焊丝	交直流	2×250
	HJ150	无Mn中Si中F	轧辊堆焊	H2Cr13、H3Cr2W8	直流	2×250
	HJ151	无Mn中Si中F	奥氏体不锈钢	相应钢种焊丝	直流	2×300
	HJ172	无Mn低Si低F	含Ni、Ti不锈钢	相应钢种焊丝	直流	2×400
	HJ173	无Mn低Si低F	Mn、Al高合金钢	相应钢种焊丝	直流	2×250
	HJ230	低Mn高Si低F	低碳钢、低合金钢	H08MnA、H10Mn2	交直流	2×250
	HJ250	低Mn中Si中F	低合金高强度钢	相应钢种焊丝	直流	2×350
	HJ251	低Mn中Si中F	珠光体耐热钢	CrMo钢焊丝	直流	2×350
	HJ252	低Mn中Si中F	15MnV、14MnMoV、18MnMoNb	H08MnMoA、H10Mn2	直流	2×350
	HJ260	低Mn高Si中F	不锈钢、轧辊堆焊	不锈钢焊丝	直流	2×400
	HJ330	中Mn高Si低F	重要低碳钢、低合金钢	H08MnA、H10Mn2SiA、H10MnSi	交直流	2×250
	HJ350	中Mn中Si中F	重要低合金高强度钢	MnMo、MnSi及含Ni高强度钢焊丝	交直流	2×400

表 5 – 9（续）

焊剂 类别	焊剂 型号	成分类型	用途	配用焊丝	电流 种类	烘干时间和 温度/（h×℃）
熔炼型	HJ351	中 Mn 中 Si 中 F	MnMo、MnSi 及含 Ni 的低合金钢	相应钢种焊丝	交直流	2×400
	HJ430	高 Mn 高 Si 低 F	重要低碳钢、低合金钢	H08A、H08MnA	交直流	2×250
	HJ431	高 Mn 高 Si 低 F	重要低碳钢、低合金钢	H08A、H08MnA	交直流	2×250
	HJ432	高 Mn 高 Si 低 F	重要低碳钢、 低合金钢（薄板）	H08A	交直流	2×250
	HJ433	高 Mn 高 Si 低 F	低碳钢	H08A	交直流	2×350
烧结型	SJ101	碱性（氟碱型）	重要低合金钢	H08MnA、H08MnMoA、 H08Mn2MoA、H10Mn2	交直流	2×350
	SJ301	中性（硅钙型）	低碳钢、锅炉钢	H08MnA、H10Mn2、 H08MnMoA	交直流	2×350
	SJ401	酸性（锰硅型）	低碳钢、低合金钢	H08A	交直流	2×250
	SJ501	酸性（铝钛型）	低碳钢、低合金钢	H08A、H08MnA	交直流	2×350
	SJ502	酸性（铝钛型）	低碳钢、低合金钢	H08A	交直流	1×300

5.2.3 埋弧自动焊工艺

1. 埋弧焊的焊前准备

埋弧焊的焊前准备工作包括焊件坡口的选择加工,焊件的清理与装配,焊丝表面清理与焊剂烘干,焊机的检查与调试等。这些准备工作与焊接质量的好坏有着十分密切的关系,所以必须认真完成。

（1）焊件坡口的选择与加工

由于埋弧焊可使用较大电流焊接,电弧具有较强穿透力,所以当焊件厚度不太大时,一般不开坡口也能将焊件焊透。但随着焊件厚度的增加,不能无限地提高焊接电流,为了保证焊件焊透,并使焊缝有良好的成形,应在焊件上开坡口。坡口形式与焊条电弧焊时基本相同,其中以 V 形、X 形、U 形坡口最为常用。当焊件厚度为 10 ~ 24 mm 时,多为 Y 形坡口;厚度为 24 ~ 60 mm 时,可开 X 形坡口;对一些要求高的厚大焊件的重要焊缝,如锅炉锅筒等压力容器,一般开 U 形坡口。埋弧焊焊缝坡口的基本形式已经标准化,各种坡口适用的厚度、基本尺寸和标注方法参见 GB/T 985—2008 的规定。

坡口常用气割或机械加工方法制备。气割一般采用半自动或自动气割机方便地割出直边、Y 形和双 Y 形坡口。手工气割很难保证坡口边缘的平直和光滑,对焊接质量的稳定性有较大影响,尽可能不采用。如果必须采用手工气割加工坡口,一定要把坡口修磨到符合要求后才能装配焊接。用刨削、车削等机械加工方法制备坡口,可以达到比气割坡口更高的精度。目前,U 形坡口通常采用机械加工方法制备。

（2）焊件的清理与装配

焊件装配前,需将坡口及附近区域表面上的锈蚀、油污、氧化物、水分等清理干净。大量生产时可用喷丸处理方法;批量不大时也可用手工清理,即用钢丝刷、风动和电动砂轮或钢丝轮等进行清除;必要时还可用氧 - 乙炔火焰烘烤焊接部位,以烧掉焊件表面的污垢和油漆,并烘干水分。机械加工的坡口容易在坡口表面沾染切削液或其他油脂,焊前也可用挥发性溶剂将污染部位清洗干净。

焊件装配时必须保证接缝间隙均匀,高低平整不错边,特别是在单面焊双面成形的埋弧焊中更应严格控制。装配时,焊件必须用夹具或定位焊缝可靠地固定。定位焊使用的焊条要与焊件材料性能相符,其位置一般应在第一道焊缝的背面,长度一般不大于30 mm。定位焊缝应平整,且不允许有裂纹、夹渣等缺陷。

对直缝的焊件装配,须在接缝两端加装引弧板和引出板。如果焊件带有焊接试板,应将其与工件装配在一起。焊接试板、引弧板、引出板在焊件上的安装位置如图5-11所示。加装引弧板和引出板是因为埋弧焊焊接速度快,刚引弧时焊件来不及达到热平衡,使引弧处质量不易保证。装上引弧板后,电弧在引弧板上引燃后进入焊件,可使焊件上焊缝端头的质量得到保证。同理,焊件(包括试板)焊缝焊完后将整个熔池引到引出板上再结束焊接,可防止收弧处熔池金属流失或留下弧坑,保证焊缝末端质量。引弧板、引出板的材质和坡口尺寸应与所焊焊件相同,焊接结束后将引弧板和引出板割掉即可。焊接环焊缝时,引弧部位被正常焊缝重叠,熄弧在已焊成的焊缝上进行,不需另外加块引弧板和引出板。

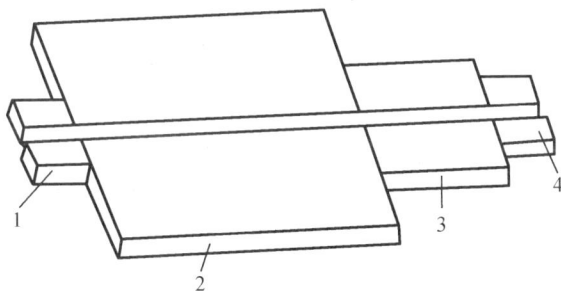

1—引弧板;2—焊件;3—焊接试板;4—引出板。

图5-11 焊接试板、引弧板、引出板在焊件上的安装位置

（3）焊丝表面清理与焊剂烘干

埋弧焊用的焊丝要严格清理,焊丝表面的油污、锈蚀及拔丝用的润滑剂都要清理干净,以免污染焊缝造成气孔。

焊剂在运输及储存过程中容易吸潮,所以使用前应经烘干去除水分。一般焊剂须在250 ℃温度下烘干,并保温1~2 h。限用直流焊接的焊剂使用前必须经350~400 ℃烘干,并保温2 h,烘干后应立即使用。回收使用的焊剂要过筛清除焊渣等杂质后才能使用。

（4）焊机的检查与调试

焊前应检查接到焊机上的动力线、焊接电缆接头是否松动,接地线是否连接妥当。导电嘴是易损件,一定要检查其磨损情况和是否夹持可靠。焊机要进行调试,检查仪表指示及各部分动作情况,并按要求调好预定的焊接工艺参数。对于弧压反馈式埋弧焊机或在滚轮架上焊接的其他焊机,焊前应实测焊接速度。测量时标出0.5~1 min内焊接小车移动或

焊件转动过的距离,计算出实际焊接速度。

启动焊机前,应再次检查焊机和辅助装置的各种开关、旋钮等的位置是否正确无误,离合器是否可靠接合。检查无误后,再按焊机的操作顺序进行焊接操作。

2.对接接头的埋弧焊技术

对接接头是焊接结构中应用最多的接头形式。对接接头埋弧焊时,可根据焊件厚度和结构分别采用单面焊或双面焊方法。

(1)对接接头双面埋弧焊

双面焊是埋弧焊对接接头最主要的焊接技术,适用于中厚板的焊接。这种方法须由焊件的两面分别施焊,焊完一面后翻转焊件再焊另一面。由于焊接过程全部在平焊位置完成,因而焊缝成形和焊接质量较易控制,焊接工艺参数的波动小,对焊件装配质量的要求不是太高,一般都能获得满意的焊接质量。在焊接双面埋弧焊第一面时,既要保证一定的熔深,又要防止熔化金属流溢或烧穿焊件。所以焊接时必须采取一些必要的工艺措施,以保证焊接过程顺利进行。按采取的不同措施,可将双面埋弧焊分为以下四种:

①不留间隙双面焊。这种焊接法在焊第一面时焊件背面不加任何衬垫或辅助装置,因此也叫作悬空焊接法。为防止液态金属从间隙中流溢或引起烧穿,要求焊件在装配时不留间隙或只留很小的间隙(一般不超过1 mm)。第一面焊接时所用的焊接工艺参数不能太大,只需使焊缝的熔深达到或略小于焊件厚度的一半即可。而焊接反面时由于已有了第一面的焊缝作依托,且为了保证焊件焊透,便可用较大的焊接工艺参数进行焊接,焊缝的熔深应达到焊件厚度的60%~70%。这种焊接法一般不用于厚度太大的焊件焊接。

②预留间隙双面焊。这种焊接法是在装配时,根据焊件的厚度预留一定的装配间隙。进行第一面的焊接时,为防止熔化金属流溢,接缝背面应衬以焊剂垫(图5-12)或临时工艺垫板(图5-13),并须采取措施使其在焊缝全长都与焊件贴合,并且压力均匀。第一面的焊接工艺参数应保证焊缝熔深超过焊件厚度的60%~70%;焊完第一面后翻转焊件,进行反面焊接,其焊接工艺参数可与第一面焊接时相同,但必须保证完全熔透。对重要产品,在反面焊接前需进行清根处理,此时焊接工艺参数可适当减小。预留间隙双面埋弧焊的焊接工艺参数见表5-10。

表5-10 预留间隙双面埋弧焊的焊接工艺参数

焊件厚度 /mm	装配间隙 /mm	焊丝直径 /mm	焊接电流 /A	电弧电压/V		焊接速度 /(m·h⁻¹)
				交流	直流反接	
14	3~4	5	700~750	34~36	32~34	30
16	3~4	5	700~750	34~36	32~34	27
18	4~5	5	750~800	36~40	34~36	27
20	4~5	5	850~900	36~40	34~36	27
24	4~5	5	900~950	38~42	36~38	25
28	5~6	5	900~950	38~42	36~38	20
30	6~7	5	900~1 000	40~44	—	16

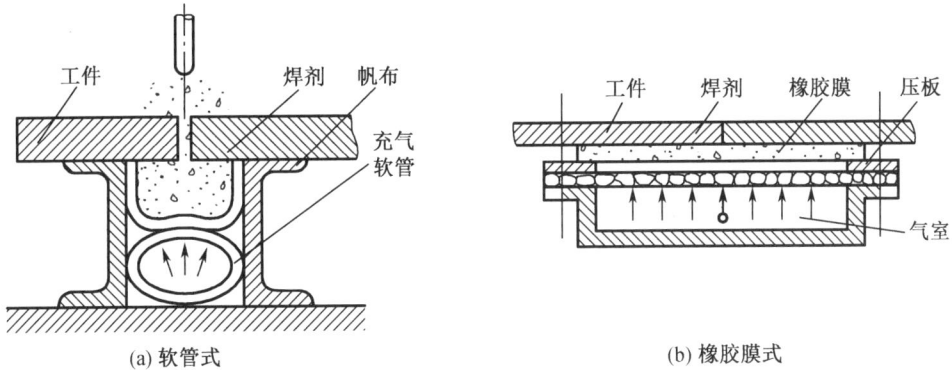

(a) 软管式　　　　　　　　　　　　　(b) 橡胶膜式

图 5 - 12　焊剂垫结构

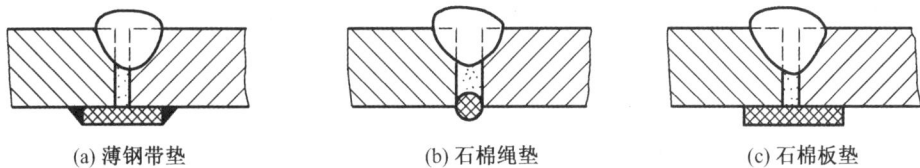

(a) 薄钢带垫　　　　　　　(b) 石棉绳垫　　　　　　(c) 石棉板垫

图 5 - 13　临时工艺垫板结构

③开坡口双面焊。对于不宜采用较大热输入焊接的钢材或厚度较大的焊件,可采用开坡口双面焊。坡口形式由焊件厚度决定,通常焊件厚度小于 22 mm 时开 Y 形坡口,大于 22 mm 时开 X 形坡口。开坡口的焊件焊接第一面时,可采用焊剂垫。当无法采用焊剂垫时可用悬空焊,此时坡口应加工平整,同时保证坡口装配间隙不大于 1 mm,以防止熔化金属流溢。

④焊条电弧焊封底双面焊。对无法使用衬垫或不便翻转的焊件,也可采用焊条电弧焊先仰焊封底,再用埋弧焊焊正面焊缝的方法。这类焊缝可根据板厚情况决定开不开坡口。一般厚板焊条电弧焊封底多层埋弧焊的典型坡口如图 5 - 14 所示,保证封底厚度大于 8 mm,以免埋弧焊时烧穿。由于焊条电弧焊熔深浅,所以在正面进行埋弧焊时必须采用较大的焊接工艺参数,以保证焊件熔透。板厚大于 40 mm 时宜采用多层多道埋弧焊,此外,对于重要构件,常采用 TIG 焊打底,再用埋弧焊焊接的方法,以确保底层焊缝的质量。

(2)对接接头单面埋弧焊

双面埋弧焊虽然获得广泛应用,但由于施焊时焊件需翻转,给生产带来很大不便,也使生产率大大降低。在对接接头中采用单面埋弧焊,可用强迫成形的方法实现单面焊双面成形,因而可免除焊件翻转带来的问题,大大提高生产率,减轻劳动强度,降低生产成本。但用这种方法焊接时,电弧功率和热输入大,接头的低温韧性较差,通常适用于中、薄板的焊接。

对接接头单面埋弧焊,是使用较大焊接电流将焊件一次熔透的方法。由于焊接熔池较大,只有采用强制成形的衬垫,使熔池在衬垫上冷却凝固,才能达到一次成形。按衬垫的形式可将其分为以下四种:

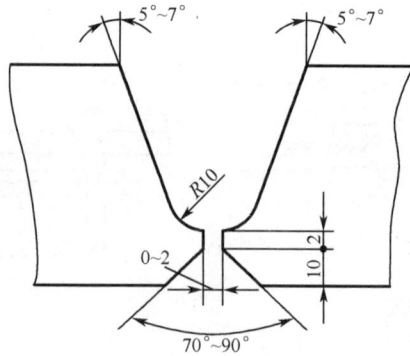

图 5 − 14　厚板焊条电弧焊封底多层埋弧焊的典型坡口

①在铜衬垫上焊接。铜衬垫是有一定宽度和厚度的纯铜板,在其上加工出一道成形槽(截面形状见图 5 − 15,截面尺寸见表 5 − 11),并采用机械方法使它贴紧在焊件接缝的下面,就能托住熔池金属,控制焊缝背面成形。

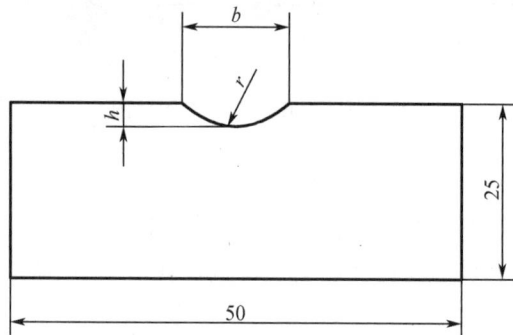

图 5 − 15　铜衬垫的截面形状

表 5 − 11　铜衬垫截面尺寸　　　　　　　　　　　　　　　　　单位:mm

焊件厚度	槽宽 b	槽深 h	槽曲率半径 r
4 ~ 6	10	2.5	7
6 ~ 8	12	3	7.5
8 ~ 10	14	3.5	9.5
12 ~ 14	18	4	12

焊接厚度为 1 ~ 3 mm 的薄板时不留装配间隙,直接在铜衬垫上焊接。焊接更厚的焊件时,为了改善背面成形条件,常采用焊剂 − 铜垫法。采用这种方法时焊件可以不开坡口,但要留合适的装配间隙。焊接前先在铜衬垫的成形槽中铺上一层薄焊剂,焊接时这部分焊剂既可避免因局部区段铜衬垫没有贴紧而使熔池金属流溢,又可保护铜衬垫免受电弧的直接作用。这种焊接法对焊件装配质量、焊接工艺参数要求不是十分严格。

②在焊剂垫上焊接。利用充气橡皮软管衬托的焊剂垫也可防止熔池金属的流溢,达到

单面焊双面成形的目的。采用这种方法焊接时,使用的焊剂垫结构与前述图 5 - 12 相同。

③在热固化焊剂垫上焊接。对于焊件位置不固定的曲面焊缝,可采用热固化焊剂垫法焊接。这种方法是将热固化焊剂制成柔性板条。使用时将此板条紧贴在焊件接缝的背面,并用磁铁夹具等固定(图 5 - 16)。由于这种焊剂垫中加入了一定比例的热固化物质,当温度升高到 100 ~ 150 ℃时,焊剂垫固化成具有一定刚性的板条,用以在焊接时支承熔池和帮助焊缝成形。

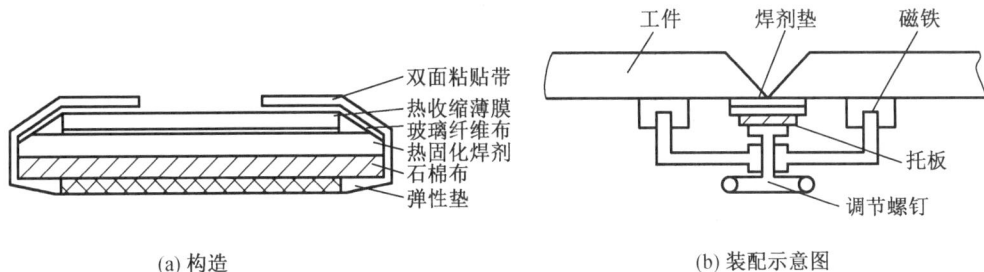

(a) 构造　　　　　　　　　　　　(b) 装配示意图

图 5 - 16　热固化焊剂垫构造与装配示意图

④在永久性垫板或锁底上焊接。当焊件结构允许焊后保留永久性垫板时,厚度在 10 mm 以下的焊件可采用永久性垫板单面焊的方法。永久钢垫板的尺寸见表 5 - 12。垫板必须紧贴焊件表面,垫板与焊件板面的间隙不得超过 1 mm。厚度大于 10 mm 的焊件,可采用锁底接头焊接的方法,如图 5 - 17 所示。

表 5 - 12　对接用永久钢垫板的尺寸　　　　　　　　　　单位:mm

板厚 δ	垫板厚度	垫板宽度
2 ~ 6	0.5δ	$4\delta + 5$
6 ~ 10	$(0.3 ~ 0.4)\delta$	

(3)对接接头环缝埋弧焊

环缝埋弧焊是制造圆柱形容器常用的一种焊接形式,它一般先在专用的焊剂垫上焊接内环缝,如图 5 - 18 所示,然后再在滚轮转胎上焊接外环缝。由于筒体内部通风较差,为改善劳动条件,环缝坡口通常不对称布置,将主要焊接工作量放在外环缝,内环缝主要起封底作用。

图 5 - 17　锁底对接接头

焊接时,通常采用机头不动,让焊件匀速转动的方法进行焊接,焊件转动的切线速度即是焊接速度。焊接操作技术与平板对接埋弧焊时的基本相同。

为了防止熔池中液态金属和熔渣从转动的焊件表面流失,无论焊接内环缝还是外环缝,焊丝位置都应逆焊件转动方向并偏离中心线一定距离,使焊接熔池接近水平位置,以获得较好成形。焊丝偏置距离随所焊筒体直径而变,一般为 30 ~ 80 mm,如图 5 - 19 所示。

3. T 形接头和搭接接头的埋弧焊技术

T 形接头和搭接接头的焊缝均是角接焊缝,埋弧焊时可采用船形焊和横角焊两种形式。小焊件及焊件易翻转时多用船形焊缝埋弧焊;大焊件及不易翻转时则用横角焊缝埋弧焊。

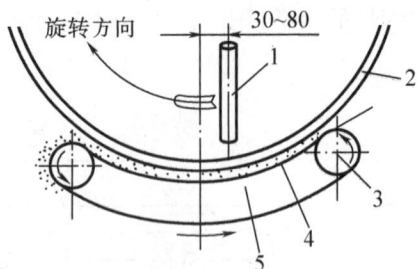

1—焊丝;2—焊件;3—辊轮;4—焊剂垫;5—传动带。

图 5 – 18　内环缝埋弧焊焊接示意图

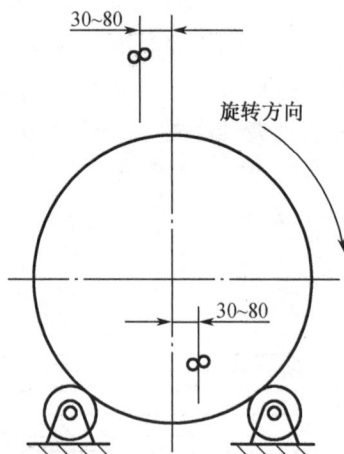

图 5 – 19　环缝埋弧焊焊丝偏移位置示意图

（1）船形焊缝埋弧焊

船形焊缝埋弧焊示意图如图 5 – 20 所示。它是将装配好的焊件旋转一定的角度,相当于在呈 90°的 V 形坡口内进行平对接焊。由于焊丝为垂直状态,熔池处于水平位置,因而容易获得理想的焊缝形状。一次成形的焊脚尺寸较大,而且通过调整焊件旋转角度（即图 5 – 20 中的 α 角）就可有效地控制角接焊缝两边熔合面积的比例。当板厚相等（即 $\delta_1 = \delta_2$）时,可取 $\alpha = \beta_1 = \beta_2 = 45°$,为对称船形焊,此时焊丝与接头中心线重合,熔池对称,焊缝在两板上的焊脚相等;当板厚不相等（如 $\delta_1 < \delta_2$）时,取 $\alpha < 45°$,为不对称船形焊,焊丝与接头中心线不重合,使焊丝端头偏向厚板,因而熔合区偏向厚板一侧。

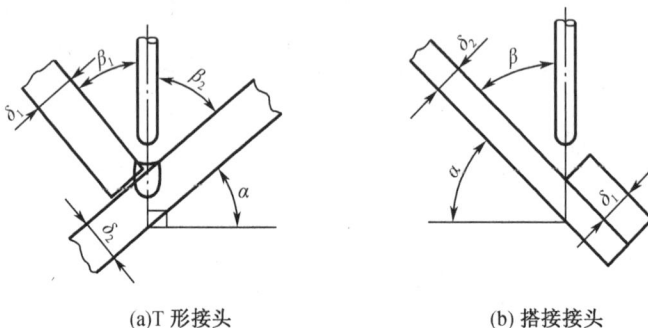

(a)T 形接头　　　　　　　　　(b) 搭接接头

图 5 – 20　船形焊缝埋弧焊示意图

船形焊缝埋弧焊对接头的装配质量要求较高,要求接头的装配间隙不得超过 1 mm,否则,便需采取工艺措施,如预填焊丝、预封底或在接缝背面设置衬垫等,以防止熔化金属从装配间隙中流失。选择焊接工艺参数时应注意电弧电压不能过高,以免产生咬边。此外焊缝的成形系数不大于 2 才有利于焊缝根部焊透,也可避免出现咬边现象。

（2）横角接焊缝埋弧焊

当采用 T 形接头和搭接接头焊件太大,不便翻转或因其他原因不能进行船形焊缝埋弧焊时,可采用焊丝倾斜布置的横角焊缝埋弧焊来完成,其示意图如图 5 - 21 所示。横角接焊缝埋弧焊在生产中应用很广,其优点是对接头装配间隙不敏感,即使间隙达到 2 ~ 3 mm,也不必采取防止液态金属流溢的措施,因而对接头装配质量要求不严格。横角焊缝埋弧焊时由于熔池不在水平位置,熔池中的液态金属因自重的关系不利于立板侧面的焊缝成形,使焊接时可能达到的焊脚尺寸受到限制,因而单道焊的焊脚尺寸很难超过 8 mm,更大的焊脚需采用多道焊焊接。

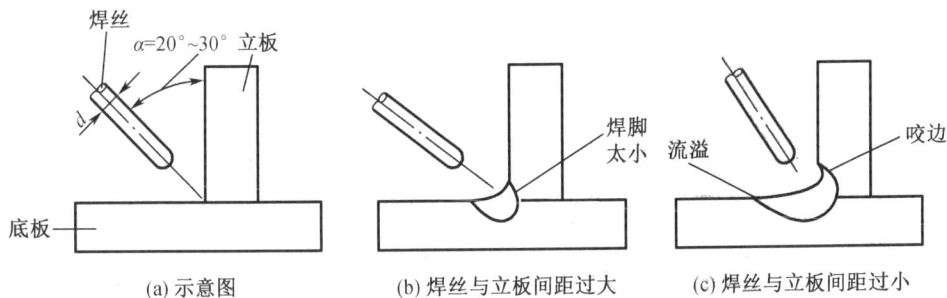

图 5 - 21　横角焊缝埋弧焊示意图

　　横角焊时焊丝与焊件的相对位置对焊缝成形影响很大,当焊丝位置不当时,易产生咬边或使立板产生未熔合。为保证焊缝的良好成形,焊丝与立板的夹角 α 应保持在 15° ~ 45°(一般为 20° ~ 30°)范围内。选择焊接工艺参数时应注意电弧电压不宜太高,这样可减少焊剂的熔化量而使熔渣减少,以防止熔渣流溢。使用较细焊丝可减小熔池体积,有利于防止熔池金属的流溢,并能保证电弧燃烧的稳定。

　　4.埋弧焊的工艺参数

　　(1)焊接电流

　　当其他条件不变时,焊接电流增大,则焊缝熔深和余高都增大,而焊缝宽度几乎保持不变(或略有增加)。电流是决定熔深的主要因素,增大电流能提高生产率,但在一定的焊接速度下,焊接电流过大会使热影响区过大,易产生焊瘤及焊件被烧穿等缺陷;若电流过小,则熔深不足,易产生熔合不好、未焊透、夹渣等缺陷,并使焊缝成形变坏。

　　(2)焊接电压

　　当其他工艺参数不变时,焊接电压对焊缝成形的影响是,电弧电压增大,则焊缝宽度显著增大,而焊缝熔深和余高略有减小,所以焊接电压是决定熔宽的主要因素;当焊接电压过大时,熔剂熔化量增加,电弧不稳,严重时会产生咬边和气孔等缺陷。

　　(3)焊接速度

　　当其他参数不变,焊接速度增大时,焊缝熔深和焊缝宽度都大为下降。如果焊接速度过快,会产生咬边、未焊透、电弧偏吹和气孔等缺陷,焊缝余高大而窄,成形不好;如焊接速度过慢,则焊缝余高过大,形成宽而窄的大熔池,焊缝表面粗糙,容易产生满溢、焊瘤或烧穿等缺陷;当焊接速度太慢而焊接电压又太大时,焊缝截面成蘑菇形,容易产生裂纹。

　　(4)焊丝直径与伸出长度

　　当焊接电流不变时,减小焊丝直径,因电流密度增大,熔深增大,焊缝成形系数减小。因此,焊丝直径要与焊接电流相匹配,见表 5 - 13。焊丝伸出长度增加时,熔敷速度和熔敷金属增加。

表 5 – 13 不同直径焊丝的焊接电流范围

焊丝直径/mm	2	3	4	5	6
电流密度/(A·mm^{-2})	63～125	50～85	40～63	35～50	28～42
焊接电流/A	200～400	350～600	500～800	500～800	800～1 200

（5）焊丝倾角

单丝焊时，焊件放在水平位置，焊丝与工件垂直。当采用前倾焊时，焊缝成形系数增加，熔深浅，焊缝宽，一般适用于薄板焊接；当采用后倾焊时，焊缝成形不良，一般只用于多丝焊的前导焊丝。

（6）焊件位置的影响

当进行上坡焊时，熔池液体金属在重力和电弧作用下流向熔池尾部，电弧能深入熔池底部，使焊缝熔深与余高增大，宽度减小，如上坡角度 6°＜α≤～12°时，成形会恶化，因此自动焊时，实际上总是避免采用上坡焊。下坡焊的情况正好相反，但角度 6°＜α≤8°时，会导致未焊透和熔池铁水溢流，使焊缝成形恶化。

综上所述，在其他条件不变的情况下，各种焊接工艺参数和工艺条件单独变化时，对焊缝形状和尺寸的影响都各不相同，见表 5 – 14。

表 5 – 14 焊接工艺参数和工艺条件对焊缝形状和尺寸的影响

影响因素	规范参数					
	$I\uparrow$	$U\uparrow$	$v\uparrow$		焊丝倾角（后倾）↑	焊丝伸出长度↑
			$v>40\ m\cdot h^{-1}$	$v<40\ m\cdot h^{-1}$		
熔深 H	↑↑	↓	↓	↑	↑	↓
熔宽 B	→	↑↑	↓	↓	→	↑
余高 e	↑	↓	↓	→	↑	↑↑

5.2.4 埋弧焊设备

1.埋弧焊机的主要功能

一般电弧焊的焊接过程包括启动引弧、焊接和熄弧停焊三个阶段。焊条电弧焊时，这几个阶段都是由焊工手工完成的；而埋弧焊时，就要将这三个阶段由机械来自动完成。为此，埋弧焊机应具有以下主要功能：

①建立焊接电弧，并向电弧供给电能；

②连续不断地向焊接区送进焊丝，并自动保持确定的弧长和焊接工艺参数不变，使电弧稳定燃烧；

③使电弧沿接缝移动，并保持确定的行走速度；

④在电弧前方不断地向焊接区铺撒焊剂；

⑤控制焊机的引弧、焊接和熄弧停机的操作过程。

2.埋弧焊机的分类

常用的埋弧焊机有等速送丝式和变速送丝式两种类型。根据工作需要,埋弧焊机可做成不同的形式,常见的有焊车式、悬挂式、车床式、悬臂式和门架式等。

3.埋弧焊机的组成

埋弧焊机主要由送丝机构、焊车行走机构、焊接电源和控制系统等部分组成。

(1)送丝机构

送丝机构包括送丝电动机及传动系统、送丝滚轮和矫直滚轮等,有直流电动机拖动和交流电动机拖动两种形式。它应能可靠地送进焊丝并具有较宽的调速范围,以保证电弧稳定。

(2)焊车行走机构

焊车行走机构包括行走电动机及传动系统、行走轮及离合器等。行走轮一般采用橡胶绝缘轮,以免焊接电流经车轮而短路。离合器合上时由电动机拖动,脱离时焊接小车可用手推动。

(3)焊接电源

埋弧焊机可配用交流或直流电源。采用直流电源焊接,能更好地控制焊道形状、熔深和焊接速度,也更容易引燃电弧。通常直流电源适用于小电流、快速引弧、短焊缝、高速焊接,以及所采用焊剂的稳弧性较差和对焊接工艺参数稳定性有较高要求的场合。

(4)控制系统

常用的埋弧焊机控制系统包括送丝拖动控制、行走拖动控制、引弧和熄弧的自动控制等。大型专用焊机还包括横臂升降、收缩、主柱旋转、焊剂回收等控制系统。

除上述主要组成部分外,埋弧焊机还有导电嘴、送丝滚轮、焊丝盘、焊剂漏斗及焊剂回收器、电缆滑动支承架、导向滚轮等易损件和辅助装置。

5.3 二氧化碳气体保护焊

二氧化碳气体保护焊(以下简称CO_2焊)是20世纪50年代初期发展起来的一种焊接技术,目前已经发展成一种重要的焊接方法。之所以如此,主要是因为CO_2焊比其他电弧焊有更大的适应性、更高的效率、更好的经济性,以及更容易获得优质的焊接接头。本节主要讨论CO_2焊的原理、特点及应用、CO_2焊的焊接材料、CO_2焊的工艺与CO_2焊的设备。

5.3.1 CO_2焊的原理、特点及应用

1.CO_2焊的原理

CO_2焊是利用CO_2作为保护气体的熔化极电弧焊方法。这种方法以CO_2气体为保护介质,使电弧及熔池与周围空气隔离,防止空气中氧、氮、氢对熔滴和熔池金属的有害作用,从而获得优良的力学性能。生产中一般是利用专用的焊枪,形成足够的CO_2气体保护层,依靠焊丝与焊件之间的电弧热,进行自动或自半动熔化极气体保护焊接。CO_2焊的原理如图5-22所示。

2.CO_2焊的特点

(1)优点

①焊接生产率高。由于焊接电流密度较大,电弧热量利用率较高,以及焊后不需清渣,

因此提高了生产率。CO_2 焊的生产率比普通的焊条电弧焊高 2 ~ 4 倍。

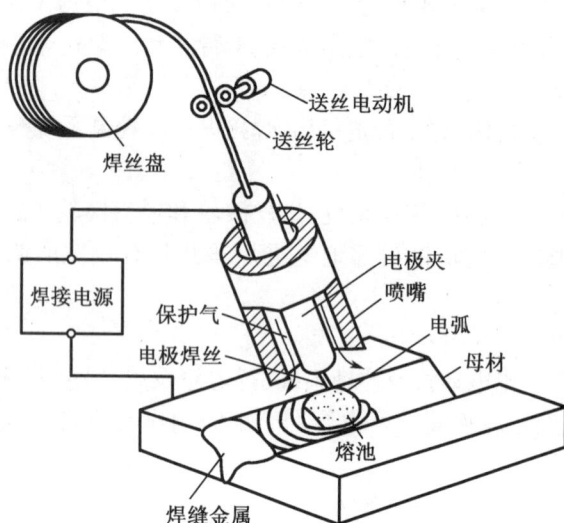

图 5 – 22　CO_2 焊的原理示意图

②焊接成本低。CO_2 气体来源广,价格低,而且电能消耗少,故使焊接成本降低。通常 CO_2 焊的成本只有埋弧焊或焊条电弧焊的 40% ~ 50%。

③焊接应力和变形小。由于电弧加热集中,焊接速度快,焊件受热面积小,同时 CO_2 气流有较强的冷却作用,所以焊接变形小,特别适宜于薄板焊接。

④焊接质量较高。对铁锈敏感性小,焊缝含氢量少,抗裂性能好。

⑤适用范围广。可实现全位置焊接,并且对于薄板、中厚板甚至厚板都能焊接。

⑥操作简便。焊后不需清渣,且是明弧,便于监控,有利于实现机械化和自动化焊接。

(2)缺点

①飞溅率较大,并且焊缝表面成形较差。金属飞溅是 CO_2 焊中较为突出的问题,这是主要缺点。

②很难用交流电源进行焊接,焊接设备比较复杂。

③抗风能力差,给室外作业带来一定困难。

④不能焊接容易氧化的有色金属。

CO_2 焊的缺点可以通过提高技术水平和改进焊接材料、焊接设备加以解决,而其优点却是其他焊接方法所无法企及的。因此,可以认为 CO_2 焊是一种高效率、低成本的节能焊接方法。

(3)CO_2 焊的应用

CO_2 焊主要用于焊接低碳钢及低合金钢等黑色金属。对于不锈钢,由于焊缝金属有增碳现象,影响抗晶间腐蚀性能。所以只能用于对焊缝性能要求不高的不锈钢焊件。此外,CO_2 焊还可用于耐磨零件的堆焊、铸钢件的焊补及电铆焊等方面。目前 CO_2 焊已在车辆制造、化工机械、农业机械、矿山机械等方面得到了广泛的应用。

5.3.2　CO_2 焊的焊接材料

1. CO_2 气体

CO_2 气体是无色、无味和无毒气体。常温下它的密度为 1.98 kg/m^3，约为空气的 1.5 倍。在常温时很稳定，但在高温时发生分解。瓶装液态 CO_2 容量为 40 L，25 kg。

CO_2 有纯度要求，合格品大于 99.5%，否则会降低焊缝的力学性能，焊缝也易产生气孔。

2. 焊丝

CO_2 焊焊丝既是填充金属又是电极，所以焊丝既要保证一定的化学成分和力学性能，又要保证具有良好的导电性和工艺性能。

（1）对焊丝的要求和化学成分

①脱氧剂焊丝必须含有一定数量的脱氧剂，以防止产生气孔，减少飞溅，并能提高焊缝金属的力学性能。

②碳、硫、磷焊丝的含碳量要低，要求 $w(C) < 0.11\%$，这对于避免气孔及减少飞溅是很重要的。对于一般焊丝要求硫及磷含量均为 $w(S、P) \leq 0.04\%$；对于高性能的优质 CO_2 焊丝，则要求 S、P 含量均为 $w(S、P) \leq 0.03\%$。

③镀铜。为防锈及提高导电性，焊丝表面最好镀铜。

目前我国 CO_2 焊用的焊丝牌号中带有 A 符号的为优质焊丝，其杂质 S 和 P 的含量限制得比较严格。这类焊丝采取 Si、Mn 联合脱氧，具有很好的抗气孔能力。Si 和 Mn 元素也起合金化的作用，使焊缝金属具有较高的力学性能。此外，焊丝的 $w(C)$ 限制在 0.11% 以下，有利于减小焊接时的飞溅。

（2）焊丝的分类

CO_2 焊丝分为实芯焊丝和药芯焊丝两类。

①实芯焊丝。

H08Mn2SiA 焊丝是目前 CO_2 焊中应用最为广泛的一种焊丝。它有较好的工艺性能，较高的力学性能及抗裂纹能力，适于焊接低碳钢和 $\sigma_s \leq 50 \times 9.8$ MPa 的低合金钢，船用强度钢和船用高强度钢亦用该种实芯焊丝。H08Mn2SiTiA 焊丝含碳量很低，且含有 0.2% ~ 0.4% 的钛元素，所以抗气孔能力强，用于致密性要求高的焊缝上（不允许微气孔存在的焊缝）。

CO_2 焊所用的焊丝直径在 0.5 ~ 5 mm 范围内，一般有 0.5 mm，0.6 mm，0.8 mm，1.0 mm，1.2 mm，1.6 mm，2.0 mm，2.5 mm，3.0 mm，4.0 mm，5.0 mm 等规格，自动和半自动焊均可使用。CO_2 焊丝通常以盘状供应。

实芯焊丝牌号的编制方法如下：

a. 牌号的第一个汉语拼音大写字母"H"（或汉字"焊"）表示焊接用实芯焊丝。

b. "H"后面的一位数字或两位数字表示含碳量的百分之几。

c. 化学元素符号及其后面的数字表示该元素大致的百分含量数值。合金元素含量小于 1% 时，该合金元素符号后面的数字"1"省略。

d. 在结构钢焊丝牌号尾部标有"A"或"E"时（即"高"或"特"），"A"表示优质品，说明该焊丝的 S、P 含量比普通焊丝低（≤0.030%）；"E"表示高级优质品，其 S、P 含量更低（≤0.025%）；尾部未注"A"或"E"字母的，说明是普通焊丝，$w(S、P) < 0.040\%$。

实芯焊丝的牌号举例如下：

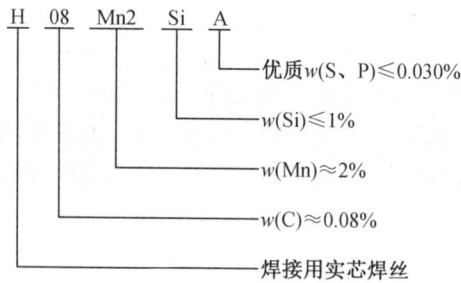

H　08　Mn2　Si　A

- 优质 w(S、P)≤0.030%
- w(Si)≤1%
- w(Mn)≈2%
- w(C)≈0.08%
- 焊接用实芯焊丝

②药芯焊丝。

药芯焊丝起源于 20 世纪 50 年代，飞速发展是 70 年代以后的事。我国药芯焊丝的使用始于 20 世纪 80 年代初宝山钢铁公司的建立，其后，在船舶制造和海洋结构行业、机械制造行业、能源化工行业、建筑和桥梁业、输油及输气管线建设行业等相继使用，在各行各业中以船舶制造和海洋结构行业药芯焊丝使用量最大。事实上，我国药芯焊丝的普及首先是从造船工业开始逐步扩大到各行各业中，目前 70% 以上药芯焊丝都用于造船工业，CO_2 气体保护药芯焊丝的焊接将作为造船厂的主要焊接工艺。近年来，在其他行业，药芯焊丝的使用量正不断地提高并保持强劲的增长势头。

药芯焊丝是在将薄钢带卷成圆形钢管或异形钢管的同时，在其中填满一定成分的药粉，经拉制而成的一种焊丝，又称为粉芯焊丝或管状焊丝。药粉的作用与焊条药皮的作用相似，区别在于焊条药皮涂敷在焊芯的外层，而药芯焊丝的粉末被薄钢包裹在芯里。药芯焊丝绕制成盘状供应，易于实现机械化、自动化焊接。

a. 药芯焊丝的特点。

（a）由于采用气－渣联合保护，因此电弧稳定，飞溅小，焊缝成形美观，同时，能更有效地防止空气对液体金属的有害作用，更容易获得优质焊缝。

（b）对钢材的适应性强，只需调整焊芯中的合金成分与比例，就可以焊接和堆焊不同成分的钢材，这一点其他焊接方法很难做到。

（c）生产率高，一方面可进行自动化和半自动化连续生产，另一方面它的熔敷速度快。其生产率是焊条电弧焊的 3~5 倍。

（d）对焊接电源无特殊要求。交、直流电源均可。

药芯焊丝的主要缺点是焊丝的制造比较复杂，送丝较实芯焊丝困难，焊接烟尘较大，焊丝表面易腐蚀，粉剂易受潮。

b. 药芯焊丝分类。

药芯焊丝按不同的情况有不同的分类方法。按保护情况可分为气体保护（CO_2、富 Ar 混合气体）药芯焊丝和自保护药芯焊丝（药芯焊丝不需要外加保护气体）两种；按焊丝直径可分为细直径（2.0 mm 以下）和粗直径（2.0 mm 以上）两种；按焊丝断面可分为简单 O 形断面和复杂断面折叠形，如图 5-23 所示；按使用电源可分为交流电源和直流电源；按填充材料可分为造渣型焊丝（药芯成分以造渣剂为主）和金属粉芯药芯焊丝（药芯成分以渗合金剂及脱氧剂为主）。

药芯焊丝在国际上被公认为焊接材料中最先进、发展最快的高科技之一，并将成为 21 世纪焊接材料的主导产品。随着药芯焊丝的逐年增加，用量逐步扩大，应用范围也将日益广阔。

O形　　梅花形　　T形　　E形　　中间填丝形

图 5 - 23　药芯焊丝断面形状

c. 药芯焊丝的牌号编制。

(a)牌号的第一个汉语拼音大写字母"Y"表示药芯焊丝。

(b)第二个汉语拼音大写字母"J"表示结构钢。

(c)"J"后面的两位数字表示熔敷金属的抗拉强度等级。

(d)"J"后面的第三位数字表示药芯类型和焊接电源种类(同焊条药皮类型及电源种类,详见表5-7)。

(e)短画"-"后的数字表示焊接时的保护方法,见表5-15。

表 5 - 15　药芯焊丝焊接时的保护方法

牌号	焊接时的保护方法
YJ×× -1	气保护
YJ×× -2	自保护
YJ×× -3	气保护和自保护两用
YJ×× -4	其他保护形式

(f)药芯焊丝有特殊性能和用途时,在牌号末尾加注起主要作用的元素或主要用途的字母(一般不超过两个字)。

药芯焊丝的牌号举例如下:

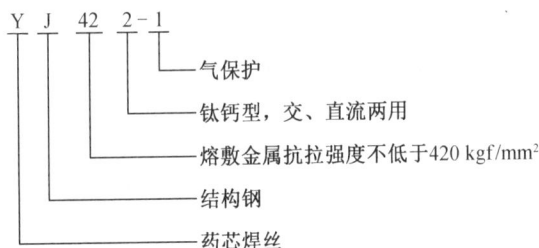

Y J 42 2 -1

- 气保护
- 钛钙型,交、直流两用
- 熔敷金属抗拉强度不低于420 kgf/mm²
- 结构钢
- 药芯焊丝

5.3.3　CO₂焊的工艺

在 CO_2 焊中,为了获得稳定的焊接过程,采用熔滴过渡工艺。熔滴过渡通常有两种形式,即短路过渡和细滴过渡。短路过渡焊接在我国应用最为广泛。

1. 短路过渡 CO_2 焊工艺

(1)短路过渡焊接的特点

短路过渡时,采用细焊丝、低电压和小电流。熔滴细小而过渡频率高,电弧非常稳定,飞溅小,焊缝成形美观,主要用于焊接薄板及全位置焊接。焊接薄板时,生产率高、变形小,焊接操作容易掌握,对焊工技术水平要求不高。因而短路过渡的 CO_2 焊易于在生产中得到推广应用。

（2）焊接工艺参数的选择

主要的焊接工艺参数有焊丝直径、焊接电流、电弧电压、焊接速度、保护气体流量、焊丝伸出长度及电感值等。

①焊丝直径。短路过渡焊接采用细焊丝,常用焊丝直径为 0.6~1.6 mm,随着焊丝直径的增大,飞溅颗粒相应增大。

焊丝的熔化速度随焊接电流的增大而增大,在相同电流下焊丝越细,其熔化速度越高。在细焊丝焊接时,若使用过大的电流,也就是使用很大的送丝速度,将引起熔池沸腾和焊缝成形恶化。因此各种直径焊丝的最大电流要有一定的限制。

②焊接电流。焊接电流是重要的焊接工艺参数,是决定焊缝厚度的主要因素。电流大小主要取决于送丝速度,随着送丝速度的增大,焊接电流也增大,大致呈正比关系。焊接电流的大小还与焊丝的外伸长及焊丝直径等有关。短路过渡形式焊接时,由于使用的焊接电流较小,因而飞溅较小,焊缝厚度较浅。

③电弧电压。短路过渡的电弧电压一般为 17~23 V。因为短路过渡只有在较低的弧长情况下才能实现,所以电弧电压是一个非常关键的焊接工艺参数,如果电弧电压选得过高（如大于 29 V）,则无论其他参数如何选择,都不能得到稳定的短路过渡过程。短路过渡时焊接电流均在 200 A 以下,这时电弧电压均在较窄的范围（2~3 V）内变动。

短路过渡时不同直径焊丝选用的焊接电流与电弧电压见表 5-16。

表 5-16 不同直径焊丝选用的焊接电流与电弧电压

焊丝直径/mm	电弧电压/V	焊接电流/A	焊丝直径/mm	电弧电压/V	焊接电流/A
0.5	17~19	30~70	1.2	19~23	90~200
0.8	18~21	50~100	1.6	22~26	140~300
1.0	18~22	70~120	—	—	—

④焊接速度。焊接速度对焊缝成形、接头的力学性能及气孔等缺陷的产生都有影响。在焊接电流和电弧电压一定的情况下,焊接速度加快时,焊缝厚度（h）、宽度（b）和余高（e）均减小。

焊接速度过快时,会在焊趾部出现咬肉,甚至出现驼峰焊道。相反,速度过慢时,焊道变宽,在焊趾部会出现满溢。通常半自动 CO_2 焊时,熟练焊工的焊接速度为 30~60 cm/min。

⑤保护气体流量。气体保护焊时,保护效果不好将发生气孔,甚至使焊缝成形变坏。在正常焊接情况下,保护气体流量与焊接电流有关,在 200 A 以下的薄板焊接时气体流量为 10~15 L/min,在 200 A 以上的厚板焊接时气体流量为 15~25 L/min。

影响气体保护效果的主要因素是保护气体流量不足,喷嘴高度过大,喷嘴上附着大量飞溅物和强风。特别是强风的影响十分显著,在强风的作用下,保护气流被吹散,使得熔池、电弧甚至焊丝端头曝露在空气中,破坏保护效果;风速在 1.5 m/s 以下时,对保护作用无影响;当风速 >2 m/s 时,焊缝中的气孔明显增加。

⑥焊丝伸出长度。短路过渡焊接时采用的焊丝都比较细,因此焊丝伸出长度对焊丝熔化速度的影响很大。在焊接电流相同时,随着伸出长度的增加,焊丝熔化速度也增加。当送丝速度不变时,伸出长度越大,则电流越小,将使熔滴与熔池温度降低,造成热量不足,而引起未焊透。直径越细、电阻率越大的焊丝,这种影响越大。

另外,伸出长度太大,电弧不稳,难以操作,同时飞溅较大,焊缝成形恶化,甚至破坏保护而产生气孔。相反,焊丝伸出长度过小时,会缩短喷嘴与焊件间的距离,飞溅金属容易堵塞喷嘴;同时,还妨碍观察电弧,影响焊工操作。

适宜的焊丝伸出长度与焊丝直径有关,焊丝伸出长度大约为焊丝直径的10倍。

⑦电感值。短路过渡焊接时,串接电感的作用主要体现在以下两个方面:

a. 调节短路电流增长速度 di/d_t。短路电流的增长速度 di/d_t 过小,会产生大颗粒飞溅,甚至使焊丝成段爆断造成电弧熄灭;di/d_t 过大,则产生大量小颗粒的金属飞溅。焊接回路内的电感在 $0\sim0.2$ mH 范围内调节时,对短路电流上升速度的影响特别显著。

b. 调节电弧燃烧时间,控制母材熔深。在短路过渡的一个周期中,短路期间短路电流的能量大部分加到焊丝伸出部分。只有电弧燃烧时电弧的大部分热量才输入焊件,形成一定的熔深。未加电感时,电弧燃烧时间很短。加入电感后,电弧燃烧时间增加。

一般说来,短路频率高的电弧,其燃烧时间很短,因此熔深小。适当增大电感,虽然频率降低,但电弧燃烧时间增加,从而增大了母材熔深。所以调节焊接回路中的电感量可以调节电弧的燃烧时间,从而控制母材的熔深。

在某些工厂中,由于焊接电缆比较长,常常将一部分电缆盘绕起来。必须注意,这相当于在焊接回路中串入了一个附加电感,由于回路电感值的改变,飞溅情况、母材熔深都将发生变化。因此,焊接过程正常后,电缆盘绕的圈数就不宜变动。

另外,在焊接回路中串接电抗器,还可以起滤波作用,可以使整流后的电压和电流波形脉动小一些。

⑧电源极性。CO_2 焊一般都采用直流反极性。这时电弧稳定,飞溅小,焊缝成形好,并且焊缝熔深大,生产率高。而正极性时,在相同电流下,焊丝熔化速度大大提高,大约为反极性时的1.6倍,而熔深较浅,余高较大,且飞溅很大。只有在堆焊及铸铁补焊时才采用正极性,以提高熔敷速度。

2. 细滴过渡 CO_2 焊工艺

(1)特点

细滴过渡 CO_2 焊的特点是电弧电压比较高,焊接电流比较大。此时电弧是持续的,不发生短路熄弧的现象。焊丝的熔化金属以细滴形式进行过渡,所以电弧穿透力强,母材熔深大。适合于进行中等厚度及大厚度焊件的焊接。

(2)焊接工艺参数选择

①电弧电压与焊接电流。为了实现细滴过渡,电弧电压必须在 $34\sim45$ V 范围内选取。焊接电流则根据焊丝直径来选择。对应于不同的焊丝直径,实现细滴过渡的焊接电流下限是不同的。表5-17列出了几种常用焊丝直径的电流下限值。这里也存在着焊接电流与电弧电压的匹配关系,在一定焊丝直径下,选用较大的焊接电流,就要匹配较高的电弧电压。因为随着焊接电流的增大,电弧对熔池金属的冲刷作用增加,势必恶化焊缝的成形。只有相应地提高电弧电压,才能减弱这种冲刷作用。

表 5 – 17　细滴过渡的电流下限及电压范围

焊丝直径/mm	电流下限/A	电弧电压/V	焊丝直径/mm	电流下限/A	电弧电压/V
1.2	300		3.0	650	
1.6	400	34 ~ 45			34 ~ 45
2.0	500		4.0	750	

②焊接速度。细滴过渡 CO_2 焊的焊接速度较高。与同样直径焊丝的埋弧焊相比,焊接速度高 0.5 ~ 1 倍。常用的焊接速度为 40 ~ 60 m/h。

③保护气体流量。应选用较大的气体流量来保证焊接区的保护效果。保护气流量通常比短路过渡的 CO_2 焊高 1 ~ 2 倍。常用的气流量范围为 25 ~ 50 L/min。

在短路过渡和细滴过渡的 CO_2 焊中间,还有一种介于两者之间的过渡形式,称为混合过渡 CO_2 焊或半短路过渡 CO_2 焊。通常以短路过渡为主,伴有部分的细滴过渡,电流和电压的数值比短路过渡大,比细滴过渡小。这种过渡形式的 CO_2 焊在短路过渡的基础上,焊接生产率及焊接熔透能力都有所提高。但由于熔滴过渡频率低,熔滴尺寸较大,因此飞溅较严重,生产中一般不被采用。

5.3.4　CO_2 焊的设备

CO_2 焊所用的设备有半自动 CO_2 焊设备和自动 CO_2 焊设备两类。在实际生产中,半自动 CO_2 焊设备使用较多,下面以半自动 CO_2 焊设备为主介绍 CO_2 焊设备。

1. CO_2 焊设备的组成和作用

半自动 CO_2 焊设备由焊接电源、送丝机构、焊枪、供气系统、冷却水循环装置及控制系统等部分组成,如图 5 – 24 所示。而自动 CO_2 焊设备则除上述几部分外,还有焊车行走机构。

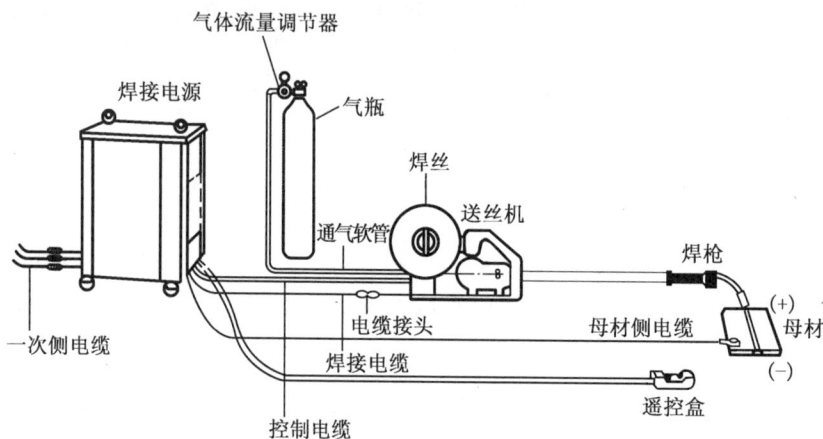

图 5 – 24　半自动 CO_2 焊设备

(1)焊接电源

CO_2 焊一般采用直流电源且反极性连接。根据不同直径焊丝 CO_2 焊的焊接特点,一般细焊丝采用等速送丝式焊机,配合平外特性电源;粗焊丝采用变速送丝式焊机,配合下降特性电源。

①平外特性电源。

细焊丝 CO_2 焊的熔滴过渡一般为短路过渡过程,送丝速度快,宜采用等速送丝式焊机配合平外特性电源。实际上用于 CO_2 焊接的平外特性电源,其外特性都有一些缓降,其缓降度一般不大于 4 V/100 A。采用平外特性电源优点如下:

a. 电弧燃烧稳定在等速送丝条件下,平外特性电源的电弧自身调节灵敏度较高。可以依靠弧长变化来引起电流的变化,依靠电弧自身的调节作用,使电弧燃烧稳定。

b. 焊接工艺参数调节方便。可以对焊接电压和焊接电流分别进行调节,通过改变电源外特性调节电弧电压,改变送丝速度调节焊接电流。两者之间相互影响不大。

c. 可避免焊丝回烧。因为电弧回烧时,随着电弧拉长,电流很快减小,使得电弧在回烧到导电嘴前已熄灭。

②下降特性电源。

粗丝 CO_2 焊的熔滴过渡一般为细滴过渡过程,宜采用变速送丝式焊机,配合下降的外特性电源。此时 CO_2 焊接工艺参数的调节,往往因为电源外特性的陡降程度不同,要进行两次或三次调节。如先调节电源外特性,粗略确定焊接电流,但调节电弧电压时,电流又有变化,所以要反复调节,直至达到要求的焊接工艺参数。

③电源动特性。

电源动特性是衡量焊接电源在电弧负载发生变化时,供电参数(电流及电压)的动态响应品质。电源良好的动特性是焊接过程稳定的重要保证。

粗焊丝细滴过渡时,焊接电流的变化比较小,所以对焊接电源的动特性要求不高。

细焊丝短路过渡时,因为焊接电流不断地发生较大的变化,所以对焊接电源的动特性有较高的要求。具体指如下三个方面:合适的短路电流增长速度(d_i/d_t),适当的短路电流峰值,电弧电压恢复速度(d_u/d_t)。对这三个方面,不同的焊丝,不同的焊接工艺参数,有不同的要求。因此要求电源设备能兼顾这三方面的适应能力。

(2)送丝系统

根据使用焊丝直径的不同,送丝系统可分为等速送丝式和变速送丝式,通常焊丝直径大于或等于 3 mm 时采用变速送丝式,焊丝直径小于或等于 2.4 mm 时采用等速送丝式。CO_2 焊时采用的弧压反馈送丝式与埋弧焊时的设备类似。下面介绍 CO_2 焊时普遍使用的等速送丝系统。对等速送丝系统的基本要求是:能稳定、均匀地送进焊丝,调速要方便,结构应牢固轻巧。

①送丝方式。

半自动气体保护焊设备有推丝式、拉丝式、推拉丝式三种基本送丝方式,如图 5 - 25 所示。

a. 推丝式。推丝式主要用于直径为 0.8 ~ 2 mm 的焊丝,是应用最广的一种送丝方式,如图5 - 25(a)所示。其特点是焊枪结构简单轻便,操作与维修方便。但焊丝进入焊枪前要经过一段较长的送丝软管,阻力较大。而且随着软管长度加大,送丝稳定性也将变差。所以送丝软管不能太长,一般在 2 ~ 5 m。

b. 拉丝式。拉丝式主要用于直径小于或等于 0.8 mm 的细焊丝,因为细焊丝刚性小,难以推丝。它又分为两种形式,一种是焊丝盘和焊枪分开,两者用送丝软管连接起来,如图 5 - 25(b)所示;另一种是将焊丝盘直接装在焊枪上,如图 5 - 25(c)所示。后者由于去掉了送丝软管,增加了送丝稳定性,但焊枪质量也增加了。

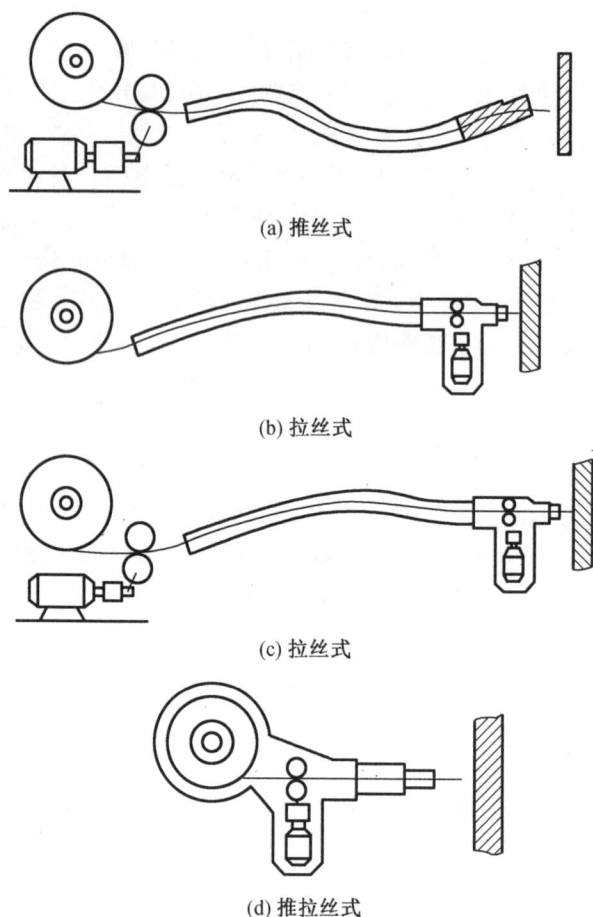

(a) 推丝式

(b) 拉丝式

(c) 拉丝式

(d) 推拉丝式

图 5 – 25　半自动气体保护焊设备送丝方式示意图

c. 推拉丝式。此方式把上述两种方式结合起来,克服了使用推丝式焊枪操作范围小的缺点,送丝软管可加长到 15 m 左右,如图 5 – 25(d)所示。推丝电动机是主要的送丝动力,而拉丝机只是将焊丝拉直,以减小推丝阻力。推力和拉力必须很好地配合,通常拉丝速度应稍快于推丝速度。这种方式虽有一些优点,但由于结构复杂,调整麻烦,同时焊枪较重,因此实际应用并不多。

②送丝机构。

送丝机构由送丝电动机、减速装置、送丝滚轮和压紧机构等组成。送丝电动机一般采用他励直流伺服电动机。选用伺服电动机时,因其转速较低,所以减速装置只需一级蜗轮蜗杆和一级齿轮传动。其传动比应根据电动机的转速、送丝滚轮直径和所要求的送丝速度来确定。送丝速度一般应在 2 ~ 16 m/min 范围内均匀调节。为保证均匀、可靠地送丝,送丝轮表面应加工出 V 形槽,滚轮的传动形式有单主动轮传动和双主动轮传动两种。送丝机构工作前要仔细调节压紧轮的压力,若压紧力过小,则滚轮与焊丝间的摩擦力小,如果送丝阻力稍有增大,滚轮与焊丝间便打滑,致使送丝不均匀;若压紧力过大,又会在焊丝表面产生很深的压痕或使焊丝变形,使送丝阻力增大,甚至造成导电嘴内壁的磨损。

③调速器。

用调速器调节送丝速度,一般采用改变送丝电动机电枢电压的方法,实现送丝速度的无级调节。

④送丝软管。

送丝软管是导送焊丝的通道,要求软管内壁光滑、规整,内径大小要均匀合适;焊丝通过的摩擦阻力要小;应具有良好的刚性和弹性。

(3)焊枪

①对焊枪的要求。

焊枪应起到送气、送丝和导电的作用。对焊枪有下列要求:

a.送丝均匀、导电可靠和气体保护良好。

b.结构简单、经久耐用和维修简便。

c.使用性能良好。

②焊枪的类型。

焊枪按用途分为半自动焊枪和自动焊枪两种。

a.半自动焊枪。一般按焊丝给送的方式不同,半自动焊枪可分为推丝式和拉丝式两种。

推丝式焊枪常用的形式有两种:一种是鹅颈式焊枪;另一种是手枪式焊枪。这些焊枪的主要特点是结构简单、操作灵活,但焊丝经过软管产生的阻力较大,故所用的焊丝不宜过细,多用于直径大于 1 mm 焊丝的焊接。焊枪的冷却方法一般采用自冷式,水冷式焊枪不常用。

拉丝式焊枪具有以下主要特点:

(a)一般做成手枪式;

(b)送丝均匀稳定;

(c)引入焊枪的管线少,焊接电缆较细,尤其是其中没有送丝软管,所以管线柔软,操作灵活。但因为送丝部分(包括微电机、减速器、送丝滚轮和焊丝盘等)都安装在枪体上,所以焊枪比较笨重,结构较复杂。拉丝式焊枪通常适用于直径 0.5 ~ 0.8 mm 细丝焊接。

b.自动焊枪。一般都安装在自动 CO_2 焊机上(焊车或焊接操作机),不需要手工操作,自动 CO_2 焊机多用于大电流情况,所以枪体尺寸都比较大,以便提高气体保护和水冷效果;枪头部分与半自动焊枪类似。

③焊枪的喷嘴和导电嘴。

喷嘴是焊枪上的重要零件,其作用是向焊接区域输送保护气体,以防止焊丝端头、电弧与熔池和空气接触。喷嘴形状多为圆柱形,也有圆锥形,喷嘴内孔直径与焊接电流大小有关,通常为 12 ~ 24 mm。焊接电流较小时,喷嘴直径也小;焊接电流较大时,喷嘴直径也大。

导电嘴的材料要求导电性良好、耐磨性好、熔点高,一般选用纯铜或陶瓷材料制作,为增加耐磨性也可选用铬锆铜。导电嘴孔径的大小对送丝速度和焊丝伸出长度有很大影响。如孔径过大或过小,会造成焊接工艺参数不稳定而影响焊接质量。

喷嘴和导电嘴都是易损件,需要经常更换,所以应便于装拆,并且应结构简单、制造方便和成本低廉。

(4)供气系统

供气系统的作用是保证纯度合格的 CO_2 保护气体能以一定的流量均匀地从喷嘴中喷出。它由 CO_2 钢瓶、预热器、干燥器、减压器、流量计及电磁气阀等组成,如图 5 - 26 所示。

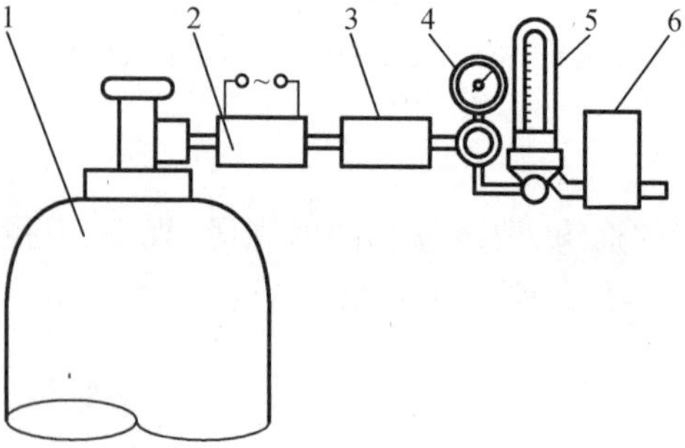

1—CO_2钢瓶;2—预热器;3—干燥器;4—减压阀;5—流量计;6—电磁气阀。

图 5-26 供气系统示意图

①CO_2钢瓶。

CO_2钢瓶用于储存液态 CO_2,通常漆成灰色并用黑字写上 CO_2标志。瓶中有液态 CO_2时,瓶中压力可达 490~686 MPa。

②预热器。

CO_2由液态转变成气态时,将吸收大量的热,再经减压后,气体体积膨胀,也会使温度下降。为防止管路冻结,在减压之前要将 CO_2气体通过预热器进行预热。预热器一般采用电阻加热式,采用 36 V 交流供电,功率为 100~150 W。

③干燥器。

干燥器内装有干燥剂,如硅胶、脱水硫酸铜和无水氯化钙等。无水氯化钙吸水性较好,但不能重复使用;硅胶和脱水硫酸铜吸水后颜色发生变化,经过加热烘干后还可以重复使用。在 CO_2气体纯度较高时,不需要干燥。只有当含水量较高时,才需要加装干燥器。

④减压器和流量计。

减压器的作用是将高压 CO_2气体变为低压气体。流量计用于调节并测量 CO_2气体的流量。

⑤电磁气阀。

它是装在气路上,利用电磁信号控制的气体开关,用来接通或切断保护气体。

5.4 钨极惰性气体保护焊

钨极惰性气体保护焊是指使用纯钨或活化钨作电极的非熔化极惰性气体保护焊方法,简称 TIG 焊(tungsten inert gas welding)。钨极惰性气体保护焊可用于几乎所有金属及其合金的焊接,可获得高质量的焊缝。但由于其成本较高,生产率低,多用于焊接铝、镁、钛、铜等有色金属及合金,以及不锈钢、耐热钢等材料。

5.4.1 TIG 焊的原理、特点及应用

1. TIG 焊的原理

TIG 焊是在惰性气体的保护下,利用钨极与焊件间产生的电弧热熔化母材和填充焊丝(也可以不加填充焊丝),形成焊缝的焊接方法,如图 5-27 所示。焊接时保护气体从焊枪的喷嘴中连续喷出,在电弧周围形成保护层隔绝空气,保护电极和焊接熔池以及临近热影

响区,以形成优质的焊接接头。

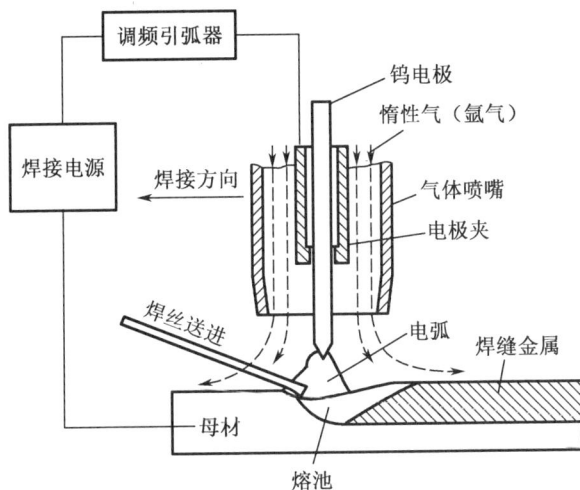

图 5 – 27 TIG 焊示意图

TIG 焊分为手工和自动两种。焊接时,用难熔金属钨或钨合金制成的电极基本上不熔化,故容易维持电弧长度的恒定。填充焊丝在电弧前方添加,当焊接薄焊件时,一般不需开坡口和填充焊丝;还可采用脉冲电流以防止烧穿焊件。焊接厚大焊件时,也可以将焊丝预热后,再添加到熔池中去,以提高熔敷速度。

TIG 焊一般采用氩气作保护气体,称为钨极氩弧焊。在焊接厚板、高导热率或高熔点金属等情况下,也可采用氦气或氦氩混合气作保护气体。在焊接不锈钢、镍基合金和镍铜合金时可采用氩氢混合气作保护气体。

2. TIG 焊的特点

TIG 焊与其他焊接方法相比,具有如下特点:

(1)可焊金属多

氩气能有效隔绝焊接区域周围的空气,它本身又不溶于金属,不与金属反应;TIG 焊过程中电弧还有自动清除焊件表面氧化膜的作用。因此,可成功地焊接其他焊接方法不易焊接的易氧化、氮化、化学活泼性强的有色金属、不锈钢和各种合金。

(2)适应能力强

钨极电弧稳定,即使在很小的焊接电流下也能稳定燃烧;不会产生飞溅,焊缝成形美观;热源和焊丝可分别控制,因而热输入量容易调节,特别适合于薄件、超薄件的焊接;可进行各种位置的焊接,易于实现机械化和自动化焊接。

(3)焊接生产率低

钨极承载电流能力较差,过大的电流会引起钨极熔化和蒸发,其颗粒可能进入熔池,造成夹钨。因 TIG 焊使用的电流小,焊缝熔深浅,熔敷速度小,生产率低。

(4)生产成本较高

由于惰性气体价格较高,与其他焊接方法相比生产成本高,故主要用于要求较高产品的焊接。

3. TIG 焊的应用

TIG 焊几乎可用于所有钢材、有色金属及其合金的焊接,特别适合于化学性质活泼的金属及其合金。常用于不锈钢,高温合金,铝、镁、钛及其合金,以及难熔的活泼金属(如锆、钽、钼、铌等)和异种金属的焊接。

TIG 焊容易控制焊缝成形,容易实现单面焊双面成形,主要用于薄件焊接或厚件的打底焊。脉冲 TIG 焊特别适宜于焊接薄板和全位置管道对接焊。但是,由于钨极的载流能力有限,电弧功率受到限制,致使焊缝熔深浅,焊接速度低,TIG 焊一般只用于焊接厚度在 6 mm以下的焊件。

5.4.2 TIG 焊的电流种类和极性

TIG 焊时,焊接电弧正、负极的导电和产热机构与电极材料的热物理性能有着密切关系,从而对焊接工艺有显著影响。下面分别讨论采用不同电流种类和极性进行 TIG 焊的情况。

1. 直流 TIG 焊

直流 TIG 焊时,电流极性没有变化,电弧连续而稳定。按电源极性的不同接法,又可将直流 TIG 焊分为直流正极性法和直流反极性法两种方法。

(1)直流正极性法

直流正极性法焊接时,焊件接电源正极,钨极接电源负极。由于钨极熔点很高,热发射能力强,电弧中带电粒子绝大多数是从钨极上以热发射形式产生的电子。这些电子撞击焊件(正极),释放出全部动能和位能(逸出功),产生大量热能加热焊件,从而形成深而窄的焊缝,如图 5-28(a)所示。该法生产率高,焊件收缩应力和变形小。另一方面,由于钨极上接受正离子撞击时放出的能量比较小,而且由于钨极在发射电子时需要付出大量的逸出功,所以钨极上总的产热量比较小,因而钨极不易过热,烧损少;对于同一焊接电流可以采用直径较小的钨极;再者,由于钨极热发射能力强,采用小直径钨棒时,电流密度大,有利于电弧稳定。

(a) 直流正极性　　　(b) 直流反极性　　　(c) 交流

图 5-28　TIG 焊电流种类与极性对焊缝形成的影响示意图

综上所述,直流正极性具有以下特点:
①熔池深而窄,焊接生产率高,焊件的收缩应力和变形都小;
②钨极许用电流大,寿命长;
③电弧引燃容易,燃烧稳定。
总之,直流正极性优点较多,所以除铝、镁及其合金的焊接以外,TIG 焊一般都采用直流正极性焊接。

（2）直流反极性法

直流反极性时焊件接电源负极,钨极接电源正极。这时焊件和钨极的导电和产热情况与直流正极性时相反。由于焊件一般熔点较低,电子发射比较困难,往往只能在焊件表面温度较高的阴极斑点处发射电子,而阴极斑点总是出现在电子逸出功较低的氧化膜处。当阴极斑点受到弧柱中来的正离子流的强烈撞击时,温度很高,氧化膜很快被汽化破碎,显露出纯洁的焊件金属表面,电子发射条件也由此变差。这时阴极斑点就会自动转移到附近有氧化膜存在的地方,如此下去,就会把焊件焊接区表面的氧化膜清除掉,这种现象称为阴极破碎(或称阴极雾化)现象。

阴极破碎现象对于焊接工件表面存在难熔氧化物的金属有特殊的意义,如铝是易氧化的金属,它的表面有一层致密的 Al_2O_3 附着层,它的熔点为 2 050 ℃,比铝的熔点(657 ℃)高很多,用一般的方法很难去除铝的表面氧化层,使焊接工作难以顺利进行。若用直流反极性 TIG 焊则可获得弧到膜除的显著效果,使焊缝表面光亮美观,成形良好。

但是直流反极性时钨极处于正极,TIG 焊阳极产热量多于阴极(有关资料指出:2/3 的热量产生于阳极,1/3 的热量产生于阴极),大量电子撞击钨极,放出大量热量,很容易使钨极过热熔化而烧损,使用同样直径的电极时,就必须减小许用电流,或者为了满足焊接电流的要求,就必须使用更大直径的电极(表5-18);另一方面,由于在焊件上放出的热量不多,使焊缝熔深浅(图5-28(b)),生产率低。所以 TIG 焊中,除了铝、镁及其合金的薄件焊接外,很少采用直流反极性法。

表 5-18　电流种类和极性不同时纯钨极的许用电流

钨极直径/mm	1~2	3	4	5	6
电流种类和极性	许用电流/A				
交流	20~100	100~160	140~220	220~280	250~360
直流正接	65~150	140~180	250~340	300~400	350~450
直流反接	10~30	20~40	30~50	40~80	60~100

2. 交流 TIG 焊

交流 TIG 焊时,电流极性每半个周期交换一次,因而兼备了直流正极性法和直流反极性法的优点。在交流负极性半周里,焊件金属表面氧化膜会因"阴极破碎"作用而被清除;在交流正极性半周里,钨极又可以得到一定程度的冷却,可减轻钨极烧损,且此时发射电子容易,有利于电弧的稳定燃烧。交流 TIG 焊时,焊缝形状也介于直流正极性与直流反极性之间,如图5-28(c)所示。实践证明,用交流 TIG 焊焊接铝、镁及其合金能获得满意的焊接质量。

但是,由于交流电弧每秒钟要过零点 100 次,加上交流电弧在正、负半周里导电情况的差别,又出现了交流电弧过零点后复燃困难和焊接回路中产生直流分量的问题,因此必须采取适当的措施才能保证焊接过程的稳定进行。

（1）过零点复燃及稳弧措施

交流电流过零时,电弧熄灭,弧柱温度下降,促进电弧空间带电粒子的复合,电弧空间的电离度随之下降。特别是工件作为阴极的半周,因电子发射能力较小,电流过零点后电

弧复燃特别困难。为了解决这一问题,必须采取稳弧措施。TIG 焊中常用的稳弧措施如下:

①提高焊接电源的空载电压稳弧;

②采用高频振荡器稳弧;

③采用高压脉冲稳弧。

(2)焊接回路中的直流分量及其消除

在 TIG 焊中,常用以下方法限制或消除直流分量:

①在焊接回路中串联直流电源(蓄电池);

②在焊接回路中接入电阻和二极管;

③在焊接回路中串联电容。

综上所述,TIG 焊既可以使用交流电流也可以使用直流电流进行焊接,对于直流电流还有极性选择的问题。焊接时应根据被焊材料来选择适当的电流或极性。表 5-19 所示为焊接材料与电流种类和极性选择的关系。

表 5-19　被焊材料与电流种类或极性选择

材料	直流		交流
	正极性	反极性	
铝(2.4 mm 以下)	×	○	△
铝(2.4 mm 以上)	×	×	△
铝青铜、铍青铜	×	○	△
铸铝	×	×	△
黄铜、铜基合金	△	×	○
铸铁	△	×	○
异种金属	△	×	○
合金钢堆焊	○	×	△
低碳钢、高碳钢、低合金钢	△	×	○
镁(3 mm 以下)	×	○	△
镁(3 mm 以上)	×	×	△
镁铸件	×	○	△
高合金、镍及镍基合金、不锈钢	△	×	○
钛	△	×	○

注:△最佳;○良好;×最差。

5.4.3　TIG 焊工艺

TIG 焊工艺主要包括焊前清理、工艺参数的选择和操作技术等方面。

1. 焊前清理

氩气是惰性气体,在焊接过程中,既不与金属起化学作用,也不溶解于金属中,为获得高质量焊缝提供了良好条件。但是氩气不像还原性气体或氧化性气体那样,它没有脱氧去氢的能力。为了确保焊接质量,焊前必须将焊件及焊丝清理干净,不应残留油污、氧化皮、水分和灰尘等。如果采用工艺垫板,同样也要进行清理,否则它们就会从内部破坏氩气的保护作用,这往往是造成焊接缺陷(如气孔)的重要原因。TIG 焊有如下两种常用的清理方法:

(1)清除油污、灰尘

常用汽油、丙酮等有机溶剂清洗焊件与焊丝表面,也可按焊接生产说明书规定的其他方法进行。

(2)清除氧化膜

常用的方法有机械清理和化学清理两种,也可两者联合进行。

机械清理主要用于焊件,有机械加工、吹砂、磨削及抛光等方法。对于不锈钢或高温合金的焊件,常用砂带磨或抛光法将焊件接头两侧 30 ~ 50 mm 宽度内的氧化膜清除掉。对于铝及其合金,由于材质较软,不宜用吹砂清理,可用细钢丝轮、钢丝刷或刮刀将焊件接头两侧一定范围的氧化膜除掉。但这些方法生产率低,所以成批生产时常用化学法。

化学法对于铝、镁、钛及其合金等有色金属的焊件与焊丝表面氧化膜的清理效果好,且生产率高。不同金属材料所采用的化学清理剂与清理程序是不一样的,可按焊接生产说明书的规定进行。铝及其合金的化学清理工序见表 5 – 20。

清理后的焊件与焊丝必须妥善放置与保管,一般应在 24 h 内焊接完。如果存放中弄脏或放置时间太长,其表面氧化膜仍会增厚并吸附水分,因而为保证焊缝质量,必须在焊前重新清理。

表 5 – 20　铝及其合金的化学清理工序

工序 材料	碱洗			冲洗	酸洗			冲洗	干燥/℃
	$w(NaOH)$/%	温度/℃	时间/min		$w(HNO_3)$/%	温度/℃	时间/min		
纯铝	15	室温	10 ~ 15	冷净水	30	室温	2	冷净水	60 ~ 110
	4 ~ 5	6 ~ 70	1 ~ 2						
铝合金	8	5 ~ 60	5	冷净水	30	室温	2	冷净水	60 ~ 110

2. 焊接工艺参数的影响及选择

TIG 焊的焊接工艺参数有焊接电流、电弧电压(电弧长度)、焊接速度、填丝速度、保护气体流量、喷嘴孔径、钨极直径与形状等。合理的焊接工艺参数是获得优质焊接接头的重要保证。

(1)焊接工艺参数对焊缝成形和焊接过程的影响

TIG 焊时,可采用填充焊丝或不填充焊丝的方法形成焊缝。不填充焊丝法主要用于薄板焊接。例如,如厚度在 3 mm 以下的不锈钢板可采用不留间隙的卷边对接,焊接时不加填充焊丝,而且可实现单面焊双面成形。填充或不填充焊丝焊接时,焊缝成形的差异如图 5 – 29所示。

①焊接电流。焊接电流是 TIG 焊的主要参数。在其他条件不变的情况下,电弧能量与焊接电流成正比,焊接电流越大,可焊接的材料厚度越大。因此,焊接电流是根据焊件的材

料性质与厚度来确定的。随着焊接电流的增大(或减小),凹陷深度 a_1、背面焊缝余高 e、熔透深度 S 及焊缝熔宽 c 都相应地增大(或减小),而焊缝余高 h 相应地减小(或增大)。当焊接电流太大时,易引起焊缝咬边、焊漏等缺陷;反之,当焊接电流太小时,易形成未焊透焊缝。

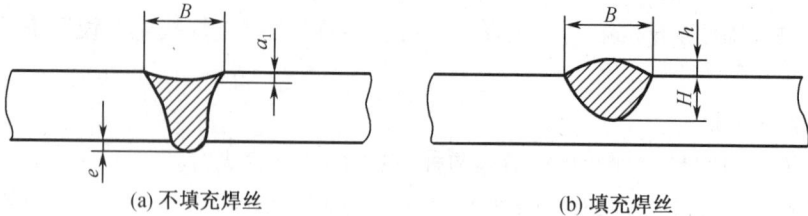

(a) 不填充焊丝   (b) 填充焊丝

图 5 - 29   TIG 焊焊缝截面形状

②电弧电压(或电弧长度)。当弧长增加时,电弧电压也增加,焊缝熔宽 c 和加热面积都略有增大。但当弧长超过一定范围后,会因电弧热量的分散使热效率下降,电弧力对熔池的作用减小,熔宽 c 和母材熔化面积均减小。同时电弧长度还影响到气体保护效果的好坏。在一定限度内,喷嘴到焊件的距离 L 越短,则保护效果就越好。一般在保证不短接的情况下,应尽量采用较短的电弧进行焊接。不加填充焊丝焊接时,弧长应控制为 1～3 mm,加填充焊丝焊接时,弧长为 3～6 mm。

③焊接速度。焊接时,焊缝获得的热输入反比于焊接速度。在其他条件不变的情况下,焊接速度越小,热输入越大,则焊接凹陷深度 a_1、熔透深度 S、熔宽 c 都相应增大;反之,上述参数减小。

当焊接速度过快时,焊缝易产生未焊透、气孔、夹渣和裂纹等缺陷;反之,当焊接速度过慢时,焊缝又易产生焊穿和咬边现象。从影响气体保护效果方面来看,随着焊接速度的增大,从喷嘴喷出的柔性保护气流套因为受到前方静止空气的阻滞作用,会产生变形和弯曲。当焊接速度过快时,就可能使电极末端、部分电弧和熔池曝露在空气中,从而恶化了保护作用。这种情况在自动高速焊时容易出现。此时,为了扩大有效保护范围,可适当加大喷嘴孔径和保护气流量。

鉴于以上原因,在 TIG 焊焊时,采用较低的焊接速度比较有利。焊接不锈钢、耐热合金、钛及其合金材料时,尤其要注意选用较低的焊接速度,以便得到较大范围的气保护区域。

④填丝速度与焊丝直径。焊丝的填送速度与焊丝直径、焊接电流、焊接速度、接头间隙等因素有关。一般来讲,焊丝直径大时送丝速度慢,焊接电流、焊接速度接头间隙大时送丝速度快。送丝速度选择不当,可能造成焊缝出现未焊透、烧穿、焊缝凹陷、焊缝堆高太高、成形不光滑等缺陷。

焊丝直径与焊接板厚和接头间隙有关。当板厚及接头间隙大时,焊丝直径可选大一些。焊丝直径选择不当可能造成焊缝成形不好,焊缝堆高过高或未焊透等缺陷。

⑤保护气体流量和喷嘴直径。保护气体流量和喷嘴直径的选择是影响气保护效果的重要因素。为了获得良好的保护效果,必须使保护气体流量与喷嘴直径匹配,也就是说,对

于一定直径的喷嘴,有一个获得最佳保护效果的气体流量,此时保护区范围最大,保护效果最好。如果喷嘴直径增大,气体流量也应随之增加,这样才可得到良好的保护效果。

另外,在确定保护气体流量和喷嘴直径时,还要考虑焊接电流和电弧长度的影响。当焊接电流或电弧长度增大时,电弧功率增大,温度剧增,对气流的热扰动加强。因此,为了保持良好的保护效果,则需要相应增大喷嘴直径和气体流量。

⑥电极直径和端部形状。钨极直径的选择取决于焊件厚度、焊接电流、电流种类和极性。原则上应尽可能选择小的电极直径来承担所需要的焊接电流。此外,钨极的许用电流还与钨极的伸出长度及冷却程度有关,如果伸出长度较大或冷却条件不良,则许用电流将下降。一般钨极的伸出长度为 5~10 mm。

钨极直径和端部的形状影响电弧的稳定性和焊缝成形,因此 TIG 焊应根据焊接电流大小来确定钨极的形状。在焊接薄板或焊接电流较小时,为便于引弧和稳弧,可用小直径钨极并磨成约 20° 的尖锥角。电流较大时,电极锥角小将导致弧柱的扩散,焊缝成形厚度小而宽度大。电流越大,上述变化越明显。因此,大电流焊接时,应将电极磨成钝角或平顶锥形。这样,可使弧柱扩散减小,对焊件加热集中。

(2)焊接工艺参数的选择

在焊接过程中,每一项参数都直接影响焊接质量,而且各参数之间又相互影响,相互制约。为了获得优质的焊缝,除注意各焊接工艺参数对焊缝成形和焊接过程的影响外,还必须考虑各参数的综合影响,即应使各项参数合理匹配。

TIG 焊时,首先应根据焊件材料的性质与厚度,参考现有资料,确定适当的焊接电流和焊接速度进行试焊;再根据试焊结果调整有关参数,直至符合要求。

表 5-21、表 5-22 分别列出了几种常见材料 TIG 焊的焊接工艺参数,可作为选择焊接工艺参数的参考。

表 5-21 不锈钢对接接头手工钨极氩弧焊焊接工艺参数

板厚 /mm	坡口形式	焊接位置	焊道层数	焊接电流 /A	焊接速度 /(mm·min^{-1})	钨极直径 /mm	焊丝直径 /mm	氩气流量 /(L·min^{-1})
1.0	I 形 $b=0$	平立	11	50~80 50~80	100~120 80~100	1.6	1	4~6
2.4	I 形 $b=0~1$	平立	1	80~120 80~120	100~120 80~120	1.6	1.0~2.0	6~10
3.2	I 形 $b=0~2$	平立	2	105~150	100~120 80~120	2.4	2.0~3.2	6~10
4.0	I 形 $b=0~2$	平立	2	150~200	100~150 80~120	2.4	3.2~4.0	6~10
6.0	Y 形 $b=0~2$ $p=0~2$	平立	3 2	180~230	100~150 80~120	2.4	3.2~4.0	6~10

表 5-22　铝合金对接接头手工钨极氩弧焊焊接工艺参数

板厚/mm	坡口形式	焊接位置	焊道层数	焊接电流/A	焊接速度/(mm·min⁻¹)	钨极直径/mm	焊丝直径/mm	氩气流量/(L·min⁻¹)	喷嘴内径/mm
1	I形 b=0	平、立、横	11	65～80 50～70	300～450 200～300	1.6或2.4	1.6或2.4	5～8	8.0～9.5
3	I形 b=0～2	平、立、横、仰	1 1	150～180 180～210	280～380 200～320	2.4或3.2	3.2	7～10 2～11	9.5～11.0
5	Y形 b=0～2 p=0～3 α=60°～110°	平、立、横、仰	1～2 1～2	230～270 200～240	200～300 100～200	4.0或5.0	4.0或5.0	8～11	13.0～16.0
9	Y形 b=0～2 p=0～2 α=60°～110°	平立、横、仰	1～2 1～2	280～340 250～280	120～180 100～150	5.0	5.0	10～15	16.0
12	Y形 b=0～2 p=0～3 α=60°～90°	平	1～2 3(背)	350～400	150～200	6.4	6.0	10～15	16.0
	Y形 b=0～2 p=0～3 α=60°～90°	立、横	1～2 3～4(背)	340～380	170～270	6.4	6.0	10～15	16.0

5.4.4　TIG 焊设备

1. 分类及组成

TIG 焊设备按操作方式可分为手工 TIG 设备和自动 TIG 设备两类;按焊接电源又可分为交流 TIG 设备、直流 TIG 设备及矩形波 TIG 设备。下面主要以交流手工 TIG 设备为例介绍 TIG 焊设备。

手工 TIG 设备的一般结构如图 5-30 所示。其主要由焊接电源、焊枪、供气系统、供水系统及焊接控制装置等部分组成。自动 TIG 设备还包括焊车行走机构和送丝机构。

(1)焊接电源

TIG 设备可以采用直流、交流或矩形波弧焊电源。要求弧焊电源的外特性为陡降或垂直下降外特性,以保证弧长变化时焊接电流的波动较小。直流电源可采用硅弧焊整流器、晶闸管弧焊整流器和弧焊逆变器等;交流电源常用动圈漏磁式变压器。近年来,在 TIG 焊中逐渐应用矩形波弧焊电源。由于它正、负半波通电时间比和电流比均可以自由调节,因此,把它用于铝及其合金的 TIG 焊时,在弧焊工艺上具有以下优点:电弧稳定,电流过零点时重新引弧容易,不必加稳弧器;通过调节正、负半波通电时间比,在保证阴极雾化作用的条件下增大正极性电流,从而可获得最佳的熔深,提高生产率和延长钨极的寿命;不用消除直流分量装置,等等。

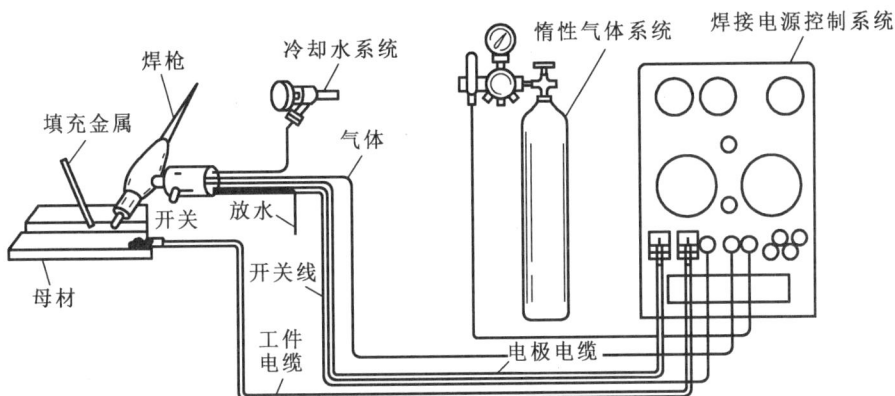

图 5 - 30　手工 TIG 设备结构图

(2)焊枪及电极

①焊枪。

TIG 焊焊枪的作用是夹持电极、导电及输送保护气体。目前国内使用的焊枪大体上有两种:一种是气冷式焊枪,用于小电流(最大电流不超过 100 A)焊接;另一种是水冷式焊枪,供焊接电流大于 100 A 时使用。气冷式焊枪利用保护气流冷却导电部件,不带水冷系统,结构简单,轻巧灵活。水冷式焊枪结构比较复杂,焊枪稍重。使用时两种焊枪皆应注意避免超载工作,以延长焊枪寿命。

TIG 焊焊枪的标志由形式符号及主要参数组成。焊枪的形式符号由两位字母表示,主要表示其冷却方式:"QQ"表示气冷;"QS"表示水冷。在形式符号后面的数字表示焊枪参数。例如:

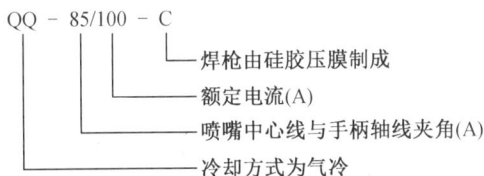

焊枪结构设计合理与否,不但影响焊枪的使用性能,而且影响保护效果和焊缝质量,因此,TIG 焊焊枪应满足下列要求:

a.能可靠地夹持电极,并具有良好的导电性能;

b.从喷嘴喷出的保护气具有良好的流态,保护效果可靠;

c.具有良好的冷却性能;

d.可达性好,便于操作;

e.结构简单,质量轻,耐用,维修方便。

②电极。

TIG焊工艺中,电极材料对电弧的稳定性和焊缝质量有很大影响。TIG焊要求电极应满足下列三个条件:

a.耐高温,焊接过程中不易损耗。否则,不但降低钨极本身的使用寿命,而且渗入熔池造成焊缝夹钨,严重影响焊缝质量。

b.电子发射能力强,利于引弧及稳弧。电子发射能力与电极材料的逸出功有关,逸出功低的材料发射电子的能力就强,引弧及稳弧性能均好。

c.电流容量大。当焊接电流超过许用电流时,易使电极端部熔化,形成熔珠,熔珠表面上的电弧斑点易受外界因素干扰而游动,使电弧飘荡而不稳定;甚至使熔珠落入熔池,影响焊缝质量。因此电极的许用电流要大一些。电极的许用电流与电极材料,电流种类和极性,以及电极伸出长度有关。

常用钨极有纯钨、钍钨及铈钨等。钍钨及铈钨是在纯钨中分别加入微量稀土元素钍或铈的氧化物制成。

纯钨极价格比较低,而且使用交流的整流效应小(即直流分量的影响小),电弧稳定;但引弧性能及导电性能差,载流能力小,使用寿命短。

钍钨极及铈钨极导电性能好,载流能力强,有较好的引弧性能,使用寿命长;缺点是价格较高,使用交流电时整流效应大及电弧稳定性差。同时钍和铈均为稀土元素,有一定的放射性,其中铈钨极放射性较小。

③控制系统。

TIG设备的控制系统在小功率设备中和焊接电源装在同一个箱子里,称为一体式结构。在大功率设备中,控制系统与焊接电源则是分立的,为一单独的控制箱。NSA-500-1型交流手工TIG焊机便是这种结构。

控制系统由引弧器、稳弧器、行车(或转动)速度控制器、程序控制器、电磁气阀和水压开关等构成。

a.对控制系统的要求:

(a)提前送气和滞后停气,以保护钨极和引弧、熄弧处的焊缝;

(b)自动控制引弧器、稳弧器的启动和停止;

(c)手工或自动接通和切断焊接电源;

(d)焊接电流能自动衰减。

④供气供水系统。

供气系统主要包括氩气瓶、减压器、流量计及电磁气阀等。其组成如图5-31所示。

供水系统主要用来冷却焊接电缆、焊枪和钨棒。焊接电流小于100 A时,不需要水冷。为保证冷却水可靠接通并有一定的压力

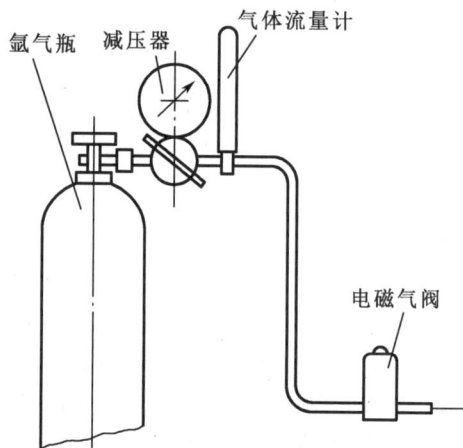

图5-31　TIG焊气路系统示意图

以启动焊接设备,通常在氩弧焊设备中设有保护装置——水压开关。

5.5　切割与碳弧气刨

切割是金属材料加工的主要方法之一。高温切割是船体结构材料切割的主要方法。它包括火焰切割、等离子弧切割、激光切割等。

火焰切割通常称为气割，即氧－乙炔切割或氧－丙烷切割。火焰切割是船厂广泛采用的切割方法，其方法包括手工气割、半自动气割、自动气割。

等离子弧切割、激光切割是新的切割技术。等离子弧切割技术在我国船厂广泛应用，激光切割技术在我国船厂应用很少。要提高焊接技术水平和生产率，一定要形成火焰切割、等离子弧切割、激光切割三足鼎立的格局。

5.5.1　气割

气割是利用可燃气体与助燃气体混合燃烧所释放出的热量作热源，进行金属材料的切割。可燃气体的种类很多，如乙炔气、氢气、天然气和液化石油气等。目前应用最普遍的是乙炔气和液化石油气。

1.气割用材料

（1）氧气

①氧气的性质。

氧气在常温、常压下为气态，其分子式为 O_2。氧气是一种无色、无味、无毒的气体，在标准状态下（0 ℃，0.1 MPa）的密度是 1.429 kg/m^3，比空气略重（空气为 1.293 kg/m^3）。当温度降到 －183 ℃时，氧气由气体变成淡蓝色的液体。当温度降到 －218 ℃时，液态氧就会变成淡蓝色的固体。

氧气本身不能燃烧，但能帮助其他可燃物质燃烧。氧气的化学性质极为活泼，它几乎可以与自然界一切元素（除惰性气体外）相化合，这种化合作用称为氧化反应，剧烈的氧化反应称为燃烧。氧气的化合能力随着压力的加大和温度的升高而增强。因此工业中常用的高压氧气如果与油脂等易燃物质相接触时，就会发生剧烈的氧化反应而使易燃物自行燃烧，这样在高压和高温作用下，促使氧化反应更加剧烈从而引起爆炸。因此在使用氧气时，切不可使氧气瓶阀、氧气减压器、焊炬、割炬、氧气皮管等沾染上油脂。

②对氧气纯度的要求。

氧气的纯度对气焊与气割的质量、生产率和氧气本身的消耗量都有直接影响。气焊与气割对氧气的要求是纯度越高越好。氧气纯度越高，工作质量和生产率越高，而氧气的消耗量却大为降低。

气割用的工业级氧气一般分为两级，见表 5－23。

表 5－23　气割用的氧气指标

名称	指标	
	一级品	二级品
氧气含量/%	≥99.2	≥98.5
水分含量（毫升/瓶）	≤10	≤10

一般情况下,由氧气厂和氧气站供应的氧气可以满足气焊与气割的要求。对于质量要求较高的气焊应采用一级纯度的氧气。气割时,氧气纯度应不低于98.5%。

（2）乙炔

乙炔是由电石和水相互作用分解而得到的,电石是钙和碳的化合物——碳化钙（CaC_2）,在空气中易潮化。

乙炔是一种无色而带有特殊臭味的碳氢化合物,为可燃性气体,它与空气混合燃烧时所产生的火焰温度为2 350 ℃,而与氧气混合燃烧时所产生的火焰温度为3 000～3 300 ℃,足以迅速熔化金属而进行焊接和切割。

乙炔是一种具有爆炸性的危险气体,当压力在0.15 MPa时,如果气体温度达到580～600 ℃,乙炔就会自行爆炸。压力越高,乙炔自行爆炸所需的温度就越低;温度越高,则乙炔自行爆炸的压力就越低。乙炔与空气或氧气混合而成的气体也具有爆炸性,2.2%～81%（体积分数）的乙炔与空气形成的混合气体,以及2.8%～93%（体积分数）的乙炔与氧气形成的混合气体,只要遇到火星就会立刻爆炸。因此,刚装入电石时应特别注意避开明火与火星,并应严防氧气倒流入乙炔发生器中。

乙炔与铜或银长期接触后会生成一种爆炸性的化合物,即乙炔铜（Cu_2C_2）和乙炔银（Ag_2C_2）,当它们受到剧烈震动或者加热到110～120 ℃时就会发生爆炸。所以凡是与乙炔接触的器具设备禁止用银或纯铜制造,只准用含铜量不超过70%的铜合金制造。乙炔和氯、次氯酸盐等化合会燃烧甚至爆炸,所以乙炔燃烧时,绝对禁止用四氯化碳来灭火。

乙炔爆炸时会产生高热,特别是产生高压气浪,其破坏力很强,因此使用乙炔时必须注意安全。若将乙炔储存在毛细管中,其爆炸性就大大降低,即使把压力增高到27 MPa也不会爆炸。另外,乙炔能大量溶解于丙酮溶液中,因此可以利用乙炔的这一特性,将其装入乙炔瓶内（瓶内装有丙酮溶液和活性炭）储存、运输和使用。

（3）液化石油气

液化石油气是油田开发或炼油厂裂化石油的副产品,其主要成分为丙烷（C_3H_8）、丁烷（C_4H_{10}）、丙烯（C_3H_6）、丁烯（C_4H_8）和少量的乙烷（C_2H_6）、戊烷（C_5H_{12}）等碳氢化合物。液化石油气热值高（发热量为88 616×10^3 J/m^3,乙炔发热量为52 668×10^3 J/m^3）,价格低廉,用它来代替乙炔进行金属切割和焊接,具有较大的经济效益。

液化石油气的主要性质如下:

①在常温、常压下,组成液化石油气的碳氢化合物以气态存在,如果加上0.8～1.5 MPa的压力就会变成液态,便于装瓶中储存和运输。

工业上一般都使用液体状态的石油气。液化石油气在气态时,是一种略带臭味的无色气体。在标准状态下,石油气的密度为1.8～2.5 kg/m^3,比空气重。

②液化石油气与乙炔一样,也能与空气或氧气构成具有爆炸性的混合气体,但具有爆炸危险的混合比值范围比乙炔小得多。它在空气中的爆炸范围为3.5%～16.3%（体积分数）,同时由于燃点（500 ℃左右）比乙炔高（305 ℃）,因此在使用时比乙炔安全。

③液化石油气完全燃烧所需的氧气量比乙炔所需的氧气量大。因此,采用液化石油气代替乙炔气后,耗氧量要多些。对割炬的结构也应做相应的改造。

④液化石油气的火焰温度比乙炔的火焰温度低,如液化石油气的主要组成物丙烷在氧气中的燃烧温度为2 000～2 850 ℃。因此,用于气割时,金属的预热时间稍长,但其切割质量容易保证,割口光洁,不渗漏,质量比较好。

⑤气割过程中,液化石油气在氧气中的燃烧速度低,如丙烷的燃烧速度约为乙炔的1/3,因此,要求割炬有较大的混合气喷出截面,以降低流出速度,保证良好的燃烧。

目前,国内外已把液化石油气作为一种新的可燃气体,广泛地应用于钢材的气割和低熔点的有色金属焊接中,如黄铜焊接、铝及其合金焊接和铅焊接等。

2.气割设备与工具

(1)氧气瓶

氧气瓶由瓶体、瓶帽、瓶阀及瓶箍等组成,瓶阀的一侧装有安全膜,当瓶内压力超过规定值时安全膜片即自行爆破,从而保护了氧气瓶的安全。

氧气瓶是储存和运输氧气的一种高压容器,其外表为天蓝色,并用黑漆标注"氧气"字样。常用气瓶的容积为40 L,在15 MPa压力下,可储存6 m³的氧气。由于氧气瓶的压力高,而且氧气是极活泼的助燃气体,因此必须严格按照生产实习教材中所述的安全事项使用。

(2)乙炔瓶

乙炔瓶是一种储存和运输乙炔的容器,其外表为白色,并用红漆标注"乙炔"字样。瓶口装有乙炔瓶阀,但阀体旁侧没有侧接头,因此必须使用带有夹环的乙炔减压器。乙炔瓶的工作压力为1.5 MPa,在瓶体内装有浸满着丙酮的多孔性填料,能使乙炔稳定而安全地储存于乙炔瓶内,以便溶解再次灌装的乙炔。乙炔瓶阀下面的填料中心部位的长孔内放有石棉,其作用是促进乙炔与填料分离。由于乙炔是易燃、易爆的气体,因此必须严格按照安全规则使用。

(3)减压阀

减压阀具有减压和稳压两种作用。

①减压作用。

储存在瓶内的气体是高压气体,如氧气瓶内的氧气压力最高达15 MPa,乙炔瓶内的乙炔压力最高达1.5 MPa;而气焊、气割工作中所需的气体工作压力一般都是比较低的,如氧气的工作压力一般要求为0.1~0.4 MPa,乙炔的工作压力则更低,最高为0.15 MPa,因此在气焊、气割工作中必须使用减压阀,将气瓶内气体压力降低后才能输送至焊炬或割炬内使用。

②稳压作用。

气瓶内气体的压力是随着气体的消耗而逐渐下降的,也就是说在气焊气割工作中,气瓶内的气体压力是时刻变化着的。但是在气焊、气割工作中所要求的气体工作压力必须是稳定不变的,因此就需要使用减压阀来稳定气体工作压力,使气体工作压力不随气瓶内气体压力的下降而下降。

(4)回火保险器

在气焊、气割工作中有时会发生气体火焰进入喷嘴内逆向燃烧的现象,这种现象称为回火。回火分为逆火和回烧两种。

①逆火。

逆火是指火焰向喷嘴孔逆行,并瞬时自行熄灭,同时伴有爆鸣声的现象,也称爆鸣回火。

②回烧。

回烧是指火焰向喷嘴孔逆行,并继续向混合室和气体管路燃烧的现象,这种回火可能烧毁焊（割）炬、管路及引起可燃气体储罐的爆炸，也称倒袭回火。发生回火的根本原因是混合气体从焊炬的喷射孔内喷出的速度小于混合气体燃烧速度，由于喷得慢，烧得快，因此火焰就烧到焊割嘴里面去了。

为了防止火焰倒流烧入发生器内，就必须在乙炔软管与乙炔发生器的中间装设专门的防止回火的设备——回火保险器。回火保险器一般有水封式和干式两种。

回火保险器的作用主要有两个：一个是把倒流的火焰与乙炔发生器隔绝开来；二是在回烧发生后立即断绝乙炔的来源，这样等残留在回火保险器内的乙炔烧完后，倒流的火焰也就自行熄灭了。

（5）割炬

割炬是气割工作的主要工具。割炬的作用是将可燃气体与氧气以一定的比例和方式混合后，形成具有一定热量和形状的预热火焰，并在预热火焰的中心喷射切割氧气进行气割。

①割炬的分类。

a. 割炬按可燃气体与氧气混合的方式可分为低压割炬和等压割炬两种。目前国内两种形式的割炬都有生产，但低压割炬使用较多。

b. 割炬按用途可分为普通割炬、重型割炬、焊割两用炬等。

②低压割炬的构造及工作原理。

a. 低压割炬的构造。低压割炬的构造如图 5 - 32 所示，它是以低压焊炬为基础的。割炬的结构可分为两部分：一部分为预热部分，其构造与低压焊炬相同，具有射吸作用，所以可以使用低压乙炔；另一部分为切割部分，它是由切割调节阀、切割氧通道和割嘴等组成的。

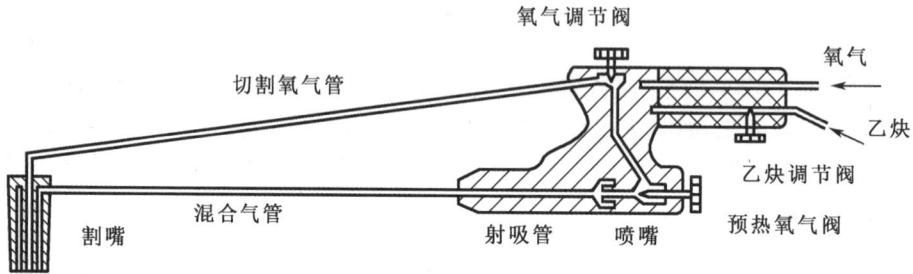

图 5 - 32　低压割炬的构造

低压割炬的型号有 G01 - 30、G01 - 100、G01 - 300 三种。

割嘴的构造与焊嘴不同（图 5 - 33）。焊嘴上的喷射孔有环形和梅花形两种。环形割嘴的混合气孔道呈环形，整个割嘴由内嘴和外嘴两部分组合而成，又称组合式割嘴。梅花形割嘴的混合气孔道，呈小圆孔均匀地分布在高压氧孔道周围，整个割嘴为一体，又称整体式割嘴。

b. 低压割炬的工作原理。气割时，先逆时针方向稍微开启预热氧调节阀，再打开乙炔调节阀并立即进行点火，然后增大预热氧流量，使氧气与割件预热至燃点时，即逆时针方向开启切割氧调节阀，此时高速氧气流将割缝处的金属氧化并吹除，随着割炬的不断移动而在割件上形成割缝。

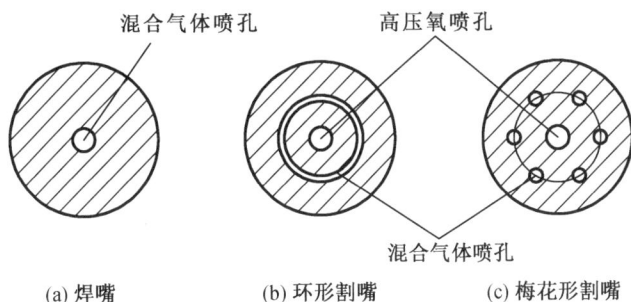

图 5 - 33　割嘴与焊嘴的截面比较

（6）气割辅助工具

①护目镜。

气割时使用护目镜，主要是保护眼睛不受火焰亮光的刺激，以便能够仔细地观察熔池金属，又可防止飞溅金属微粒溅入眼睛内。护目镜的镜片颜色和深浅，根据需要和被焊材料性质选用。颜色太深或太浅都会妨碍对熔池的观察，影响工作效率，一般宜用 3 号到 7 号的黄绿色镜片。

②点火枪。

使用手枪式点火最为安全方便。

③橡皮管。

氧气瓶和乙炔瓶中的气体须用橡皮管输送到焊炬或割炬中。根据《焊接与切割安全》（GB 9448—1999）的规定，氧气管为红色，乙炔管为黑色。通常氧气管内径为 8 mm，乙炔管内径为 10 mm，氧气管与乙炔管强度不同，氧气管允许工作压力为 1.5 MPa，乙炔管为 0.5 MPa。连接于焊炬或割炬的胶管长度不能短于 5 m，但太长会增加气体流动的阻力，一般以 10～15 m 为宜。割炬用橡皮管禁止油污及漏气，并严禁互换使用。

④其他工具。

a. 清理割缝的工具，如钢丝刷、手锤、锉刀等。

b. 连接和启闭气体通路的工具，如钢丝钳、铁丝、皮管夹头、扳手等。

c. 清理焊嘴和割嘴用的通针，每个气割工都应备有一组粗细不等的钢质通针，以便清除堵塞焊嘴或割嘴的脏物。

3. 气割工艺

（1）气割原理

气割是利用气体火焰的热能，将工件切割处预热到一定温度后，喷出高速切割氧流，使其燃烧并放出热量实现切割的方法。

氧气切割过程包括下列三个阶段：气割开始时，用预热火焰将起割处的金属预热到燃烧温度（燃点）；向被加热到燃点的金属喷射切割氧，使金属剧烈地燃烧；金属燃烧氧化后生成熔渣和产生反应热，熔渣被切割氧吹除，所产生的热量和预热火焰热量将下层金属加热到燃点，这样继续下去就将金属逐渐地割穿，随着割炬的移动，就切割成所需的形状和尺寸。所以金属的气割过程是金属在纯氧中燃烧的实质，而不是熔化过程。

氧气切割过程是预热—燃烧—吹渣过程。但并不是所有的金属都有满足这个过程的要求，只有符合下列条件的金属才能进行氧气切割。

①金属在氧气中的燃烧点应低于熔点。这是氧气切割过程能正常进行的最基本条件。如低碳钢的燃点约为1 350 ℃,而熔点约为1 500 ℃。它完全满足了这个条件,所以低碳钢具有良好的气割条件。

随着钢含碳量的增加,熔点降低,而燃点增高,这样使气割不易进行。含碳量为0.7%的碳钢,其燃点和熔点约为1 300 ℃;而含碳量大于0.7%的高碳钢,则由于燃点比熔点高,所以不易切割。

铜、铝及铸铁的燃点比熔点高,所以不能用普通的氧气切割。

②金属气割时形成氧化物的熔点应低于金属本身的熔点。氧气切割过程产生的金属氧化物的熔点必须低于该金属本身的熔点,同时流动性要好,这样的氧化物能以液体状态从割缝处被吹除。

如果金属氧化物的熔点比金属熔点高,则加热金属表面上的高熔点氧化物会阻碍下层金属和切割氧射流的接触,而使气割困难。如高铬或铬镍钢加热时,会形成高熔点(约1 990 ℃)的三氧化二铬(Cr_2O_3);铝及铝合金加热则会形成高熔点(2 050 ℃)的三氧化二铝(Al_2O_3)。所以这些材料不能采用氧气切割方法,而只能使用等离子切割方法。

③金属在切割氧射流中燃烧应该是放热反应。在气割过程中这一条件也很重要,因为放热反应的结果是上层金属燃烧产生很大的热量,对下层金属起着预热作用。如气割低碳钢时,由金属燃烧所产生的热量约占70%,而由预热火焰所供给的热量仅为30%。可见金属燃烧时所产生的热量是相当大的,所起的作用也很大;相反,如果金属燃烧是吸热反应,则下层金属得不到预热,气割过程就不能进行。

④金属的导热性不应太高。如果被割金属的导热性太高,则预热火焰及气割过程中氧化所析出的热量会被传导散失,这样气割处温度急剧下降而低于金属的燃点,使气割不能开始或中途停止。由于铜和铝等金属具有较高的导热性,因而会使气割发生困难。

⑤金属中阻碍气割过程和提高钢的可淬性的杂质要少。被气割金属中,阻碍气割过程的杂质(如硫、磷、碳、铬和硅等)要少;同时提高钢的可淬性的杂质(如钨和钼等)也要少。这样才能保证气割过程正常进行,同时气割缝表面也不会产生裂纹等缺陷。

金属的氧气切割过程主要取决于上述五个条件。纯铁和低碳钢能满足上述要求,所以能很顺利地进行气割。钢中含碳量增高时,气割过程开始恶化,当含碳量超过0.7%时,必须将割件预热至400~700 ℃才能进行气割;当含碳量大于1%~1.2%时,割件就不能进行正常气割。

铸铁不能用普通方法气割,原因是它在氧气中的燃点比熔点高很多,同时产生高熔点的二氧化硅(SiO_2),而且氧化物的黏度也很大,流动性又差,切割氧流不能把它吹除。此外由于铸铁中含碳量高,碳燃烧后产生的一氧化碳和二氧化碳冲淡了切割氧流,降低了氧化效果,使气割困难。

高铬钢和铬镍钢会产生高熔点(约1 990 ℃)的氧化铬和氧化镍,遮盖了金属的割缝表面,阻碍下一层金属燃烧,也使气割困难。

铜、铝及其合金有较高的导热性,加之铝在切割过程中产生的氧化物熔点高,而铜产生的氧化物放出的热量较低,都使气割困难。

目前铸铁、高铬铜、铬镍钢、铜、铝及其合金均采用等离子切割方法。

(2)气割工艺参数

气割工艺参数主要包括切割氧压力、气割速度、预热火焰能率、割嘴与割件的倾斜角度、割嘴离割件表面的距离等。气割工艺参数的选择正确与否,直接影响到切口表面的质量。而气割工艺参数的选择又主要取决于割件厚度。

①气割氧压力。

在割件厚度、割嘴型号、氧气纯度都已确定的条件下,气割氧压力的大小对气割有极大影响。如果氧气压力不够,氧气供应不足,则会引起金属燃烧不完全,这样不仅降低气割速度,而且不能将熔渣全部从割缝中吹除,使割缝的背面留下很难清除干净的挂渣,甚至还会出现割不透现象;如果氧气压力过高,则过剩的氧气起了冷却作用,不但影响气割速度,而且使割口表面粗糙,割缝加大,同时也使得氧气消耗量增大。

一般选择氧气压力的根据是:随割件厚度的增加而增大,或随割嘴号码的增大而增大;氧气纯度降低时,由于气割时间增加,要相应增大氧气压力。当割件厚度小于 100 mm 时,其氧气压力可参照表 5 - 24 选用。

表 5 - 24　钢板的气割厚度与气割速度、氧气压力的关系

钢板厚度/mm	气割速度/(mm · min^{-1})	氧气压力/MPa
4	450 ~ 500	0.2
5	400 ~ 500	0.3
10	340 ~ 450	0.35
15	300 ~ 375	0.375
20	260 ~ 350	0.4
25	240 ~ 270	0.425
30	210 ~ 250	0.45
40	180 ~ 230	0.45
60	160 ~ 200	0.5
80	150 ~ 180	0.6
100	130 ~ 165	0.7

氧气纯度对气割速度、气体消耗量及割缝质量有很大影响,氧气的纯度低,金属氧化缓慢,使气割时间增加,而且气割单位长度割件的氧气消耗量也增加。例如,在氧气纯度为 97.5% ~ 99.5% 时,每降低 1% 时,1 m 长的割缝气割时间增加 10% ~ 15%,而氧气消耗量增加 25% ~ 35%。

②气割速度。

气割速度与割件厚度和使用的割嘴形状有关,割件越厚,气割速度越高;反之,割件越薄,气割速度越低。气割速度太低,会使割缝边缘熔化;速度过高,则会产生很大的后拖量(沟纹倾斜)或割不穿。气割速度的正确与否,主要根据割缝后拖量来判断。所谓后拖量,是指切割上的切割氧流轨迹的始点与终点在水平方向的距离。

气割时产生后拖量的主要原因如下:

a. 切口上层金属在燃烧时,所产生的气体冲淡了切割氧气流,使下层金属燃烧缓慢。

b. 下层金属无预热火焰的直接预热作用,因而火焰不能充分对下层金属加热,使割件

下层不能剧烈燃烧。

c.割件下层金属离割嘴距离较大,氧流风线直径增大,切割氧气流吹除氧化物的动能降低。

d.切割速度过高,来不及将下层金属氧化而造成后拖量,有时因后拖量过大而未能将割件割穿,使气割过程中断。

切割的后拖量是不可避免的,尤其是在切割厚钢板时更为显著。因此,要求采用的气割速度应该以使切口产生的后拖量较小为原则,以保证气割质量。

③预热火焰能率。

火焰有碳化焰、中性焰、氧化焰三种。

预热火焰的作用是把金属割件加热,并始终保持能在氧气流中燃烧的温度,同时使钢材表面上的氧化皮剥离和熔化,便于切割氧射流与铁化合。预热火焰对金属加热的温度,低碳钢时约为 1 100 ~ 1 150 ℃。目前采用的可燃气体有乙炔和丙烷两种,由于乙炔与氧燃烧后具有较高的温度,因此气割时间比丙烷短。

气割时,预热火焰均采用中性焰或轻微的氧化焰。碳化焰不能使用,因为碳化焰中有剩余的碳,会使割件的切割边缘增加碳。调整火焰时,应在切割氧流开启前进行,以防止预热火焰发生变化。

预热火焰的能率以可燃气体(乙炔)每小时消耗量表示。预热火焰能率与割件厚度有关。割件越厚,火焰能率应越大;但火焰能率过大时,会使割缝上缘产生连续珠状钢粒,甚至熔化成圆角,同时造成割件背面黏渣增多而影响气割质量。当火焰能率过小时,割件得不到足够的热量,迫使气割速度减慢,甚至使气割过程发生困难,这在厚板气割时更应注意。

当气割薄板时,预热火焰能率要小。如果气割速度要高,可采用稍大些的火焰能率,但割嘴应离割件表面远些,并保持一定的倾斜角度,防止气割中断;而在气割厚钢板时,则于气割速度较低,为了防止割缝上缘熔化,可相应地采用较弱些的火焰能率。

④割嘴与割件的倾斜角。

割嘴与割件的倾斜角直接影响气割速度和后拖量。当割嘴沿气割相反方向倾斜一定角度时,能使氧化燃烧而产生的熔渣吹向切割线的前缘,这样可充分利用燃烧反应产生的热量来减少后拖量,从而促使气割速度的提高。进行直线切割时,应充分利用这一特性。

割嘴倾斜角大小,主要根据割件厚度而定。如果倾斜角选择不当,不但不能提高气割速度,反而使气割困难,同时增加氧气的消耗量。

当气割 6 ~ 30 mm 中厚钢板时,割嘴应垂直于割件;当气割小于 6 mm 钢板时,割嘴可沿气割相反方向倾斜5° ~ 10°;当气割大于 30 mm 厚钢板时,开始气割应将割嘴沿切割方向倾斜5° ~ 10°,待割穿后割嘴垂直于割件,当快割完时,割嘴逐渐沿切割相反方向倾斜5° ~ 10°。

⑤割嘴离工件表面的距离。

为了减少周围空气对气割氧的污染而保持其纯度,同时又为了充分利用高速氧气流的动能,在气割过程中,割嘴与割件表面的距离越近,越能提高速度和质量。但是距离过小,预热火焰会将割缝上缘熔化,被剥离的氧化皮会蹦起来堵塞嘴孔造成回烧,产生逆火现象,甚至烧坏割嘴,所以割嘴与割件表面的距离又不能太小。选择割嘴与割件表面的距离要根据预热火焰长度和割件厚度,并使得加热条件最好。在通常情况下其距离为 3 ~ 5 mm,当割件厚度小于 20 mm 时,火焰可长些,距离可适当加大;当割件厚度大于或等于 20 mm 时,由于气割速度放慢,火焰应短些,距离应适当减小。

当气割工艺参数选定后,气割的质量还与钢材质量及表面状况(氧化皮、涂料等)、割缝的形状(直线、曲线或坡口等)等因素有关。

(3)提高气割切口表面质量的途径

①气割切口表面质量的标志。

a.切口表面应光滑干净,割纹要粗细均匀。

b.气割的氧化铁挂渣少,且容易脱落。

c.气割切口的缝隙较窄,而且宽窄一致。

d.气割切口的钢板边缘没有熔化现象,棱角完整。

e.切口应与割件平面相垂直。

f.割缝不歪斜。

②提高气割切口表面质量的途径。

a.切割氧压力大小要适当。切割氧压力过大时,使切口过宽,切口表面粗糙,同时浪费氧气;过小时,气割的氧化铁渣吹不掉,切口的熔渣粘在一起不易清除。

b.预热火焰能率要适当。预热火焰能率过大时,钢板切口表面棱角被熔化,尤其在气割薄件时会产生前面割开而后面粘连在一起的现象;能率过小时,气割过程容易中断,而且切口表面不整齐。

c.气割速度要适当。气割速度太大时,会产生较大的后拖量,不易割透,甚至造成铁渣往上飞,容易发生回火现象;气割速度太小时,钢板两侧棱角熔化,同时浪费气割气体,较薄的板材易产生过大的变形及粘连现象,割后熔渣不易清理。气割速度适当时,熔渣和火花垂直向下飞去,切口光洁,熔渣容易清除。气割速度是否适当,可通过观察熔渣的流动情况和听气割时产生的声音加以判断和灵活控制。

d.割炬要平。气割时割炬应端平,使割嘴与割件两侧的夹角成90°。这样割完后,切口与割件平面就垂直。若割炬前高后低或前低后高,割嘴与割件两侧的夹角就不成90°,气割后切口就会偏斜。

e.操作要正确。手持割炬时,人要蹲稳,割炬捏紧,呼吸要细,手勿抖动;并严格沿割线进行气割,以保证割缝的直线性。

f.维护好工具。割炬要保持清洁,不应有氧化铁渣的飞溅物粘在嘴头上,尤其是割嘴内孔要保持光滑,使切割氧风线清晰、笔直。所用的工具要经常维护是保证气割质量的前提。

(4)机械化气割

随着生产的发展,对一些批量零件的气割,一些有较高要求的直线或曲线边缘的气割,以及一些工作量大而又集中的气割工作,运用手工气割会感到越来越不能适应生产上的需要。因此,在手工气割的基础上逐步革新设备和操作方法,出现了使用轨道的半自动气割机、仿形气割机、高精度门式气割机、光电跟踪气割机及数字程序控制气割机等机械化气割设备。机械化气割在提高气割效率、保证气割质量、减小劳动强度等各个方面都显现出许多手工气割所不能相比的优点,因而得到广泛的应用。

半自动气割是一种简单的机械化气割设备,其工作原理一般是一台小车带动割嘴在专用轨道上自动移动,但轨道的方向位置需要人工调整。当轨道是刚性或呈直线时,割嘴可以进行直线气割;当轨道是挠性或呈一定曲度时,割嘴可以进行一定的曲度的曲线气割;如果轨道是一根带有磁铁的导轨,小车利用爬行齿轮在导轨上爬行,割嘴可以在倾斜面或垂直面上气割,但小车与导轨间应有防滑装置,以防小车坠落。

半自动气割机最大的特点是轻便、灵活,搬动方便,如图5-34所示。目前用得最多的是气割直线,它的设备简单,效率较高,一般情况下一名工人可以操纵一台半自动气割机。

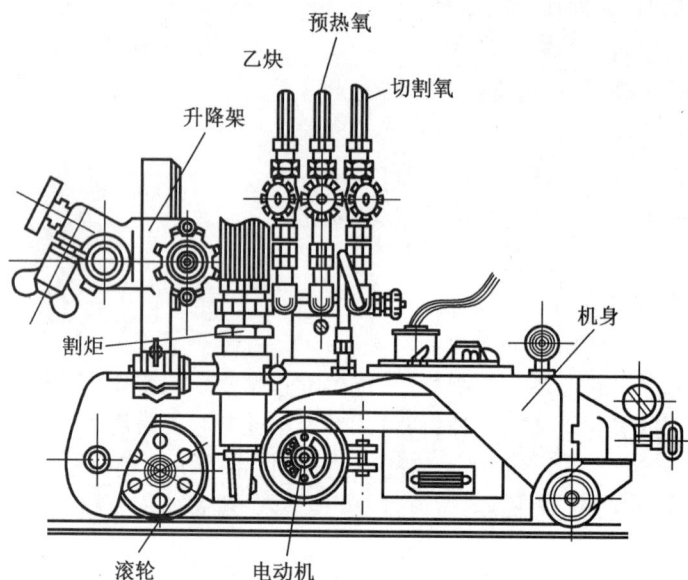

图5-34 CG1-30型半自动气割机

气割机的割炬配有3个大小不同的割嘴,在气割不同厚度的钢板时,可按表5-25所示工艺参数选用。

表5-25 CG1-30型半自动气割机割嘴大小与气割工艺参数的关系

割嘴号码	气割厚度/mm	氧气压力/MPa	乙炔压力/MPa	气割速度/(mm·min⁻¹)
1	5~20	0.25	0.02	500~600
2	20~40	0.25	0.025	400~500
3	40~60	0.30	0.04	300~400

5.5.2 碳弧气刨

1.碳弧气刨的原理与应用范围

(1)碳弧气刨的原理

碳弧气刨(图5-35)已广泛地用于船舶建造中。它是利用碳极电弧的高温将金属局部加热到熔化状态,同时用压缩空气流把熔化金属吹掉,从而达到金属刨削的目的。

(2)碳弧气刨的应用范围及优越性

碳弧气刨可用于挑焊根,清除焊接缺陷,开焊接坡口,清理铸件的毛边、飞刺,浇冒口等。这些工作虽然可以用风铲去做,但碳弧气刨有其优越性:

①气刨比风铲效率高4倍,且不受空间位置的限制;

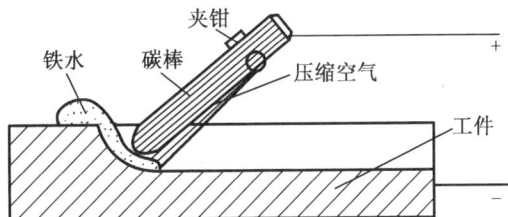

图 5 – 35　碳弧气刨示意图

②气刨工具小巧,又没有风铲那样震耳的噪声,大大减轻了工人的劳动强度;

③易于实现机械化。

碳弧气刨过程中产生的烟雾较大,所以要注意通风,维护工人健康。

2. 碳弧气刨工具、碳棒及电源设备

碳弧气刨需要碳弧气刨钳(类似于焊钳)、电极和电源三部分。

(1)碳弧气刨钳

碳弧气刨钳应该导电良好,电极夹持牢固,更换方便,质量小,使用方便,还需要使吹出来的压缩空气集中而准确。侧面送风式碳弧气刨钳的结构如图 5 – 36 所示。

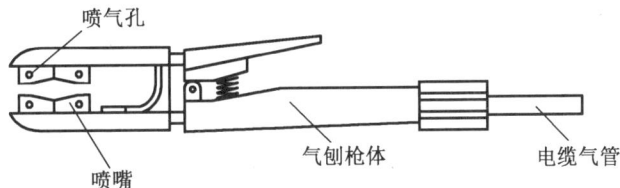

图 5 – 36　侧面送风式碳弧气刨钳结构图

(2)碳棒

碳弧气刨所用的碳棒(电极)是一种消耗性材料。对其要求是耐高温,导电性良好,不易折断,成本低,灰分少。一般采用镀铜实心碳棒,目前有气刨专用碳棒(有圆形截面和矩形截面两种)。

(3)电源设备

碳弧气刨使用直流电源,并需具有陡降外特性,故一般直流电弧焊接电源皆可用作碳弧气刨电源。但因碳弧气刨一般所需电流较大,且连续工作时间较长,所以应选用功率较大的直流焊机,如 AX1 – 500、ZXG – 500 等。

3. 碳弧气刨工艺

(1)电源极性

碳弧气刨一般用直流反接,以便使熔化金属中的含碳量增多,改善流动性,凝固点也较低,刨削过程稳定,刨槽光滑。

(2)电流与碳棒直径

电流对刨槽尺寸影响较大。电流大,则槽宽和槽深都增加,刨削速度加快,刨槽光滑。但在返修焊缝时,则需将电流取得小些,以便随刨随发现焊接缺陷。不同直径碳棒所用的电流大小由下列经验公式确定:

$$I = (30 \sim 50)\,d$$

式中　I——电流,A;

　　　d——碳极直径,mm。

选择碳棒直径应根据钢板厚度(表 5-26)而定,并需结合刨槽宽度一起考虑。一般碳棒直径应比槽宽小 2~4 mm。

表 5-26　碳棒直径与钢板厚度的关系
单位:mm

钢板厚度	碳棒直径	钢板厚度	碳棒直径
6	4	>10	7~10
6~8	5~6	>15	10
8~12	6~7	—	—

(3)压缩空气的压力

常用的压缩空气压力为 0.39~0.59 MPa(4~6 kgf/cm^2)。

(4)碳棒的伸出长度

碳棒伸出长度是指碳棒伸出导电嘴的距离。伸出长度长,可能造成压缩空气对熔池的吹力不足,碳棒的烧损增大;而伸出长度短,会引起操作不便,一般伸出长度为 80~100 mm,碳棒烧损 20~30 mm 就需要更换。

4. 碳弧气刨的常见缺陷

(1)夹碳

由于某种原因,碳棒一旦与工件发生短路,即易粘在工件上,从而引起"夹碳"缺陷。所谓夹碳就是金属形成一层硬脆的碳化铁。若直接焊接,则可能在夹碳处产生气孔和裂纹。因此,必须防止发生夹碳现象,一旦夹碳,必须清除。

(2)黏渣

被电弧熔化的铁水要用压缩空气全部吹净,否则即形成"黏渣"。这种渣的表面是一层氧化铁,而里面是含碳量很高的金属,会影响焊接质量,故必须清除干净才能进行焊接。

(3)铜斑

使用质量不好的镀铜碳棒时,因铜皮的剥落而使刨槽表面出现铜斑。如果一定量的铜进入焊缝金属中,则会引起热裂纹,所以在焊前必须用钢线刷将铜斑刷净,以避免焊缝渗铜。

此外,还有可能产生刨槽不正、深浅不均及刨偏等缺陷,这些都是由技术不够熟练造成的,但只要认真掌握操作要领,便可加以消除。

5.6　船体结构的高效与高能束焊接

高效焊接就是焊接效率高于常规手工焊接法的一些焊接方法,如埋弧自动焊、铁粉焊条焊、下行焊条焊、重力焊、CO_2 焊及单面焊双面成形的衬垫焊等。这些方法的采用不仅提高了焊接效率,还能提高造船质量,缩短造船周期,降低船舶产品的成本,从而获得良好的经济效益(表 5-27)。

从20世纪70代期开始,广大船舶焊接科技人员就一直致力于造船焊接工艺方法的多样化和高效化,目前已由最初的3～5种焊接方法发展到现在的40多种(表5-28),并获得各船级社的认可,在产品上获得广泛的应用(表5-29)。

表5-27 各种焊接方法的比较

比较项目		焊接方法						
		手工焊		重力焊	埋弧自动焊		CO$_2$焊	
							半自动	自动
	接头类型	角接焊	对接焊	角接焊	角接焊	对接焊	角接焊	对接焊
一般特性	焊接位置	适合全位置		只适宜平角焊	适宜平对接与水平角焊		适合全位置	同角接焊,但装置专业化
	板厚和焊脚	—		缝长>500 mm 焊脚5～9 mm	适宜长焊缝		无特别限制	根据装置而定
	坡口精度	—		间歇大后易咬口	有精度要求		同手工焊	稍有精度要求
	设备轻便性	—		较轻,移动容易	较轻,移动容易	重达20～70千克/台,移动较不便	重15～28千克/台,移动容易	2千克/台,移动容易 / 稍重移动容易
	操作性	容易		容易	需知识,但操作易		稍有操作知识	需操作知识
	操作性技能	要熟练		不要	短期熟悉		要熟练	短期熟悉
焊接效率以手工焊100计	熔敷速度/(g·min^{-1})	55	45	55	98	250	80 / 90	80 / 90
	经费/元 人工费	100	100	45	20	29	53 / 61	27 / 52
	经费/元 辅助材料费	100	100	100	281	64	100 / 110	100 / 110
	经费/元 焊接成本	100	100	57	76	39	60 / 74	42 / 67
	投入资本的经济效果	—		合算	装置费用高,根据产品对象投资,能收回成本		设备较便宜,较合算	费用高,投资后能回收
效果	流水作业	—		容易达到高效率	有工艺装置需固定工位用		适合各部位长短焊缝作业	用较简单的设备焊接
	现场适宜性	容易适应		容易适应	必须选定产品		适应现场焊接	必须选定产品

表 5-27（续）

比较项目		焊接方法				
		手工焊	重力焊	埋弧自动焊	CO$_2$ 焊	
					半自动	自动
效果	其他	—	—	平对接焊缝可以实现单面焊双面成形	1. 金属板加工简化 2. 可实现单面焊 3. 变形小	同左

表 5-28 我国造船高效焊接技术类别及工艺

类别序号	高效焊接类别	名称序号	高效焊接工艺名称
1	埋弧自动焊	1	FCB 法焊剂垫双丝单面埋弧自动焊
		2	FCB 法焊剂垫三丝单面埋弧自动焊
		3	RF 法热固型焊剂垫双丝单面埋弧自动焊
		4	FAB 法软衬垫双丝单面埋弧自动焊
		5	双丝单面埋弧自动焊与半自动 CO$_2$ 衬垫单面焊混合焊
		6	自动埋弧角焊
2	CO$_2$ 焊	7	CO$_2$ 气体保护全位置半自动角焊
		8	CO$_2$ 气体保护衬垫单面半自动平对接焊
		9	CO$_2$ 气体保护衬垫单面半自动立对接焊
		10	CO$_2$ 气体保护衬垫单面半自动横对接焊
		11	CO$_2$ 焊自动水平角焊
		12	双丝 MAG 焊
		13	WC-1 气体保护自动角焊
		14	5083 铝合金自动 MIG 焊
3	垂直气电自动焊	15	舷侧大接头垂直焊缝对接自动焊
		16	槽形隔壁垂直对接自动焊
		17	舷侧双壳隔壁垂直对接自动焊
		18	垂直气电超厚板单面焊
		19	垂直气电立角焊
4	横向自动焊	20	横向自动气保护焊
5	下行焊	21	CO$_2$ 气体保护半自动下行焊
		22	手工焊条下行焊
6	重力焊	23	OK33.80、T5024、CJ421Fe 等焊条的重力焊

表 5 - 28（续）

类别序号	高效焊接类别	名称序号	高效焊接工艺名称
7	高效铁粉焊条焊	24	熔敷效率180%高效铁粉焊条平角焊
		25	熔敷效率150%高效铁粉焊条平角焊
		26	熔敷效率130%高效铁粉焊条平角焊
8	手工衬垫单面焊	27	手工陶瓷衬垫单面对接焊
		28	手工黄沙衬垫单面对接焊
		29	手工沙绳衬垫单面对接焊
		30	船用球扁钢手工衬垫单面对接焊
9	氩弧焊	31	铝合金自动 TIG 单面氩弧焊
		32	铝合金半自动 MIG 氩弧焊对接焊
		33	铝合金半自动 MIG 氩弧焊角接焊
		34	铜镍合金管、铝黄铜管单面氩弧焊
		35	钛合金半自动 TIG 焊
10	钎焊	36	铝黄铜加热管钎焊
		37	锡黄铜加热管钎焊
11	窄间隙焊	38	窄间隙自动埋弧焊
12	电渣焊	39	艉柱拼接焊缝丝极电渣焊
		40	高层建筑立柱熔嘴电渣焊

表 5 - 29　高效焊接的适用范围

高效焊方法	效率	适用场合	适用部位举例
埋弧自动焊	提高	大于 8 mm 外场拼板长焊缝	内底板、甲板、壳板、平台板、舱壁板等大面积拼板
CO_2 焊	1～4 倍	任何部位焊缝、薄板焊	船体构件对接,舷侧分段组合件及纵横构件角焊等
重力焊	2 台/人 3～5 倍	6～9 mm 焊脚尺寸,焊缝较长且大面积平直线的角焊	肋骨外板、纵横向构件的平角接焊缝,大量组合件,T 型材加强桁材,扶强材平角焊
下行焊	1～2 倍	交角焊	上层建筑围壁板的垂直角焊、双层底纵桁与肋板的垂直角焊,艏艉段倾斜角接焊缝
铁粉焊条焊	提高	与手工焊相当	肋板与外板、隔舱壁、甲板纵骨与甲板的平角焊

表 5 - 29（续）

高效焊方法	效率	适用场合	适用部位举例
RF 法双丝埋弧焊	3～4 倍	内场大面积拼板、30～40 mm 板厚外底板、内底板、舷侧外板、甲板等对接焊缝	—
FCB 法单丝或双丝埋弧自动焊	提高	内场大面积拼板单丝用于小于 8 mm，双丝或三丝视厚度而定	
FAB 法单丝或双丝埋弧自动焊	提高	外场或内场拼板，适宜稍斜焊缝	曲面分段外板接头，甲板纵缝、货舱内底板的纵横向大接头
FAB 法 CO_2 焊打底埋弧焊盖面	提高	内场或外场船体结构各部位焊缝	船台上甲板、内底横向大接头，曲型外板、倾斜板对接
FRB 法 CO_2 焊打底或 $Ar + CO_2$ 焊	提高	曲面板缝、环缝及接缝错边的焊接	船体结构的平、立、横焊
陶质衬垫 CO_2 焊打底	提高	全位置	船体各部位焊缝，船台大接缝槽形
陶质衬垫手工焊打底	提高	全位置	船体各部位焊缝，船台大接缝槽形
黄沙衬垫	提高 1 倍	手工焊用，平焊	船体结构平对接焊缝
沙绳衬垫	提高 1 倍	手工焊用，全位置焊	船体结构各部位焊缝，以及管法兰阀等球形焊缝
SG - 2 型气电垂直自动焊	提高 4～5 倍	14～25 mm 垂直对接焊缝	舷侧外板大接缝及横舱壁、纵舱壁对接焊缝
管状熔嘴电渣焊	提高 2～3 倍	大于 20 mm 板厚的垂直缝	甲板纵桁、舵板、船底立板的对接焊缝

这些高效焊接工艺在中国船舶工业高效焊接技术指导组的大力推广下，使我国造船焊接效率从 1990 年的 50.25% 提高到现在的 80.9%，为我国船舶工业的快速发展做出了巨大的贡献。

船舶高效化焊接可持续发展战略应坚持高效、节能、环保一体化。其发展趋势是焊接设备的机械化与自动化、焊接材料的高效化、焊接工艺的高速化与大线能量。

5.6.1　焊接机械化、自动化

这是造船行业的一大趋势，随着科技的发展和信息交流的日益频繁，这种趋势还将越来越明显。2001 年世界造船强国船舶的焊接机械化、自动化率就已达到 90% 以上，而我国的造船焊接机械化、自动化率仍很低。据最新调查结果表明，我国造船焊接自动化率不足 30%。在提高造船焊接机械化、自动化方面应：

①大力推广自动化程度较高的焊接设备，如增加焊接和控制、操作及机构定位等不同系统的平面分段流水线、多电极埋弧焊设备、多丝高效焊接设备、焊接机器人等。我国从 20

世纪 80 年代开始开展焊接机器人的研究,近 40 年来取得不少的成果,实现了无导轨自动焊接全位置与多层多道焊接的自动跟踪,能大幅度提高生产率和降低劳动强度,目前在我国主要应用于汽车制造行业,尚未进入造船领域。

②加大焊接过程数值模拟与专家系统的开发与推广应用。美国国防部成立了一个国家先进金属加工技术中心(National Center of Excellent Metal Technology),为海、陆、空三军及其他民用工业提供先进金属加工技术,其主要研究手段之一就是计算机模拟技术。目前我国造船领域还缺乏比较完善的焊接专家系统和比较成熟的模拟技术,需要大力开发并尽快推广应用。

5.6.2　船舶高效焊接材料

高效焊接材料包括气体保护焊实芯焊丝、气体保护焊和自保护焊药芯焊丝、埋弧焊丝与焊剂、各种高效焊条(铁粉高效焊条、重力焊和下行焊焊条等)。

CO_2 焊由于具有优质、价廉、高效等优点,目前已被大量应用于船舶焊接施工中,其中实芯焊丝 CO_2 焊应用最为广泛。但实芯焊丝有其固有的缺点,即要实现短路过渡,电流就不能大,因而焊接速度就得慢下来;而要想速度快,就得用大电流,但这样会使飞溅增大。

药芯焊丝是 20 世纪后期飞速发展起来的一种新型焊接材料。它摒弃了焊条和实芯焊丝各自的缺点,并进一步发展了两者的优越性。其特点是高效(熔敷效率是手工焊条的 4 倍,比实芯焊丝也高很多)、焊接质量优良、节能、节材、综合成本低、焊接工艺性能好,并且它又与 CO_2 焊接工艺相结合。目前船厂已普遍采用 CO_2 气体保护药芯焊丝来焊接船舶结构。但是,药芯焊丝的渣多、烟尘多,不符合环保焊接的要求。

因此,要实现环保、高效焊接,就应降低药芯焊丝的烟尘量,解决实芯焊丝飞溅大的问题。美国林肯公司采用 STT 电源,解决了实芯焊丝的飞溅问题。但其设备昂贵,并且申请了专利。日本也已研制出了低烟尘的药芯焊丝和低飞溅的实芯焊丝,实芯焊丝的制造工艺也从镀铜焊丝向无镀铜焊丝转变,以降低制造过程的环境污染,并减少含铜烟尘对焊工健康的影响。

5.6.3　焊接工艺的高速化与大线能量

20 世纪 90 年代,国外焊接工艺迅速发展,开发出许多高效焊接工艺,如高速双丝平角焊接工艺、高速焊剂铜衬垫单面埋弧焊工艺、高速横向单面焊工艺,以及大量采用高效活性气体保护(MAG)焊。当前在工业发达国家中,常规 MAG 焊的应用比例已经达到了全部焊接工作量的 1/3 ~ 2/3,主要原因是该方法具有工艺适应性强、操作简单、易于实现机械化和自动化等一系列优点,特别是成本低的优势更具吸引力。目前,将送丝速度超过 15 m/min、熔化率大于 8 kg/h 的 MAG 焊称为高效 MAG 焊。国外近期共同研制推出的一种高效双丝 MAG 角焊工艺,主要用于高速角接焊缝,其焊接速度在高达 4 m/min 的情况下也不会出现咬边现象,而且在倾斜坡度小于 20° 时也能进行正常焊接。

思考题

1. 什么是焊条电弧焊? 焊条电弧焊有哪些特点?
2. 焊接接头的基本形式有哪些?

3. 试述如何正确选择焊条电弧焊的工艺参数。

4. 埋弧焊有哪些特点？有哪些局限性？

5. 与焊条电弧焊相比，埋弧焊的冶金过程有哪些特点？

6. 埋弧焊为什么容易产生氢气孔？如何防止？

7. 埋弧焊焊前应做哪些准备工作？其目的是什么？

8. 什么是 CO_2 焊？CO_2 焊有哪些特点？

9. CO_2 焊气体为什么具有强烈的氧化性？常用的脱氧方法有哪些？

10. CO_2 焊焊接电流、电弧电压选择不当时有何影响？

11. 简述 TIG 焊的原理及特点。

12. 为什么 TIG 焊焊接时要提前供气和滞后停气？

13. TIG 焊的焊接工艺参数有哪些？试述其对焊接过程和焊缝成形的影响。

14. 氧气瓶为什么严禁沾染油脂物质？

15. 乙炔在什么情况下会发生自燃爆炸？应如何防止？

16. 气割的工艺参数有哪些？应如何选择？

17. 气割的原理是什么？

18. 金属用氧 – 乙炔气割的条件是什么？

19. 碳弧气刨的工艺参数有哪些？应如何选择？

20. 船舶高效焊接的工艺方法有哪些？

21. 试比较船舶焊接常用的方法。

第6章 船舶焊接识图

6.1 焊缝符号

6.1.1 焊缝符号及表示方法

焊缝符号是工程语言的一种,它可以统一焊接结构图纸上的符号。

焊缝符号表示法是指在图样上标注焊接工艺方法、焊缝形式和焊缝尺寸的符号。根据《焊缝符号表示法》(GB/T 324—2008)规定,焊缝符号主要由基本符号、辅助符号、补充符号、焊缝尺寸符号及指引线等组成。

①基本符号是表示焊缝横截面形状的符号,常用焊缝的基本符号、图示法及标注方法示例见表6-1。

表6-1 焊缝符号及标注方法

名称	符号	示意图	图示法	标注方法	
I形焊缝	‖	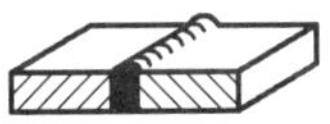	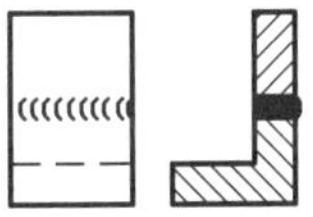	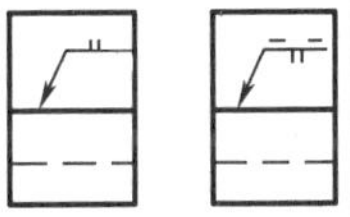	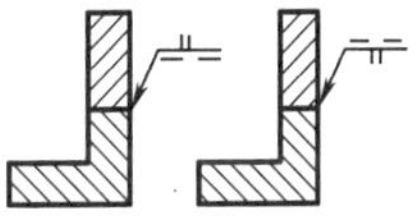
V形焊缝	∨		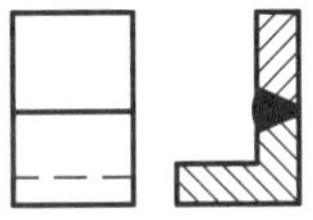	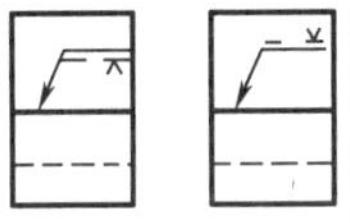	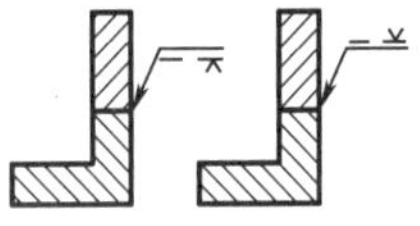
单边V形焊缝	⋁		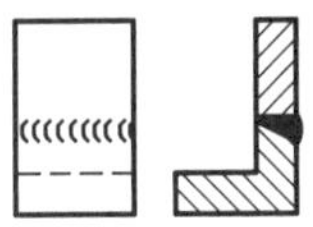	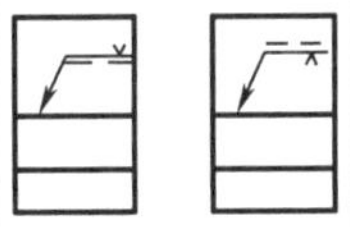	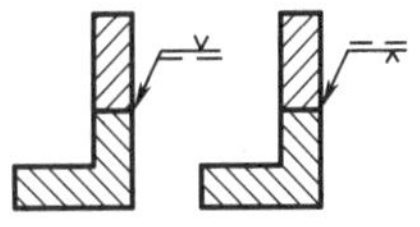
角接焊缝	⊾	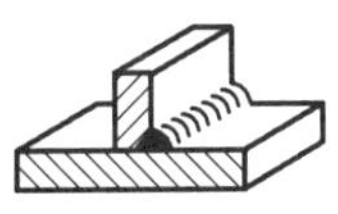	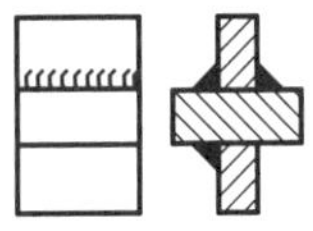	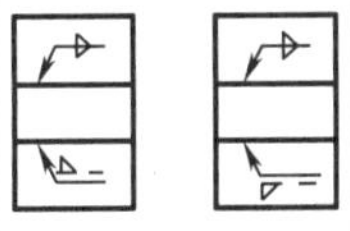	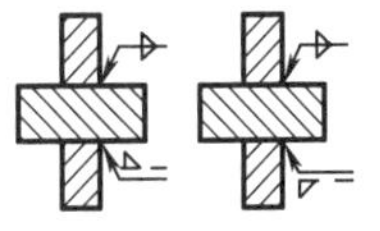

②辅助符号是表示焊缝表面形状特征的符号,见表6-2,不需要确切说明焊缝表面形状时,可以不加注此符号。

表 6－2　辅助符号及标注方法

名称	符号	示意图	标注法		说明
平面符号	—		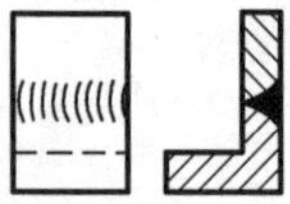	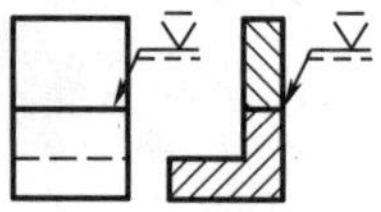	焊缝表面平齐（一般通过加工）
凹面符号	⌣	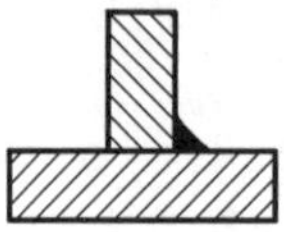	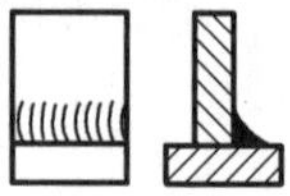	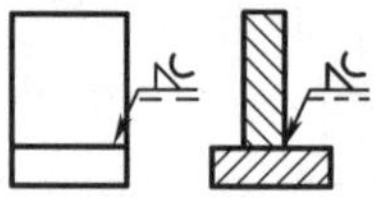	焊缝表面凹陷
凸面符号	⌢		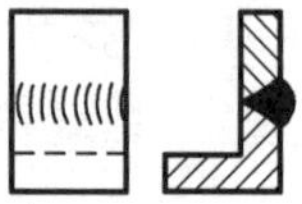	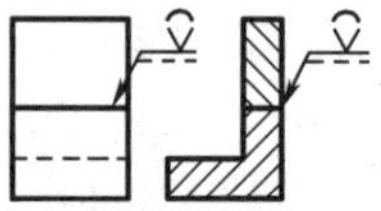	焊缝表面凸起

③补充符号是为了补充说明焊缝的某些特征而采用的符号，见表 6－3。

表 6－3　补充符号及标注方法

名称	符号	示意图	标注法	说明
带垫板符号	▭		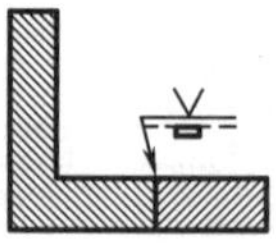	表示 V 形焊缝的背面底部有垫板
三面焊缝符号	⊏	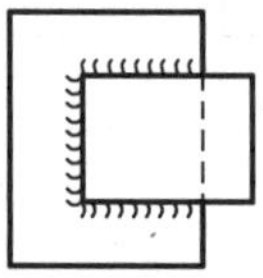	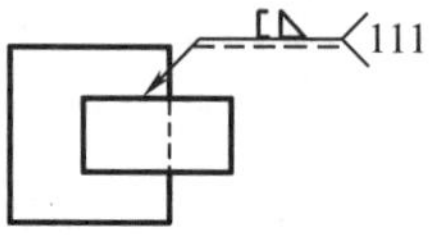 ⟨111	工件三面带有焊缝，焊接方法为手工电弧焊
周围焊缝符号	○	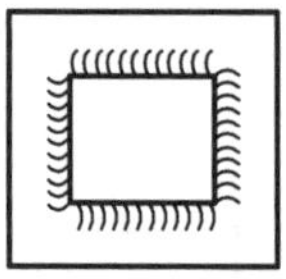	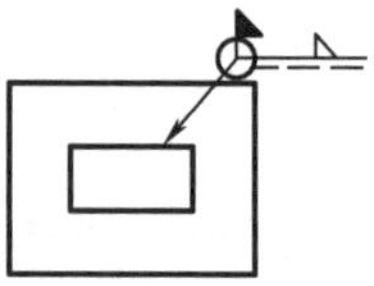	表示在现场沿工件周围施焊
现场符号	 ⚑			表示在现场或工地上进行焊接
尾部符号	＜			参照表 9－1 标注焊接方法等内容

④指引线由带箭头的箭头线和两条基准线(一条为细实线,一条为虚线)两部分组成。如图6-1所示。虚线可画在细实线的上侧或下侧,基准线一般与标题栏的长边相平行,必要时,也可与标题栏的长边相垂直。箭头线用细实线绘制,箭头指向有关焊缝处,必要时允许箭头线折弯一次。当需要说明焊接方法时,可在基准线末端增加尾部符号,参见表6-3。

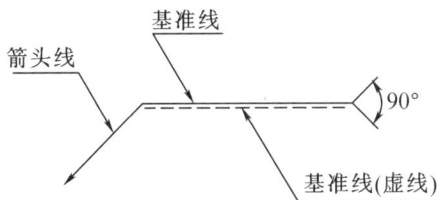

图6-1　指引线

⑤焊缝尺寸一般不标注,设计或生产需要注明焊缝尺寸时才标注,常用焊缝尺寸符号见表6-4。

表6-4　常用焊缝尺寸符号

符号	名称	符号	名称	符号	名称
σ	工件厚度	c	焊缝宽度	h	余高
α	坡口角度	R	根部半径	β	坡口面角度
b	根部间隙	K	焊角尺寸	S	焊缝有效厚度
p	钝边	H	坡口深度	I	焊缝长度

⑥焊接方法有很多,常用的有电弧焊、电渣焊、点焊和钎焊等。焊接方法可用文字在技术要求中注明,也可用数字代号直接注写在尾部符号中。常用焊接方法及代号见表6-5。

表6-5　焊接方法代号

代号	焊接方法	代号	焊接方法
111	焊条电弧	3	气焊
12	埋弧焊	72	电渣焊
131	熔化极氩弧焊	15	等离子弧焊
141	钨极氩弧焊	4	压焊
135	熔化极气体保护焊	21	点焊

6.1.2　焊缝的标注方法

1.箭头线与焊缝位置的关系

箭头线相对焊缝的位置一般没有特殊要求,箭头线可以标注在有焊缝一侧,也可以标注在没有焊缝一侧,如图 6 - 2 所示。

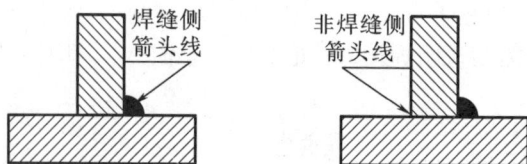

图 6 - 2　箭头线的位置

2.基本符号相对基准线的位置

为了在图样上确切地表示焊缝位置,标准中规定了基本符号相对基准线的位置,如图 6 - 3 所示。

①如果焊缝接头在箭头侧,则将基本符号标注在基准线的细实线一侧,如图 6 - 3(a) 所示。

②如果焊缝接头不在箭头侧,则将基本符号标注在基准线的虚线一侧,如图 6 - 3(b) 所示。

③标注对称焊缝及双面焊缝时,可不画虚线,如图 6 - 3(c) 所示。

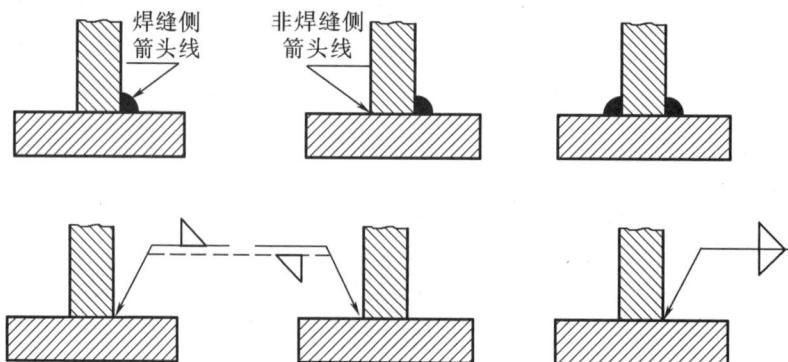

(a) 焊缝在接头的箭头侧　　(b) 焊缝在接头的非箭头侧　　(c) 双面和对称焊缝

图 6 - 3　基本符号相对基准线的位置

3.焊缝尺寸符号及数据的标注

焊缝尺寸符号及数据的标注原则如图 6 - 4 所示。

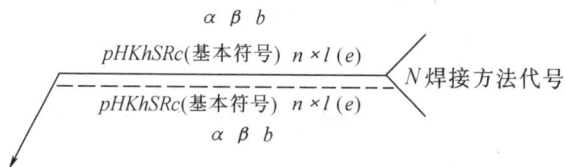

图 6 - 4　焊缝尺寸符号及数据的标注

①焊缝横截面上的尺寸标注在基本符号的左侧。

②焊缝长度方向的尺寸标注在基本符号的右侧。

③坡口角度 α、坡口面角度 β、根部间隙 b 标注在基本符号的上侧或下侧。

④相同焊缝数量及焊接方法代号标注在尾部。

⑤当需要标注的尺寸数据较多且不易分辨时,可在数据前面增加相应的尺寸符号。

6.1.3 常见焊缝的标注示例

常见焊缝的标注示例参见表 6-6。

表 6-6 常见焊缝的标注示例

接头形式	焊缝形式	标注示例	说明
对接接头			111 表示用手工焊条电弧焊,V 形坡口,坡口角度为 α,根部间隙为 b,n 段焊缝,焊缝长度为 l
T 形接头			⚑表示在现场装配时进行焊接 ⧊表示双面角接焊缝,焊角尺寸为 K
T 形接头			⧊$n\times l(e)$ 表示有 n 段断续双面角接焊缝,l 表示焊缝长度,θ 表示断续焊缝的间距
角接接头			⊏表示三面焊接 ∟表示单面角接焊缝
角接接头			⊨表示双面焊缝,上面带钝边单边 V 形焊面为角接焊缝
搭接接头			○表示点焊缝,d 表示焊径,θ 表示焊点的间距,a 表示点至板边的间距

6.2　焊接结构装配图的识读

6.2.1　焊接结构装配图的内容

焊接结构装配图是用来表达金属焊接构件的工程图样,它是指导焊接构件的加工、装配、施焊和焊后处理的技术文件,并能清楚地表达焊接构件的形状、接头形式及尺寸、焊缝位置和焊接要求。如图6-5所示,弯头焊接装配图一般包括以下内容。

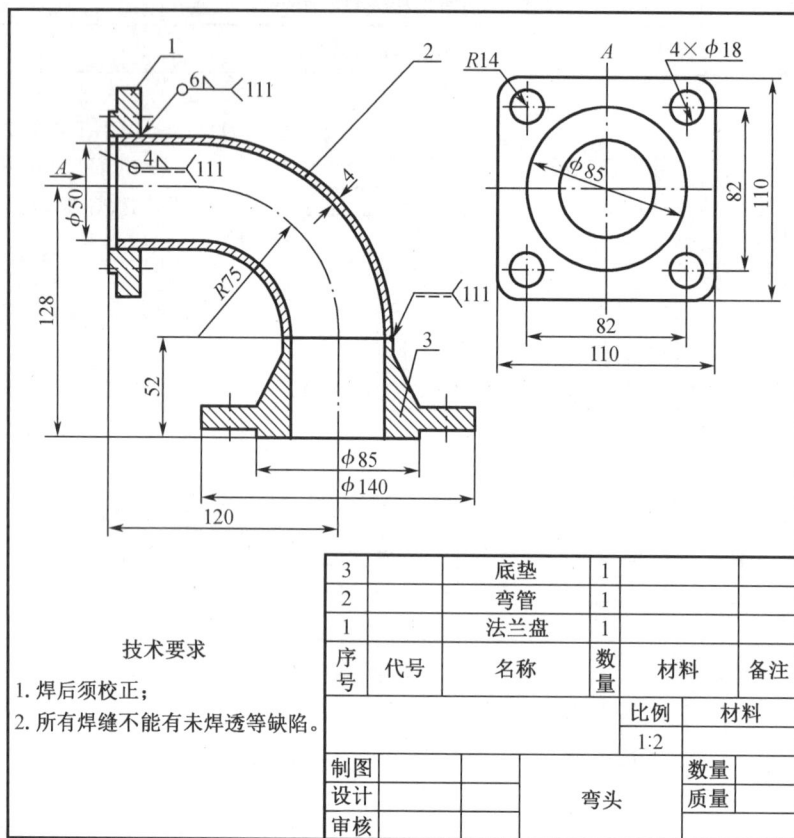

图6-5　弯头焊接装配图

1. 一组图形

图形是一般和特殊的表达方式,可完整、清晰地表达出焊接构件的结构特征、全部构件的结构形状、构件之间的装配与连接关系。此外,图中既包含与焊接有关的内容,又有其他加工所需要的全部内容。

2. 必要的尺寸

焊接装配图中需注明焊接构件的外形、连接关系、装配、检验、安装时所必需的尺寸,以及确定焊接构件的各部分结构形状和相对位置的尺寸。

3. 技术要求

为确保焊接构件的焊接质量,满足其性能及使用要求,对焊接构件的装配、调试、检验、安装、运输、使用及性能指标等方面提出严格、合理的规定和说明。焊接装配图是用代号（符号）或文字等注写出焊接构件在制造和检验时的各项质量要求，如焊缝质量、表面修整、矫正、热处理、尺寸公差、几何公差等。

4.零部件序号和明细栏

为了便于看图和生产管理，在焊接装配图中必须对每种构件进行编号，并在标题栏上方绘制明细栏。明细栏中要按编号填写构件的名称、材料、数量及标准件的规格尺寸等。

5.标题栏

标题栏的内容主要包括单位名称、图样名称、图号、绘图比例、构件的数量和质量，以及制图、设计、审核人员等责任人的签名和日期。

6.2.2　焊接结构的特点

焊接结构是通过焊接将各种经过轧制的金属材料及铸、锻件等毛坯制成能承受一定载荷的金属结构。

焊接结构与铆钉、螺栓连接、铸造、锻造等结构相比，具有以下特点：

1.焊接结构的优点

(1)焊接接头的强度高、密封性好

铆钉或螺栓结构的接头需预先在母材上钻孔，因而削弱了接头的工作截面，其接头的强度低于母材约20 MPa而焊接接头的强度一般可达到与母材相近或相等，甚至高于母材的强度。同时，焊接能保证产品的气密性和水密性要求，这是压力容器在正常工作时不可缺少的条件。

(2)焊接结构设计的灵活性大

焊接结构的几何形状不受限制，如锻造、铸造等无法制造的空心封闭结构用焊接方法制造并不困难；结构的壁厚和外形尺寸不受限制，通过焊接将多种不同形状与厚度的钢材（或其他金属）连接起来；可以充分利用轧制型材组焊成所需要的结构，这样可以减小结构质量，减少焊缝；可以与其他工艺方法联合，如铸－焊、锻－焊等金属结构；异种金属材料间也可以焊接。

(3)成品率高

一旦出现焊接缺陷，修复容易，很少产生废品。

(4)最适于制作大型或重型的、结构简单且是单件小批量生产的产品结构

可将大型、复杂的结构分解为许多小零件或部件分期加工，然后通过焊接连成整个结构，以小拼大，解决其他加工方法难于制造甚至无法加工的机器结构。

(5)结构的变更和改型快，且比较容易

与其他加工方法相比，制造焊接结构一般不需大型、贵重的设备。设备投资较少，投产快，对产品的生产规模适应性强，而且更换产品规格和品种也比较容易。

2.焊接结构的缺点

焊接结构的不足之处主要反映在焊接接头上。

(1)产生焊接应力与变形

焊接是一种不均匀的加热和冷却过程，焊后焊缝区的收缩将引起焊接残余应力和变形，对结构的工作性能产生一定的影响。焊接应力可能导致裂纹；残余应力对结构强度和尺寸稳定性等会有不利影响；超过允许范围的焊接变形会增加矫正和机械加工的工作量，

增加制造成本。

（2）对应力集中敏感

焊接结构具有整体性，其刚性大，对应力集中较为敏感，主要是由焊缝中的工艺缺陷、接头几何形状的改变、不合理的接头形式和焊缝外形等引起的较大的应力集中。

（3）焊接接头上性能不均匀

焊缝金属是母材和填充金属在焊接热的作用下熔合而成的组织。靠近焊缝金属的母材，受到焊接热的影响而发生组织变化，结果在整个焊接区出现了化学成分、金相组织、物理性质和力学性能不同于母材的情况，使焊接接头附近成为一个不均匀体。

6.2.3 焊接结构的分类

焊接结构种类繁多，应用广泛，分类方法也不尽相同。例如，根据焊件的材料种类，其可分为钢制结构、铝制结构和钛制结构等；根据焊件的材料厚度，其可分为薄壁结构和厚壁结构；根据半成品的制造方法，其可分为板焊结构、冲焊结构等。

现在通用的分类方法是根据其承载、工作条件和结构特征来分类，并将焊接结构分为以下几类。

1. 板壳结构

板壳结构承受较大的内部压力或外压载荷，因而要求焊接接头具有良好的气密性，如要求密闭的压力容器、锅炉、管道、大型储罐和运送液体或液化气体的罐车罐体等。另一类板壳结构主要用于运输装备，如大型船舶的船体、客车车厢和集装箱体等。图6-6、图6-7所示均为板壳结构。

图6-6 液氯储罐

图6-7 冷却器

2. 桁架结构

桁架结构由一系列受拉或受压杆件组合而成，各杆件以节点形式相互连接组成各种形状的结构，多用于大跨度的工业和民用建筑、大跨度的桥式起重机及门式起重机等。图6-8所示的国家体育场（鸟巢）、图6-9所示的门式起重机、图6-10所示的空间桁架等均为桁架结构。

3. 梁及梁系结构

这类焊接结构的工作特点是组成梁系结构的元件受横向弯曲，当由多根梁通过刚性连接组成梁系结构（或称框架结构）时，各梁的受力情况将变得较为复杂。图6-11所示的桥式起重机桥架的主梁、图6-12所示的钢梁桥等均属于梁及梁系结构。

4. 柱类结构

这类焊接结构的特点是承受压应力或在受压的同时又承受纵向弯曲应力。结构的断面形状多为"工"字形、箱形或管式圆形断面。柱类焊接结构也常用各种型钢组合成所谓的虚腹虚壁式组合截面。采用这些形式都可增大惯性矩,提高结构的稳定性,同时也可节约材料。柱和梁一起组成厂房、高层建筑和工作平台的钢骨架。

图 6－8　国家体育场(鸟巢)外观

图 6－9　门式起重机

图 6－10　空间桁架

图 6－11　桥式起重机桥架的主梁

图 6 - 12　钢梁桥

5. 机械结构

这类结构最适宜于在交变载荷或多次重复性载荷下工作。因此对于这类结构,要求具有精确的尺寸才能保证加工出主要部件的质量。属于该类结构的有机座、机身、机床横梁及齿轮、飞轮和仪表枢轴等。图 6 - 13 所示的减速器箱体、图 6 - 14 所示的轴承支座均属于该类结构。这类结构采用钢板焊接或铸 - 焊、锻 - 焊等联合工艺,可以解决铸锻设备能力不足的问题,同时大大缩短了制造周期。

图 6 - 13　减速器箱体

图 6 - 14　轴承支座

6.2.4　装配图的规定画法

1. 相邻两零件的规定画法

相邻两零件的接触面和配合面,当相邻两零件有关部分的基本尺寸不同时,即使间隙很小,也要画出两条线。

如图 6 - 15 所示,滚动轴承与轴和机座上的孔均为配合面,滚动轴承与轴肩为接触面,只画一条线;轴与填料压盖的孔之间为非接触面,必须画两条线。

2. 装配图中剖面线的画法

同一零件在不同的视图中,剖面线的方向和间隔应保持一致,相邻两零件的剖面线应有明显的区别,即倾斜方向相反或间隔不等,以便在装配图中区分不同的零件。

如图 6 - 15 所示,机座与端盖的剖面线倾斜方向相反。

3. 实心件及螺纹紧固件的画法

实心的轴、手柄、键、销、连杆、球及螺纹紧固件等零件,若按纵向剖切,即剖切平面过其轴线或基本对称面时,这些零件均按未剖绘制,如图 6-15 所示的螺栓和轴;当剖切平面垂直轴线或基本对称面剖切时,则应按剖开绘制。

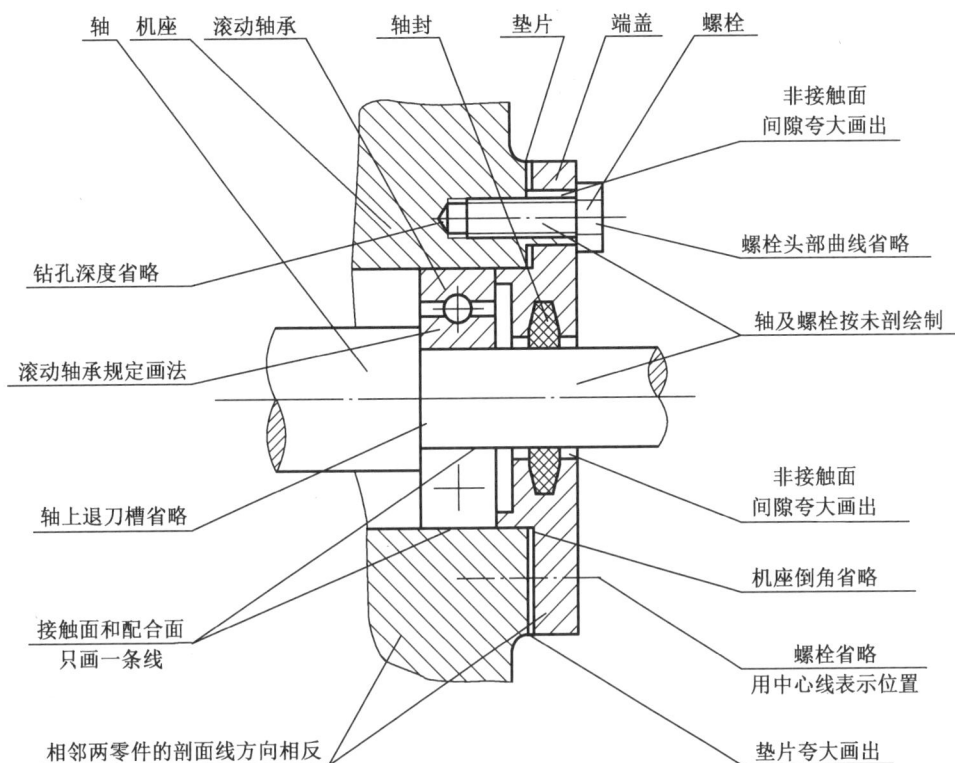

图 6-15   规定画法和简化画法

4. 夸大画法

对于直径或厚度小于 2 mm 的孔和薄片,以及画较小的锥度或斜度时,允许将该部分不按原比例而夸大画出,如图 6-15 中垫片的画法。

5. 简化画法

①对于装配图中的螺栓连接等若干相同零件组,允许仅详细地画出一组,其余用细点画线表示出中心位置即可,如图 6-15 中螺栓的画法。

②在装配图中,零件上某些较小的工艺结构,如倒角、退刀槽等允许省略不画,如图 6-15 所示。

③在装配图中,剖切平面通过某些标准产品组合件(如油杯、油标、管接头等)轴线时,可以只画外形。对于标准件(如滚动轴承、螺栓、螺母等)可采用简化或示意画法,如图 6-15 中滚动轴承的画法。

6.2.5   零(构)件序号和明细栏

为了便于看图和管理图样,装配图中必须对每种零(构)件进行编号,并根据零(构)件编号绘制相应的明细栏。

①装配图中所有单个零(构)件应按顺序编写序号,相同零(构)件只编一个序号,一般只注一次。

②零(构)件序号应填写在指引线一端的横线上(或圆圈内),指引线的另一端应自所指零(构)件的可见轮廓引出,并在末端画一圆点;若所指部分内不宜画圆点(零件很薄或涂黑的剖面)时,可在指引线一端画箭头指向该部分的轮廓,如图6-15、图6-16(a)所示。

③一组紧固件或装配关系清楚的零件组,可采用公共指引线,如图6-16(b)所示。

④序号的字号应比图中尺寸数字大一号或大两号,如图6-5所示。

⑤零(构)件序号应标注在视图周围,按水平或竖直方向排列整齐。应按顺时针或逆时针方向排列,如图6-17(a)(b)所示。

⑥零(构)件的明细栏应画在标题栏上方,当标题栏上方位置不够时,可在标题栏左边继续列表。明细栏也可单独编写,其格式和内容如图6-18所示。

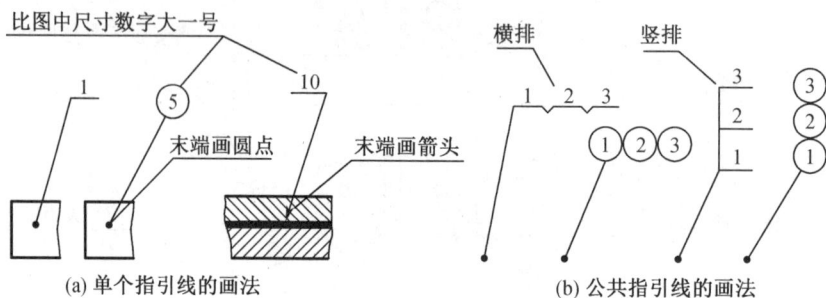

图6-16 零(构)件序号的编写形式

图6-17 零(构)件序号的排列方法

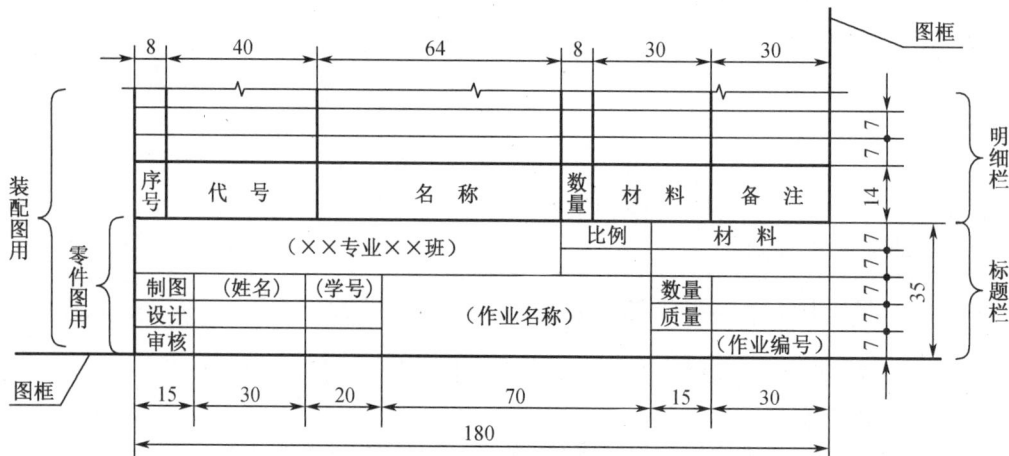

图6-18 简化标题栏和明细栏格式

6.2.6　识读焊接结构装配图的方法与步骤

焊接结构装配图与一般装配图的不同之处在于:图中必须清楚地表示与焊接有关的问题,如坡口与接头形式、焊接方法、焊接材料和焊接及检验技术要求等。

作为一名焊工,必须具备正确识读焊接结构装配图的能力。除了掌握相关机械制图的知识外,还必须了解焊缝符号表示方法的有关标准,掌握识读焊接装配图的方法和步骤,并严格执行图样中有关焊接的技术条件。

1.识读焊接结构装配图的目的

①了解零(构)件或部件的名称、性能、结构和工作原理。

②了解各零(构)件间的相互位置、连接关系、装配关系和拆装顺序等。

③了解各零(构)件的主要结构形状、作用和技术要求等。

2.识读焊接结构装配图的方法与步骤

下面以图6-19所示轴承挂架焊接装配图为例,简要说明识读焊接装配图的一般方法和步骤。

(1)概括了解

识读焊接结构装配图时,首先看标题栏和明细栏,从中了解该焊接结构或部件的名称、数量、质量、画图比例等;了解各零(构)件的名称及其在装配图上的大致位置,对焊接结构有一个初步印象。

由图6-19中标题栏可知,该焊接构件名称为"轴承挂架";对照图上的序号和明细栏可知,它由立板、横板、肋板和圆筒等构件焊接而成,材料为普通碳素结构钢,绘图比例为1:2。

(2)分析视图,想象出焊接结构形状

开始看图时,必须先找出主视图。分析焊接结构装配图的表达方案及采用了几个视图,搞清各视图之间的关系,每个视图都采用了哪种表达方法,为进一步看图打好基础。

轴承挂架焊接图采用了主、俯、左三个基本视图和一个局部放大图。各视图及表达方法的分析如下。

①主视图,主要表达了立板、横板、肋板和圆筒的分布情况,并采用局部剖视图,表达了横板上孔的内部结构(通孔)。同时,采用焊接符号表达了立板与肋板、立板与圆筒的焊缝形式及尺寸。

②俯视图,是轴承挂架的俯视外形图,给出了横板上两个孔的相对位置。

③左视图,采用局部剖视图,分别表达了立板上孔的内部结构和圆筒的内部结构。同时采用焊接符号表达了立板与横板、横板与肋板、肋板与圆筒的焊缝形式及尺寸。

④局部放大图,用以表达立板1与横板2焊缝的断面形状及尺寸。

综合三个基本视图和局部放大图,由形体分析法可知,轴承挂架主要由立板、横板、肋板和圆筒四部分焊制而成,其中圆筒为支承轴的主体,立板为固定支架,横板和肋板是为了增加承载能力的加强肋板,结构如图6-20所示。

(3)看懂焊接结构的焊缝形式及尺寸

圆筒与肋板之间采用焊脚尺寸为5 cm的双面连续角接焊缝进行焊接;肋板与横板之间也是采用焊脚尺寸为5 cm的双面连续角接焊缝进行焊接;横板与立板之间采用单边V形焊缝,表面铲平,坡口角度为45°,焊缝间隙为2 cm,坡口深度为4 cm,横板下表面与立板的焊缝是焊脚尺寸为 4 cm 的角接焊缝;肋板与立板之间采用焊脚尺寸为 4 cm 的角接焊缝;圆筒与立板之间采用焊脚尺寸为 4 cm 的角接焊缝,围绕圆筒周围进行焊接。

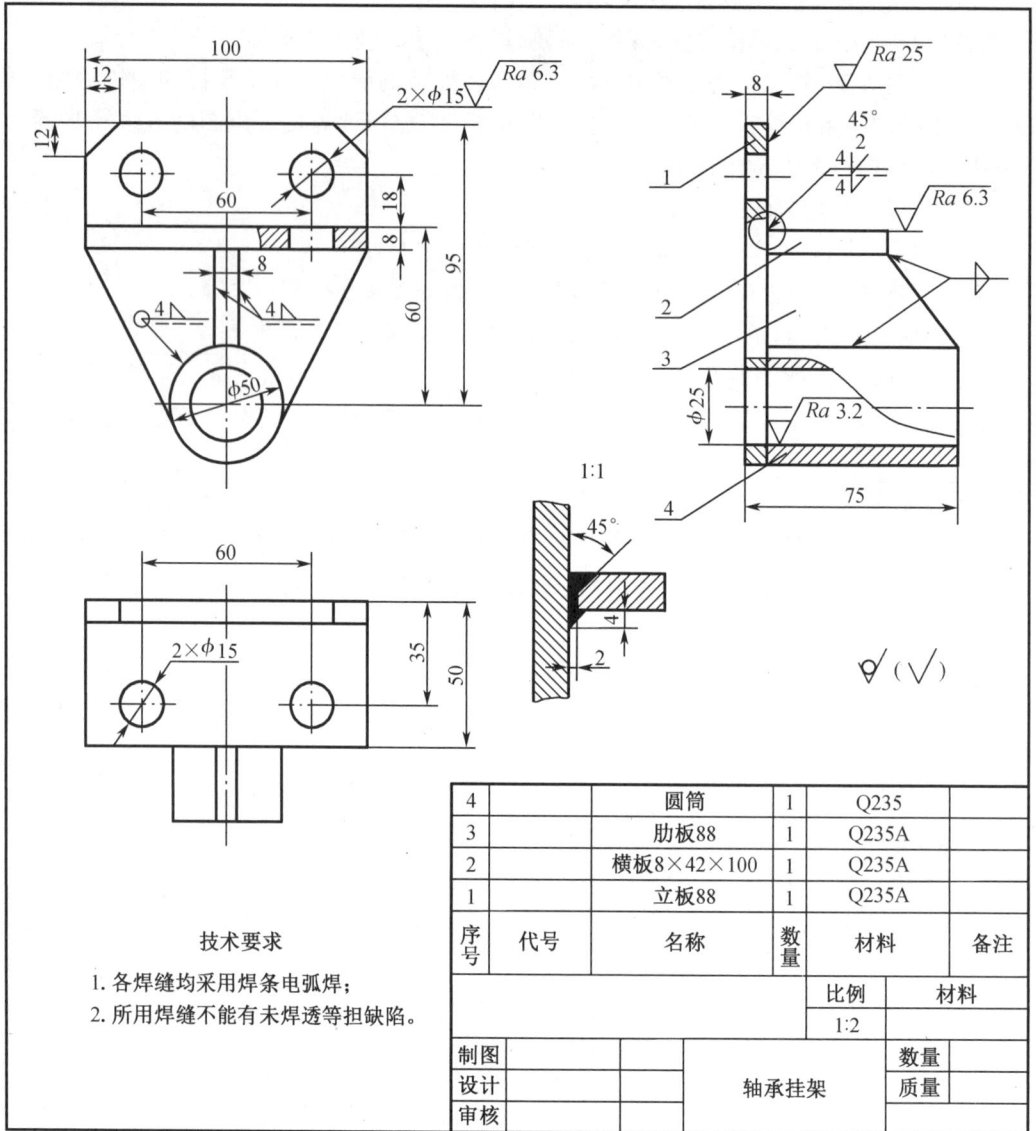

4		圆筒	1	Q235	
3		肋板88	1	Q235A	
2		横板8×42×100	1	Q235A	
1		立板88	1	Q235A	
序号	代号	名称	数量	材料	备注
				比例	材料
				1:2	
制图				数量	
设计		轴承挂架		质量	
审核					

技术要求

1. 各焊缝均采用焊条电弧焊;
2. 所用焊缝不能有未焊透等担缺陷。

图 6-19 轴承挂架焊接装配图

(4)分析尺寸

焊接图上的尺寸是制造、检验焊接结构的重要依据。分析尺寸的主要目的是根据构件的结构特点、设计和制造的工艺要求,找出尺寸基准,分清设计基准和工艺基准,明确尺寸种类和标注形式;分析影响性能的主要尺寸标注是否合理,标准结构要素的尺寸标注是否符合要求,其他尺寸是否满足工艺要求;校对尺寸标注是否完整等。

①尺寸分类 焊接结构装配图主要标注以下几类尺寸。

a. 定形尺寸。表示焊接构件各组成部分长、宽、高三个方向的尺寸。

b. 定位尺寸。表示焊接构件各组成部分相对位置的尺寸。

c. 总体尺寸。表示焊接结构外形大小的尺寸。

d. 配合尺寸。表示焊接构件的配合尺寸,也称为装配尺寸。

e. 安装尺寸。表示焊接结构安装到其他装配体或地基上所需的尺寸。

②基准　基准是确定焊接构件位置的一些点、线、面,也是标注尺寸的起点。一般选择下面两种基准。

a. 设计基准。标注设计尺寸的起点称为设计基准。

b. 工艺基准。焊接构件在装配定位或测量时使用的基准。

对于焊接构件,通常选取主要的装配面、支承面、对称面、主要加工面或回转体的轴线作为尺寸基准。

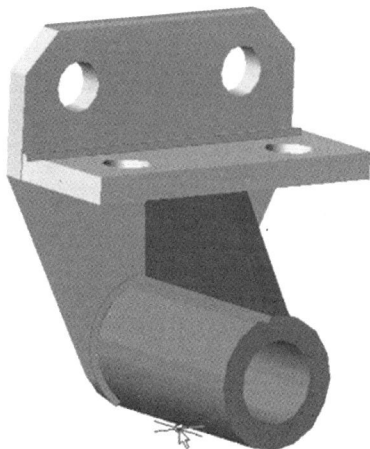

图 6-20　轴承挂架

③分析尺寸　在轴承挂架焊接结构装配图中,长度方向的总体尺寸为 100 cm,尺寸基准是中心对称平面,以此来确定立板上两孔及横板上两孔的中心距为 60 cm;宽度方向的总体尺寸为 75 cm,尺寸基准是立板的端面,以此来确定立板上两孔的定位尺寸为 35 cm;高度方向的尺寸基准是圆筒的轴线,立板顶端到中心线的距离为 90 cm,横板到中心线的距离为 60 cm;横板的下端面是高度方向的辅助基准,以此来确定横板的厚度以及立板上两孔的定位尺寸。

(5)了解技术要求

焊接图上的技术要求是焊接构件制造的质量指标。焊接结构装配图的技术要求可用文字说明,也可用符(代)号标注。对于这部分内容,应能看懂表面粗糙度、尺寸与配合公差、几何公差,以及焊接方面的要求。如焊缝符号、焊接方法代号、焊缝质量要求、焊后校正和热处理方法等。

轴承挂架的技术要求在图中分为两部分:一部分是在图中用符(代)号标注出来的,如 φ15 孔的表面粗糙度符号、焊缝符号等;另一部分是文字说明,如焊接方法、焊缝质量要求、焊后校正等。

通过上述方法和步骤,一般可对焊接结构有所了解。但对于某些比较复杂的结构,还需参考有关技术资料和相关图样,才能彻底读懂。读图的步骤也可视焊接结构的具体情况,灵活运用,交叉进行。

6.3　焊接识图实例分析

6.3.1　座、架类焊接装配图的识读

1. 座、架的结构类型

支架、支座和机座如图 6-21~图 6-23 所示。

2. 座、架类焊接装配图的识读

现以图 6-24 所示单轴支架焊接结构图为例,介绍如何识读座、架焊接结构装配图。

(1)概括了解

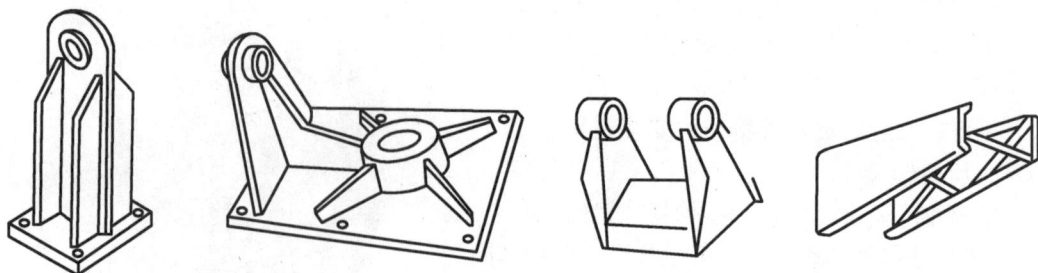

图 6-21　支架

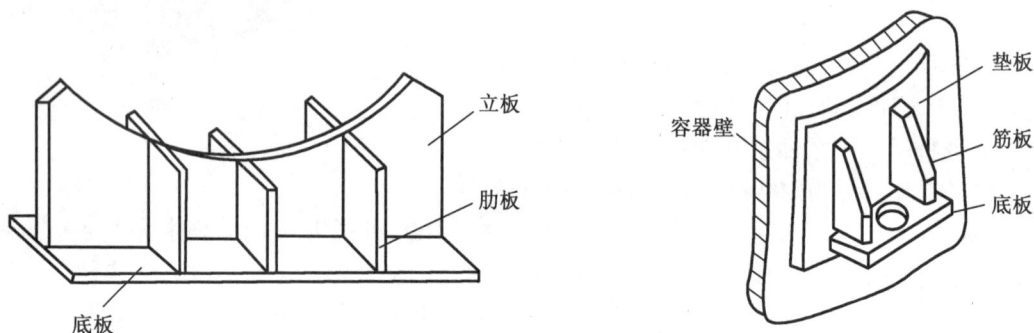

图 6-22　支座

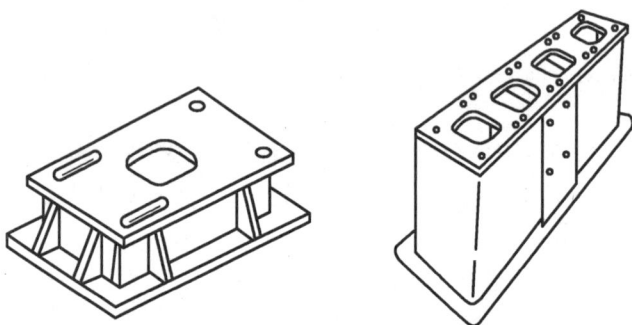

图 6-23　机座

　　由图可知,该装配体的名称为单轴支架,其作用是将轴支承起来。图中表达的装配体由四种零件经组焊后机加工而成,其中的套圈焊在立板上,盖板焊在立板的上方,将两块立板连接起来,提高了支架的强度和刚性。立板最后又与底板焊为一个整体,构成单轴支架。这类构件在工作时,常与连杆、摆杆一类的零件用插销轴连接起来,构成铰链式支架。

　　(2)分析视图,想象出焊接结构形状

　　由图可知,该装配体以板状零件为主,其中的底板、立板、盖板均为矩形板状零件,选用Q235A的钢板按图中尺寸切割加工而成。套圈为环状零件,用焊接与立板连为一体,数量为2。

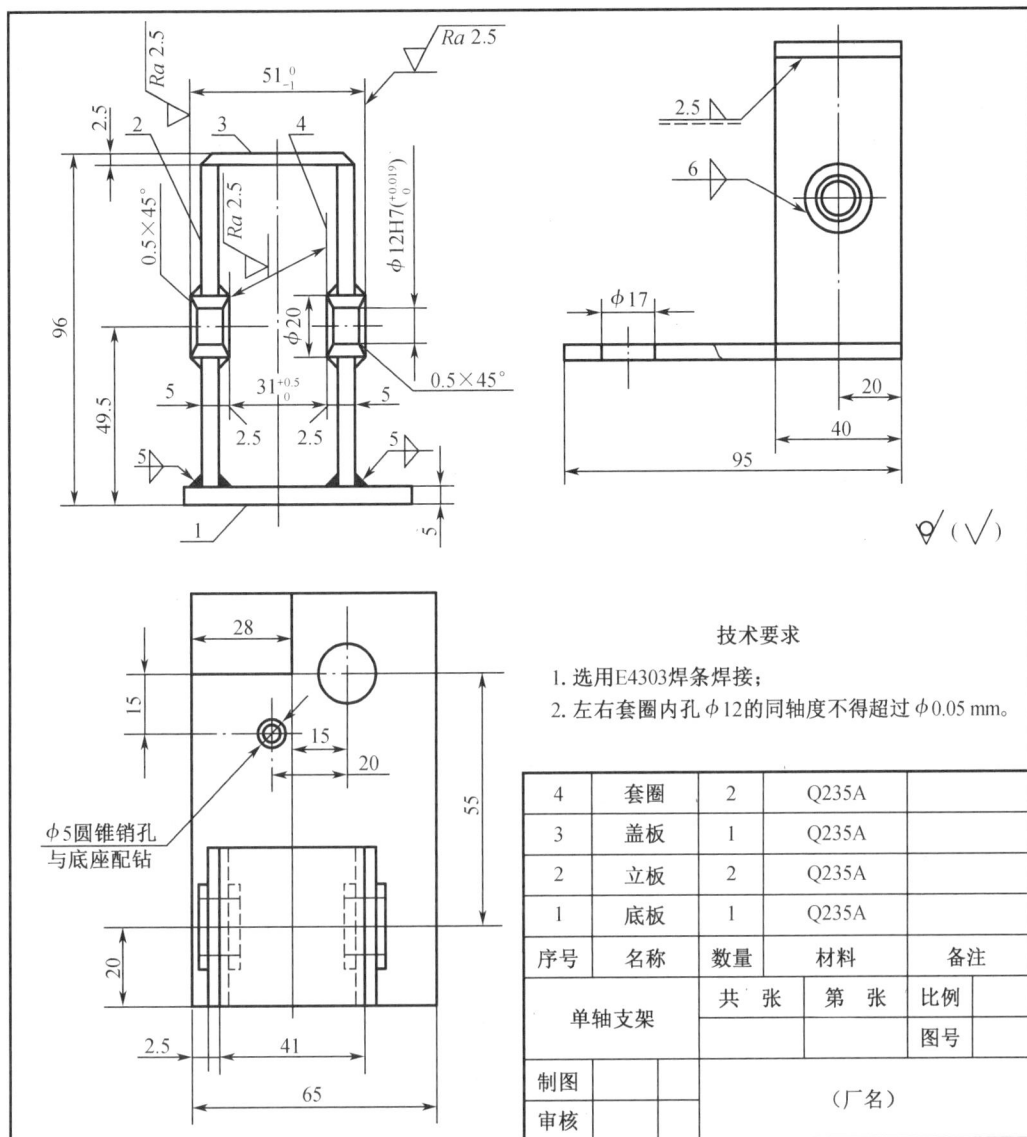

图6-24 单轴支架焊接装配图

（3）看懂焊接结构的焊缝形式及尺寸

图中的焊接符号 ⑤ 表示双面对称角接焊缝，焊脚高为 5 mm，即立板左右两边均需焊接，沿箭头所指位置的立板长度方向（40 mm）焊满。焊接符号 2.5 表示单面角接焊缝，焊脚高为 2.5 mm，盖板与立板的边缘焊满。焊接符号 ⑥ 表示焊脚高为 6 mm 的双面角接焊缝。

（4）分析尺寸

该装配体的几何尺寸不大，长 95 mm、宽 65 mm、高 96 mm。套圈的内孔径为 ϕ12 mm；公差要求为 $H7$；外径尺寸为 ϕ20 mm；左、右端面有粗糙度要求，其值为 Ra2.5 μm，由技术要求可知，左右套圈内孔还有同轴度要求，其值不得超过 ϕ0.5 mm，可知套圈内孔在焊后需要进行精加工。

（5）了解技术要求

由图中技术要求可知,该焊接结构采用 E4303 型焊条焊接。E4303 型焊条的牌号是 J422,属酸性交流焊条,说明对焊接要求不高,为一般焊接构件。

6.3.2　梁、柱类焊接装配图的识读

1. 梁、柱的结构类型

梁、柱按横截面结构形状,可分为工字型、箱型和组合型梁柱等,如图 6 – 25 所示。

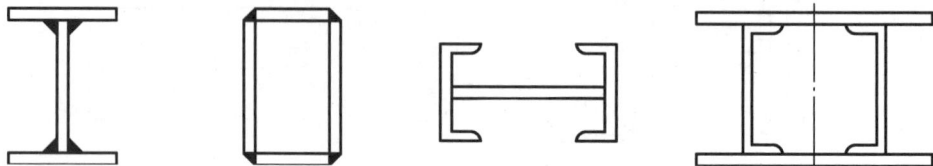

图 6 – 25　梁、柱的结构类型举例

2. 梁、柱类焊接装配图的识读

现以图 6 – 26 所示主梁焊接结构装配图为例,说明梁柱类焊接结构装配图的识读过程。

（1）概括了解

由标题栏可知,图 6 – 26 为起重机主梁结构,主要由 8 mm 厚的钢板拼焊而成,其断面基本上都是 H 形,局部为了提高承载能力加焊肋板,焊接材料为 Q235B,比例为 1∶20。

（2）分析视图,想象出焊接结构形状

该主梁焊接结构图由主视图和三处局部剖视图组成。主视图主要表达了主梁的外形及其内部加强肋板的分布情况。A—A 局部剖视图主要表达了肋板 1 的外形、肋板 1 和腹板与上、下盖板的连接形式及尺寸;B—B 局部剖视图主要表达了短肋板 12 的形状及角钢 4、角钢 5 的分布情况;C—C 局部剖视图主要表达了长肋板 13 的形状,肋板和左、右腹板与上、下板的连接形式及尺寸。主梁的外形如图 6 – 27 所示。

（3）看懂焊接结构的焊缝形式及尺寸

由 A—A 局部剖视图中的焊接符号可知:上盖板与腹板之间的焊缝为双面角接焊缝,焊脚尺寸为 6 mm,且相同焊缝条数为 2;左腹板与肋板 1 之间的焊缝为背面平齐的角接焊缝,焊脚尺寸为 6 mm,且相同焊缝的条数为 4;肋板 1 与下盖板之间的焊缝为背面平齐的角接焊缝,焊脚尺寸为 4 mm,且相同焊缝的条数为 2。

由 B—B 局部剖视图中的焊接符号可知:上盖板与短肋板之间的焊缝为双面角接焊缝,焊脚尺寸为6 mm,且相同焊缝条数为 36;梁中长肋板的焊接也采用双面角接焊缝,焊脚尺寸为 6 mm,且相同焊缝条数为 72。

由 C—C 局部剖视图中的焊接符号可知:上盖板与长肋板之间的焊缝为双面角接焊缝,焊脚尺寸为6 mm,且相同焊缝条数为 13;右腹板与长肋板之间的焊缝为双面角接焊缝,焊脚尺寸为 6 mm,且相同焊缝条数为 6;下盖板的焊接采用双面角接焊缝,焊脚尺寸为 6 mm,且相同焊缝条数为 26。

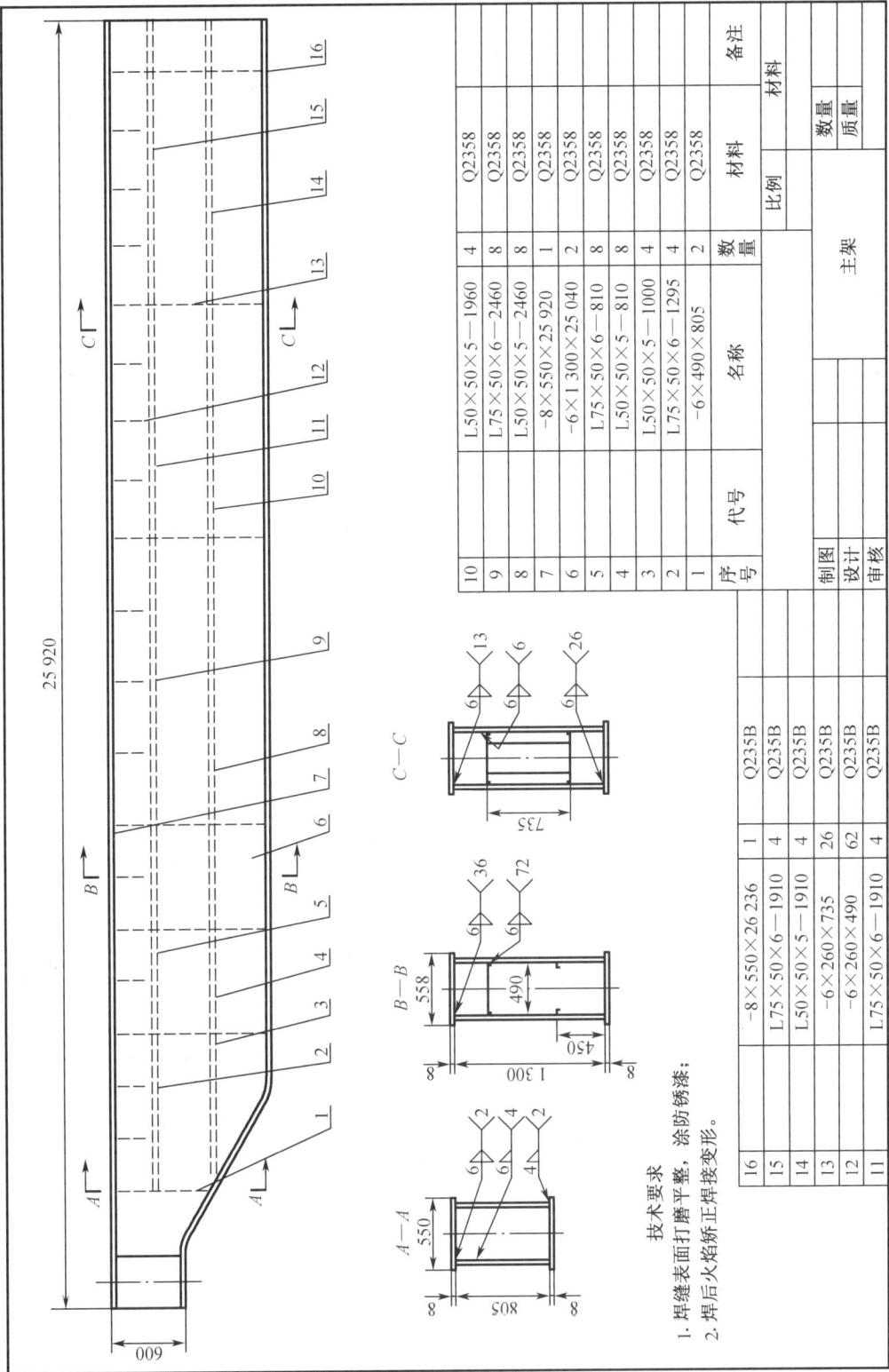

图6－26 主梁焊接结构装配图

（4）分析尺寸

在主梁的焊接结构图中，长度方向的尺寸为 25 920 mm，尺寸基准为中心对称平面，以此来确定主梁的长度；宽度方向的尺寸为 550 mm 和 490 mm，尺寸基准为中心对称平面，以此来确定上、下盖板和长、短肋板的宽度；高度方向的尺寸基准是上、下盖板，以此来确定角钢距下盖板的距离为 450 mm；肋板 1 的高度是 805 mm。

图 6 - 27　主梁

（5）了解技术要求

主梁长为 25 920 mm，板厚为 8 mm，焊后会出现波浪变形；小的肋板较多，焊缝集中，易出现应力集中，因此要进行焊后火焰矫正和热处理，并将焊缝表面打磨平，涂防锈漆。

6.3.3　平台类焊接装配图的识读

1. 平台类结构

平台类结构举例如图 6 - 28 所示。

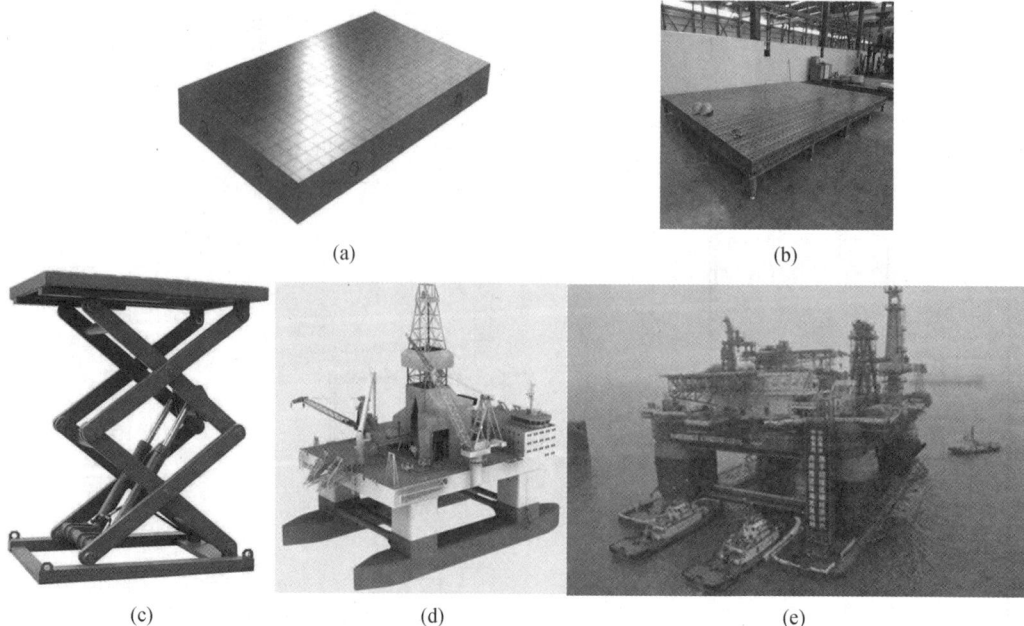

(a)

(b)

(c)

(d)

(e)

图 6 - 28　平台类结构举例

2. 平台类焊接装配图的识读

现以图 6 - 29 所示工字钢焊接校验用平台结构装配图为例，说明平台类焊接结构装配图的识读过程。

（1）概括了解

读标题栏和明细表，大致了解到该平台的零件种类较少，只有两三种。零件的材料为 Q235A，属普通低碳钢材料。工字钢框架选用 36a#工字钢制造，其高度为 360 mm，为一种校验用的平台。

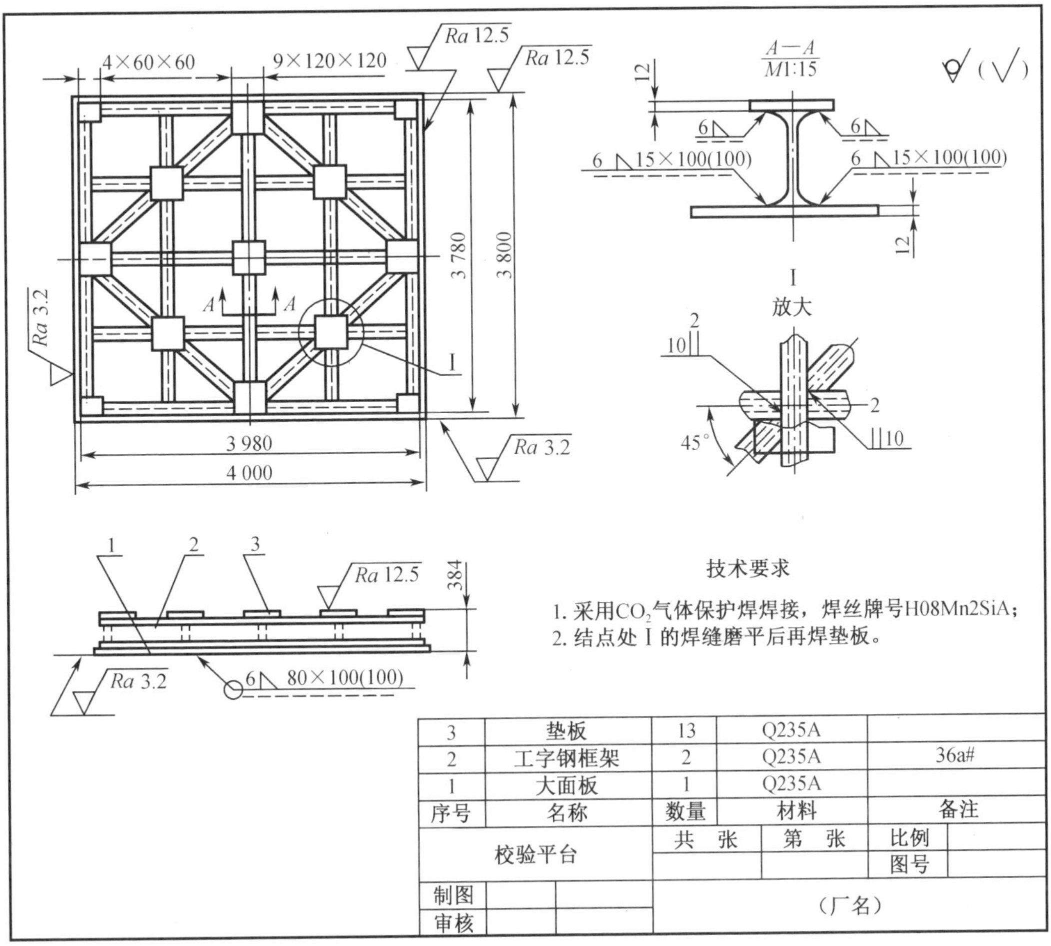

图 6 - 29　工字钢焊接校验用平台

（2）分析视图，想象出焊接结构形状

由图可知，平台的大面板在下，垫板在上，工字钢框架居中。根据平台的使用性质分析可知，平台在实际使用时的安放位置应与图中所示位置相反，即大面板朝上，垫板朝下。这是为了避免框架在作图时虚线太多，造成图面不清。

（3）看懂焊接结构的焊缝形式及尺寸

焊缝符号有四种：一是 $6 \triangle \nearrow$，表示单面角接焊缝，焊角高；二是 $\underline{6 \quad 15 \times 100(100)}$，表示单面断续角接焊缝，共 15 段，每段焊缝长 100 mm，间隙 100 mm，焊角高 6 mm；三是 $6 \triangle \underline{80 \times 100(100)}$，表示单面周边断续角接焊缝，共 80 段，每段长 100 mm，间隔 100 mm，焊角高 6 mm，沿箭头所指位置的周边（框架与面板）焊接；四是 $\underline{10 \quad \overset{2}{\underset{}{||}}}$，表示不开坡口对接焊缝，焊前两板间隙为 2 mm，焊后有效缝高度或深度为 10 mm。

（4）分析尺寸

由图中标注的尺寸可知，该平台的尺寸较大，长、宽、高为 4 000 mm×3 800 mm×384 mm，面板、垫板厚度均为 12 mm,共 9 块。图中对面板的粗糙度有较高要求,工作表面(上表面)为 $Ra3.2~\mu m$,这种要求只有通过粗磨才能获得。面板的四条周边对粗糙度也有较高要求,分别是 $Ra3.2~\mu m$ 和 $Ra12.2~\mu m$。

综上可知,该平台的立体形状为一近似正方形,高为 384 mm 的方形体。

(5)了解技术要求

焊接方法为 CO_2 焊,焊丝材料为 H08Mn2SiA。CO_2 焊具有生产率高、成本低、质量好、热变形小等特点。

6.3.4　管道类焊接装配图的识读

1. 管道的分类和焊接特点

①按材料分类:金属管道和非金属管道。

②按设计压力分类:真空管道、低压管道、高压管道、超高压管道。

③按输送温度分类:低温管道、常温管道、中温管道、高温管道。

④按输送介质分类:给排水管道、压缩空气管道、氢气管道、氧气管道、乙炔管道、热力管道、燃气管道、燃油管道、剧毒流体管道、有毒流体管道、酸碱管道、锅炉管道、制冷管道、净化纯气管道、纯水管道。

管道在运行过程中,不仅经受一定的压力和温度,而且也受到介质的腐蚀作用。因此,管道用钢应具有足够的常温和高温强度,与管道制造工艺相适应的塑性及耐介质腐蚀的化学稳定性。

管道与一般容器的焊接不同,只能单面焊,即从外面进行焊接。即使焊缝内侧产生缺陷,也不能从里面进行清根和重新焊接。管道的封底焊易产生气孔、裂纹等缺陷,而根部焊接缺陷往往是高压管道破坏的根源,因此要求做到单面焊双面成形。

管道的焊接方法可选用手工氩弧焊封底加焊条电弧焊和埋弧焊、全位置钨极惰性气体保护焊、钨极惰性气体保护焊等方法,其焊接接头形式主要有对接接头、角接接头和搭接接头等。

2. 管道焊接结构装配图的识读

现以图 6-30 所示简单管道连接焊接结构图为例,介绍如何识读管道焊接结构装配图。

(1)概括了解

由图 6-30 可知,该焊接结构件的名称是抽底管,主要由法兰、管接、补强圈、45°无缝弯头、底板和支承板等构件焊接而成。其中,法兰、45°无缝弯头和管接的材料为焊接性较好的低碳钢(20 钢),而补强圈、底板和支承板的材料为普通碳素钢(Q235B)。支承板有 3 块。绘图时未按比例绘制。

(2)分析视图,想象出焊接结构形状

图 6-30 中为了表达抽底管的焊接结构,采用了一个主视图,主要表达了法兰、管接、补强圈、45°无缝弯头、底板和支承板的分布情况;并采用局部剖视图,表达了底板与管接 5 的相对位置。同时,采用焊接符号表达了 45°无缝弯头与管接 2 和管接 5、底板与管接 5 的焊缝形式及尺寸。

在图 6-30 中,与管接 2 相连的细双点画线表示的是原料油罐的罐体,与支承板相连接的细双点画线表示的是原料油罐的罐底。由形体分析方法可知,抽底管在原料油罐里的结构如图 6-31 所示。

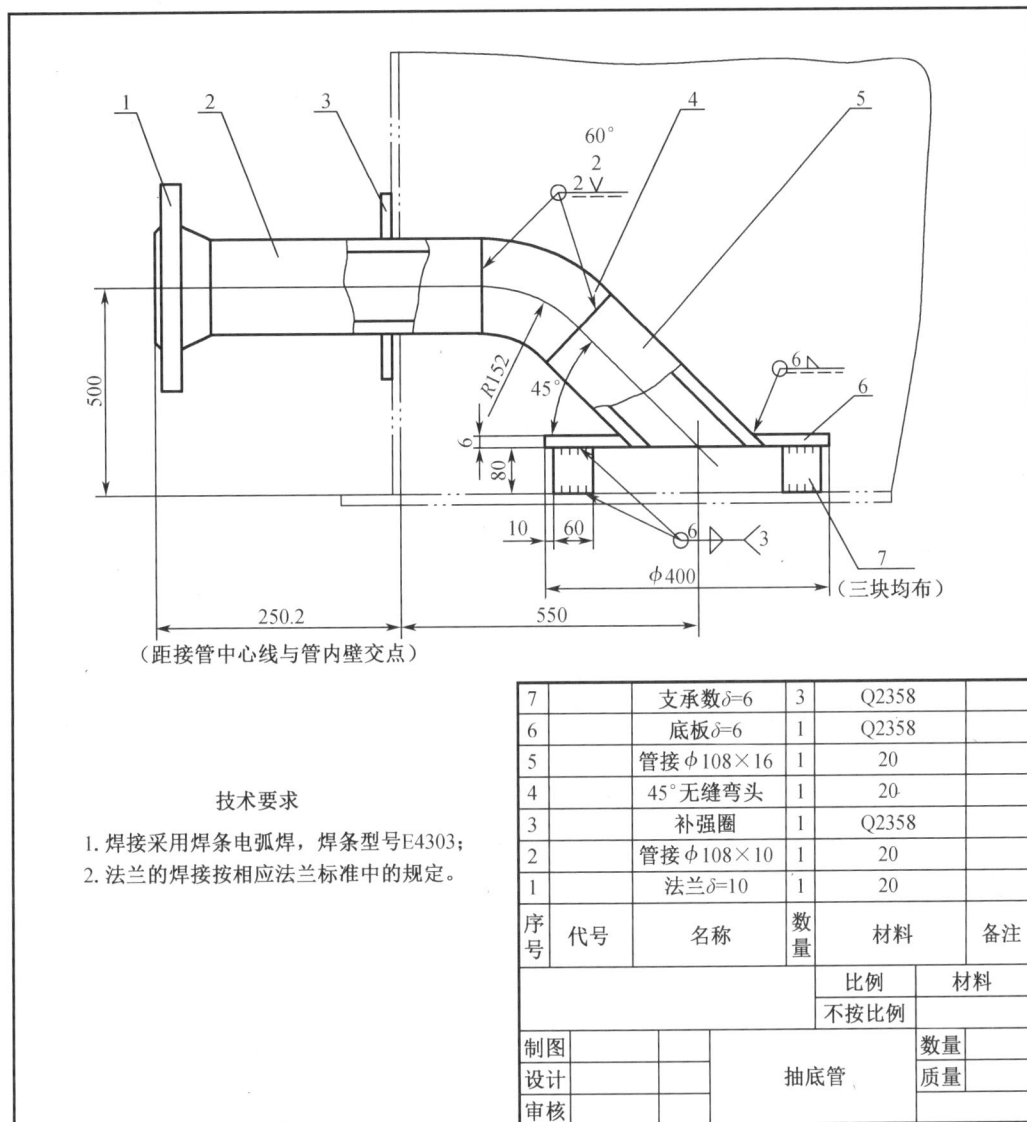

7		支承数δ=6	3	Q2358	
6		底板δ=6	1	Q2358	
5		管接φ108×16	1	20	
4		45°无缝弯头	1	20	
3		补强圈	1	Q2358	
2		管接φ108×10	1	20	
1		法兰δ=10	1	20	
序号	代号	名称	数量	材料	备注

技术要求

1. 焊接采用焊条电弧焊,焊条型号E4303;
2. 法兰的焊接按相应法兰标准中的规定。

	比例	材料
	不按比例	
制图		数量
设计	抽底管	质量
审核		

图6-30 抽底管焊接结构装配图

(3)看懂焊接结构的焊缝形式及尺寸

由图6-30可知,45°无缝弯头与管接的连接采用根部间隙为2 cm、钝边高度为2 cm的V形坡口,坡口角度为60°,焊接方法为焊条电弧焊。管接5与底板的连接采用焊脚尺寸为6 cm的角接焊缝,并沿着管接周围施焊。支承板与底板、支承板与罐底都采用焊脚尺寸为6 cm的双面角接焊缝,相同焊缝的条数为3。

(4)分析尺寸

在图6-30所示抽底管的焊接结构图中,长度方向的尺寸有250.2 cm和550 cm,尺寸基准为原料油罐的罐内壁,以此来确定法兰与管接5的位置。底板的一侧为长度方向的辅助基准,以此来确定支承板的位置及大小,支承板距底板的边缘距离为10 cm,支承板长度为60 cm。高度方向的尺寸有500 cm、80 cm,尺寸基准为原料油罐的罐底,支承板的高度为

80 cm,法兰及管接 2 的中心线到罐底的距离为 500 cm。此外,$\phi 400$ 是定形尺寸,表明底板是圆形底板;45°是定位尺寸,限定了管接 5 的角度。

(5)了解技术要求

由技术要求可知,抽底管的焊接主要采用焊条电弧焊,焊条选用 E4303。焊接法兰时要严格执行相关标准。

6.3.5 起重机类焊接装配图的识读

1.起重机类型

起重机类型包括装卸桥、通用桥式起重机、门式起重机、塔式起重机、门座式起重机、汽车起重机、浮式起重机等。图 6-32 所示为几种形式的桥式起重机。

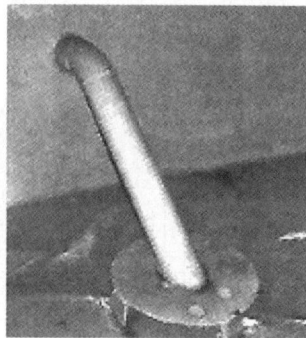

图 6-31 原料油罐抽底管

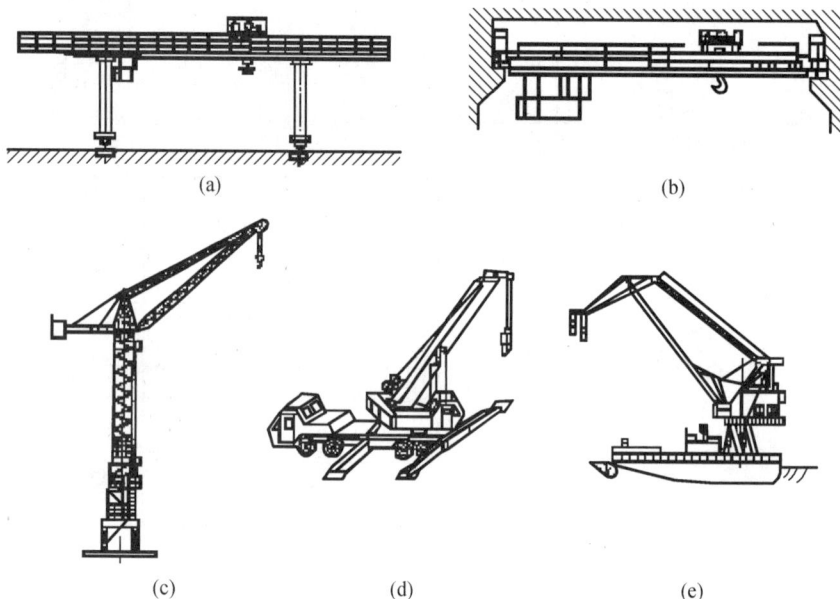

(a)

(b)

(c)   (d)   (e)

图 6-32 桥式起重机

2.起重机的结构

起重机的结构通常由机架、机构(包括起升机构、运行机构、旋转机构、变幅机构等)和控制系统三大部分组成。现以通用桥式起重机为例予以介绍,如图 6-33 和图 6-34 所示。

机架构成了起重机的主体。机架主要由桥架、小车架、操纵室及扶梯等组成。桥式起重机的机构主要包括起升机构和运行机构。桥式起重机的小车,具有起升和运行两种机构。由图 6-34 可知,该小车上设有大、小卷扬机各一台,作起吊重物用,各有不同的吊重规格。小车与桥架互相配合,通过控制系统完成各种吊装动作。

3.起重机焊接装配图的识读

桥架焊接装配图的识读(图 6-35)

(1)概括了解

由图 6-35 可知,桥架由 18 个零部件组成,其中的主梁、端梁和小车轨构成了桥架的主体。

小车架　副起升卷筒　副起升电机　副起升减速机

滑轮梁

主起升减速机　主起升卷筒

主起升制动器　主起升电机　"三合一"减速机　车轮组

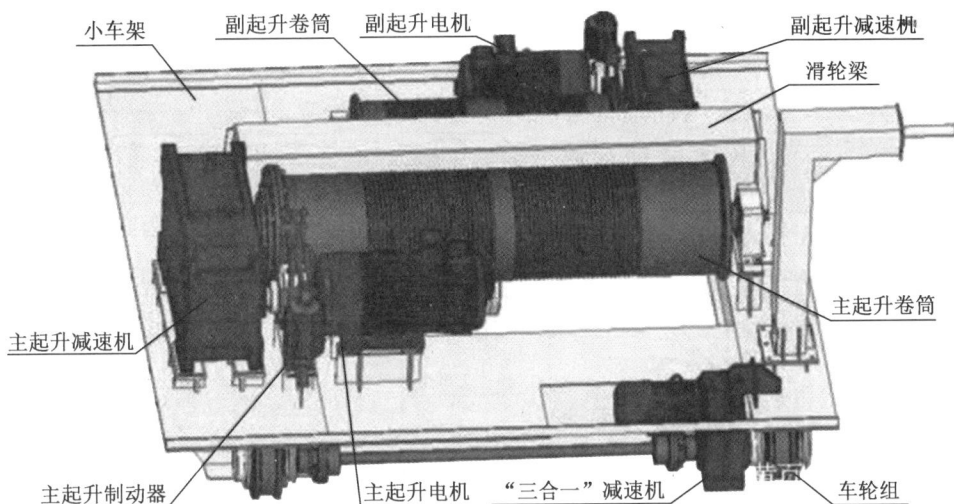

图 6 - 33　桥式起重机小车

（2）分析视图，想象出焊接结构形状

为保证端梁拆分处的强度，每根端梁采用了 2 块连接板和 29 个螺栓进行连接。主梁尺寸由主梁装配图另外给出。为表达清楚各个细致结构的形状，图中分别采用了一个 A 向视图、4 个截面图，1 个放大视图来表达主梁、端梁、走台及轨道的详细结构和尺寸。读图后的立体想象图如图 6 - 36 所示。

（3）看懂焊接结构的焊缝形式及尺寸

桥架图中的焊接代号共有 6 种，即 4　　　5　　　10　　　8　　　10　　　10 2。前 5 种已做过解析，最后一个焊缝代号的含义如下：10 表示有效焊缝高度为 10 mm，V 表示开 V 形坡口，坡口角度为 60°，2 表示焊前两板预留间隙为 2 mm，虚线表示在箭头所指的方向单面焊接。

需要指出，此桥架与总装图 6 - 34 所表达的桥架不是配套的桥架，读图时要注意区分，避免误读。

（4）分析尺寸

由图可知，桥梁长、宽、高的尺寸是 22 950（22 500 + 450）mm × 6 000 mm × 1 750（1 100 + 650）mm。第一根走台支架与大车轮的间距是 1 250 mm，其余支架间距为 1 000 mm。端梁长 6 000 mm、宽 450 mm、高 700 mm。

（5）了解技术要求

由技术要求可知，该桥架采用手工电弧焊焊接。选用的焊条型号有两种：一是 E4303，作焊接走台用；另一种是 E5015，用来焊接除走台外的其他焊缝。分析可知，E4303 为酸性交流焊条，焊接强度和韧性低于碱性直流焊条 E5015。因此，走台属一般焊接结构，承受较轻载荷；而端梁和主梁承受较大的载荷，故需用强度较高的碱性焊条来焊接。为保证端梁的强度，技术要求中对弯板与连接板的焊缝提出焊透要求，以保证焊缝的质量。

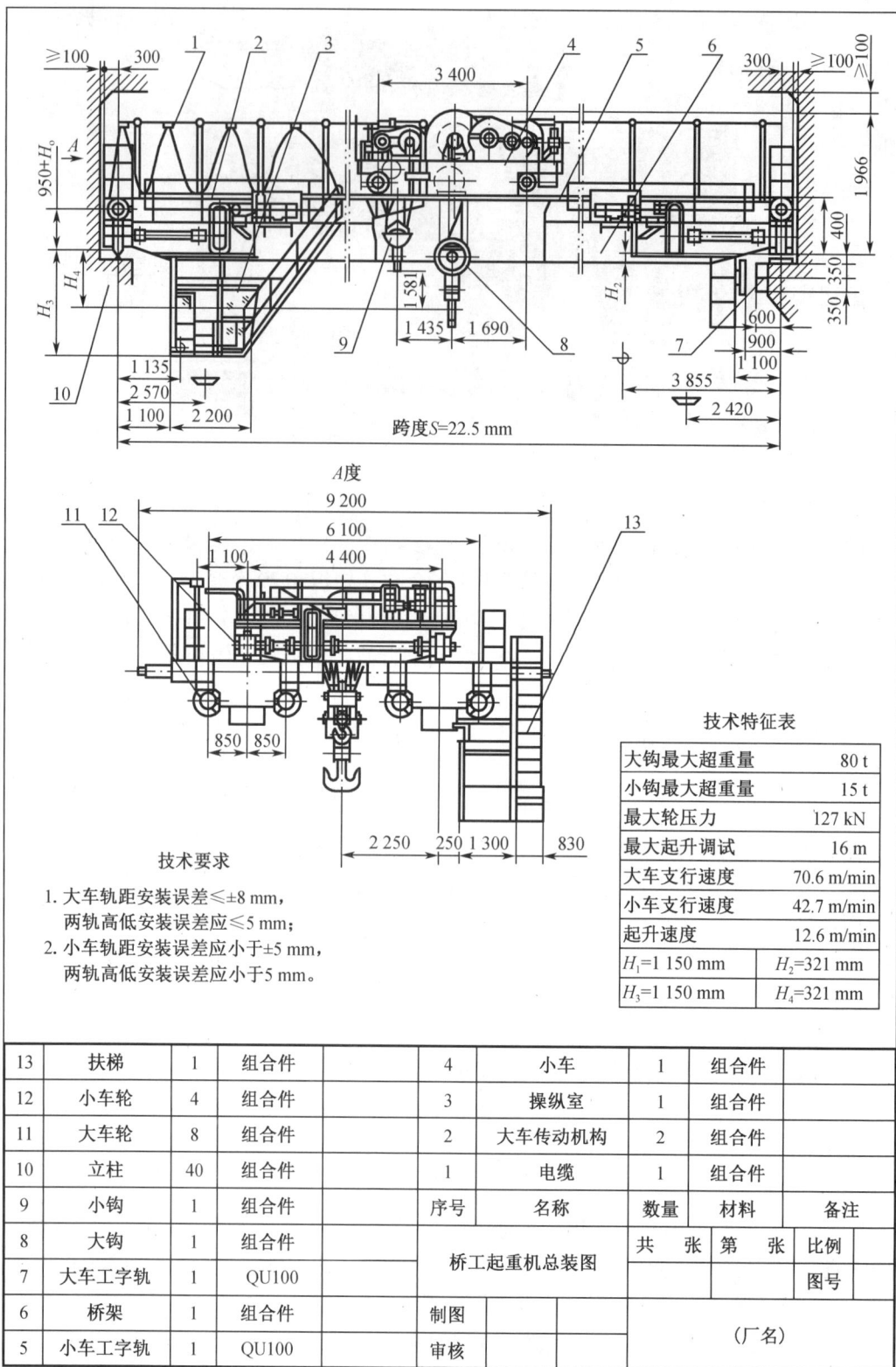

技术要求

1. 大车轨距安装误差≤±8 mm，
   两轨高低安装误差应≤5 mm；
2. 小车轨距安装误差应小于±5 mm，
   两轨高低安装误差应小于5 mm。

技术特征表

大钩最大超重量	80 t	
小钩最大超重量	15 t	
最大轮压力	127 kN	
最大起升调试	16 m	
大车支行速度	70.6 m/min	
小车支行速度	42.7 m/min	
起升速度	12.6 m/min	
H_1=1 150 mm	H_2=321 mm	
H_3=1 150 mm	H_4=321 mm	

13	扶梯	1	组合件	4	小车	1	组合件
12	小车轮	4	组合件	3	操纵室	1	组合件
11	大车轮	8	组合件	2	大车传动机构	2	组合件
10	立柱	40	组合件	1	电缆	1	组合件
9	小钩	1	组合件	序号	名称	数量	材料	备注
8	大钩	1	组合件		桥工起重机总装图	共 张 第 张	比例
7	大车工字轨	1	QU100				图号
6	桥架	1	组合件	制图		(厂名)	
5	小车工字轨	1	QU100	审核			

图 6-34 桥式起重机总装配图

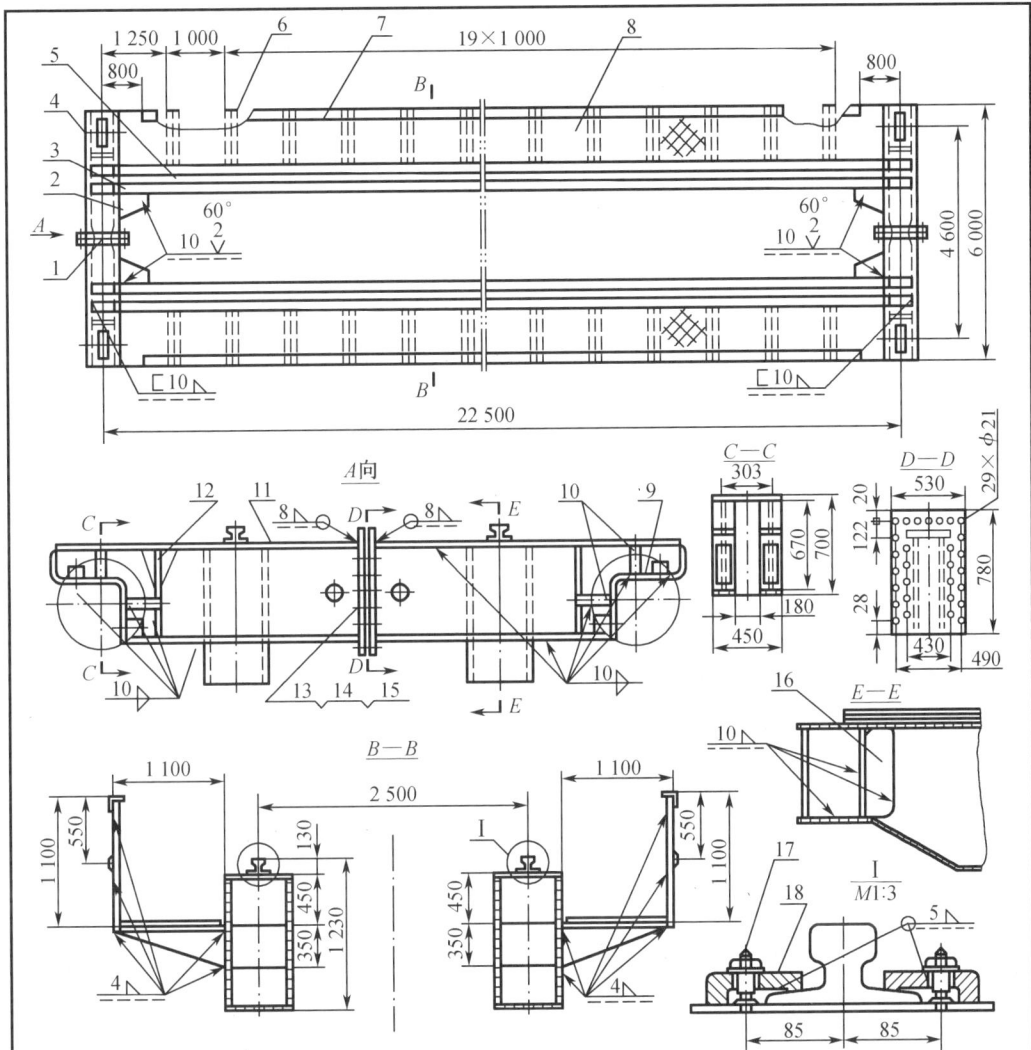

技术要求

1. 采用手工电弧焊接，除走台选用E4303焊条焊接外，其余均需选用E5015型焊条焊接；
2. 压轨板间距为500 mm，左右两侧互错500 mm；
3. 弯板及连接板与端梁的焊接要保证焊透。

序号	名　称	数量	材料	备注
18	轨道压板	180	45Mn	
17	压轨螺栓	180	16Mn	
16	直连板	4	16Mn	
15	螺母	58	16Mn	
14	弹簧垫圈	58	16Mn	
13	连接螺栓	58	16Mn	
12	大肋板	4	16Mn	
11	端梁上面板	2	16Mn	
10	弯板肋板	16	16Mn	

序号	名　称	数量	材料	备注
9	弯板	8	16Mn	
8	走台网板	2	Q235 A	
7	走台扶手	2	Q235 A	L45×45×5
6	走台支架	42	Q235 A	L45×45×5
5	小车轨	2	U71Mn	QU80 46m
4	端梁	2	16Mn	
3	主梁	2	16Mn	
2	三角板	8	16Mn	
1	连接板	4	16Mn	

桥架焊接装配图　共 张 第 张 比例 图号　制图 审核　（厂名）

图 6-35 桥式起重机桥架焊接装配图

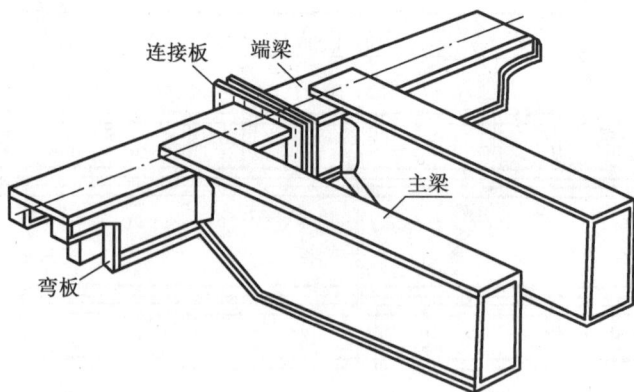

连接板　端梁

主梁

弯板

图 6 - 36　桥架局部立体想象图

6.3.6　容器类焊接装配图的识读

1. 容器的分类

①按形状分：圆筒形容器、圆锥形容器、球形容器三类。

②按承压高低分：常压容器，工作压力(表压)$p < 0.1$ MPa；低压容器，工作压力(表压)0.1 MPa$\leq p < 1.6$ MPa；中压容器，工作压力(表压)1.6 MPa$\leq p < 10$ MPa；高压容器，工作压力(表压)10 MPa$\leq p < 1\ 100$ MPa；超高压容器，工作压力(表压)$p > 100$ MPa。

③按安全的重要程度分：一类容器(低压非危险介质容器)、二类容器(中压非危险介质容器)、三类容器(高、中、低压危险介质容器，高、中压管壳换热等容器，一、二类除外的容器)。

2. 容器的结构

容器一般由以下四部分组成：壳体、座、接管(如压力表接管、温度计接管、安全阀接管、液位计接管、放空阀接管、进料管、出料管、排污管、视镜接管等)、其他附件(如扶梯、平台、吊钩等)。

3. 容器焊缝的分类

容器上的焊缝分为 A、B、C、D 四类，如图 6 - 37 所示。

(1)A 类焊缝

容器壳体及接管上的纵缝(轴线方向)或半球形封头与筒体的环缝(圆周方向)属 A 类焊缝。对圆筒形容器而言，容器的纵缝受力最大，理论上纵缝受到的应力是环缝的 2 倍。

(2)B 类焊缝

容器壳体及接管上的环缝属 B 类焊缝。理论上 B 类焊缝受力小于 A 类的，但若因装焊工艺处理不当而产生应力集中，则受力情况有可能发生变化。

(3)C 类焊缝

筒体与法兰、接管与法兰的连接焊缝属 C 类焊缝，受力相对较小。

(4)D 类焊缝

筒体与接管连接处的焊缝属 D 类焊缝。D 类焊缝容易产生应力集中，因为接管处壳体需要开孔，从而削弱了壳体的强度，故在较大接管处常需进行补强。补强的方式有两种：一是补强圈补强，适用于压容器；二是补强管补强(图 6 - 37(b))，适用于中压容器。对于高

(a)

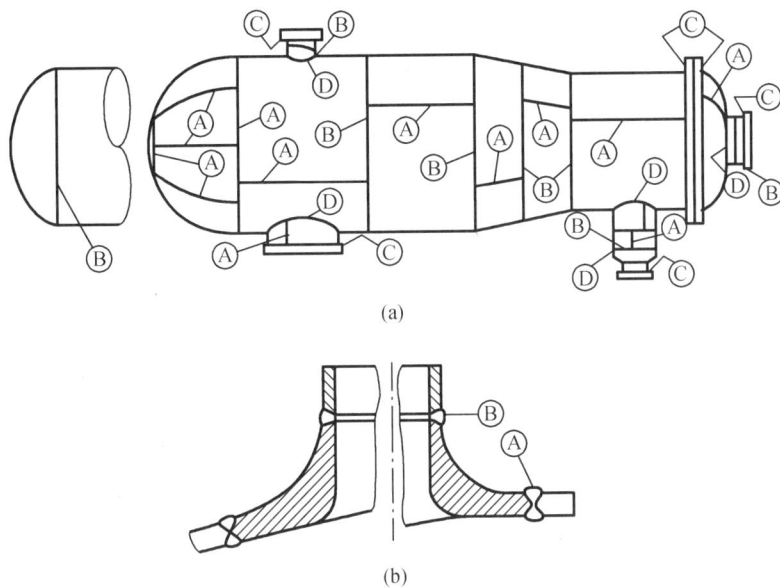

(b)

图 6 – 37　容器焊缝的分类

压以上的容器,一般不允许在筒体上开孔,布置接管,所有接管均布置在容器两端的法兰上,属专门设计,故不需补强。

4. 容器类焊接装配图的识读

现以图 6 – 38 所示减温器集箱焊接结构图为例,介绍如何识读压力容器的焊接结构装配图。

(1)概括了解

从图 6 – 38 中可以看出,该焊接结构件的名称是减温器集箱,由筒体、管接 4、双头螺柱、螺母、圈、管、有孔端盖和手孔装置等构件焊接而成。其中,筒体、管接 4、管、有孔端盖的材料为 20 钢。减温器集箱有 3 个"管接 $4\phi108 \times 7$",6 个"管接 $4\phi25 \times 3.5$",1 个"管接 $4\phi16 \times 3.5$",2 个支座,16 个双头螺柱、32 个螺母和垫圈。绘图比例为 1∶10。

(2)分析视图,想象出焊接结构形状

图 6 – 38 所示减温器集箱主要采用了主视图和 A 向视图。主视图主要采用全剖视图,表达了减温器集箱的外形结构,并采用焊接符号表达了各构件的连接形式及尺寸。A 向视图是减温器集箱的 A 向外形图,并采用焊接符号表达了支座与筒体的连接形式与尺寸。减温器集箱的结构如图 6 – 39 所示。

(3)看懂焊接结构的焊缝形式及尺寸

由主视图中焊缝符号可知,"管接 $4\phi108 \times 7$"与筒体的连接采用的是焊脚尺寸为 9 的角接焊缝,并围绕"管接 $4\phi108 \times 7$"四周施焊,且相同焊缝的条数为 3;"管接 $4\phi25 \times 3.5$"与筒体的连接采用的是焊脚尺寸为 4 的角接焊缝,并围绕"管接 $4\phi25 \times 3.5$"四周施焊,且相同焊缝的条数为 6;"管接 $4\phi16 \times 3.5$"与筒体的连接采用的是焊脚尺寸为 4 的角接焊缝,并围绕"管接 $4\phi16 \times 3.5$"四周施焊,且相同焊缝的条数为 2;管与有孔端盖 11 的连接采用的是焊脚尺寸为 8 的角接焊缝,并围绕管一周施焊,且相同焊缝的条数为 2;有孔端盖 2 与筒体的连接采用的是钝边高度为 2,根部间隙为 1,坡口角度为 60°的 V 形口,且相同焊缝条数为 3。

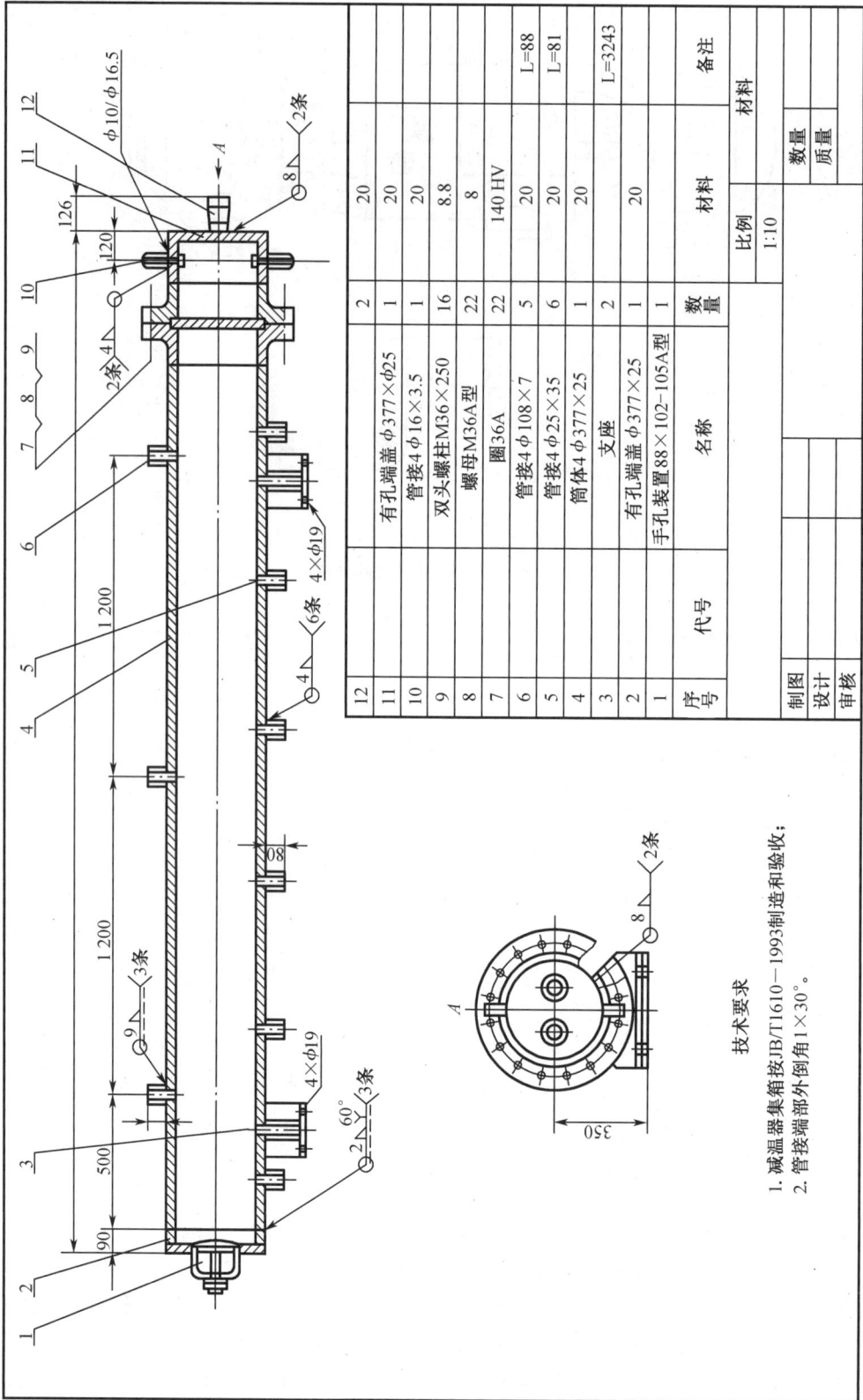

序号	代号	名称	数量	材料	备注
12		有孔端盖 φ377×φ25	2	20	
11		管接 4 φ16×3.5	1	20	
10		双头螺柱 M36×250	1	20	
9		螺母 M36A 型	16	8.8	
8		圈36A	22	8	
7			22	140 HV	
6		管接 4 φ108×7	5	20	L=88
5		管接 4 φ25×35	6	20	L=81
4		筒体 4 φ377×25	1	20	L=3243
3		支座	2		
2		有孔端盖 φ377×25	1	20	
1		手孔装置88×102−105A型	1		

		比例	材料
制图		1:10	
设计		数量	
审核		质量	

技术要求
1. 减温器集箱销按JB/T1610—1993制造和验收;
2. 管接端部外倒角1×30°。

图 6−38 减温器集箱焊接结构图

图 6 – 39　减温器集箱

由 A 向视图中焊缝符号可知,支座与筒体的连接采用的是焊脚尺寸为 8 的角接焊缝,且相同焊缝的条数为 2。

（4）分析尺寸

在减温器集箱焊接结构装配图中,长度方向的总体尺寸是 3 837,尺寸基准是中心对称平面;有孔端盖 2 和有孔端盖 11 的一端为长度方向的辅助基准,以此来确定有孔端盖 2、有孔端盖 11 和管的长度,并确定了 3 个"管接 4ϕ108 × 7"的相对位置;长度方向的尺寸还有 200 和 560,这两个尺寸确定了"管接 4ϕ25 × 3.5"的相对位置。

高度方向的尺寸基准是中心对称平面,以此来确定支座的高度;高度方向的辅助基准是筒体的上、下端面,以此来确定"管接 4ϕ108 × 7"和"管接 4ϕ25 × 3.5"的高度。

（5）了解技术要求

由技术要求可知,减温器集箱要严格按照 JB/T 1610—1993《锅炉集箱制造　技术条件》制造和验收。"管接 4"端部外倒角为 1 × 30°。

思考题

1. 将下列左边标识的焊缝要求画在右边的焊缝上,并标出要求的尺寸位置。

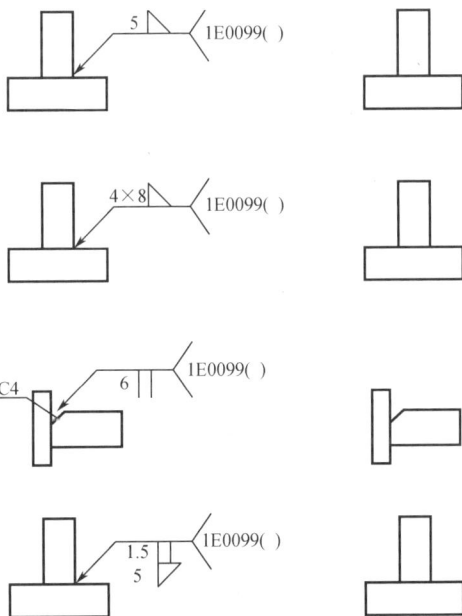

2. 下列箭线的角度不符合 1E0099 标准的是(　　)。

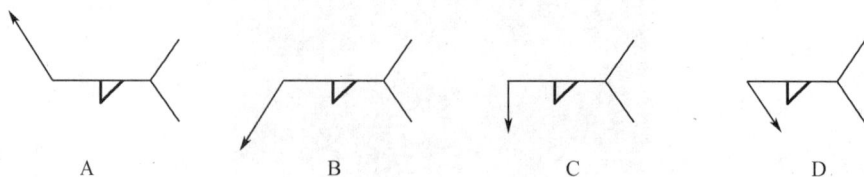

　　A　　　　　　　B　　　　　　　C　　　　　　　D

3. 下列符号属于凹焊缝的是(　　)。

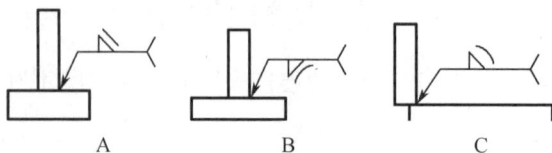

　　A　　　　　　B　　　　　　C

4. 角接焊缝的尺寸在焊缝符号上是如何标注的?

5. 什么是补充符号?

6. 现场焊接符号如何表示?

7. 三个脚长为 6 mm 的不连续角焊单元,每个单元长为 25 mm,单元之间间隔为 40 mm,如题图 6-1 所示,试用焊缝符号表示该段焊缝。

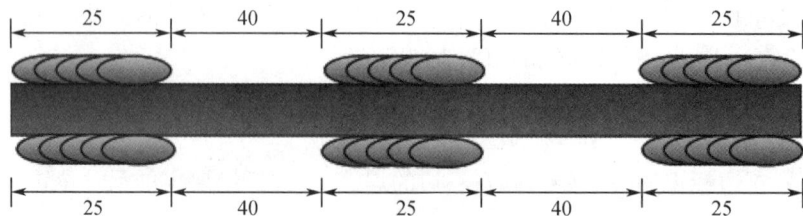

题图 6-1

第7章 船用金属材料的焊接

本章首先讲述金属材料的焊接性及其试验方法;然后分别介绍一般强度船用结构钢的焊接、高强度船用结构钢的焊接及不锈钢的焊接,并对非铁金属材料的焊接做简要介绍。

7.1 金属材料的焊接性

7.1.1 金属焊接性的概念

焊接性是指金属材料对焊接加工的适应性。主要指在一定焊接工艺条件下,获得优质焊接接头的难易程度。它包括两个方面的内容,其一是接合性能,即在一定焊接工艺条件下,一定的金属形成焊接缺陷的敏感性;其二是使用性能,即在一定焊接工艺条件下,一定金属的焊接接头对使用要求的适应性。

金属的焊接是一个复杂的物理和化学变化、反应的过程。在焊接过程中焊接接头几乎出现所有的冶金现象,如熔化、结晶、蒸发、金属反应、熔渣与金属的反应、固态相变等;焊缝和热影响区各不同位置,加热、冷却、相变都是不均匀的。这样就会造成很大的内应力和集中应力,甚至可以导致各种类型的裂纹或形成焊接接头的其他缺陷。

一般低碳钢焊接,不需要复杂的工艺措施就能获得良好的焊接质量,因而说低碳钢的焊接性良好。但如果用同样的工艺焊接铸铁,则会出现裂纹、断裂等严重缺陷,得不到完好的焊接接头。从这个意义来讲,铸铁的焊接性能差。但是,在焊接铸铁时,如果使用适当的气焊丝和气焊熔剂(焊接材料)并采取相适应的焊接工艺,如高温预热、缓冷、锤击等工艺措施,就能获得满意的焊接接头。由此可见,金属材料的焊接性不仅与母材本身的化学成分及性能有关,还与焊接材料、焊接工艺措施有关。

金属材料的焊接性包括接合、使用两方面的性能。有时,完整的无缺陷的焊接接头并不一定具备满足要求的使用性能。例如,镍钼不锈钢的焊接,比较容易获得接合性能良好的焊接接头,但如果焊接方法和工艺措施不合适,则焊缝金属和焊接热影响区的抗腐蚀性就有可能达不到使用性能的要求,造成使用上的不合格。

随着焊接技术的发展,金属材料的焊接性也在改变。例如,铝在气焊和焊条电弧焊条件下,难以达到较高的焊接质量;而氩弧焊出现以后,用来焊铝却能获得满意的焊接质量。化学活泼性极强的钛及其合金的焊接也是如此。等离子弧、激光等新能源在焊接中的应用,使钨、钼、铌、钽、锆等高熔点金属及其合金的焊接都已经为可能。

7.1.2 影响金属焊接性的因素

金属材料焊接性的好坏,主要取决于材料的化学成分,而且与结构的复杂程度,刚性的大小,焊接方法,采用的焊接材料,焊接工艺条件及结构的使用条件也有密切关系。

母材和焊接材料(如气焊丝、气焊熔剂等),它们直接影响焊接性,所以正确选用母材是保证焊接性良好的重要基础。

对同一母材采用不同的工艺方法和措施,所表现的焊接性就不同。例如,钛合金对氧、氮、氢极为敏感,用气焊和手工电弧焊很难实现焊接,而用氩弧焊或等离子弧焊则可以取得满意的效果。气焊时,采取不同的焊接方法,控制火焰性质、火焰能率等,有利于改善金属的接合性能。合理的工艺措施对于防止产生焊接接头缺陷和提高使用性能,有着重要的作用。焊接工艺措施包括焊前预热和焊后缓冷等,它可以防止焊接热影响区淬硬变脆,降低焊接应力,避免冷裂纹的产生。合理地安排焊接顺序,也能够减小焊接应力和焊接变形。

7.1.3 金属焊接性的评定

焊接性评定是确保焊接结构焊接质量的重要工作,尤其是对新材料、新工艺、新设备、新结构,在焊接前都应作相应的焊接性评定和焊接工艺评定。

焊接性评定有间接判断法和直接试验法。

1. 焊接性间接判断法

间接判断法是利用已知金属的化学成分,折算出一个可比系数,再与经验系数或规范所定的系数相比较,来判断焊接性好坏的一种简单易行的方法。

(1)碳当量法

评定焊接性最简便的间接判断法是碳当量法。所谓碳当量是指把钢中的合金元素(包括碳)的含量,按其作用换算成碳的相当含量,作为评定钢材焊接性的一种参考指标。

钢材的化学成分是决定焊缝、热影响区是否淬硬的基本条件。在钢材的各种化学元素中,对焊接性影响最大的是碳,碳是引起淬硬的主要元素,故常把钢的含碳量作为判别钢材焊接性的主要标志,钢的含碳量越高,其焊接性越差。

钢中除了碳元素以外,其他的元素如锰、铬、铜、钼等也有一定的影响,故可将这些元素根据它们对焊接性影响的大小,折合成相当的碳元素含量,然后再求出各元素碳的相当含量之和,即碳当量。再用碳当量来判别该材料或结构的焊接性好坏,碳当量越大,焊接性越差。如低碳钢 Q215 - A、Q235 - A、10、20 等焊接性良好;中碳钢 Q275、45、60 等焊接性较差,焊接性较差的钢材在焊接时就需要采取一些相应的工艺措施,如预热、焊后缓冷等,否则就可能产生裂纹等焊接缺陷。

碳当量用 CE 来表示,碳当量的计算公式很多,早期应用最广的是国际焊接学会推荐的 CE(IIW) 和日本焊接协会的 C^{eq}(WES)。

$$CE = w(C) + \frac{w(Mn)}{6} + \frac{w(Cr) + w(Mo) + w(V)}{5} + \frac{w(Ni) + w(Cu)}{15} \qquad (7-1)$$

$$C^{eq}(WES) = w(C) + \frac{w(Mn)}{6} + \frac{w(Si)}{24} + \frac{w(Ni)}{40} + \frac{w(Cr)}{5} + \frac{w(Mo)}{5} + \frac{w(V)}{14} \qquad (7-2)$$

上两式中的元素符号表示该元素的质量分数。式(7-1)主要适用于中等强度的非调质低合金钢(σ_b = 400 ~ 700 MPa);式(7-2)主要适用于强度级别较高的低合金高强度钢(σ_b = 500 ~ 1 000 MPa),调质与非调质钢均可。根据资料报道,上述二式均仅适用于 $w(C)$ > 0.18% 的钢种,$w(C)$ < 0.17% 时不适用。这点在引用公式时应加以注意。

20 世纪 60 年代以来,各国都发展了一些低碳微量多合金元素的高强度钢,并在实验基础上建立了一些新的公式,其中具有代表性的是日本学者在对 200 多个钢种进行试验的基础上,建立的合金元素碳当量 Pcm 公式。

$$Pcm = w(C) + \frac{w(Si)}{30} + \frac{w(Mn) + w(Cu) + w(Cr)}{20} + \frac{w(Ni)}{60} + \frac{w(Mo)}{15} + \frac{w(V)}{10} + 5w(B)$$

$$(7-3)$$

式(7-3)适用于 $w(C) \leqslant 0.17\%$，$\sigma_b = 400 \sim 900$ MPa 的低合金高强度钢。Pcm 与 CE（ⅡW）之间的关系是

$$Pcm = \frac{2w(C) + CE(ⅡW)}{3} + 0.005 \qquad (7-4)$$

随着新钢种的不断研制，相应的碳当量公式也在不断完善。

碳当量计算公式中的 $w(X)$ 表示该元素在钢中的质量分数。

根据经验，当 CE < 0.25% 时，钢材的焊接性优良，焊接时不必预热；当 CE = 0.25% ~ 0.4% 时，钢材的淬硬倾向不明显，焊接性良好，焊接时一般不预热；当 CE = 0.4% ~ 0.6% 时，钢材的淬硬倾向逐渐明显，焊接性尚可，需要采取适当预热，控制线能量等工艺措施；当 CE > 0.6% 时，钢材淬硬倾向很强，属于焊接性差的材料，需采取较高的预热温度和严格的工艺措施。

用碳当量法来估算钢材的焊接性，具有快速、经济的优点，但只能做出粗略的定性估计，而不能完全代表材料的焊接性。这是由于碳当量法只考虑了金属材料化学成分而没有考虑众多焊接工艺因素和结构的复杂程度等对焊接性的影响，例如 16MnCu 钢的碳当量为 0.34% ~ 0.44%，焊接性尚好，但当焊件厚度大或在低温条件下焊接时，焊接性就差。

（2）焊接冷裂纹敏感指数

焊接冷裂纹敏感指数（Pc）既考虑了母材的化学成分，又考虑了熔敷金属含氢量与拘束条件的作用。公式如下：

$$Pc = w(C) + \frac{w(Si)}{30} + \frac{w(Mn) + w(Cu) + w(Cr)}{20} + \frac{w(Ni)}{60} + $$

$$\frac{w(Mo)}{15} + \frac{w(V)}{10} + \frac{w(B)}{5} + \frac{\delta}{600} + \frac{H}{60} (\%) \qquad (7-5)$$

式中　δ——板厚，mm；

　　　H——焊缝中扩散氢含量，mL/100 g。

式（7-5）适用条件：$w(C)$ 0.07 ~ 0.22%；$w(Si) \leqslant 0.6\%$；$w(Mn)$ 为 0.4 ~ 1.4%；$w(Cu) \leqslant 0.5\%$；$w(Cr) \leqslant 1.2\%$；$w(Mo) \leqslant 0.7\%$；$w(V) \leqslant 0.12\%$；$w(Nb) \leqslant 0.04\%$；$w(Ti) \leqslant 0.05\%$；$w(B) \leqslant 0.005\%$；$\delta = 19 \sim 50$ mm；$H = 1.0 \sim 5.0$ mL/100 g《熔敷金属中扩散氢测定方法》（GB/T 3965—1995）。

间接判断法的计算公式还有许多，它们都是在一定条件下取得的，因此在使用中必须注意到它们各自的局限性。用计算公式初步判断金属材料焊接性以后，还需进行试验加以检验。

2. 焊接性直接试验法

焊接性直接试验法可分为抗裂性试验、接头使用性能试验和工艺适应性试验。由于焊接裂纹是焊接接头中最危险的缺陷，因此用得最多的是抗裂性试验。

通过焊接性试验，可以用较小的代价达到以下几个目的：

第一，选择适用于基本金属的焊接材料。

第二，确定合适的焊接工艺参数，包括焊接电流、电弧电压、焊接速度，以及预热温度、层间温度、焊后缓冷及热处理等。

第三,发展和研制新型材料,确定它的适应性并做出评价。

焊接性试验有多种方法,各有其特点,因此在试验时必须分析具体产品的材质和结构特点,选用合适的试验方法,比较试件与产品之间的差别,然后再对试验结果进行综合分析,最后得出焊接性好坏的结论。

7.2　一般强度船用结构钢的焊接

本节介绍了 A、B、D、E 四个等级的一般强度船体结构钢,适用于厚度不超过100 mm的钢板和宽扁钢以及厚度不超过 50 mm 的型钢和棒材。

一般强度船用结构钢的脱氧方法和化学成分应符合表 7-1 的规定。表 7-2 所示为一般强度船用结构钢的交货状态。

表7-1　一般强度船用结构钢的脱氧方法和化学成分

钢材等级		A	B	D	E
脱氧方法 厚度 t/mm		$t \leqslant 50$,除沸腾钢外任何方法;$t > 50$,镇静处理	$t \leqslant 50$,除沸腾钢外任何方法;$t > 50$,镇静处理	$t \leqslant 25$,镇静处理;$t > 25$,镇静和细晶处理	镇静和细晶处理
化学成分/%	C	$\leqslant 0.21$	$\leqslant 0.21$	$\leqslant 0.21$	$\leqslant 0.18$
	Mn	$\geqslant 0.50$	$\geqslant 0.80$	$\geqslant 0.60$	$\geqslant 0.70$
	Si	$\leqslant 0.50$	$\leqslant 0.35$	$\leqslant 0.35$	$\leqslant 0.35$
	S	$\leqslant 0.035$	$\leqslant 0.035$	$\leqslant 0.035$	$\leqslant 0.035$
	P	$\leqslant 0.035$	$\leqslant 0.035$	$\leqslant 0.035$	$\leqslant 0.035$
	Al(酸溶)	—	—	$\geqslant 0.015$	$\geqslant 0.015$

表7-2　一般强度船用结构钢的交货状态

钢材等级	脱氧方法	产品形式	交货状态 厚度 t/mm				
			$t \leqslant 12.5$	$12.5 < t \leqslant 25$	$25 < t \leqslant 35$	$35 < t \leqslant 50$	$50 < t \leqslant 100$
A	沸腾钢	型材	A(-)	不适用			
	$t \leqslant 50$ mm,除沸腾钢外任何方法;$t > 50$ mm,镇静处理	板材	A(-)				N(-) TM(-) CR(50) AR*(50)
		型材	A(-)				不适用

表 7 - 2(续)

钢材等级	脱氧方法	产品形式	交货状态				
			厚度 t/mm				
			$t \leqslant 12.5$	$12.5 < t \leqslant 25$	$25 < t \leqslant 35$	$35 < t \leqslant 50$	$50 < t \leqslant 100$
D	镇静处理	板材,型材	A(50)		不适用		
	镇静和细晶处理	板材	A(50)			N(50) CR(50) TM(50)	N(50) TM(50) CR(25)
		型材	A(50)			N(50) CR(50) TM(50) AR*(25)	不适用
E	镇静和细晶处理	板材	N(每件),TM(每件)				
		型材	N(25),TM(ZS),AR*(15),CR*(15)				不适用

交货状态:A 任意;N 正火;CR 控制扎制;TM(TMCP)温度—形态控制轧制;AR* 经船检查部门同意,可采用热轧议货;CR* 经船检部门同意,可采用控制轧制交货。括号中的数值表示做冲击试验的取样批量,括号中数值(15,25,50)的单位为 t。(-)表示不做冲击试验。

船用结构钢根据规范要求,按强度等级可分为一般强度船用结构钢(屈服强度 $\sigma_s \geqslant 235$ MPa)和高强度船用结构钢(屈服强度 $\sigma_s \geqslant 32$ kg·f/mm² 级,即 $\sigma_s \geqslant 315$ MPa;$\sigma_s \geqslant 36$ kg·f/mm² 级,即 $\sigma_s \geqslant 355$ MPa;$\sigma_s \geqslant 40$ kg·f/mm² 级,即 $\sigma_s \geqslant 390$ MPa 等三级)两类。

7.2.1　一般强度船用结构钢的焊接性

一般强度船用结构钢含碳量小于或等于 0.21%,属于低碳钢,焊接性良好,焊接时一般不需要采取特殊的工艺措施。但为了获得良好的焊接接头,操作时应注意以下问题。

①当焊件厚度大,结构刚性大,或施焊环境温度较低时,尤其是对 D、E 级钢的焊接。应按表 7 - 3 的要求进行预热。

表 7 - 3　一般强度船用结构钢板厚、环境温度及预热温度的关系

厚度/mm	环境温度/℃	预热温度/℃
<16	< -10	100 ~ 150
16 ~ 24	< -5	
25 ~ 40	<0	
>40	任何温度	

②为了获得良好的焊缝形状,应适当增加焊缝宽度,特别是埋弧自动焊,焊接 A 级钢材时,由于钢的含锰量较低,含硫量较高,此时应选择合理的焊接工艺参数,使焊缝的成形系数大于 1.5 为佳,以防止产生热裂纹。

7.2.2　一般强度船用结构钢的焊接工艺

1. 焊接方法

一般强度船用结构钢几乎适用各种焊接方法进行焊接,并能保证焊接接头的良好质量。船厂常用的焊接方法是焊条电弧焊、埋弧自动焊、CO_2焊以及电渣焊等。

2. 焊接材料

可根据"等强度原则"选择焊条或焊丝。焊接一般简单且承受静载荷的船体结构,可选用酸性焊条;焊接承受动载荷和复杂或大厚度的重要船体结构,最好选用碱性焊条;焊丝常采用 H08A、H08MnA 或 H08Mn2SiA;焊剂常用 HJ431。

3. 典型一般强度船用结构钢——Q235A 的焊接

Q235A 是目前船厂应用较多的一般强度船用结构钢,常用在上层建筑和舱壁等结构上,其焊接性良好,一般不需要预热和焊后热处理,当结构刚性大、环境温度低时应预热。常用的焊接方法有焊条电弧焊、埋弧自动焊、CO_2焊、电渣焊等。

7.3　高强度船用结构钢的焊接

高强度船用结构钢按其屈服强度划分强度级别,每一强度级别又按其冲击韧性的分为 A、D、E、F 四级。本节适用于厚度不超过 100 mm 的 A32、D32、E32、F32、A36、D36、E36、F36、A40、D40、E40 和 F40 等级的钢板和宽扁钢;还适用于上述等级的厚度不大于 50 mm 的型钢和棒材。

7.3.1　高强度船用结构钢的焊接性

高强度船用结构钢的化学成分见表 7-4,高强度船用结构钢的力学性能见表 7-5。为保证具有良好的焊接性,高强度船用结构钢的含碳量小于或等于 0.18%,同时由于钢中通过加入合金元素来提高强度和韧性,因此对焊接性的影响也很复杂。强度级别较低时具有良好的焊接性,焊接过程中不需要采用特殊的工艺措施便可保证接头质量,但对强度大于 450 MPa,厚度较大或结构刚性较大的焊件,焊接时就必须采取一定的工艺措施,避免出现缺陷。

表 7-4　高强度船用结构钢的化学成分

等级		A32,A36,A40,D32,D36,D40,E32,E36,E40	F32,F36,F40
化学成分/%	C	≤0.18	≤0.16
	Mn	0.90 ~ 1.60	0.90 ~ 1.60
	Si	≤0.50	≤0.50
	S	≤0.035	≤0.025
	P	≤0.035	≤0.025
	Al(酸溶)	>0.015	≥0.015
	Nb	0.02 ~ 0.05	0.02 ~ 0.05

表7-4(续)

等级		A32,A36,A40,D32,D36,D40,E32,E36,E40	F32,F36,F40
化学成分/%	V	0.05~0.10	0.05~0.10
	Ti	≤0.02	≤0.02
	Cu	≤0.35	≤0.035
	Cr	≤0.20	≤0.20
	Ni	≤0.40	≤0.80
	Mo	≤0.08	≤0.08
	N	—	≤0.009(如含铝时,≤0.012)

表7-5　高强度船用结构钢的力学性能

钢材等级	屈服强度 R_{eH}/ $(N \cdot mm^{-2})$	抗拉强度 R_m/ $(N \cdot mm^{-2})$	伸长率 A_s/%	试验温度/℃	夏比V形缺口冲击试验 平均冲击功/J 厚度 t/mm					
					$t \leq 50$		$50 < t \leq 70$		$70 < t \leq 100$	
					纵向	横向	纵向	横向	纵向	横向
A32	≥315	440~570	≥22	0	≥31	≥22	≥38	≥26	≥46	≥31
D32				-20						
E32				-40						
F32				-60						
A36	≥355	490~620	≥21	0	≥34	≥24	≥41	≥27	≥50	≥34
D36				-20						
E36				-40						
F36				-60						
A40	≥39	510~660	≥20	0	≥39	≥26	≥46	≥31	≥55	≥37
D40				-20						
E40				-40						
F40				-60						

高强度船用结构钢焊接时易出现的主要问题有:

1. 焊接接头中产生裂纹

裂纹是船体结构中最危险的一种缺陷。它不仅会造成废品,而且可能酿成灾难性事故。它对焊接结构的危害有以下几方面:

①减少了焊接接头的有效承载面积,因而降低了焊接结构的承载能力;

②裂纹两端的缺口效应造成了严重的应力集中,很容易扩展而形成宏观开裂或整体断裂。

在焊接生产中出现的裂纹形式是多种多样的,有的裂纹出现在焊缝表面,肉眼就能观察到;有的隐藏在焊缝内部,不通过探伤检查就不能发现。有的产生在焊缝中;有的则产生在热影响区中。不论是在焊缝还是热影响区上的裂纹,平行于焊缝的称为纵向裂纹,垂直于焊缝的称为横向裂纹,如图 7-1 所示。根据裂纹产生的条件,我们把焊接裂纹归纳为热裂纹、冷裂纹、再热裂纹和层状撕裂,本节主要讨论高强度船用结构钢焊接时易出现的热裂纹和冷裂纹。

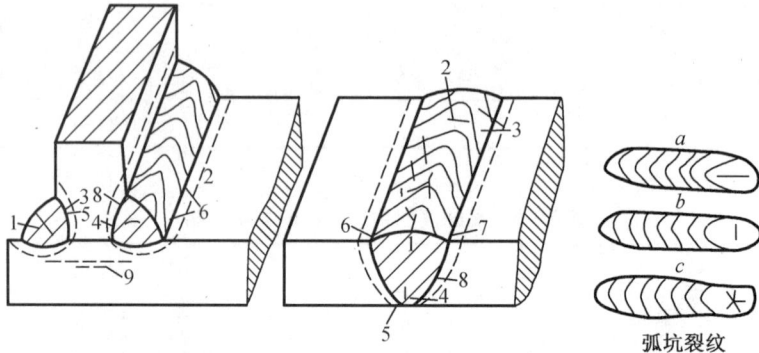

1—焊缝中的纵向裂纹与弧形裂纹(多为结晶裂纹);2—焊缝中的横向裂纹(多为延迟裂纹);3—熔合区附近横向裂纹(多为延迟裂纹);4—焊缝根部裂纹(延迟裂纹、热应力裂纹);5—近缝区根部裂纹(延迟裂纹);6—焊趾处纵向裂纹(延迟裂纹);7—焊趾处纵向裂纹(液化裂纹);8—焊道下裂纹(延迟裂纹、液化裂纹、高温低塑性裂纹);9—层状撕裂。

图 7-1　焊接裂纹分布形态示意图

(1)热裂纹

金属在产生焊接热裂纹的高温下,晶界强度低于晶粒强度,因而热裂纹具有沿晶界开裂的特征。热裂纹通常多产生于焊缝金属内,但也可能形成在焊接熔合线附近的被焊金属(母材)内。

(2)防止结晶裂纹的冶金措施

①控制焊缝中硫、磷、碳等有害元素的含量,适当提高 Mn/S 的比值。硫、磷、碳等元素主要来源于母材与焊接材料,因此首先要杜绝其来源。具体的措施是:第一,选用合格的母材。对焊接结构用钢的化学成分在国家标准和行业标准中都做了严格的规定,特别是对用来制造重要产品的一些钢种,如锅炉及压力容器用钢一般规定 $w(S)$、$w(P)$ 均小于或等于 0.035%,强度级别较高的调质钢则要求更严;第二,选用合格的焊接材料。为了保证焊缝中有害元素含量低于母材,对焊丝用钢、焊条药皮、焊剂原材料中的碳、硫、磷含量也做了更为严格的规定,如焊丝中的碳、硫、磷含量均低于同牌号的母材。

②对熔池进行变质处理。在焊接时,在焊缝中加入 Mo、V、Ti、Zr、Al、Re 等元素,通过变质处理细化焊缝晶粒,打乱柱状晶的方向性,不仅可以起到提高抗结晶裂纹能力的作用,还可提高焊缝金属的力学性能。

③调整熔渣的碱度。实验证明,焊接熔渣的碱度越高,熔池脱硫、脱氧越完全,其中杂质越少,从而不易形成低熔点化合物,可以显著降低焊缝金属的结晶裂纹倾向。因此,在焊接较重要的产品时,应选用碱性焊条或焊剂。

（3）防止产生结晶裂纹的工艺措施

在产品结构一定的条件下,工艺措施不仅可改变冷却速度而影响焊接应力,而且可通过熔合比及焊缝成形系数的变化影响焊缝的化学成分和偏析情况,因而可改变焊缝的抗裂能力。防止产生结晶裂纹的工艺措施如下。

①调整焊接顺序,降低拘束应力。

接头刚性越大,焊缝金属冷却收缩时受到的拘束应力也越大。在产品尺寸一定时,合理安排焊接顺序,对降低接头的刚度、减小内变形有明显效果,从而可以有效防止结晶裂纹产生。

如图 7-2 所示的钢板拼接,可选择不同的焊接顺序:方案Ⅰ是先焊焊缝 1,后焊 2 和 3;方案Ⅱ为先焊焊缝 2 和 3,后焊 1。方案Ⅰ,各条焊缝在纵向及横向都有收缩余地,则内变形较小。方案Ⅱ,在焊接焊缝Ⅰ时其横向和纵向收缩都受到上下两焊缝的限制,内变形较大,则很容易产生纵向裂纹。

图 7-3 所示为对接焊缝与角接焊缝交叉。对接焊缝 1 的横向收缩量大,必须先焊对接焊缝 1,后焊角接焊缝 2。反之,如果先焊角接焊缝 2,则焊接对接焊缝 1 时,其横向收缩不自由,极易产生裂纹。

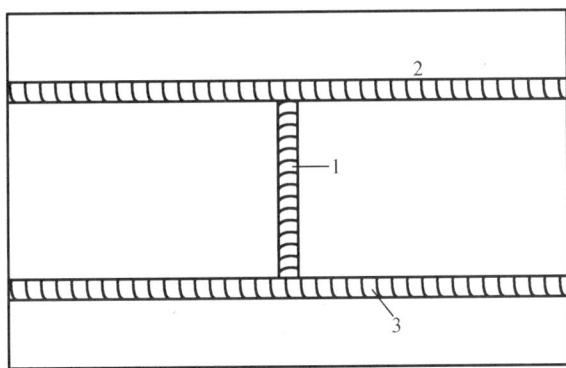

图 7-2　钢板拼接

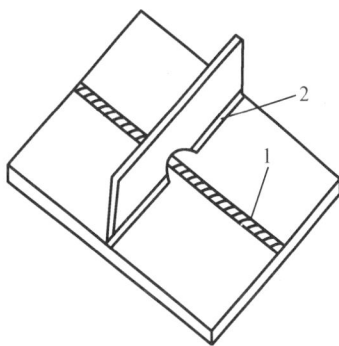

图 7-3　对接焊缝与角接焊缝交叉

图 7-4 所示为锅炉管板管束的焊接顺序,若采用同心圆式或平行线式焊接顺序,都会因刚度大而导致开裂,而采用放射交叉式焊接顺序,就可获得较好的效果。

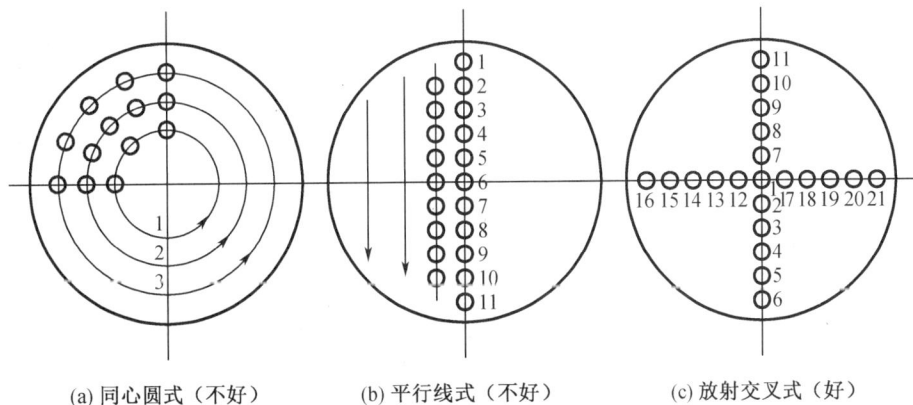

(a) 同心圆式（不好）　　(b) 平行线式（不好）　　(c) 放射交叉式（好）

图 7-4　锅炉管板管束焊接顺序

②调整冷却速度。

冷却速度越高,变形增长率越大,结晶裂纹倾向也越大。降低冷却速度可通过调整焊接工艺参数或预热来实现。用增加热输入来降低冷却速度的效果是有限的,采用预热则效果较明显。但要注意,结晶裂纹形成于固相线附近的高温,需用较高的预热温度才能降低高温的冷却速度。高温预热将提高成本,恶化劳动条件,有时还会影响接头金属的性能,应用时要全面权衡利弊。在生产中,只在焊接一些对结晶裂纹非常敏感的材料(如中、高碳钢或某些高合金钢)时,才用预热来防止产生结晶裂纹。

③调整焊接工艺参数以得到抗裂能力较强的焊缝成形系数。

一般说来,提高成形系数可以提高焊缝的抗裂能力。这主要是因为随着焊缝成形系数的变化,焊缝结晶时柱状晶长大的方向也会发生变化,从而会改变焊缝区域偏析的情况(图7-5)。图7-6反映出碳钢焊缝的成形系数与结晶裂纹的关系,从图中可以看出,当焊缝$w(C)$提高时,为防止结晶裂纹所需要的成形系数也相应提高,以保证枝晶呈人字形向上生长,

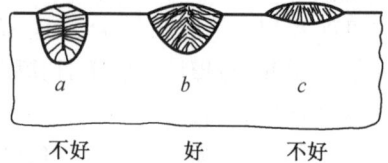

图7-5 不同成形系数时的结晶情况

避免因晶粒相对生长而在焊缝中心形成杂质聚集的脆弱面。为此,要求$\phi > 1$,但也不宜过大。如当$\phi > 7$时,由于焊缝过薄,抗裂能力反而下降。

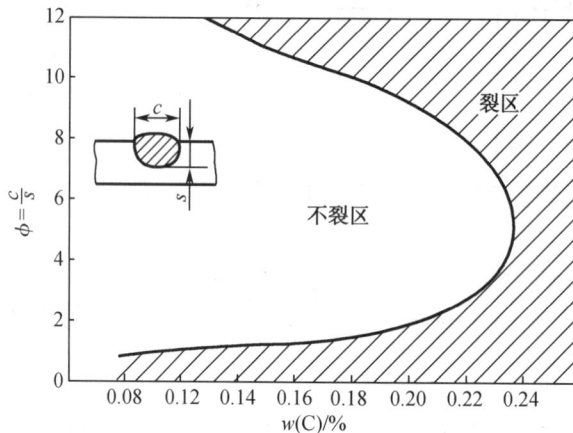

$w(Mn)/w(S) \geqslant 18, w(S) = 0.02\% \sim 0.025\%$。

图7-6 碳钢焊缝的成形系数与结晶裂纹的关系

为了调整成形系数,必须合理选用焊接工艺参数。一般情况下,成形系数随电弧电压升高而增加,随焊接电流的增加而减小。当热输入不变时,焊接速度越大,成形系数越小,则结晶裂纹倾向也越大。

④限制熔池过热。

熔池过热会使焊缝中易形成粗大的组织而使结晶裂纹的倾向增大。为了限制熔池过热,应降低焊接热输入,并采用较小的焊接电流,这样可以减小晶粒度和降低变形量,从而减小结晶裂纹的倾向。

⑤清理焊丝表面和坡口及其两侧母材上的油污、铁锈和氧化膜,防止这类杂质熔入

焊缝。

上面结合影响结晶裂纹的因素介绍了一些主要的防止措施。生产中的实际情况比较复杂,必须根据具体条件(材料、产品结构、技术要求、工艺条件等)抓住主要问题,才能做到有针对性地采取措施。

目前,热裂纹的形成与扩展规律已基本被人们所掌握,并在钢种设计、冶炼与焊接材料设计制造中采取了必要措施。因此,在焊接低碳钢和低合金可焊钢种时,只要做到选材正确、工艺合理和检验严格,热裂纹是完全可以避免的。

(4)冷裂纹

焊接生产中,由于采用的母材、焊接材料、结构类型以及施工条件不同,引起冷裂纹的关键因素也会有一定的差异。

防止产生冷裂纹的措施:

①选用低氢型焊条,减少焊缝中氢的含量。

②严格遵守焊接材料的保管、烘焙和使用制度,谨防受潮。

③仔细清理坡口边缘的油污、水分和锈迹,减少氢的来源。

④根据材料等级、含碳量、构件厚度、施焊环境等,选择合理的焊接工艺参数和采用合适的焊接工艺措施,改善焊件的应力状态,降低扩散氢含量,避免热影响区过热、晶粒粗大所造成的接头脆化现象。

2. 热影响区淬硬倾向

由于高强度船用结构钢中加入了合金元素,且化学成分不同,性能差异很大,因此焊接性也有较大差异,一般是含碳量和合金元素含量越高,其淬硬倾向就越大,并随着强度级别的提高而增大。特别对于强度大于 450 MPa 的高强度船用结构钢,其碳当量大于0.45%,热影响区淬硬倾向大,硬度明显较高,塑性和韧性低,抗应力腐蚀性能较差,使焊接接头的综合性能较差。

另一个影响淬硬倾向的因素是冷却速度,热影响区淬硬程度主要取决于 800~850 ℃ 温度区间的冷却速度,即取决于板厚、接头形式等结构因素和预热、焊接工艺参数、焊接工艺方法和焊后冷却条件等工艺因素。焊件在焊接后冷却速度越快,其淬硬倾向也越大。

3. 对焊接热输入的敏感性

焊接时采用过大的焊接线能量,导致焊缝热输入过大时,还会造成焊接接头过热,从而导致接头塑性、韧性较差。

7.3.2　高强度船用结构钢焊接工艺

1. 焊接方法

一般采用焊条电弧焊、埋弧自动焊和 CO_2 焊;较厚件可采用电渣焊;屈服强度大于 500 MPa 的高强度船用结构钢,宜采用富氩混合气体(如 Ar80% + $CO_2$20%)保护焊。

2. 焊接材料

一般可选用与焊件强度相当的低氢焊条、碱度较高的埋弧焊焊剂。另外还要考虑到坡口形式、焊后的冷却速度,以及焊缝金属使用性能的特殊要求。焊条、焊剂使用前必须严格烘焙,在使用过程中要注意防潮;对焊丝及焊件应仔细清除其表面的油污、锈、和水分等,以减少焊缝中氢的含量。相应焊接材料的选用见表 7-6。

表 7 - 6　高强度船用结构钢焊接材料的选用

钢材等级	钢材牌号	焊条		埋弧自动焊		施工条件
		型号	牌号	焊丝	焊剂	
32 kg·f/mm²	16Mn、16MnCu、14MnNb、12MnV	E5003 E5015 E5016	J502 J507 J506	H08A(不开坡口) H08MnA(开坡口) H10Mn2(厚板开坡口)	HJ431	一般情况 不预热
36 kg·f/mm²	15MnV、15MnTi、16MnNb	E5003 E5015 E5016 E5515 - G	J502 J507 J506 J557	H08MnA(不开坡口对接)	HJ431	一般情况不预热或预热 100~150 ℃
				H10Mn2(中板开坡口) H08Mn2SiA(中板开坡口)	HJ431	
				H08MnMoA(厚板深坡口)	HJ350、 HJ250	
40 kg·f/mm²	15MnVN、14MnVTiRe、18MnMoNb	E5515 - G E6015 - D₁ E6015 - D	J557 J607 J607	H08MnMoA H04MnVTia H08Mn2MoA	HJ431 HJ350	预热 150 ℃ 以上施工

3. 焊接工艺参数

高强度船用结构钢焊接时,焊接工艺参数的影响比焊接低碳钢时要大,它直接影响到焊接接头的性能。

焊接工艺参数对热影响区淬硬组织的影响,主要是通过冷却速度产生的。焊接工艺参数大时,线能量也就大,冷却速度就慢。反之,线能量小,冷却速度则快。所以,从减小过热区淬硬倾向来讲,焊接工艺参数应选大些。但是,焊接工艺参数过大,在高温停留的时间长,过热区的晶粒长大严重,热影响区韧性降低。所以,对于过热敏感性大且有一定淬硬性的钢材,焊接时焊接工艺参数又不能太大,从而减少焊接高温停留的时间。可同时采用预热以降低过热区的淬硬程度。

预热温度的选择与钢材和焊接材料的化学成分、钢板的厚度、焊件结构的刚性、接头的形式、焊接方法以及环境温度等有关,应综合考虑这些因素后通过试验来确定。

4. 焊后热处理

焊后是否需要热处理,需要根据钢板的化学成分、板厚、结构刚性、焊接方法及使用条件等因素进行考虑。钢材牌号确定后,其主要决定于钢板厚度。

造船结构绝大多数是不进行焊后热处理的,所以应从焊接工艺上采取措施,如采用短段多层焊和逐步退焊法、采用退火焊法、锤击、采用小焊接工艺参数、适当选取预热温度、高韧性低组配等。

7.3.3　典型高强度船用结构钢的焊接

Q345 钢是 350 MPa 级的高强度船用结构钢,它比 Q235 - A 多加入了约 1% 的锰,而屈服强度却提高了 35% 左右,而且加工性和可焊性都较好,所以在船体结构上广泛应用。

1.16Mn 钢的焊接性

它的可焊性良好,由于锰和和硅的影响,其淬硬倾向比 Q235(A3)钢稍大,只有在大厚度、结构刚性大和采用的焊接焊接工艺参数不合理时才有淬硬和裂纹的倾向。16Mn 钢是在低温条件下进行焊接时,应进行适当的预热,见表 7-7。

表 7-7　不同板厚 16Mn 钢低温焊接时的预热要求

板厚/mm	不同温度下焊接时的预热要求	
<16	高于 -10 ℃ 不预热	低于 -10 ℃ 预热至 100~150 ℃
16~24	高于 -5 ℃ 不预热	低于 -5 ℃ 预热至 100~150 ℃
25~40	高于 0 ℃ 不预热	低于 0 ℃ 预热至 100~150 ℃
>40	均需预热至 100~150 ℃	

2.焊条电弧焊

焊接结构如无特殊要求,焊条电弧焊焊条应采用强度等级为 E50 的焊条,E5016(J506)、E5015(J507)等碱性焊条或 E550(J552)、E55O1(J553)等酸性焊条。对于结构强度要求不高、负荷不大的薄板焊接,也可采用 E4316(J426)、E4315(J427)等焊条。

3.埋弧自动焊

焊剂一般用高锰高硅型,如焊剂 431、焊剂 350 等,配合 H08A、H08MnA、H10Mn2、H10MnSi 等焊丝,可以得到良好的效果。当焊件不开坡口时,一般可选用 H08A 焊丝;对于开坡口焊件的焊接,选用 H10MnA、H10Mn2 或 H10MnSi 等为宜;对于大厚度深坡口焊件的焊接,选用 H10Mn2 焊丝,并配用焊剂 350,可得力学性能较高的焊接接头。

4.CO_2 焊

采用的焊丝牌号为 H08MnSi 和 H10MnSi。细焊丝主要用于薄板结构及厚板窄间隙焊接,粗焊丝用于中厚板结构焊接或铸钢件补焊等。

5.异种材料的焊接

当 16Mn 钢与低碳钢焊接时,焊接材料和焊接工艺均按 16Mn 钢的要求选择。对于受压部件,可按低碳钢工艺施焊。

6.定位焊

定位焊应在 5 ℃ 以上进行,当气温低于 5 ℃ 时应稍预热。定位焊长度应大于 50 mm,间距要小,采用较大的焊接电流和慢焊速,收弧时应填满弧坑。

另外,还要考虑结构刚性的大小,当焊接刚性极大的结构时,即使在一般气温下也应采取严格的工艺措施,如预热、合理的焊接顺序、合理的操作工艺、合理的焊缝形状系数等。

7.4　不锈钢的焊接

不锈钢按室温组织分为奥氏体不锈钢、铁素体不锈钢、马氏体不锈钢。本节简要介绍奥氏体不锈钢及奥氏体不锈钢与低碳钢的焊接。

奥氏体不锈钢具有良好的耐腐蚀性、塑性、高温性能和焊接性,船用不锈钢的焊接绝大部分是奥氏体不锈钢的焊接,其中以 18-8 不锈钢(如 1Cr18Ni9)为代表。

7.4.1 奥氏体不锈钢的焊接性

奥氏体不锈钢的焊接性良好,焊接时一般不需要采取特别的工艺措施。奥氏体不锈钢在焊接过程中的弹、塑性应力和应变量很大,却极少出现冷裂纹。焊接接头不存在淬火硬化区及晶粒粗大化,故焊缝抗拉强度较高。其主要问题:焊接变形较大;因其晶界特性和对某些微量杂质(S、P)敏感,易产生热裂纹。

7.4.2 奥氏体不锈钢的焊接工艺

1. 焊接方法

原则上,一般的电弧焊方法均能用于奥氏体不锈钢的焊接,目前在生产上常用的方法有焊条电弧焊、氩弧焊和埋弧自动焊。其中焊条电弧焊和氩弧焊是奥氏体不锈钢中应用广泛的焊接方法;埋弧自动焊用于中厚板时可提高生产率,也能提高焊缝质量,但是由于热输入大,易破坏奥氏体不锈钢的耐腐蚀性和出现热裂纹,故应慎重选用。

2. 焊接材料

奥氏体不锈钢的焊接材料基本上应按"等成分原则"选择,即应确保所有熔敷的焊缝金属与母材成分相同或接近,同时还应考虑焊缝的金相组织和焊件的使用状态。常用奥氏体不锈钢焊接材料的选用见表7-8。

表 7-8　常用奥氏体不锈钢焊接材料的选用

母材牌号	焊条电弧焊		氩弧焊	埋弧焊	
	牌号	GB 型号	焊丝	焊丝	焊剂
1Cr18Ni9 0Cr18Ni9	A102 A107	E0 - 19 - 10 - 16	H0Cr21Ni10	H0Cr21Ni10	HJ260 HJ151
00Cr19Ni11	A002	E00 - 19 - 10 - 16	H00Cr21Ni10	H00Cr21Ni10	HJ172 HJ151
1Cr18Ni9Ti 0Cr18Ni11Ti	A132 A137	E0 - 19 - 10Nb - 16	H0Cr20Ni10Ti H0Cr20Ni10TiNb	H0Cr20Ni10Ti H0Cr20Ni10TiNb	
0Cr23Ni13	A302	E1 - 23 - 13 - 16	H1Cr24Ni13	—	
0Cr25Ni20	A402	E2 - 26 - 21 - 16	H0Cr26Ni21	—	

7.4.3 不锈钢与低碳钢的焊接

1. 异种钢的焊接

不锈钢与低碳钢的焊接是生产中常见的异种钢焊接。焊接时的主要问题是焊缝中不锈钢与低碳钢熔合部分的成分。若用碳钢焊条焊接,不锈钢中的铬、镍元素掺入焊缝,使焊缝金属硬度增加,塑性降低,甚至会产生裂纹;若用不锈钢焊条焊接,则由于低碳钢的熔化对不锈钢中的铬镍成分的稀释作用和碳的增加,降低焊缝金属的塑性和耐腐蚀性能。

不锈钢和碳钢焊接时,可以先在碳钢接头的坡口堆焊一层高铬镍奥氏体钢(常用 25 - 13 型焊条,如 A302、A307;及 25 - 20 型焊条,如 A402、A407)过渡层,然后在过渡层与不锈钢之间再选用与不锈钢基本金属相应的焊条来进行焊接,如 A307,焊缝金属为奥氏体加少量铁素体,抗裂性和力学性能均较好。同时,接头坡口角度的选取在碳钢部位应大些,一般不锈钢的一侧为30°,低碳钢的一侧为40°。其余要求可参照不锈钢的焊接。

2. 不锈复合钢板的焊接

由不锈钢复层和碳钢(或低合金钢)基层复合而成的钢板称为不锈复合钢板,如图7-7所示。由复层保证耐腐蚀性能,而强度主要靠基层获得。通常复层厚度约1.5~3.5 mm,相对一般不锈钢板来说,可节约60%~70%的不锈钢,具有很大的经济意义。

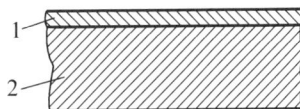

1—复层(不锈钢);
2—基层(碳钢或低合金钢)。

图7-7 不锈复合钢板

焊接时应遵循的原则:先焊碳钢(或低合金钢)基层,后焊不锈钢复层,如图7-8所示。

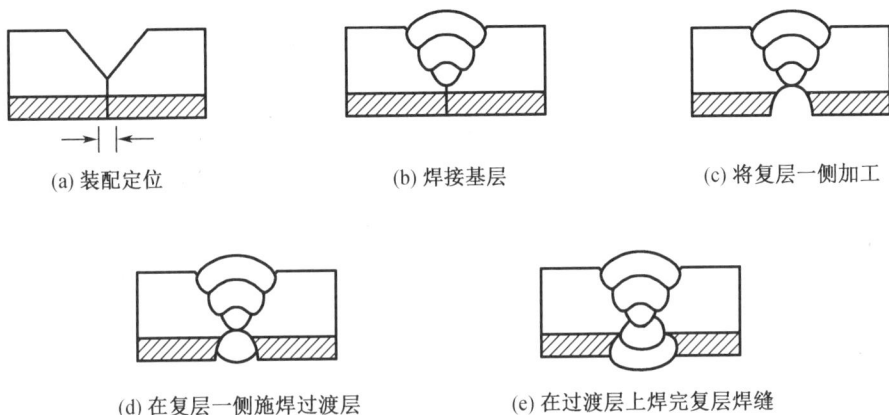

(a) 装配定位   (b) 焊接基层   (c) 将复层一侧加工

(d) 在复层一侧施焊过渡层   (e) 在过渡层上焊完复层焊缝

图7-8 不锈复合钢板对接焊缝的焊接顺序

基层与基层的焊接采用与基层材料相应的结构钢焊条;基层与复层交界处可用高铬镍奥氏体焊条(A302和A307等)先焊一层过渡层,以减弱碳钢对不锈钢合金成分的稀释作用;最后进行复层与复层之间的焊接,可采用与复层材料相应的不锈钢焊条。焊接时,宜采用小电流、快焊接速度、多道焊、焊条不做横向摆动。

7.5 非铁金属材料的焊接

非铁金属材料具有独特的优良性能,特别是铝合金,在造船行业中的应用也越来越广泛,大大改善了船舶的使用性能。本节主要介绍铝及铝合金、铜及铜合金的焊接,并简要介绍钛及钛合金的焊接。

7.5.1 铝及铝合金的焊接

1. 铝及铝合金的焊接性

铝合金的化学成分见表7-9。

表7-9 铝合金的化学成分　　　　　　　　　　　　　　　　　单位:%

牌号	Si	Fe	Cu	Mn	Mg	Cr	Zn	Ti	Al	其他元素[①]	
										每种	总量
5A01	Si + Fe ≤0.40		≤0.10	0.30 ~ 0.70	6.0 ~ 7.0	0.10 ~ 0.20	≤0.20	≤0.15	余量	≤0.05	≤0.15
5454	≤0.25	≤0.40	≤0.10	0.50 ~ 1.00	2.4 ~ 3.0	0.05 ~ 0.20	≤0.25	≤0.20	余量	≤0.05	≤0.15
5083	≤0.40	≤0.40	≤0.10	0.40 ~ 1.00	4.0 ~ 4.9	0.05 ~ 0.25	≤0.25	≤0.15	余量	≤0.05[④]	≤0.15
5383	≤0.25	≤0.25	≤0.20	0.70 ~ 1.00	4.0 ~ 5.2	≤0.25	≤0.40	≤0.15	余量	≤0.05[⑤]	≤0.15[④]
5059	≤0.45	≤0.50	≤0.25	0.60 ~ 1.20	5.0 ~ 6.0	≤0.25	0.40 ~ 0.90	≤0.20	余量	≤0.05	≤0.15[⑤]
5086	≤0.40	≤0.50	≤0.10	0.20 ~ 0.70	3.5 ~ 4.5	0.05 ~ 0.25	≤0.25	≤0.15	余量	≤0.05	≤0.15
5456	≤0.25	≤0.40	≤0.10	0.50 ~ 1.00	4.7 ~ 5.5	0.05 ~ 0.20	≤0.25	≤0.20	余量	≤0.05	≤0.15
5754	≤0.40	≤0.40	≤0.10	≤0.50[②]	2.6 ~ 3.6	≤0.30[③]	≤0.20	≤0.15	余量	≤0.05	≤0.15
6005A	0.50 ~ 0.90	≤0.35	≤0.30	≤0.50[②]	0.4 ~ 0.7	≤0.30[③]	≤0.20	≤0.10	余量	≤0.05	≤0.15
6061	0.40 ~ 0.80	≤0.70	0.15 ~ 0.40	≤0.15	0.8 ~ 1.2	0.04 ~ 0.35	≤0.25	≤0.15	余量	≤0.05	≤0.15
6082	0.70 ~ 1.30	≤0.50	≤0.10	0.40 ~ 1.0	0.6 ~ 1.2	≤0.25	≤0.20	≤0.15	余量	≤0.05	≤0.15

注:①其他元素包括 Ni、Ga、V 和其他未显示成分限制的元素,常规试验时不必分析。

②0.10% ≤ $w(Mn + Cr)$ ≤ 0.60%。

③0.12% ≤ $w(Mn + Cr)$ ≤ 0.50%。

④$w(Zr)$ ≤ 0.20%,其他元素的总量中不包括锆(Zr)。

⑤0.05% ≤ $w(Zr)$ ≤ 0.25%,其他元素的总量中不包括锆。

　　铝及铝合金的焊接性比低碳钢差,这主要与其本身的物理和化学性能有关,铝及铝合金焊接的主要问题有以下几个。

　　(1)容易氧化

　　铝与氧的亲和力强,常温下就能氧化生成一层厚度为 0.1 ~ 0.2 μm 的氧化铝(Al_2O_3)薄膜,对防腐有利,但给焊接带来困难。由于氧化铝的熔点高达 2 500 ℃,远远超过铝合金的熔点 600 ℃左右,且密度大,在焊接熔池中不易上浮,容易形成夹渣。而且氧化铝薄膜还吸附了较多的水分,焊接时会促使焊缝产生气孔。

为保证焊接质量,焊前必须将焊件、焊丝表面的氧化膜用化学或机械的方法清除干净,并有效防止在焊接过程中再氧化。

(2)容易烧穿

当铝受热温度升高时,强度和塑性下降很快,在 370 ℃时强度仅为 1 MPa,加之铝熔化时颜色没有明显的变化,极易因熔池温度过高而烧穿焊件。采用垫板的方法可以防止烧穿。

(3)容易形成气孔

氮不溶于液态铝,铝也不含碳,因此不会产生氮和一氧化碳气孔。焊接铝合金时,使焊缝产生气孔的气体是氢气,氢能大量溶于液态铝但几乎不溶于固态铝,冷却时由于结晶速度快,大量的氢气来不及逸出熔池,产生气孔。

焊接时,为减少氢的来源,焊前应对焊件和焊接材料认真地清除潮气及油污,并选择强规范焊接工艺,同时在焊接过程中应尽可能少中断,以防气孔的形成。

(4)焊接变形和形成热裂纹的倾向大

铝的线膨胀系数约比铁大一倍,而其凝固时的收缩率又比铁大两倍,因此易产生较大的焊接变形和应力。

纯铝及大部分非热处理强化铝合金在熔焊时,很少产生裂纹,只有在杂质含量超过规定或刚性很大的不利条件下,才会产生裂纹。而对热处理强化铝合金熔焊时,经常会产生热裂纹问题,尤其是在焊接刚性夹紧的焊件或大厚度焊件时,产生热裂纹倾向大。

防止热裂纹的措施,仍然是从减少焊接应力,调节熔池金属成分,改善熔池结晶条件,正确选择焊接方法及控制焊接工艺参数等几方面考虑。

2.铝及铝合金的焊接工艺

(1)焊接方法

铝及铝合金的焊接方法很多,各种方法有其应用场合,因此需要根据铝及铝合金的牌号、焊件厚度、产品结构、生产条件以及焊接接头质量要求等因素合理选择,目前可以用气焊、焊条电弧焊、钨极氩弧焊、熔化极氩弧焊、等离子弧焊、电阻焊以及电渣焊、激光焊、真空电子束焊、爆炸焊等方法。表 7 - 10 中列出了几种常用铝及铝合金焊接方法的特点及应用范围。

表 7 - 10　几种常用铝及铝合金焊接方法的特点及应用范围

焊接方法	特点	应用范围
气焊	设备简单,操作方便,但火焰的热功率较低,热量分散,焊件变形大,生产率低	适用于焊接质量要求不高的薄板(厚度 0.5～10 mm)结构的焊接或铸件的补焊
焊条电弧焊	电弧热量比较集中,焊接速度快。但形成焊缝的致密性和表面较粗糙,接头质量差	实际生产中应用较少,仅用于板厚大于 4 mm 且要求不高的焊件补焊及修复
钨极氩弧焊	有氩气保护,热量较集中,电弧燃烧稳定,焊缝金属致密,接头的强度和塑性高,可获得优质接头。但设备费用高	主要用于一些重要结构的中厚板(厚度 1～20 mm)焊接

表 7 – 10（续）

焊接方法	特点	应用范围
熔化极氩弧焊	电弧功率大，热量集中，焊接速度快，热影响区小，生产率较高，焊接质量好，但设备费用高	可用于属于焊厚件（δ 小于 50 mm）的纯铝及铝合金板材

（2）焊接材料

焊条电弧焊时电弧热的调节和操作较困难，所以使用较少，且焊接的板厚在 4 mm 以上，铝及铝合金焊条型号、牌号及用途见表 7 – 11。

表 7 – 11　铝及铝合金焊条型号、牌号及用途

型号	牌号	用途
E1100（TAl）	AL109	焊接纯铝及一般接头强度要求不高的铝合金
E3003（TAlSi）	AL209	焊接铝板、铝硅铸件、一般铝合金及硬铝
E4003（TAlMn）	AL309	焊接纯铝、铝锰合金及其他铝合金

氩弧焊是焊接铝及铝合金较满意的熔焊方法，钨极氩弧焊一般适用于焊接薄板，厚板一般用熔化极氩弧焊。气焊由于经济、方便，在焊接要求不高的纯铝和非热处理强化铝合金时采用。

气焊、氩弧焊时需添加填充焊丝，焊丝可分为同质焊丝和异质焊丝。

①同质焊丝的成分与母材成分相同，有时可以将母材上切下的板条作为填充金属。当母材为纯铝 3A21（LF21）、5A06（LF62）、A16（LY16）和 Al – Zn – Mg 合金时，可以采用同质焊丝。

②异质焊丝主要是为了适应抗裂性的要求而研制的焊丝，其成分与母材有较大的差异。这种异质焊丝有的已列入标准，有的属于非标准，例如，SAlSi – 1（Al – 5Si）属于标准焊丝，除不适用于含镁量较高的合金之外（因易形成脆性相 Mg_2Si），可用于焊接多数铝合金，通常用于焊接硬铝之类的高强度铝合金，抗裂性较好。

3. 铝合金的新型焊接方法

（1）铝合金搅拌摩擦焊

采用铝合金替代原来的钢铁作为基本的造船材料成了造船业的新趋势，铝合金船舶包括快艇、高速渡轮、双体船、游轮、高速巡逻船、穿波船、海洋观景船、运载液化天然气的铝罐船等。但铝合金的传统连接方法为铆接和弧焊连接，铆接增加了制造时间、人力和物料的使用量；弧焊易造成铝合金焊后变形大，耗材昂贵，并对焊接操作者的要求高，使得铝合金的应用受到限制。

搅拌摩擦焊为船舶制造中铝合金结构的连接提供了新的方法和途径，而且可以焊接所有牌号的铝合金材料。搅拌摩擦焊主要用于焊接船体结构的甲板、侧板、防水壁板和地板，铝合金型材，船体外壳和主体结构件，直升机降落平台，离岸水上观测站，海洋运输结构件，帆船的桅杆及结构件，船用冷冻器中空平板等。

搅拌摩擦焊原理是利用一种特殊的非耗损的搅拌头，旋转着压入被焊零件的界面，搅拌头与被焊零件的摩擦使被焊材料热塑化，当搅拌头沿着焊接界面向前移动时，热塑化的

材料由前向后转移,在热/机联合作用下扩散连接形成致密的固相连接接头。搅拌摩擦焊的原理如图7-9所示。

　　搅拌摩擦焊整个焊接过程中没有材料的熔化,无电弧、弧光、飞溅、烟尘,更不需要填丝和保护气,是一种固态的低成本高效率的连接方法。

　　(2)钢-铝合金结构过渡接头的爆炸焊

　　高性能船舶的建造数量逐年增加,其中多数上层建筑采用铝合金结构。铝合金上层建筑与钢质主船体的连接多采用铆接和焊接。铆接接头制作复杂,使用过程中易产生腐蚀和接头松动,降低连接强度和水密性,采用熔化焊接法很难保证接头质量,而采用爆炸焊方法制造钢-铝合金结构过渡接头(structural transition joint,STJ)具有复合层强度高、耐磨、耐蚀、水密性好、无三废污染等优点,并大大提高了铝钢连接性能和结构连接的使用寿命,提高了造船效率。铝合金上层建筑与钢主体的连接采用结构过渡接头直接焊接日益增多,完全代替了铆接,如图7-10所示。

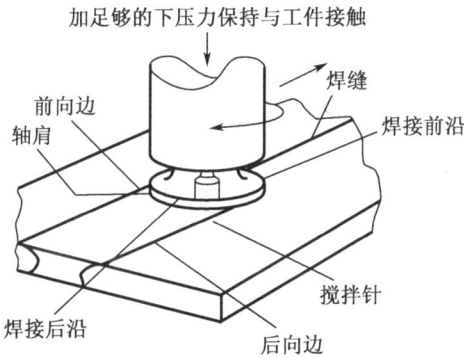

图7-9　搅拌摩擦焊的原理

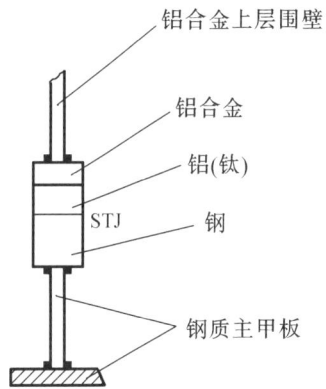

图7-10　铝合金上层建筑与
钢主体的结构过渡接头

　　爆炸焊是以炸药为能源进行金属间焊接的方法。这种焊接是利用炸药的爆轰,使被焊金属面发生高速倾斜碰撞,在接触面上造成一薄层金属的塑性变形,在此十分短暂的冶金过程中形成冶金结合,如图7-11所示。为了获得较好的结合性能,通常在覆层金属和基板金属之间加一中间层(铝或钛等)。

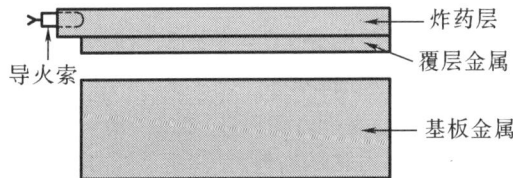

图7-11　爆炸焊示意图

在各种焊接方法中,爆炸焊可以焊接的异种金属的组合范围最广。可以用爆炸焊将冶金上不相容的两种金属焊成各种过渡接头。爆炸焊多用于表面积相当大的平板包覆,是制造复合板材的高效方法。

7.5.2 铜及铜合金的焊接

1. 铜及铜合金的焊接性

铜及铜合金的焊接性比较差,焊接铜及铜合金比焊接低碳钢困难得多,主要表现在以下几个方面。

(1)难熔合

铜导热系数大,比铁大 1~11 倍,热量很容易传导出去,使母材和填充金属难以熔合,因此需要采用热量集中的强热源,对于厚大焊件常需采取预热措施。

(2)易氧化

液态的铜易生成 Cu_2O,冷却时 Cu_2O 与铜生成低熔点的共晶,分布在晶界处,且铜的膨胀系数大,凝固系数也大,容易产生较大的焊接应力和变形,刚性较大的焊件易引产生裂纹。

(3)易产生气孔

铜特别容易吸收氢,凝固时氢来不及逸出,形成气孔。防止产生气孔的主要措施就是减少氢、氧的来源和脱氧,而预热缓冷有利于防止气孔的产生。

(4)易变形

铜的膨胀系数和收缩系数都大,且铜的导热性强,热影响区宽,焊接变形严重。

焊接铜和铜合金时,除采取焊前预热、适当的焊接顺序及焊后锤击等工艺措施,以减小应力,防止变形和开裂外,为防止铜的氧化和氢的溶入,应选用低氧和低氢的焊接材料,并在焊缝两侧不小于 30 mm 的范围内,仔细清除油污、氧化物及水分;同时在焊接过程中,应利用焊丝及焊剂中的合金元素对熔池进行脱氧。

2. 铜及铜合金焊接工艺

(1)焊接方法

铜及铜合金的焊接方法很多,常用的焊接方法的特点及应用范围见表 7-12。焊接方法的选用,应该根据被焊材料的成分、厚度、结构特点及使用性能要求综合考虑,如薄板以钨极氩弧焊及气焊为好,中厚板采用埋弧焊、熔化极氩弧焊和电子束焊较为合理,厚板则推荐采用熔化极氩弧焊和电渣焊。

表 7-12 铜及铜合金常用焊接方法的特点及应用范围

焊接方法	特点	应用范围
气焊	设备简单,操作方便,但火焰的热功率较低,热量分散,焊件变形大,生产率低	适用于厚度 $\delta < 3$ mm 的非重要结构
焊条电弧焊	设备简单,操作灵活,焊接速度较快,焊接变形小,但焊接质量差,易出现夹杂、气孔	不适用于薄板的焊接
钨极氩弧焊	焊接质量好,易于操作,但设备费用较高	主要用于 $\delta < 12$ mm 薄板的焊接

表7-12（续）

焊接方法	特点	应用范围
熔化极氩弧焊	焊接质量好,焊接速度快,机械化程度高,但设备费用高	板厚$\delta > 3$ mm 的可用,板厚$\delta > 15$ mm 的优点更明显
埋弧焊	电弧功率大,熔深大,变形小,焊接质量好,但电弧电压高时,焊缝成形狭窄,容易产生气孔	适用于 6~30 mm 中厚板的焊接

（2）焊接材料

铜及铜合金所用的焊条可按表7-13选用,焊条药皮都是低氢型,电源用直流反接。焊接铜及铜合金的焊丝除满足一般工艺与冶金要求外,主要控制杂质含量和提高脱氧能力,以避免产生热裂纹及气孔,我国常用的铜及铜合金的焊丝见表7-14。

表7-13　铜及铜合金焊条的牌号和用途

牌号	型号	焊芯主要成分	焊接工艺要点	主要用途
T107	TCu	纯铜	焊前预热 400~500 ℃,施焊采用短弧,不做横向摆动,做往复直线运动,焊后用平头锤锤击焊缝	适用于铜结构的焊接,主要用于焊接导电铜排、铜制热交换器、船舶用海水导管等铜结构件,也可用于耐海水腐蚀的碳钢零件的堆焊
T207	TCuSi	硅青铜	焊硅青铜或钢上堆焊时不需预热,焊紫铜预热约 450 ℃,焊碳钢预热约 200 ℃,焊后用平锤轻敲	适用于铜、硅青铜及黄铜的焊接以及化工机械管道等内衬的堆焊
T227	TCuSnB	磷青铜	焊件预热温度磷青铜为 150~200 ℃,紫铜约 450 ℃,碳钢约 200 ℃,焊后用平锤轻敲	适用于磷青铜、紫铜、黄铜铸件及钢的焊接和堆焊,广泛用于堆焊磷青铜轴衬、船舶推进器叶片等
T237	TCuAl	铝青铜	铝青铜的焊接及碳钢的堆焊,薄件不需预热,厚件须预热 200 ℃,黄铜的焊接须预热至 300 ℃	适用于铝青铜及其他铜合金,铜合金合和钢的焊接及铸件的焊补,如各种化工机械、阀门的焊接,水泵、汽缸等的堆焊及船舶螺旋桨的修补

表7-14　我国常用的铜及铜合金的焊丝

牌号	名称	主要用途
HSCu	特别纯铜焊丝	适用于纯铜氩弧焊及氧-乙炔气焊
HSCuZn-1	低磷铜焊丝	适用于纯铜的氧-乙炔气焊
HSCuZn-3	锡黄铜焊丝	适用于黄铜的氧-乙炔气焊及碳弧焊

表 7-14（续）

牌号	名称	主要用途
HSCuZn-2	铁黄铜焊丝	适用于黄铜的氧-乙炔气焊及碳弧焊
非国标牌号（SCuAl）	铝青铜焊丝	适用于铝青铜的 TIG 焊、MIG 焊或用作焊条电弧焊焊条的焊芯
非国标牌号（SCuSi）	硅青铜焊丝	适用于硅青铜及黄铜的 TIG 焊、MIG 焊

7.5.3 钛及钛合金的焊接

1. 钛及钛合金的焊接性

（1）焊接时易吸收气体使接头变脆

钛及钛合金的化学性质非常活泼，在液态或高于 400 ℃ 的固态下，极易吸收氧、氮、氢等，使接头的塑性和韧性明显下降，脆性增大，并易产生气孔。因此其在焊接时对熔池、焊缝及超过 400 ℃ 的热影响区都要妥善保护，如焊枪的后面须加拖罩，背面也须用氩气保护。

（2）热物理性能特殊，晶粒粗大

钛及钛合金的熔点高，导热性差，热容量小，焊接时熔池在高温停留时间长，容易使焊接接头晶粒粗大，塑性明显降低，还会使焊接时高温的区域增大。因此，在选择焊接工艺参数时要特别注意，既要保证不过热，又要防止出现淬硬现象。由于晶粒粗大很难改善，因此应选择较小的焊接热输入，以防止晶粒粗大。

（3）冷裂倾向大

400 ℃ 时，氢在钛中具有很大的溶解度，并与钛发生共析转变，使钛及钛合金的塑性和韧性降低，同时因体积膨胀而引起较大的应力，以致产生冷裂纹。

（4）变形大

钛的线膨胀系数较钢大一倍，所以焊接残余变形较大，焊后矫正困难。

2. 钛及钛合金的焊接工艺

（1）焊接方法

由于钛极易与氧、氮、氢及碳元素作用，并使力学性能显著下降，所以在焊接时，必须对焊接区域采取有效保护措施。钛及钛合金焊接时不能采用氧-乙炔焊、焊条电弧焊及 CO_2 焊等方法，只能用氩弧焊、真空电子束焊、等离子弧焊、接触焊等方法焊接。目前应用较多的是氩弧焊，钨极氩弧焊主要用于焊接厚度为 3 mm 以下的薄板，熔化极氩弧焊用于焊接厚度为 3~20 mm 的钛及钛合金板。

（2）焊接材料

钛及钛合金对焊接热裂纹不敏感，焊接时可以选择成分与母材相同的填充金属。常用的焊丝牌号有 TA1、TA2、TA3、TA4、TA5、TA6 及 TC3 等，其成分与相同牌号的钛材是一致的。焊丝均以真空退火状态供货，其表面不得有烧皮、裂纹、氧化色、金属或非金属夹杂等缺陷存在。常用的焊丝直径范围是 0.8~1.2 mm。

如果采用等离子弧焊焊接厚度小于 12.7 mm 的板，或用钨极氩弧焊焊接厚度小于 2.5 mm 的板，也可以不用填充焊丝。

思考题

1. 什么叫金属材料的焊接性?
2. 简述一般强度船用结构钢 Q235A 的焊接方法。
3. 高强度船用结构钢焊接时易产生结晶裂纹,试述防止产生结晶裂纹的措施。
4. 试述不锈钢与低碳钢异种钢焊接的焊接工艺。
5. 简述铝合金搅拌摩擦焊的原理。

第8章 船体结构的焊接工艺

8.1 船体结构焊接工艺规程的编制

8.1.1 工艺规程的概念

"工艺规程"是工厂中生产产品的科学程序和方法,是产品零部件加工、装配焊接、工时定额、材料消耗定额、计划调度、质量管理以及设备选购等生产活动的技术依据。工艺规程本身在技术上的先进性和在经济上的合理性,决定着产品的质量与成本,决定着产品的竞争能力,决定着工厂的生存与发展。因此,工艺规程是工厂工艺文件中的指导性技术文件,也是工厂工艺工作的核心。

1. 工艺规程相关概念

将原材料或半成品转变为产品的全部过程称为生产过程。其中包括直接改变零件形状、尺寸和材料性能或将零、部件进行装配焊接等所进行的加工过程,如划线下料、成形加工、装配焊接及热处理等;同时也包括各种辅助生产过程,如材料供应、零部件的运输保管、质量检验、技术准备等。前者称为工艺过程,后者称为辅助生产过程。

产品的工艺过程是由不同的工人,运用不同的设备,在不同的工作地完成对产品的不同加工。这里,由一个(或一组)工人,在一台设备(或一个工作地)对一个(或同时几个)工件所连续完成的那部分工艺过程,称为工序。工序是工艺过程的最基本组成部分,是生产计划的基本单元。

在工厂生产过程中产品由原材料或半成品经过的毛坯制造、机械加工、装配焊接、油漆涂装等加工所通过的路线叫工艺路线(或工艺流程),它实际上是产品制造过程中各种加工工序的顺序和总和。

工艺规程就是将工艺路线中的各项内容,以工序为单位,按照一定格式写成的技术文件。在焊接结构生产中,工艺规程由两部分组成:一部分是原材料经划线、下料及成形加工成零件的工艺规程;另一部分是由零件装配焊接成部件或由零、部件装配焊接成产品的工艺规程。

工艺规程需保证四个方面的要求:安全、质量、成本、生产率。它们是产品工艺的四大支柱,即先进的工艺技术是在保证安全生产的条件下,用最低的成本,高效率地生产出质量优良具有竞争力的产品。工艺规程的灵活性较大,对不同的零件和产品,在这方面的具体要求有所不同,达到和满足这些要求的方法和条件也不一样,但都存在着一定的规律性。在编制工艺规程时,应深入研究各种典型零件与产品在这方面的规律性,寻求一种科学的解决方法,在保证质量的前提下用最经济的办法制造出零件与产品。

2. 工艺规程的作用

编制工艺规程就是根据产品的技术要求和工厂的生产条件,以科学理论为指导,结合生产实际拟订加工程序和加工方法。科学的工艺规程具有如下作用：

(1)工艺规程是指导生产的主要技术文件

工艺规程是结合一定生产条件,依据科学理论和必要的工艺试验数据,并结合群众实践经验分析总结制定出来的。只有按照它进行生产,才能使产品符合全部要求,并实现高生产率和高效益。

(2)工艺规程是生产组织和生产管理的基础依据

从工艺规程所涉及的内容可知,它为组织生产和科学管理提供基础素材。在新产品投产前,应根据工艺规程进行全面的生产技术准备工作,如原材料、毛坯的准备,工作场地的调整与布置,工艺装配的设计与制造等。

其次,工厂的计划、调度部门,是根据生产计划和工艺规程来安排生产,使全厂各部门紧密地配合,均衡地完成生产计划的。

(3)工艺规程是设计新厂或扩建、改建旧厂的基础技术依据

在新建和扩建工厂、车间时,只有根据工艺规程和生产纲领才能确定生产所需的设备种类和数量,设备布置,车间面积,生产工人的工种、等级、人数,以及辅助部门的安排等。

(4)工艺规程是交流先进经验的桥梁

先进的工艺规程还能起到交流和推广先进经验的作用,使工厂之间能相互协作,加速国民经济发展的作用。

8.1.2 编制工艺规程的步骤

工艺规程的编制质量,决定着产品的质量和经济效益。工艺规程编制的质量决定于三个方面:工艺技术人员的科技素质;工艺技术人员的生产实际经验;编制工艺文件所需各种技术基础资料的完备情况及工艺技术人员对其消化理解的程度。其中任何一条达不到标准,都会给工艺规程的编制质量带来不好的影响。

1.技术准备

工艺规程编制前的准备工作越仔细,它的质量也越高,执行起来越容易被工人接受,工艺纪律也会越好。因此,在编制工艺规程之前,必须全面掌握和熟悉产品的主要结构、性能、技术参数和技术标准等,这样才能在工艺方法和措施,以及工艺参数的决策上得心应手,从而保证使产品质量达到既定的要求。在进行技术准备工作时应做好以下几项工作。

①对产品所执行的标准消化理解,并在熟悉的基础上掌握这些标准。了解和研究产品各项技术条件的制定依据,以便根据这些依据在工艺上采取不同的措施,找出产品的主要技术要求和关键技术问题,以便采用合适的工艺方法,采取稳妥可靠的措施。

②对经过工艺性审查的图纸,再进行一次分析。其作用是通过再消化,及时发现遗漏,尽量把问题和不足暴露在生产前,使生产少受损失。

③熟悉产品验收的质量标准,它是工艺技术、工艺方法及工艺措施等决策的依据。

④掌握工厂的生产条件,这是编制切实可行工艺规程的核心。要深入现场了解设备的规格与性能,工装的使用情况及制作能力,工人的技术素质,起重设备的起吊能力等。

2.产品的工艺过程分析

在技术准备的基础上,根据图纸深入研究产品结构及备料、成形加工、装配及焊接工艺的特点,对关键零部件或工序应进行深入的分析研究。考虑生产条件、生产类型,通过调查研究,从保证产品技术条件出发,在尽可能采用先进技术的条件下,可提出几个可行的工艺

方案,然后经过全面的分析、比较或经过试验,最后选出一个最好的工艺路线方案。

3. 拟定工艺路线

工艺路线的拟定是编制工艺规程的总体布局,是对工程技术,尤其是工艺技术的具体运用,也是工厂提高质量、水平和提高经济效益的重要步骤。拟定工艺路线要完成以下几个方面内容:

①加工方法的选择。选择加工方法要考虑各工序的加工要求、材料性质、生产类型以及本厂现有的设备条件等。

②加工顺序的安排。根据产品结构特点,考虑到加工方便程度、焊接应力与变形,以及质量检验等方面问题,合理安排加工顺序。

③确定各工序所使用的设备。设备选用正确与否会直接影响产品质量、生产率和经济效益。应根据已确定的备料、成形加工、装配和焊接等工序的加工方法,选用设备的种类和型号。

4. 编写工艺规程

在拟定了工艺路线并经过审核、批准后,就可着手编写工艺规程。这一步的工作是把工艺路线中每一个工序的内容,按照一定的规则填写在工艺卡上。

编写工艺规程时,语言要简明易懂,工艺术语要统一,符号和计量单位应符合有关标准,对于一些难以用文字说明的内容应绘制必要的简图加以说明。

8.1.3 船体结构焊接工艺规程的主要内容

在船舶开工建造前,工厂应结合本厂的技术条件和生产经验,制定产品建造焊接工艺计划表交验船师认可。计划表中应针对建造中的焊缝出现于重要结构与结点的不同位置、形式和尺寸,列出拟使用的焊接工艺规程的名称和编号。

焊接工艺规程应提交船级社批准后方可采用。对于未曾被批准过的焊接工艺规程,工厂应制定详细的焊接工艺规程并提交船级社认可,经认可试验合格后方可使用。

提交认可的焊接工艺规程应包括下列内容:

①母材的牌号、级别、厚度和交货状态;

②焊接材料(焊条、焊丝、焊剂和保护气体)的型号等级和规格;

③焊接设备的型号和主要性能参数;

④坡口设计和加工要求;

⑤焊道的布置和焊接的顺序;

⑥焊接位置(平、立、横、仰焊等);

⑦焊接工艺参数(电源极性、焊接电流、电弧电压、焊接速度和保护气体流量);

⑧焊前预热和道间温度、焊后热处理及焊后消除应力的措施等;

⑨施焊环境(现场施焊或车间施焊);

⑩其他有关的特殊要求。

通常在采用新材料、新工艺时,应进行工艺认可试验,以证实该工艺的适用性,如果焊接工艺已经获船级社认可,则按此工艺施工时,可免做焊接工艺认可试验。

焊接工艺认可试验标准及焊接工艺认可的适用范围要严格按照各船级社规范来执行。这里要强调的是:各国船级社标准和规范有可能有差异,不能凭经验来,是哪国船级社就按该船级社标准执行。

由于焊接工艺认可是对焊接工艺的认可,具有广泛的适用和覆盖性,因此,每条船要做的焊接工艺认可不会很多。加上造船厂前期造船时的积累,一般只在焊接方法、焊接材料、母材等有改变时才新做焊接工艺认可。但是经认可的工艺规程,只对影响焊接接头机械性能的因素有规定,若用它来指导船舶焊接,则还需要补充和明确一些内容(如坡口形式、焊接顺序等)。所以,造船厂要针对各个分段的结构形式和焊接特点,依据经认可的焊接工艺规程,制订出具体分段的焊接工艺,内容包括:

①装配要求;

②坡口要求(重要的坡口要有图纸说明);

③焊接方法和焊接材料;

④焊接设备和焊接工艺参数;

⑤焊接规格;

⑥焊接顺序;

⑦操作要点;

⑧焊前的预热、层间温度的要求、焊后热处理等;

⑨焊后检验要求等。

还包括一些特殊要求,只有这样,焊接工艺才具有指导性及操作性。

8.2 船体结构焊接特点及焊接工艺基本原则

8.2.1 船体结构焊接特点

1.零部件数量多,焊接量大

据统计,焊接工时一般占船体建造工时的 30% ~40%,焊接成本占船体建造成本的30% ~50%,因此,对船体各部位的构件合理选用各种高效焊接技术是船舶焊接的特点之一,也是提高焊接生产率、缩短造船周期、提高焊接质量、降低制造成本的重要途径。

在推广高效焊的时候,要尽量减少熔敷金属量和焊接变形,同时特别注意以下几点。

①船体结构中角接焊缝的数量占焊缝总量的 80% ~90%。在规定各种角接焊缝的焊脚尺寸时,要按各船级社的规范要求,不宜随意加大尺寸,以节约焊接材料。

②在一些受力不大的结构中,加强材与板的角接焊缝,规范允许采用间断角接焊缝。但为推广全自动角焊、重力焊等高效焊接方法,必要时可根据等强度原则,将间断角接焊缝改为:

a.一侧连续焊缝,另一侧两端包角接焊缝(长度为 200 mm);

b.两侧连续角接焊缝,将焊角尺寸相应地减少。

③承受较大拉伸应力的角接焊缝,其焊接尺寸应为板厚的1/2。当板厚大于 20 mm 时,则宜采用开坡口角焊。这种部分焊透的角接焊缝可减少熔敷金属量近50%并改善接头中的应力流,更重要的一点是提高了焊缝疲劳强度,在受到交变应力时不易产生裂纹(如:主机基座的焊缝),保证了船舶的安全,施工时千万要注意这一点,不要因为疏忽或怕麻烦而漏开坡口。角接接头的熔敷金属断面积与板厚的关系如图 8-1 所示。

2.使用的钢材品种多

如船用碳钢、高强度钢、奥氏体不锈钢、双相不锈钢、低温用钢等。

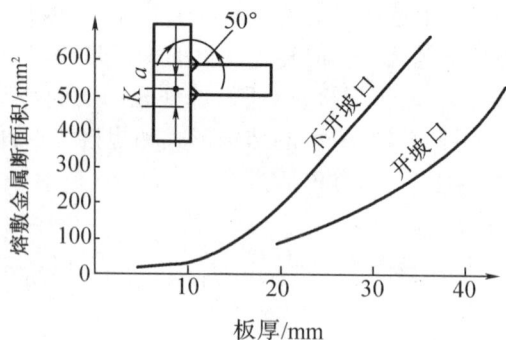

图 8-1 角接接头的熔敷金属断面积与板厚的关系

对于货船、集装箱和油船而言,船体结构用钢主要是碳钢、高强度钢。这些钢的焊接性良好,一般的焊条电弧焊、埋弧自动焊、CO_2焊、垂直气电焊等均可焊接。另外,还有一些铸钢件的焊接。因此,焊接船舶结构时除特殊材料外,主要就是要控制好船舶的焊接变形。随着造船量的加大,更要注意焊接变形的控制,不要因为工期紧就一味加快焊接速度忽视焊接质量和变形的控制。

8.2.2 焊接工艺基本原则

1. 焊接顺序的基本原则

在船体建造中,为了减小船体结构的变形和应力,正确选择和严格遵守焊接顺序是保证船体焊接质量的重要措施。由于船体结构复杂,各种类型的船的船体结构也不一样,因此焊接顺序也有所不同。船体结构焊接顺序的基本原则如下。

① 船体外板、甲板的拼缝,一般应先焊横向焊缝(短焊缝),后焊纵向焊缝(长焊缝)。拼板焊缝的焊接顺序如图 8-2 所示。

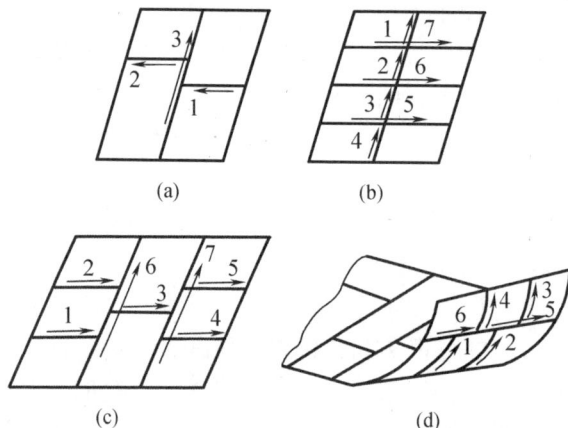

图 8-2 拼板焊缝焊接顺序

②构件中如同时存在对接焊缝和角接焊缝,则应先焊对接焊缝,后焊角接焊缝;如同时存在立焊缝和平焊缝,则应先焊立焊缝,后焊平焊缝。

③凡靠近总段和分段合龙处的对接焊缝和角接焊缝应留出 200~300 mm 暂不焊,以利船台装配对接,待分段、总段合龙后再进行焊接。否则,合龙时的装配质量就不能保证,焊接质量就会下降。

④手工焊时长度小于或等于 1 000 mm 可采用连续直通焊,长度大于或等于 1 000 mm 采用分中逐步退焊法或分段逐步退焊法等方法。

⑤具有对称中心线的构件由双数焊工对称地焊接。

⑥在结构中同时存在厚板与薄板构件时,先焊收缩量大的厚板多层焊,后焊薄板单层焊。多层焊时,各层的焊接方向最好相反,各层焊缝的接头应互相错开,或采用分段退焊法,如图 8-3 所示,以免出现变形。焊缝的接头不应处在纵横焊缝的交叉点处。因为该处由于焊接残余拉应力而非常容易产生裂纹,在此处若有焊缝接头会促进裂纹的产生。

⑦刚性较大的接缝,如立体分段的对接焊缝(俗称大接头),焊接过程不应间断,应力求迅速连续完成。

⑧交叉对接焊缝先焊 a,再焊 b,如图 8-4 所示。

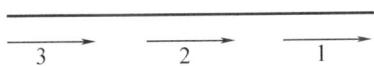

图 8-3　多层焊的分段退焊法

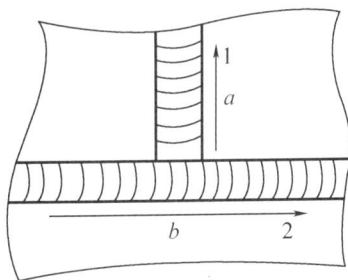

图 8-4　交叉对接焊缝的焊接顺序

⑨船台大合龙时,先焊接总段中未焊接的外板、内底板、舷侧外板和甲板等的纵向焊缝,同时焊接靠近大接头处的纵横构架的对接焊缝,再焊接大接头环形对接焊缝,最后焊接构件与船体外板和甲板的连接角接焊缝。

⑩整体建造船舶或平面分段和立体分段建造时,应从结构的中央向左右和前后逐格对称地进行焊接。

2.焊接材料使用范围的要求

造船规范中明确规定下列结构和构件必须使用低氢型焊条。

①船体大合龙时的环形对接焊缝和纵桁材对接焊缝;

②具有冰区加强级的船舶,船体外板端接缝和边接缝;

③桅杆、吊货杆、吊艇架、系缆桩等承受强大载荷的舾装件及其他所有承受高应力的零部件;

④要求具有较大刚度的构件,如艏框架、艉框架、艉轴架等及其与外板和船体骨架的接缝;

⑤主机基座及与其相连接的构件;

⑥当焊接高强度钢或碳当量大于 0.41% 钢材时,建议采用低氢型焊接材料。

现在各大船厂普遍采用 CO_2 焊,而 CO_2 焊由于电弧气氛的氧化性,使焊缝中氢含量很少,因此是一种低氢型焊接方法,也普遍适合焊接上述部位。

3. 采用双面连续焊的部位及采用间断焊时的加强

(1)当建造内河船舶等较低小船舶时,CCS 等船级社规范规定下列船体结构部位应采用双面连续角接焊缝

①风雨密甲板和上层建筑外围壁边界的角接焊缝,包括舱口围板、升降口和其他开口处;

②液体舱、水密舱室的周界;

③机座和机器支承结构的连接处;

④艉尖舱内所有结构(包括舱壁扶强材)的角接焊缝;

⑤装载化学品和食用液体货舱内的所有角接焊缝;

⑥液舱内所有的搭接焊缝;

⑦船首 $0.25L$ 区域内,主要、次要构件与船底板连接处的所有角接焊缝;

⑧中桁材与平板龙骨的连接角接焊缝;

⑨厨房、冷冻库、配膳室、盥洗室、浴室、厕所和蓄电池室等处的周界角接焊缝;

⑩其他特殊结构或在高强度钢板上安装附件和连接件时的角接焊缝应特殊考虑;

⑪船体所有主要、次要构件端部与板材连接的角接焊缝和肘板端部与板材连接的搭接焊缝;

⑫散装货船的货舱肋骨及其上下肘板与舷侧外板、上下边舱的底板之间的所有角接焊缝;

⑬高强度钢角接焊缝通常应为双面连续焊缝。

(2)当船体构件采用断续角接焊缝时,对下列部位的规定长度内应采用双面连续角接焊缝的加强焊

①凡焊缝长度在 300 mm 以内者。

②肘板趾端应为连续包角接焊缝,其长度应不小于连接骨材的高度,且不小于 75 mm。

③桁材、肋板、强横梁、强肋骨的端部应不小于腹板高度,且不小于削斜长度。

④纵骨切断处端部削斜时,不小于 1 个肋距。

⑤骨材端部削斜时,应不小于削斜长度;骨材端部以焊接固定时,应不小于骨材高度。

⑥各种构件的切口、切角、开孔(如流水孔、透气孔等)的两端,应按下述规定:

当板厚 $t > 12$ mm 时,长度 < 75 mm;

当板厚 $t \leqslant 12$ mm 时,长度 < 50 mm。

⑦各种构件对接焊缝的两侧,长度不小于 75 mm。

⑧构件上堵漏孔至密性舱壁的角接焊缝。

⑨甲板机械下构件的角接焊缝。

4. 船体水密构件焊接时常常采取的焊缝堵漏工艺措施

①双层底分段内的海底阀箱、污水井、测深仪舱、计程仪舱等要求水密的舱室其周围贯通构件应开堵漏孔。

②双层底分段内的水密肋板,尤其是两舷呈尖角形的区域,除了焊双面连续角接焊缝外,在内底边板边缘的水密肋板位置处应开堵漏孔,以便焊接时在孔内将内底板厚度堆焊堵漏。

③外板纵缝若为衬垫焊,如果纵缝里面设有水密舱壁,则水密舱壁两侧的衬垫不得垫至舱壁,应留空一层垫板板厚的空隙,以便水密舱壁两侧能通焊堵漏。

④艉轴支架等船体附件若支脚伸入船体又装焊在水密舱壁上,则外板上的覆板应在水密舱壁位置处间断,以便在间断处堆焊堵漏。

5.焊接时的一般工艺要求

①构件的坡口加工、装配次序、定位精度及装配间隙应符合经认可的工艺规程的要求,并应避免强制装配,以减少构件的内应力。若因焊缝坡口或装配间隙过大必需修正时,其修正方法应征得验船师的同意。

②焊缝坡口区域的铁锈、氧化皮、油污和杂物等应予清除,并保持清洁和干燥。

③涂有底漆的钢材,如在焊接之前未能将底漆清除,则应证明该底漆对焊缝的质量没有不良的影响,并应经船级社认可。

④当焊接需要在潮湿、多风或寒冷的露天场地进行时,应对焊接作业区域提供适当的遮蔽和防护措施。在下列情况下应考虑对焊件采取适当的预热和(或)缓冷措施,以防焊件内产生过大的应力或不良的组织:

a.施工环境的温度低于0 ℃;

b.材料的碳当量大于0.45%,此时要考虑进行焊后热处理;

c.结构刚性过大,构件板厚较厚或焊段较短。

⑤定位焊的数量应尽量减少,定位焊缝应具有足够高度。其长度按 CCS 规定,对一般强度钢,应不小于30 mm;对高强度钢,应不小于50 mm。定位焊的质量应与正式焊的焊缝质量相同。有缺陷的定位焊应在施焊前清除干净。(定位焊的长度,不同船级社其规定长度不一样。)

⑥凡是负责船体焊接的焊工,必须按相对应的船级社规则进行考试(包括定位焊工),并取得考试合格证。

⑦为了保证焊透和避免产生弧坑等缺陷,在埋弧焊焊缝两端应安装引弧板和熄弧板。引弧板与熄弧板的尺寸,最小为150 mm×150 mm,厚度与焊件相同。

⑧所有对接焊缝(包括 T 形构件的面板、腹板)正面焊好后,反面必须用碳弧气刨清根,未出白的焊缝不得焊接。

⑨缺陷未补,不上船台。分段建造产生的焊接缺陷和焊接变形,应修正和矫正完毕后再吊上船台。

⑩焊条、焊剂等材料的烘焙、发放应按有关技术要求严格执行,一次使用不得超过4 h,而且回收烘焙仅允许重复二次。

⑪在焊接时,不允许在焊缝的转角处或焊缝交叉处起弧或收弧,焊缝的接头应避开焊缝交叉处。引弧应在坡口中进行,严禁在焊件边缘引弧。这是因为起弧、收弧都易产生缺陷,这些缺陷若产生在上述应力较大的部位,易留下安全隐患。

⑫装配使用的定位焊条必须与正式焊焊条牌号相同。在施焊过程中,遇到接头定位焊开裂使错边量超过标准要求,须修正后再焊接。如果坡口间隙过人,可采用堆焊坡口方法,以及采用临时垫板工艺。切不可以嵌焊条或用切割余料等作为填充嵌补金属材料。这样易造成假焊、未熔合等缺陷。

⑬在去除临时焊缝、定位焊缝、焊缝缺陷、焊疤和清根时,均不应损伤母材。

⑭焊缝末端收口处应填满弧坑,以防止产生弧坑裂纹。进行多道焊时,在下道焊接之

前,应将前道焊渣清除。

⑮若全焊透对接焊缝因结构原因而无法进行封底焊时,经验船师同意,允许加固定垫板进行对接焊。此种接头的坡口形式及装配间隙应保证其在垫板上能完全熔合。

⑯船体构件的角接焊缝和板材的对接焊缝在交叉处,应符合下列规定:

a. 应将交叉处的对接焊缝的余高铲平,或将跨过对接焊缝的构件腹板边缘挖孔(通焊孔),以使构件与板材能贴紧,保证焊接质量。

b. 连续角接焊缝所在构件腹板上如有对接焊缝,应先焊好对接焊缝,并将角接焊缝处的余高铲平,然后进行连续角焊接。

8.3 整体造船的焊接工艺

整体造船法目前在船厂中应用较少,只在起重能力小,不能采用分段造船法的中小型船厂才被使用,一般适用于吨位不大的船舶。

整体造船法,顾名思义就是直接在船台上由下至上,由里至外先铺全船的龙骨底板,然后在龙骨底板上架设全船的肋骨框架、舱壁等纵横构架,最后将船外板、甲板等安装于构架上,待全部装配工作基本完毕后,再进行主船体结构的焊接工作,采用这种造船法的焊接工艺如下。

①先焊纵横构架对接焊缝,再焊船壳外板及甲板的对接焊缝,最后焊接构架与船壳外板及甲板的连接角接焊缝。前两者也可同时进行。

②船外板的对接焊缝应先焊船体内一面,然后外面碳弧气刨清根进行封底焊。甲板对接焊缝可先焊船内一面(仰焊),反面气刨进行平对接封底焊或采用埋弧自动焊。也可以采用外面先焊平对接焊,船内气刨仰焊封底,还有一种办法就是采用 CO_2 焊单面焊双面成形工艺。

③按船体结构焊接顺序的基本原则要求,船壳外板及甲板对接焊缝的焊接顺序是:若是交叉对接焊缝,如图 8-4 所示,则先焊 a 后焊 b;若是平列接缝,则应先焊短缝,后焊长缝。

④船首板缝的焊接顺序应等纵横焊缝焊完后,再焊艏柱与壳板的焊缝。

⑤所有焊缝均要采用由船中向左右,由舯向艏艉,由下向上的焊接,以减少焊接变形和应力,保证建造质量。

8.4 分段造船的焊接工艺

8.4.1 甲板分段的焊接

1. 甲板的结构形式

上甲板(也称强力甲板)是船体抗纵总弯曲的强力构件。大中型货船上甲板都采用纵骨架式,但舱口间甲板也有采用横骨架式的。中间甲板和下甲板则多采用横骨架式。小型船舶的上甲板通常为横骨架式结构。

2. 甲板拼板的焊接

在装配和焊接甲板板时,允许在平台上进行,待甲板板的对接焊缝焊完后,再吊至预先

做好的胎架上定位,然后装配横梁和桁材等构件。甲板板
的对接焊缝可以采用焊条电弧焊,但目前大部分船厂已广
泛采用埋弧自动焊焊接,焊前必须根据板厚先开好符合工
艺要求的坡口,焊接顺序则按板的板列情况而定。具体焊
接工艺顺序见前面工艺原则。船首甲板焊缝采用埋弧自
动焊焊接程序。甲板拼板焊接顺序如图8-5所示。

3. 甲板分段的焊接

将焊好后的甲板吊放在胎架上,为了保证甲板分段的
梁拱和减小焊接变形,甲板与胎架之间应间隔一定距离进
行定位焊固定。按构件位置先划好线,再将全部构件(横
梁、桁材、纵骨)用定位焊装配在甲板上,并用支撑加强,以防构件焊后产生角变形。焊接顺
序应按下列原则确定。

①先焊构架的对接焊缝,然后焊构件的角接焊缝(立角接焊缝)及构件上的肘板,最后
焊接构架与甲板的平角接焊缝。甲板分段焊接时,应由双数焊工从分段中央开始,逐步向
左右及前后方向对称进行焊接。甲板分段的焊接顺序如图8-6所示。

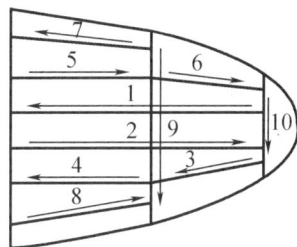

图8-5　甲板拼板焊接顺序

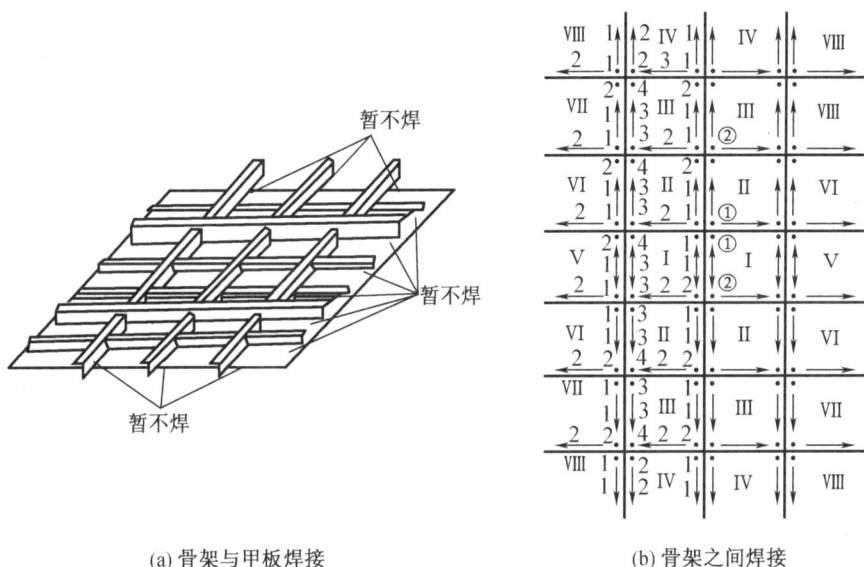

(a) 骨架与甲板焊接　　(b) 骨架之间焊接

图8-6　甲板分段的焊接顺序

②为了总段或立体分段装配方便,在分段两端的纵桁应有一段约300 mm暂不焊,待总
段装配好后再按装配的实际情况进行焊接。横梁两端应为双面焊,其焊缝长度相当于肘板
长度或横梁的高度。

③在焊接大型船舶时,为了采用CO_2自动角焊或重力焊(铁粉焊条),加快分段建造周
期,提高生产率,可采用分离装配的焊接方法。分段为横向结构时,先装横梁,进行焊接,焊
完后再装纵桁,然后再进行全部焊接工作,但对纵向结构设计的分段则与横向结构相反。
也可以采用纵横构架单独装焊成一个整体,然后再和甲板合龙,焊接平角焊的方法。

④焊接小型船舶时,宜采用混合装配法,即纵横构架的装配可以交叉进行,待全部构件

装配完成后,再进行焊接,这可减少分段焊后变形。

4.焊接时的相关事项说明

(1)高效焊的使用情况

使用埋弧自动角焊、重力焊、CO_2焊。使用部位为构件与甲板的角接焊缝。

现在有的船厂引进了平面分段装焊生产流水线,焊接平面分段效率更高,拼板焊接采用铜剂垫单面埋弧自动焊工艺(多丝埋弧焊),无须翻身和气刨清根。构件装配焊接顺序是先装纵向构件,然后使用CO_2自动角焊机进行角接焊缝的焊接。为了防止构件倾斜,每根构件必须由两台CO_2自动角焊机同时同方向同速对称进行焊接。

一般平面分段都可用平面分段装焊生产流水线进行焊接,这种工艺也是实现柔性制造技术的机械化和自动化作业的重要途径。

另外,两种装配焊接顺序的优缺点见后面双层底焊接工艺。

(2)角接焊缝开坡口情况

船中部分甲板与外板要开坡口焊透,因为该处应力较大。

若有舱口围板,舱口围板与外板一般也要开坡口,因为舱口围板在船体纵总强度计算中虽然不为强度构件,但实际上受的应力还是相当大的。造船时,如果设计图纸还有其他开坡口的要求,那就要按图纸的要求来制定焊接工艺。

8.4.2 舷侧分段的焊接

1.舷侧分段的结构

舷侧分段的结构包括舷侧外板、舷顶列板、肋骨、舷侧纵桁等,有的舷侧分段还带有甲板小分段和舱壁小分段。小型油船的舷侧结构如图8-7所示。

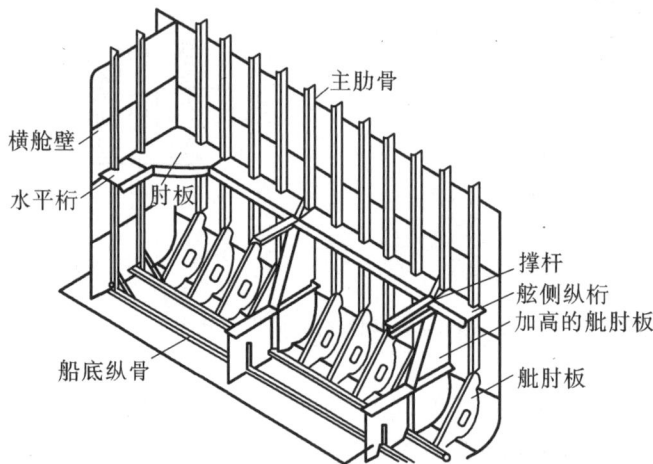

图8-7 小型油船的舷侧结构

不同线型特点的舷侧分段,其装焊基础也不同。线型较为平坦的舷侧分段可在平台上装焊;分段曲率较大的则须在胎架上装焊。

2.拼板焊接

线型较平坦的板可在平台上拼板,用埋弧自动焊焊接,装配焊接工艺同甲板拼板。

3. 一般舷侧分段焊接工艺

①舷侧外板铺放在胎架上,用定位焊缝将它与胎架焊牢定位。在有构件的一面,用碳弧气刨刨削外板对接坡口。为了防止分段焊后变形,舷侧分段对接焊缝需用"马"强制,然后采用焊条电弧焊或埋弧自动焊(平坦直缝)进行外板对接焊缝的焊接。

②舷侧外板对接焊缝焊完后,用装配点焊固定构件,然后先进行构件之间的对接焊缝的焊接,再进行构件之间的立角接焊缝的焊接,最后焊接构件与外板的角接焊缝。舷侧构件间立角焊缝的焊接顺序如图8-8所示,舷侧外板与构件间平角焊缝的焊接程序如图8-9所示。

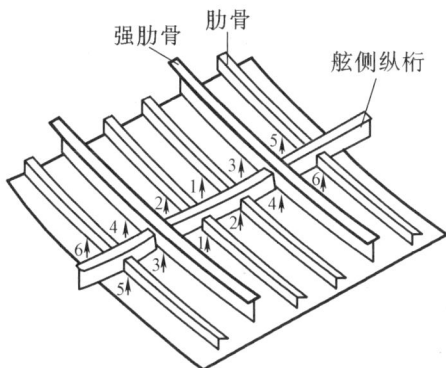

图8-8 舷侧构件间立角接焊缝的焊接顺序

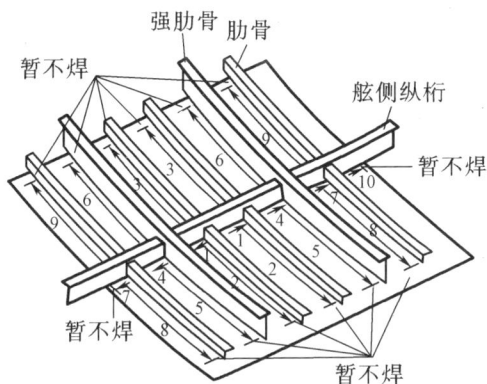

图8-9 舷侧外板与构件间平角焊缝的焊接顺序

同甲板分段一样,构件装配焊接亦可根据具体情况采用分离装配法,并采用CO_2自动角焊或重力焊焊接构件与外板的角接焊缝,每种装配焊接方法的工艺特点同上。

③舷侧分段焊接时,同样应由双数焊工从分段中央向左右和前后对称地施焊,以利减小焊接变形。为了装配方便,构件两端离外板板端200~300 mm的角接焊缝暂不焊接。以免装配质量不高导致焊缝不合格。

④舷侧分段内侧焊完后,割离胎架,翻身后进行舷侧外板对接封底焊。平直或曲率较小的封底焊采用埋弧自动焊,曲率较大的封底焊采用CO_2焊或焊条电弧焊。封底焊前,均需

用碳弧气刨清根,见白后才能焊接,以保证焊接质量。封底焊顺序与正面焊缝的焊接顺序相同。

4.焊接相关事项说明

①高效焊使用情况。使用埋弧自动角焊、CO_2焊、重力焊进行构件的焊接。

②有的舷侧分段具有双层舷侧。此时,制定焊接工艺时,要注意下列部位的角接焊缝是否要求开坡口(船级社规范不同,船型不同,要求也会有所不同):内纵壁与甲板、内纵壁与内底板、内纵壁与平台板等。如果设计图纸有开坡口要求,一定要开坡口焊接,不能因要赶周期、怕麻烦或遗忘而不开坡口就焊接。

8.4.3 舱壁的焊接工艺

舱壁按结构形式可分为平面舱壁和槽形舱壁两种。槽形舱壁由压成槽形断面(连续梯形)的钢板组成,板与板之间的接缝可采用埋弧焊。这种舱壁没有纵横构架,多数用于油船及散装货船上。平面舱壁是一种没有弯曲的平板构件,由隔舱壁和加强材组成,一般有横隔舱壁和纵隔舱壁之分。

1.横隔舱壁的焊接工艺

横隔舱壁是对称船体中心线的横向平面分段。拼板时焊缝一般采用埋弧焊,对于小型船舶而言,较薄的隔舱壁可采用 CO_2 焊或焊条电弧焊。焊接顺序与其他拼板相同。拼板焊缝焊完后,再焊隔舱壁与加强材的角接焊缝,角接焊缝可以根据实际情况分别采用 CO_2 焊、重力焊或焊条电弧焊等方法进行。焊接时应从中间向两旁进行,如果采用 CO_2 焊或焊条电弧焊,则应由双数焊工从中间向两旁对称施焊。拼板及角接焊缝焊接的顺序参考前面所述工艺。

2.纵隔舱壁的焊接工艺

纵隔舱壁是船体纵向平面分段,没有船体中心线。在对接焊缝焊接结束后,再焊接纵隔舱壁与加强材的角接焊缝,焊接顺序可参考前面所述。也可不采用左右对称的方法,而采用间断跳焊法,以利于热量分布。防止产生较大的焊接变形。化学品船或油船等液货舱的舱壁与船体四周的角接焊缝由于船舶行驶时的摇晃而受力很大,甚至是交变应力,因此对这部分焊缝要求较高,有时需要开坡口焊接。

8.4.4 双层底分段的焊接工艺

1.一般货船双层底结构

小型货船的双层底多采用横骨架式,大中型货船则多为纵骨架式结构,图8-10所示为纵、横骨架式双层底的典型结构。

2.装配焊接

装配焊接工艺要求同甲板拼板,要注意的是:尽量采用埋弧自动焊,对于由于拼板时形状的限制而存在的短小焊缝则需用焊条电弧焊或 CO_2 焊。

3.双层底分段的焊接工艺

根据双层底分段结构和钢板厚度不同,有两种建造方法:一种是以内底板为基面的"倒装法",对于结构强,板厚或单一生产的船舶,多采用"倒装法"建造;另一种是以船底板为基面的"顺装法",它是在胎架上建造,由于胎架的固定作用,"顺装法"更能保证分段外板的正确线型。

图8-10　纵、横骨架式双层底的典型结构

（1）"倒装法"的装配焊接工艺

①在装配平台上铺设已拼好的内底板。

②在内底板上装配中桁材、旁桁材和纵骨。定位焊后，用重力焊、自动角焊或 CO_2 焊等方法，对称进行平角焊。内底板与纵向构件的焊接顺序如图8-11所示。

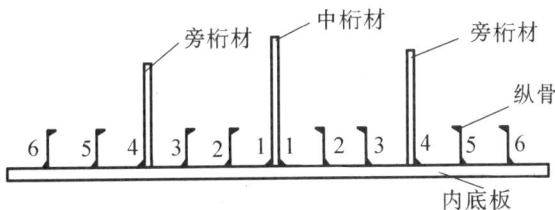

图8-11　内底板与纵向构件的焊接顺序

③在内底板上装配肋板，定位焊后，用焊条电弧焊或 CO_2 焊焊接肋板与中桁材、旁桁材的立角焊，其焊接顺序如图8-12所示。然后焊接肋板与纵骨的立角接焊缝。确定焊接顺序的原则：由中间向四周；由双数焊工对称进行；立角焊缝长度大于1 m时，要分段退焊，即先从中间往上焊，再从底向中间焊。

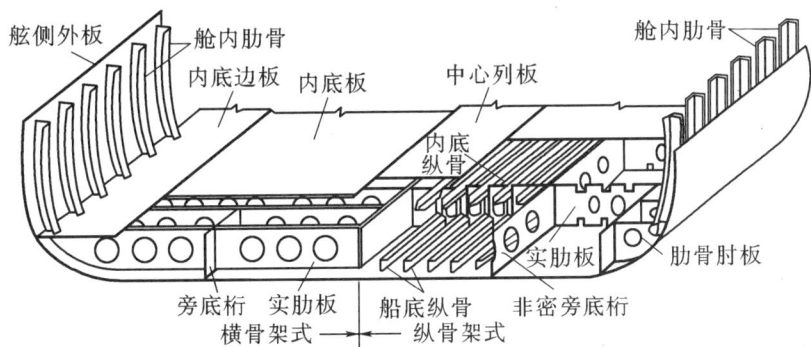

图8-12　内底分段立角焊焊接顺序

④焊接肋板与内底板的平角焊缝,是由双数焊工从分段中间向四周对称焊接。

⑤有的船厂是把纵、横构件装好后,再进行先立角焊、后平角焊的焊接。焊接顺序同上,主要原则是从中间往四周逐格焊接。

⑥在内底构架上装配船底板,定位焊后,焊接船底板对接内缝(仰焊)。内缝焊毕,外缝碳刨清根封底焊(尽可能采用埋弧焊)。这种方法适合外板曲度大的分段如艏、艉部分。对于平直分段可以先拼好,再焊接分段,或分几个分段用 CO_2 陶质衬垫焊焊接。船底外板对接焊的焊接顺序如图 8-13 所示。

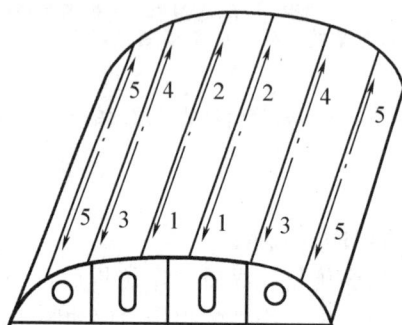

图 8-13　船底外板对接焊的焊接顺序

⑦为了总段装配方便,只焊船底外板与内底板的内侧角接焊缝,外侧角接焊缝待总段总装后再焊。

⑧将双层底分段翻身,焊接船底外板的内缝封底焊(翻身前焊的外缝),然后焊接船底外板与肋板、中桁材、旁桁材、纵骨的角接焊缝,其焊接顺序如图 8-14 所示。

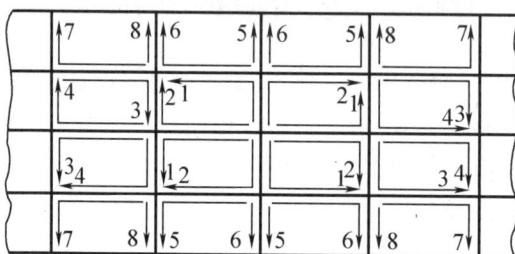

图 8-14　内底分段平角焊的焊接顺序

(2)"顺装法"的装配焊接工艺

①在胎架上装配船底板,并用定位焊将它与胎架焊牢固定,然后用碳弧气刨刨焊接坡口,用 CO_2 焊或焊条电弧焊焊接船底外板内侧对接焊缝。如果船底外板比较平直,也可先用 CO_2 焊或焊条电弧焊焊两道打底,上面用埋弧自动焊盖面。船底外板在胎架上对接如图 8-15 所示。

②在船底外板上装配中桁材、旁桁材、船底纵骨,定位焊后,用自动角焊机或重力焊、CO_2 焊等方法进行船底外板与纵向构件角接焊缝的焊接,如图 8-16 所示。确定焊接顺序的原则还是由双数焊工从分段中间向两边进行对称焊接。

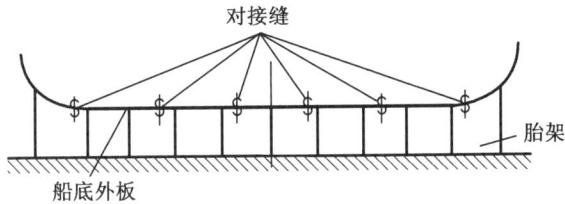

图 8 – 15　船底外板在胎架上对接

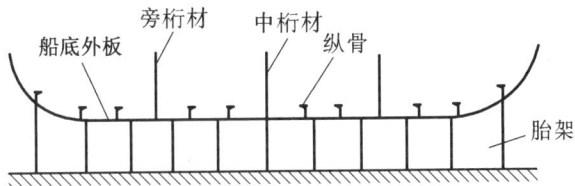

图 8 – 16　船底外板与纵向构件角接焊缝的焊接

③在船底外板上装配肋板,定位焊后,先焊肋板与中桁板、旁桁板、船底纵骨的立角焊缝,然后再焊接肋板与船底外板的平角接焊缝,如图 8 – 17 所示。焊接顺序同"倒装法"焊接顺序。

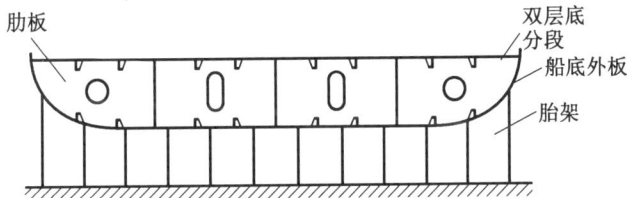

图 8 – 17　船底外板与肋板的焊接

④在平台上装配焊接内底板,对接焊缝采用埋弧自动焊。焊完正面焊缝后翻身,并进行反面焊缝的焊接。反面焊接前要用碳弧气刨清根。若板不厚也可直接进行焊接。

⑤在内底板上装配纵骨,并用自动角焊或重力焊进行纵骨与内底板的平角接焊缝的焊接。

⑥将内底板平面分段吊装到船底构架上,并用定位焊将它与船底构架、船底板固定,如图 8 – 18 所示。

⑦将双层底分段吊离胎架,并翻身,然后用 CO_2 焊或焊条电弧焊焊接内底板与中桁材、旁桁材的平角接焊缝,还要焊内底板与船底外板的内侧角接焊缝(外侧角接焊缝要在船台合龙后再焊)和船底外板对接焊缝的封底焊。

"顺装法"的优点是安装方便,变形小,能保证底板有正确的外部线型;缺点是在胎架上安装,成本高,不经济。

"倒装法"的优点是工作比较简便,直接可铺在平台上,减少胎架的制作与安装,可节省胎架的材料和缩短分段建造周期;缺点是变形较大,船体线型较差。

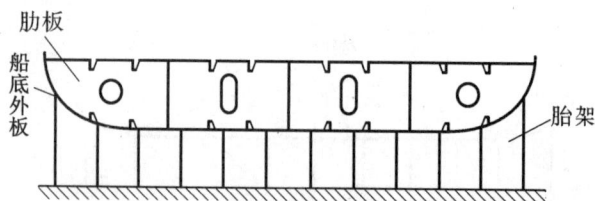

图 8-18　将内底板平面分段吊装到船底构架上

4.焊接中要注意的问题

构件在板上的装配焊接有两种：一种是先装配好纵向构件，然后用自动角焊、重力焊进行焊接；另一种是把纵、横构件都装好再进行焊接。前一种由于自动角焊和重力焊往往焊角尺寸易偏大，又没有横向构件的约束，易造成焊接变形，但焊接效率较高。后一种控制焊接变形好一些。

现在我国大船厂大多都引进了平面分段装焊生产流水线设备，这种设备在进行平面分段的装配焊接时效率非常高。焊接构件与板的角接焊缝时就是用第一种方法，至于控制焊接变形的问题，船厂一般是采用双数台 CO_2 自动角焊机同时同方向同速对称地焊接来控制的。

有的船级社对中桁材或旁桁材与平板龙骨、内底板的角接焊缝的焊接要求开坡口，如 CCS 旧规范就有此要求，但是 CCS 最新的规范把此项去掉了，造船施工时，要以设计图纸为准。

8.4.5　舱口的焊接

1.舱口的结构

舱口主要由舱口围板和肘板等组成。舱口围板在船体纵总强度计算中虽不作为强度构件，但因与甲板焊接，实际上仍然承受着相当大的应力，这一点在设计和焊接施工时，应加以充分注意。

图 8-19 所示为 60 000 t 级散货船舱口围板结构，它是内倾式的，围板下端折角后与上甲板连接，同时两端需用大肘板，并逐渐减低肘板的高度使之平顺地过渡至甲板，以缓和应力集中。

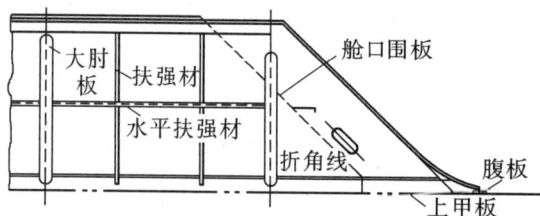

图 8-19　60 000 t 级散货船舱口围结构

2.舱口的焊接工艺

甲板舱口是一个长方形开口，舱口围板一般先预制 4 块平面部分和 4 块圆弧部分，在甲板开孔上将它装配合龙成一个整体。

①将预制好的4块平面舱口围板和4块圆弧形舱口围板装配到甲板舱口处,并用定位焊固定。然后装上、下肘板,同样用定位焊固定。

②焊接舱口围板的对接焊缝(立焊),再碳弧气刨清根,并进行封底焊,由双数焊工对称焊接。为降低焊接应力和变形,避免一些劳动环境恶劣的工序,在进行舱口围板的对接焊缝焊接时,最好用 CO_2 焊衬垫焊。

③焊接舱口围壁与甲板的角接焊缝,由双数焊工按图8-20所示顺序对称焊接,先焊接平直的4条焊缝,再焊4条圆角接焊缝。

④焊接肘板与围壁板和甲板的角接焊缝及其他焊缝。

3.焊接时要注意的问题

①CO_2 焊的使用。为了减小焊接残余应力及变形,舱口围板焊接时应尽量采用 CO_2 焊,不仅效率高,还好控制焊接变形,为舱口盖的安装打下好的基础。

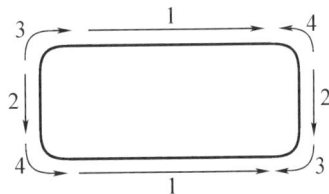

图8-20　舱口围板与甲板的角接焊缝焊接顺序

具体而言,对于舱口围板对接,围板面板对接应采用"CO_2 焊 + 陶质衬垫焊"工艺。舱口围板与甲板的角接焊缝应采用 CO_2 焊进行焊接。

②舱口围板与甲板的角接焊缝由于承受的应力比较大(前面已作叙述),舱口围板还起到补强的作用,所以该焊缝一般是要开坡口进行焊接的。

8.4.6　上层建筑分段的焊接

上层建筑分段是薄板结构,钢板一般都较薄,焊后易由于残余压应力而造成失稳变形以及角变形从而导致上层建筑和甲板产生波浪形,影响造船质量。为了减少焊接变形,应选择正确的焊接工艺,使变形量控制到最小。上层建筑分段主要由围壁板、扶强材和顶甲板等组成,采用"倒装法"建造的较多,具体的焊接工艺如下。

①在平台上采用埋弧焊、焊条电弧焊或 CO_2 焊等方法进行板材的对接焊缝的焊接。为了防止变形,焊前最好能将钢板与胎架或平台用定位焊固定。

②为了增加上层建筑结构的刚性,其焊接工作应先等整体装配工作完成,并且要在围壁的下端及分段的开口处和分段吊运时的受力位置都装焊临时加强材后才能进行焊接。

③上层建筑前端壁有弧度,在装前壁扶强材时,为了保持外观线型,应在胎架上进行。

④上层建筑结构的焊接顺序也是先焊对接焊缝,然后焊立角接焊缝,最后焊接围壁构架与甲板的平角接焊缝。为获得较小的焊接尺寸和减少焊接变形,应尽量采用 CO_2 焊,如果不具备条件,则要采用小电流和细直径焊条进行焊接。

⑤焊接围壁板上扶强材的角接焊缝时,应采用对称焊和分段退焊的焊接顺序。先焊上面焊缝的1/3长度,然后由下向上焊。

⑥围壁板与顶甲板的角接焊缝应采用分中逐步退焊法。

⑦由于上层建筑焊后变形较大,因此门槛、板处下端的一块板均暂不焊,待上船台后再装焊。

⑧为减少焊接变形最好使用 CO_2 焊或"立向下"专用焊条。

⑨分散、对称地焊接。

8.4.7　平面分段总装的焊接

在建造大型船舶时,先在平台上装配焊接成平面分段,然后在船台上分片总装成一个总段,如图 8－21 所示。这样做可以减少船台占用时间,减少分段散船台的吊装次数,并减少船体船台合龙后的焊接工作量,提高船台船体建造速度,还可以将原船台上横,仰焊缝在总组阶段变成平对接焊缝。

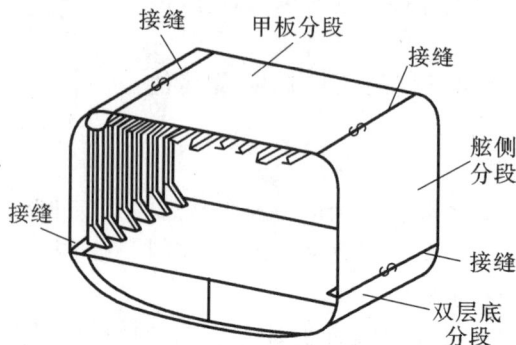

图 8－21　平面分段总装成总段

现在,大部分船厂平面分段总装的焊接都采用陶质衬垫 CO_2 焊单面焊,具体焊接工艺见8.6 节。

这里先简单介绍一下不使用陶质衬垫 CO_2 焊单面焊进行建造的焊接工艺(小型船厂设备不具备单面焊功能时可参照该工艺)。

①为了减小焊接变形,甲板分段与舷侧分段、舷侧分段与双层底分段之间的对接板缝,应采用"马"板加强定位。

②由双数焊工对称地焊接两侧舷侧外板分段与双层底分段对接焊缝的内侧焊缝,应根据板厚开设坡口,采用焊条电弧焊或 CO_2 焊使用分中分段退焊法进行焊接。

③焊接甲板分段与舷侧分段的对接板缝。在采用焊条电弧焊或 CO_2 焊时,先在接缝外面开设 V 形坡口,进行平焊,焊完后,内面应用碳弧气刨开槽,吹净焊根,进行焊条电弧焊仰焊封底,也可以采用接缝内侧开坡口焊条电弧焊仰焊打底,然后在接缝外面采用埋弧自动焊焊接。

④焊接肋骨与双层分段外板的角接焊缝,焊完后焊接内底板与外板的外侧角接焊缝,以及肘板与内底板的角接焊缝,其焊接顺序如图 8－22 所示。

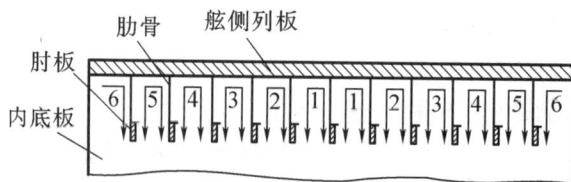

图 8－22　外底、肋骨的肘板与内底板的角接焊缝焊接顺序

⑤焊接肘板与甲板的角接焊缝。

⑥用碳弧气刨将舷侧分段与双层底分段的对接焊缝清根见白,进行 CO_2 焊或焊条电弧焊封底。

8.5 艉总段的焊接

8.5.1 艉部结构

1. 艉尖舱结构

艉尖舱因受螺旋桨引起的振动,且装有舵机,故结构上也须作加强。艉尖舱的结构因艉部悬伸端形式而异。以往的艉部悬伸端多呈卵蛋形或巡洋舰型船尾,不但线型复杂,而且内部构件需按扇形布置,制造和安装均较困难。现在大都采用方形船尾,其艉封板为平板,简化了内部结构的布置,施工也较简便。

2. 艉柱结构

艉柱有铸钢艉柱和钢板焊接艉柱。现在万吨级以上的船舶已基本上不用铸钢尾柱而采用钢板焊接艉柱。钢板焊接艉柱的结构因船型和舵的形式而异。图 8-23 所示为 20 000 t 级货船钢板焊接艉柱的轴毂以上部分和轴毂以下部分的典型剖面图。

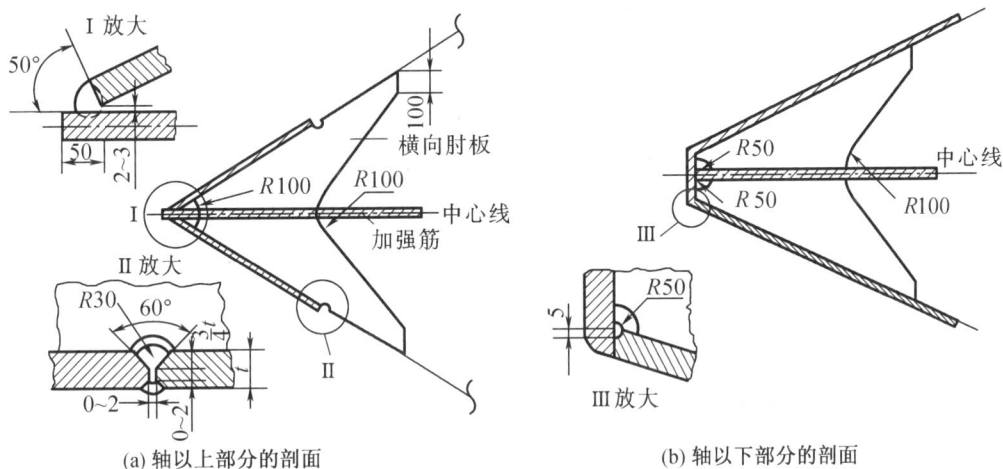

(a) 轴以上部分的剖面   (b) 轴以下部分的剖面

图 8-23 20 000 t 级货船钢板艉柱的轴毂以上部分和轴毂以下部分的典型剖面图

8.5.2 艉柱的焊接

艉柱因断面形状比较复杂,受振动载荷量大,本身质量也大,因此大多数是铸钢结构或铸钢与钢板组合结构。大型船舶的铸钢结构艉柱由于受到铸造设备能力的限制,需要分段浇铸,然后焊接成整体,一般采用电渣焊。无法电渣焊时,也可用焊条电弧焊或 CO_2 焊焊接。

现以某集装箱船艉柱焊接工艺为例,说明艉柱的焊接。

艉柱焊接工艺

该船艉柱的形状比较复杂,厚度较大,为铸钢件(GS45)。由于质量大,分两段铸造,然后焊接成一体。采用焊条电弧焊和CO_2焊焊接,艉柱的焊接要求是变形要小,防止因过大的焊接内应力而产生裂纹。

①两段艉柱铸钢件,焊前应经消除铸造内应力退火处理。

②碱性焊条焊前须380 ℃烘焙1 h,随烘随用。

③准备干木柴,供艉柱焊后局部热处理加热使用。

④艉柱接缝部位及坡口形式如图8-24所示(按图中尺寸做模板,检查坡口)。

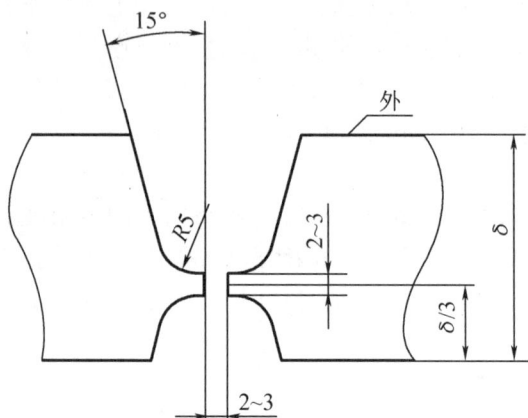

图8-24 艉柱接缝部位及坡口形式

⑤艉柱在胎架上装配。因艉柱结构较厚,焊接量较大,为了减少变形,胎架要设在牢固的基础上,胎架要有足够的强度和刚度,同时胎架要有一定高度,便于在下面施定位焊。接缝装配时采用CJ427焊条焊定位焊(焊缝长度不小于50 mm),用"马"材加强接缝。焊前还应用定位焊将艉柱与胎架焊牢定位。

⑥焊接前,应将坡口及其两侧的砂污、氧化皮,油锈等清理干净。

⑦焊前用氧-乙炔火焰在接缝处进行预热,预热温度在150 ℃左右。

⑧焊接工艺参数(略)。

⑨先焊内侧焊缝,然后用碳弧气刨刨出焊根,

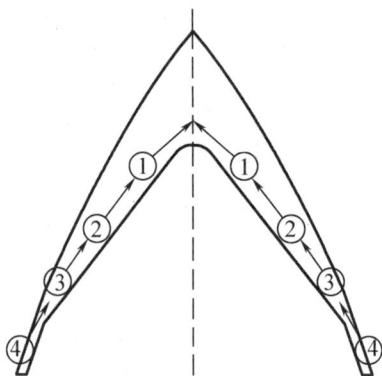

图8-25 艉柱焊接顺序

再焊外侧焊缝。焊接时,左右对称施焊,艉柱焊接顺序如图8-25所示。焊接过程中,各层焊缝的接头相互错开,熔渣要清理干净。由于接缝处的断面厚薄不一,焊接时,不要将整个坡口一下焊满,应留下一道覆盖表面焊缝的厚度,最后进行一次盖面焊将整个坡口填平,使焊缝表面光顺美观。

⑩一旦正式施焊要连续进行,不要中断,要经常注意测量变形情况,并及时合理调整焊

接程序,以减小焊后变形量,焊缝焊完后,用石棉布覆盖缓冷。

⑪舵柱焊成后,在焊缝处用废钢做一个加热炉,然后用木材燃烧进行加热,进行焊缝退火处理(缓慢加热至退火温度 580 ~ 620 ℃,保温 5 ~ 7 h,随炉冷却至 300 ~ 350 ℃,然后空冷)以消除部分的焊接应力。

8.5.3　艉总段的焊接

艉总段由舵柱、甲板、船侧外板、船底外板、隔舱壁和内部构件等组成。其形状比较复杂,通常作为一个总段来建造。当船厂起重能力较小时,也可以甲板平面为分界,将艉总段分成 2 ~ 3 个分段分别建造,然后在船台上合龙成一个整体。艉总段倒装法建造时的焊接工艺介绍如下。

①在平台上装配焊接艉总段甲板对接焊缝,采用埋弧自动焊。

②将拼焊妥的甲板铺设在胎架上,然后装配隔舱壁和肋板,用定位焊固定。

③采用焊条电弧焊或 CO_2 焊焊接肋板与甲板的角接焊缝。

④将平板龙骨装配在肋板上,并进行定位焊。

⑤装配舵柱,并用定位焊固定。

⑥焊接平板龙骨与肋板的角接焊缝、舵柱与平板龙骨的搭接焊缝以及舵柱与肋板的角接焊缝,均采用手工焊或 CO_2 焊焊接,如图 8 - 26 所示。

⑦安装一侧与平板龙骨连接的外板,定位焊后,采用焊条电弧焊或 CO_2 焊焊接平板龙骨与外板内面焊缝,并焊接外板与肋板的角接焊缝。

⑧除另一侧与平板龙骨连接的一块外板暂不装对外,其他两侧外板进行装对并用定位焊进行固定。

⑨焊接两侧外板的内面对接焊缝。焊接前,根据外板厚度开设坡口,开坡口可采用氧 - 乙炔焰或碳弧气刨完成。外板内侧对接焊缝焊完后,进行肋板与外板的角接焊缝的焊接。

⑩装配另一侧未装上的与平板龙骨连接的外板。因此板内缝无法焊接,所以采用加永久钢垫单面焊接,如图 7 - 27 所示。加钢垫可以保证单面焊透。此块板与肋板的连接采用塞焊。焊接时,应先焊加钢垫单面焊缝,焊完才进行塞焊。最后进行外板的外面对接封底焊和外板与舵柱的焊接。

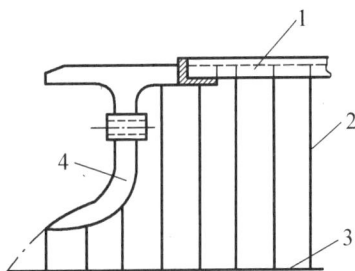

1—平板龙骨;2—肋板;3—甲板;4—舵柱。

图 8 - 26　平板龙骨、肋板与舵柱的焊接

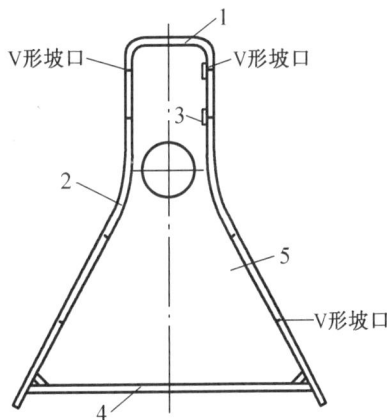

1—平板龙骨;2—外板;
3—钢垫;4—甲板;5—肋板。

图 8 - 27　加永久钢垫单面焊接

8.5.4　焊接艉部分段要注意的问题

①涉及铸钢件的焊接时,一定要依据规范看是否需要进行预热及焊后热处理。若需要

则一定要严格按规范进行。

②在焊接艉轴承座时,一定要注意控制变形。

由于艉轴承座是焊在船体结构上的突出部分,刚性较弱且不好控制焊接变形,因此为保证主轴安装,要注意以下几点:

a.设置轴线钢丝。

b.设置支架固定。

c.注意装配间隙,不要过大。

d.焊接顺序:船体结构构件与构件间焊缝→外板与外板间的焊缝→构件与外板间的焊缝→构件与轴承座的焊缝→外板与轴承座的焊缝。

e.要边焊边测量,并调整顺序。

f.涉及铸钢件时(如轴承座)若要预热,就要先预热后焊接。

8.6 船台的焊接

8.6.1 船台的装焊顺序

船台装配与焊接工作,是把船体各立体分段、总段吊运到船台上进行装配焊接成为完整船体的过程。船台装配俗称大合龙。在吊装能力允许的条件下,尽量采用总段(环形段)的建造方法,可大大地缩短船台的建造周期。

船台的装焊是按照分段吊装上船台的次序,来确定大接缝的焊接顺序的。严格遵守装配焊接顺序,可以把船体的变形量,特别是艏艉端的上翘值,控制在最小公差范围内,因为船体在大合龙时,其变形量具有一定规律和特点,如船体龙骨线向下弯曲,而艏艉端向上翘曲,船舶总长缩短,船体中纵剖面出现扭曲等。

在船台建造过程中,每道工序都应时刻注意预防船体变形,并采取相应的工艺措施:

①船底基线预放反变形。船底基线预放反变形是以底部基准分段为基准,向艏艉逐段由小到大放反变形。

②船体纵向加放余量。为了保证船体总长度,除了在分段建造时每档肋距加放余量外,在船台上仍在大接缝处的肋骨间距可适当加大,以抵消焊接后船体总长的收缩。

③艏艉端加适当压载。为了预防船体大接缝引起的焊接上翘和火工校正上翘,可以采用强制变形措施。即在焊接、火工校正前,在船舶艏艉端甲板上加一定质量的压载。

④大接缝反变形法。为预防大接缝处焊接引起的凸凹变形,应采取相应的反变形法,不然不好校正处理。

⑤大接缝加"马"材。为了控制大接缝处焊接的局部变形,装配焊接时要加"马"材。

⑥按合理的装配顺序焊接施工。

8.6.2 船台船体大接缝焊接方法

船体大接缝是将分段或总段在船台上装配合龙后,板与板之间形成的接缝,其接头形式一般均是对接焊缝,要求焊透,焊完之后还要按一定比例进行 X 射线检查或超声波探伤。

船体大接缝根据船体各部位所处的位置不同,有平、立、横等对接焊缝,为了提高焊接效率、缩短船台周期应使用高效焊接方法。船体大接缝焊接方法如图 8-28 所示。

双层底分段之间、双层底分段与左右下边水舱分段合龙后所形成的外底板和内底板的纵横大接缝:外底板大接缝因在舱内焊接,内部有构架,因此只能采用 CO_2 单面焊,焊接坡口设在舱内,在其反面贴衬垫;内底板的大接缝因在货舱内焊接,构架在双层底内,因此有利于埋弧自动焊的应用。其焊接方法有二种,一种是采用 CO_2 单面焊,用 CO_2 半自动焊全部焊完;另一种是采用 CO_2 单面焊打底,使反面焊缝成形,然后用 CO_2 焊焊接 2 ~ 3 层,保证焊缝深度 6 ~ 7 mm,并在其上面采用单丝或双丝埋弧自动焊盖面。

甲板与甲板之间的纵横大接缝,焊接方法基本上与内底板大接缝焊接相同。

舷侧分段之间的大接缝为立对接焊缝,采用气电垂直焊方法(SEG 法)。板厚 12 ~ 16 mm 之间,焊接时焊枪不摆动;板厚 16 ~ 30 mm,焊接时焊枪在焊缝内沿板厚方向摆动,根据板厚不同确定移动幅度和两端停留时间,以确保正反面焊缝成形良好。

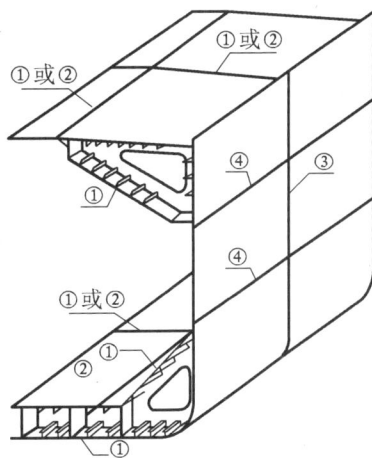

①CO_2 单面焊;②CO_2 单面焊 + 埋弧自动焊;
③气电垂直自动焊;④CO_2 横对接单面焊。

图 8 - 28　船体大接缝焊接方法

上下边水舱分段与舷侧分段合龙形成的大接缝为横对接焊缝,可采用 CO_2 单面焊。

上下边水舱斜旁板之间的对接焊缝均采用单面焊。下边水舱斜旁板之间的大接缝在货舱内焊接,坡口设在非结构面,而上边水舱斜旁板之间的大接缝需在水边舱内焊接,坡口设在构架面,开坡口时要注意,不能弄错,主要是保证不能有仰焊性质的焊接焊缝。

8.6.3　大接缝的焊接顺序

船体大接缝焊后,引起船体变形,造成船体两端向上翘曲和总长缩短,因此大接缝焊接时,应遵守下述焊接顺序的原则。

①单底的底部分段合龙应先焊横焊缝,后焊构架对接焊缝,再焊角接焊缝。

②双层底的底部分段合龙时,双层底大接缝焊接顺序如图 8 - 29 所示。先焊外底板对接焊缝,然后焊内底板对接焊缝,再焊构件对接焊缝,最后焊构件角接焊缝。

③舷侧、甲板分段合龙后,舷侧与底部分段纵向大接缝的焊接,应在舭肘板安装结束后进行。其焊接顺序如图 8 - 30 所示。先焊舷侧与底部的纵向焊缝,然后焊舭肘板的角接焊缝,最后焊内底边板与外板的角接焊缝。

④当大接缝处于 T 形交叉或十字形交叉时,应按前面所叙的焊接顺序基本原则进行焊接。

⑤总段环形大接缝焊接时,由双数焊工从中间向左右两侧对称进行焊接,如图 8 - 31 所示,单底总段环形焊缝由 4 名焊工同时进行焊接,而双层底总段环形接缝由 8 名焊工同时进行焊接,如图 8 - 31 所示。整条接缝在打底焊全部结束后,才能接着焊以后的各层焊缝。

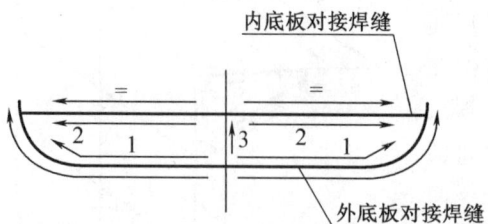

图 8-29　双层底大接缝焊接顺序

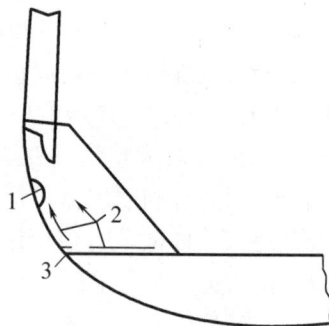

图 8-30　舷侧与底部分段纵向
大接缝焊接顺序

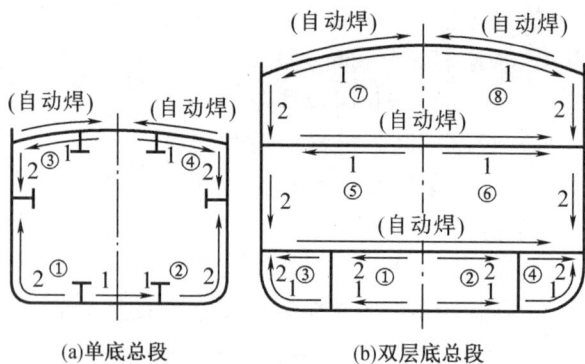

(a)单底总段　　　　　　(b)双层底总段

图 8-31　总段环形接缝的焊接顺序

8.6.4　陶质衬垫 CO_2 半自动单面对接焊

在曲面分段和半立体分段的拼板以及总段及船台的合龙大接缝的焊接,现在大多采用陶质衬垫 CO_2 半自动单面焊,其焊接位置可以是平焊、立焊和横焊,其中平对接焊应用最广,现做重点介绍。

1. 工艺特点

陶质衬垫 CO_2 半自动单面对接焊(以下简称 CO_2 单面对接焊),是一种采用陶质衬垫块作为对接焊缝单面焊双面成形的衬垫,并配以 CO_2 半自动焊进行全位置焊的一种焊接方法(图 8-32)。

2. 焊接材料

CO_2 单面对接焊采用的焊接材料包括:陶质衬垫、药芯焊丝(或实芯焊丝)、CO_2 气体等。

陶质衬垫是一种可弯曲的砖式衬垫,并在涂着胶水的铝箔上贴好,上船焊接时,铝箔又起贴紧、固

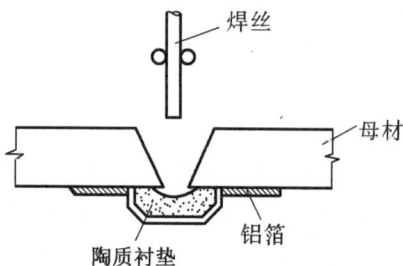

图 8-32　CO_2 单面对接焊

定衬垫的作用,使衬垫在任何位置上都能贴好做全位置焊接,不需要其他辅助固定措施,所以使用灵便,同时可根据船体线型任意弯曲或截取不同长度进行贴紧。

衬垫的作用是承托焊缝金属的熔池,按衬垫凹形槽的形状形成背面焊缝。衬垫块采用硅和铝的氧化物作为主要原料,并加入防氧化剂、脱渣剂和助熔剂,混合后压制而成并阴干,再经高温烧结而成。对衬垫块的技术性能要求主要有吸潮率、吸水率、密度、抗弯强度及耐火度等指标。

根据用途及形状不同,可分别选用直线形垫(标准型)、圆弧形垫、十字接头垫以及板厚差垫等。

由于与衬垫配用的 CO_2 焊丝,焊后其焊接接头需具有一定的力学性能和良好的抗裂性,可根据母材的力学性能(特别是冲击值)、焊材质量等级来选用合适的实心或药芯焊丝。

陶质衬垫以每 10 根为一塑料袋包装,必须随用随拆,不可过早开封,特别要防止受水浸和雨淋,否则不能使用。

药芯焊丝也需注意防潮,以免产生锈蚀。一次用不完的焊丝,不用时要从焊机上取下,并用铝箔包好。另外,CO_2 气体的纯度应大于99.5%。

3. 焊接工艺

(1)对装配的要求

除坡口尺寸应按标准要求外,在其接缝两边 20 mm 范围内(包括正反面),需清除锈及飞溅物,以保证衬垫能贴紧及不致影响成形焊缝的质量。装配时必须采用门形马,在坡口内不能有定位焊点。另外,在焊缝两端应安装引弧、熄弧板,以确保两端的焊接质量。

(2)衬垫安装

在坡口处可采用氧－乙炔火焰或丙烷气火焰加热,以去除坡口内的水分、油污等。待冷却后可直接将陶质衬垫与钢板紧贴,如在曲面分段上使用,则可适当加用电磁马作辅助固定。在碰到十字焊缝接头时,应先将两侧焊缝的增强量磨平一段(长度为衬垫的砖宽尺寸),便于衬垫贴紧。

(3)焊接工艺参数

焊接工艺参数根据焊丝直径、板厚、焊接位置和接头形式等选用。表 8－1 所列为 16 mm 钢板 CO_2 衬垫单面焊推荐选用的焊接工艺参数,其 CO_2 气体流量均选用15～20 L/min,焊丝为直径1.2 mm 的药芯焊丝。

表 8－1　16 mm 钢板 CO_2 衬垫单面焊推荐选用的焊接工艺参数

焊接位置	焊道层数	焊接电流/A	电弧电压/V	焊接速度/$(cm \cdot min^{-1})$
平焊	1	190～200	25～26	9～10
	2	200～210	24～26	13～14
	3	220～230	26～28	12～13
	4	240～250	28～30	10～11

表 8-1(续)

焊接位置	焊道层数	焊接电流/A	电弧电压/V	焊接速度/(cm·min⁻¹)
立向上焊	1	170~190	21~22	7~8
	2	200~210	24~25	11~12
	3	200~210	24~25	10~11
	4	190~200	22~23	9~10
横焊	1	180~190	22~23	10~11
	2~3	190~200	25~26	18~19
	4~6	200~210	25~26	20~21
	7~9	190~200	25~26	24~25
	10~13	180~190	24~25	30~31

8.6.5　三角形衬垫 CO_2 半自动角接单面焊

CO_2 单面对接焊的应用和分段装配焊接工艺的改进,给提高分段吨位以及采用总组装工艺创造了条件,而总组立体分段,由于其连接点除外板为对接焊缝外,内部构件与板或板结构之间的连接主要为角接焊缝,且重要连接点必须焊透。另外,总组立体分段又不宜翻身,若采用双面手工角接焊,需要进行仰角焊操作,作业环境差,不但技术难度大,而且焊工劳动强度大,生产率相当低,焊接质量也不易保证。为此,近几年来大部分船厂相继采用 CO_2 半自动角接单面焊技术,以替代手工双面角接焊,从使用的效果来看,各个方面都有提高。

三角形衬垫 CO_2 半自动角接单面焊,是利用带有不同角度的砖式衬垫紧贴角接焊缝背面,并采用 CO_2 半自动焊进行单面焊双面成形的一种高效焊接技术。

1.焊接材料

采用 CO_2 实芯焊丝或药芯焊丝焊接。当 D 级及其以下的钢焊接时,可配用 SF-1 药芯焊丝、YM-28 或国产 H08Mn2SiA 实芯焊丝;而焊接 E 级钢时,则必须采用 SF-3 药芯焊丝。

CO_2 角接单面焊采用的陶质衬垫是由若干块长度为 25 mm 的三角形陶质衬垫块粘贴于涂有胶水的铝箔带上而成的。衬垫可在全位置状态下衬贴,不需要其他辅助固定措施。衬垫的长度为 250~600 mm,可根据需要选用。

衬垫块的形状可根据角接接头的形式不同选用,一般可分为直角、锐角和钝角三种(图8-33)。其焊缝成形面都开有 $R=3.5$ mm 的成形槽,以保证反面成形焊缝的增强量。若需要特殊形状的衬垫,还可向衬垫厂定做。

2.焊接工艺

(1)坡口形式

CO_2 角接单面焊焊缝的坡口形式,应根据贴衬垫面的不同角度和焊接面的位置,以及确保反面焊缝成形和控制焊缝熔合比等因素来进行坡口形式及间隙的合理选用。图 8-34 所示为各种不同位置的角接焊缝的坡口角度及间隙值的关系。

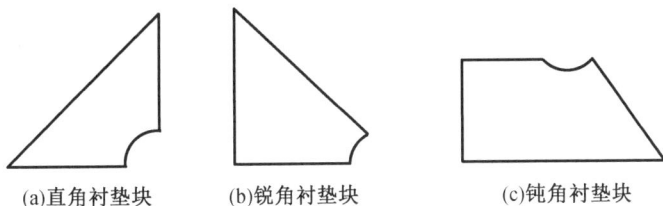

(a)直角衬垫块　　　(b)锐角衬垫块　　　　(c)钝角衬垫块

图 8 - 33　衬垫块的形状

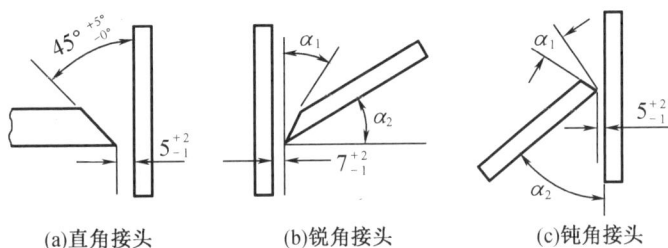

(a)直角接头　　　　(b)锐角接头　　　　(c)钝角接头

图 8 - 34　各种不同位置的角接焊缝的坡口角度及间隙值的关系

（2）接缝装配

接缝装配时，必须采用门形"马"定位，其位置在焊缝正面，两只"马"之间的距离根据接缝的平直度而定，一般控制在 500 mm 以上。若间距过小，则增加焊缝的接头数量，使修补工作量增多。图 8 - 35 所示为底边水舱、顶边水舱及舷侧分段的总组装。

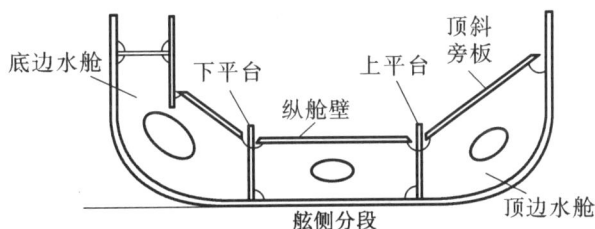

图 8 - 35　底边水舱、顶边水舱及舷侧分段的总组装

（3）衬垫安装

利用砖式衬垫铝箔上的胶水与钢板直接贴紧。安装时，衬垫成形槽尖角与钢板背面相平齐或低 1~2 mm，否则会影响反面成形，且两根衬垫连接处应紧密相连，以防止反面焊缝分节。并要求在立板面的角接焊缝结合处上下 20 mm 范围内，清除油、水等污物，以避免产生气孔缺陷。另外，衬垫安装后，不能受潮和隔天进行焊接。

（4）焊接工艺参数

CO_2 角接单面焊的焊接工艺参数，要根据板厚、坡口角度以及间隙大小而定。焊接时，关键是第一道反面成形焊缝，为此，焊接电流的选用应适当。焊接电流太大时，不但易产生较大飞溅，导致产生气孔等缺陷，且使衬垫熔化过深而影响反面焊缝成形。

电弧电压值必须与焊接电流相匹配,其波动值应控制在 $1 \sim 2\ V$,以确保焊接过程的稳定性。另外,焊接速度也要控制,不宜过快,否则将影响熔深和焊接区的气体保护效果,不能保证反面焊缝良好成形。

该工艺为大型船舶分段总组装过程中的焊透角接焊缝的单面焊技术,已在国内大部分船厂中推广应用,并取得了实际使用效果,同时为船体建造总段趋向大型化打下基础,对缩短船台建造周期也起到了保证作用。

8.7 船体主要部件与舾装件的焊接

8.7.1 主机座的焊接

主机座是船体的一个重要构件。一般主机座由左右两列机座纵桁和数行横隔板及横肘板等组成,如图 8-36 所示。

机座纵桁、横隔板和横肘板都是 T 形部件,通常焊后都会产生变形,由于要安装主机,机座纵桁上端的面板要求装焊后保持水平,若面板产生焊接变形会影响到主机的接触及安装质量。主机座是一个立体结构,板材较厚,焊缝又比较集中,因此它的结构刚性较大。另外,主机座承受着主机的质量和运转时传递来的动载荷。这就要求主机座的焊接质量要高,特别是疲劳强度要高。因此,焊接时要严格控制焊接变形和防止产生焊接缺陷。主机座的装配焊接工艺如下。

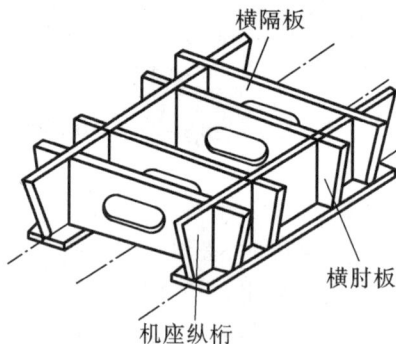

图 8-36 主机座结构

①在平台上划出主机座中心线,以及机座纵桁、横隔板和横肘板的安装线,按线铺装已经装成部件的 T 形机座纵桁、横隔板和横肘板并用定位焊固定于平台上,

②机座纵桁腹板厚度大于或等于 14 mm 时,水平面板及内底板与纵桁腹板的角接焊缝,焊前应在腹板边缘开不留根的坡口。腹板开坡口的起始板厚以船级社最新规范为准。

③焊接前清理焊缝坡口边缘,做好必需的清洁工作。

④用 CO_2 焊或采用碱性焊条焊接机座纵桁与横隔板及横肘板的角接焊缝,其焊接顺序一般从中间向两端逐格间跳进行。每条焊缝采用自上而下的逐步退焊法,如图8-37 所示。然后焊接机座纵桁水平面板与横隔板及横肘板间的平角焊。

⑤焊接时,应随时测量机座的变形情况,及时调整焊接顺序,以控制焊接变形。

⑥主机座焊后拆除与平台的定位焊,翻身校正变形,然后上船安装并与内底板焊接。它与内底板的连接采用双面连续手工角焊或 CO_2 焊。由双数焊工从中间向两端进行对称焊接,其焊接顺序和方向如图 8-38 所示。

在焊接主机座时要注意的问题:

①由于有动载荷必须提高角接焊缝的疲劳强度。因此一般而言,机座纵桁面板与腹板要开坡口焊透,横肘板、横隔板与机座纵桁面板、腹板也要开坡口焊接,机座纵桁与内底板

要开坡口焊接。

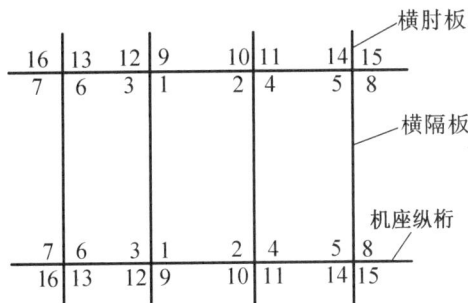

图8-37　机座纵桁与横隔板的角接焊缝焊接顺序

②为控制主机座焊接变形最好使用CO_2焊。而且,焊接前要用定位焊把主机座与平台点牢,以控制变形,焊接时还要注意用正确的焊接顺序焊接。

8.7.2　舵的焊接

舵是保证船舶操纵性能的装置中的重要部件之一。它由舵杆和舵叶两部分组成。舵杆是舵的转轴,舵叶由舵板、水平隔板和垂直隔板等零件组成,如图8-39所示。对舵的焊接,要求水密和变形小,所以一般都在胎架上进行装焊。下面介绍舵的焊接工艺。

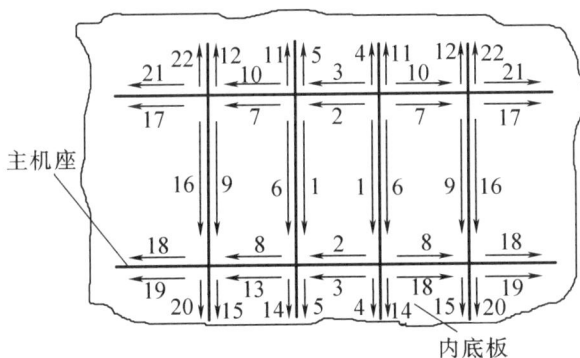

图8-38　主机座与内底板焊缝的焊接顺序

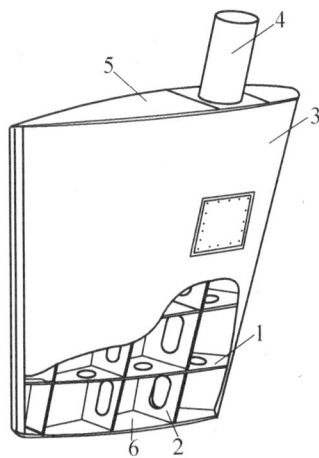

1—水平隔板;2—垂直隔板;3—舵板;
4—舵杆;5—舵顶板;6—舵底板。

图8-39　流线型舵的结构示意图

①在胎架上装配下舵板,下舵板与胎架用定位焊固定,定位焊焊缝长度为30~50 mm。板缝的焊接可待构件装配后进行,或在板缝反面加"马"后再进行焊接,焊接时,采用CO_2焊及分段退焊法。

②在下舵板上安装水平隔板、垂直隔板以及舵杆套筒(铸钢),并用定位焊固定,先焊接隔板之间的角接焊缝(立角焊),其顺序如图8-40所示;然后焊接隔板与舵板的角接焊缝

（平角焊），其顺序如图 8 - 41 所示；焊接时可由两人按图示顺序同时进行。舵杆套筒与周围的水平隔板、垂直隔板连接焊缝要求水密。

③装配上舵板，其对接焊缝背面装上永久垫板。首先焊对接焊缝，然后焊接上舵板与隔板间的塞焊缝。其焊接顺序同样是从中间向左右逐格把与水平隔板间的塞焊缝焊好，然后焊与垂直隔板间的塞焊缝。再焊上舵板与舵尾材的角接焊缝，最后焊接上舵板与舵顶板、舵底板的角接焊缝。

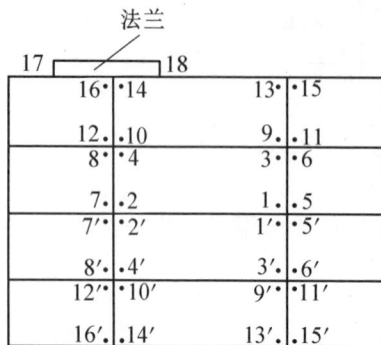

图 8 - 40　隔板间的角接焊缝焊接顺序

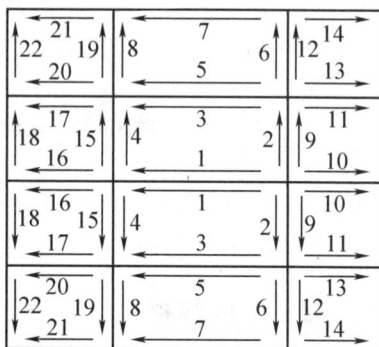

图 8 - 41　隔板与舵板的角接焊缝焊接顺序

④将舵割离胎架翻身垫妥后，将下舵板的对接焊缝和下舵板与舵首材的对接焊缝用碳弧气刨刨槽清根，并进行封底焊。最后焊接下舵板与舵顶板、舵底板、舵尾材的连接角接焊缝。

舵焊接时注意以下几点：

①为了保证舵的线型舵板应与胎架用定位焊固定牢。

②上舵承座与下舵承座（或叫舵销座）为铸钢件，应严格按船级社规范要求决定焊前是否需要预热。

③塞焊要认真焊，不能假焊，要保证水密。

8.7.3　护舷材的焊接

护舷材一般有两种，一种是沿整个船长方向布置的结构，另一种是局部加强的结构。

护舷材一般是分段预制的，然后上船总装连接。因此，护舷材需要焊接的是护舷材之间的对接焊缝以及护舷材与舷侧顶列板的角接焊缝。如船甲板向两侧外伸，则还有护舷材与甲板间的对接焊缝。

焊接顺序是先焊护舷材之间的对接焊缝，然后焊护舷材与舷侧顶列板的仰角接焊缝，最后焊护舷材与甲板的平对接焊缝或与舷侧顶板间的平角接焊缝。

焊接护舷材间的对接焊缝时，应采用 CO_2 焊进行焊接，在进行打底焊时，要求焊透，要有足够的熔深，不能有夹渣等缺陷。对接焊缝的焊接接头应避开角接焊缝的接头，以保证护舷材的所有焊缝都不漏水，达到全部水密的要求。护舷材与船体外板的角接焊缝一般要开坡口焊接，但也不必要求焊透。

8.7.4 舭龙骨的焊接

舭龙骨装在船体舭部,主要起减少船舶横摇的作用,一般由加强板和舭龙骨两部分组成。

舭龙骨一般分段预先装配焊接好,然后总装焊接在船体舭部。装配时除了先进行定位焊外,还要每隔一定距离装一块"门形马",以便定位及防止焊接变形。焊完后,"马"材才能拆除。舭龙骨的焊接顺序如下。

①先焊接加强板和舭龙骨的焊缝。焊前接缝应开 V 形坡口,有坡口一面的焊缝焊完后,反面用碳刨清根进行封底焊。

②焊接加强板与船舭列板的角接焊缝,先焊仰角焊,后焊平角焊。焊接时注意选择合适的焊接工艺参数,要求焊缝表面饱满无缺陷,特别是不允许有咬边现象。

③焊接舭龙骨与加强板之间的角接焊缝,以免腐蚀,先仰角焊,后平角焊,其两端应有良好的包角接焊缝,要求封闭不漏水。

④最后焊接舭龙骨与舭龙骨之间的搭接角焊,也是先仰角焊,后平角焊。焊接过程中应从中间向两端进行对称焊,不应采用下坡焊,用 CO_2 焊焊接。舭龙骨结构与焊接顺序如图 8-42 所示。

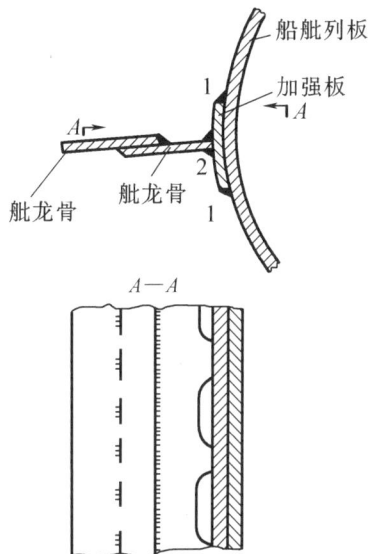

图 8-42 舭龙骨结构与焊接顺序

8.7.5 锚链筒及锚眼

锚链筒由整体圆管或两个半圆拼接而成,拼接焊缝一般采用单面焊双面成形的焊接方法,锚眼(锚眼圈)一般用锻钢或铸钢制成。它的厚度一般较大,而且结构形式很多,应用较多的是锚眼与锚链筒铸(锻)成一体和两者分开的两种,现在有些船舶为了防止发生锈蚀,影响美观,也有用不锈钢做锚链筒的。

现介绍在中型船舶上应用较多而焊接又比较复杂的锚眼圈与锚链筒两者分开的单独式锚眼圈焊接工艺。由于锚眼圈的焊缝位置有平、立、仰焊三种,是全方位的,而焊接电源又远离工作场所,因此焊接电流的大小不能随时调整。另外,由于装配及制造上的原因,锚眼圈接缝的间隙一般较大,同时铸钢中又常渗夹有砂眼等缺陷,这都增加了焊接上的困难。为了获得理想的焊缝成形和质量,在焊接时应采取以下措施:

①选用直径为 4 mm 的焊条,将焊接电流调整到比平焊时小而比立焊时大的数值上,这样就能较顺利地运用一种焊接电流来焊接三种位置的焊缝,就保证了焊接质量。

②采用短弧焊接,操作时根据焊缝位置的变化来调整焊条与锚眼圈的相对角度。焊接顺序是先焊内环缝,后焊外环缝,由下往上。

③如果铸钢上有砂眼,清除干净后才能焊接。

④如果间隙过大,可采用分段焊接法进行焊接,即先焊完一段后再焊下一段焊缝,每段焊缝长度为 50 mm 左右。

⑤由于锚眼圈厚度大,焊接时锚眼圈不易熔化,运条时应使电弧在锚眼圈一边多停留

一些时间,使其有充分的热量来熔化铸钢金属,达到锚眼圈和船壳板热量均匀的目的。

⑥锚眼圈内圈焊缝的外形必须与锚链筒及锚眼圈边缘成光顺过渡的曲线,以利于锚链上下滑动。

8.7.6 起重柱、桅、吊杆的焊接

起重柱、桅、吊杆等是船舶起重设备的重要构件之一,起重柱、桅、吊杆焊接后要求焊缝内、外部无缺陷,同时要保证圆度和轴向直线度。现介绍某吊杆的焊接工艺。

1.圆柱筒纵向接缝的焊接

使用陶质衬垫 CO_2 焊单面焊。先按要求开好坡口,打磨干净。然后进行装配,贴好衬垫。先用 CO_2 焊焊两道,再用埋弧自动焊盖面。焊接工艺要求同船台焊接。如果由于加工设备的原因装配有困难,对于大圆杆,也可先开好坡口(坡口在里面),然后不留坡口间隙装配好,先焊里面,外面用碳弧气刨清根再焊接。对于小圆杆,可在里面装永久垫板,然后焊接。

2.圆柱筒间环缝的焊接

圆柱筒间环缝的装配在转动胎架上进行,为了保证焊透,环缝采用陶质衬垫 CO_2 焊的方法焊接,不好贴衬垫的环缝就要用带钢垫板的单面 CO_2 焊焊接。装垫板的方法是先在等截面圆柱筒内将垫板定位焊固定,然后装两端带锥形的圆柱筒,符合间隙要求后即可进行焊接。焊接前,应拉好全长的钢丝线,以便随时测量在焊接过程中的变形情况,并根据变形情况及时调整焊接顺序来控制吊杆的变形。环形焊接时,电弧保持在圆柱筒水平中心的垂直面上(即立焊和平焊中间的位置),圆柱筒按焊接速度均匀地转动。

3.起重柱、桅等上船安装焊接

要注意:当端部固定在强力甲板上时,其根部边缘应开单面坡口与甲板焊接;当端部穿过强力甲板固定在下层甲板时,则强力甲板应开双面坡口焊接,根部应开单面坡口与下层甲板焊接。

8.7.7 带缆桩的焊接

带缆桩是系船用的桩柱,固定在甲板上。安装带缆桩于甲板时,主要有两部分焊缝:一部分是带缆桩下部的加强板与甲板的塞焊缝和角接焊缝;另一部分是带缆桩与加强板之间的角接焊缝。带缆桩与甲板的焊接如图 8-43 所示。

带缆桩的焊接顺序是先焊塞焊缝,再焊加强板与甲板的角接焊缝,如图 8-44 所示。最后焊接带缆桩与加强板的角接焊缝。

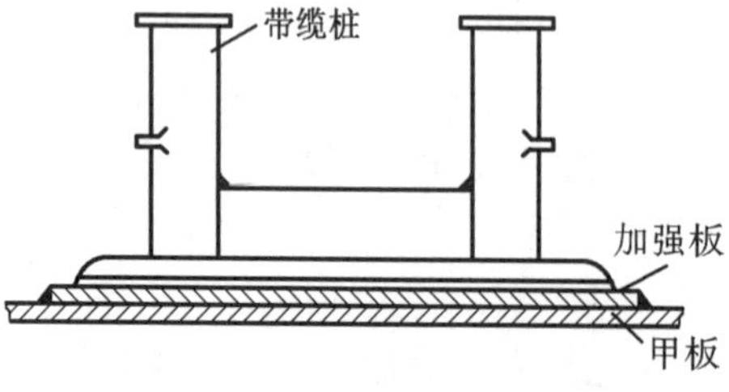

图 8-43　带缆桩与甲板的焊接

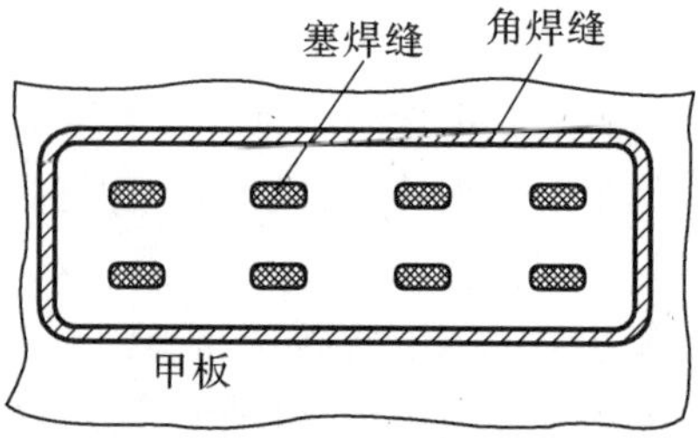

图 8-44　带缆桩的焊接顺序

焊接塞焊缝时,应先焊内圈四周,然后逐层堆焊,如图 8 – 45 所示,否则易形成假焊,即未熔合。采用 CO_2 焊焊接时,由于熔深比焊条电弧焊深,熔敷效率高,效果更好。在焊塞焊前,加强板与甲板之间必须有足够数量的定位焊,以保证塞焊时定位焊缝不致裂开。塞焊缝的表面应与加强板表面一样平。焊接加强板的角接焊缝时,注意对称、分段焊接,先焊直边的角接焊缝,对称进行;再焊四周的角接焊缝,也要对称进行。

在有些船上还有一种结构较强的带缆桩,其结构特点是立桩穿过甲板并与甲板焊牢;如图 8 – 46 所示。焊接时,先焊甲板上面的焊缝,然后焊接立桩与甲板的角接焊缝(仰焊),再焊接立桩与甲板间的肘板角接焊缝。

焊接时也要注意分段,对称焊接,必要时锤击焊缝,尽量不要预热。

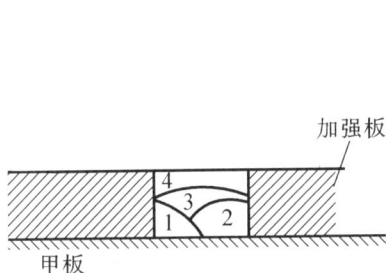

图 8 – 45 加强板塞焊示意图

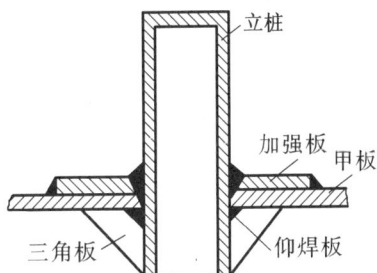

图 8 – 46 立柱焊接示意图

8.7.8 艉轴筒的焊接

中型和大型船舶的艉轴筒,是由材料为 ZG200 – 400 ~ ZG230 – 450 的铸钢浇铸成数节,然后由环缝对接而成的一个整体。

艉轴筒的装配焊接主要应保证各艉轴筒同心,不能有变形,焊接时多层焊缝中无缺陷,其焊接工艺如下。

①坡口准备。内径大于 600 mm 的艉轴筒,其内壁的接缝处开深为 3 ~ 4 mm 的坡口,用 CO_2 焊打底,外面气刨清根后焊接。内径小于 600 mm 的艉轴筒,其内壁因要加工,故不必焊接。由于艉轴筒壁厚较厚,所以外壁一般都开成 U 形坡口,如图 8 – 47 所示,并采用 CO_2 焊打底,再用埋弧自动焊填充和盖面。若能保证艉轴筒焊接后的直线度(如加"马"材,在特有的工装上装配等),也可以用衬垫焊焊接。

②"马"材的安装。用"马"材在艉轴筒内壁进行定位,"马"材至少应有 4 块,"马"材尺寸为 20 mm × 250 mm × 600 mm,相互应间隔 90°,"马"材与艉轴筒用双面角接焊焊接。

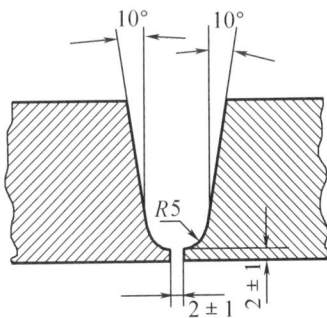

图 8 – 47 艉轴筒的对接坡口

③焊接大直径的艉轴筒先进行内壁封底焊,碳弧气刨清根后,正面焊缝的打底焊采用 CO_2 焊,要确保根部焊透,以后各层可采用 CO_2 焊或埋弧自动焊。小直径艉轴筒的打底焊采用 CO_2 焊,进行单面焊双面成形焊接,要使焊缝背面成形。然后再焊几层方可进行埋弧自

动焊。

④各层焊接均由两名焊工同时对称进行。打底焊采取立焊分段跳焊法,每段焊缝长200~250 mm,每段焊缝起焊处,应在轴中心线下方开始,焊完一段转动一个角度,使要焊接的焊缝总处于立焊位置。以后各层同样采用分段焊法,焊完一段转动一个角度。两人的焊接速度要基本相同,但焊接方向应相反。左右两边的焊接层数应相同,每层焊缝的接头要错开 20 mm 以上。

⑤回火处理。艉轴筒焊后需进行回火处理。

8.7.9 艉轴架的焊接

艉轴架可分为单支轴架和双支轴架。它固定在船体上,用来支承艉轴尾管。艉轴架可以采用铸钢、钢板、分段铸件或锻件焊接组合而成,它与船体内纵横构件相连,并在外板开口处焊以加强板。现介绍艉轴架的焊接工艺。

1. 艉轴架毂与艉轴架臂的焊接工艺

艉轴架由艉轴架毂和艉轴架臂焊接组成一体。焊接艉轴架毂和艉轴架臂的对接焊缝时,主要应防止焊接变形和产生裂缝。具体焊接工艺如下。

①将艉轴架毂与艉轴架臂的对接焊缝加工成对称的 X 形或 U 形坡口,并使接缝处于垂直位置以便进行立焊。焊接前需在两艉轴架臂之间用加强材固定,以防止焊后变形。

②由焊件的含碳量和当时的环境温度按船级社规范决定焊前是否预热。每个艉轴架臂应由两名焊工对称进行焊接,两个艉轴架臂可以同时进行焊接。

③采用 CO_2 焊,并采用分段退焊法,先焊上端 1/3 的焊缝长度,再焊下端。焊接 2~3 层后,在焊缝反面用碳弧气刨清根,以正面同样的方法焊接 2~3 层,然后再由两人对称同时进行焊接。

④进行多层多道焊时,特别要注意清渣,要保证焊缝两边缘焊透,并防止产生夹渣等缺陷。

⑤每个艉轴架臂应一次连续焊完,焊后用石棉布包扎,使其缓冷。

2. 船台上艉轴架的焊接工艺

在船台上进行艉轴架的焊接时,关键问题是防止变形,否则会影响轴系的安装。

(1)艉轴架横支臂与艉柱的焊接

焊接前,艉轴架须加强固定,并在艉轴架毂中心安装一根钢丝线,以便了解和观察艉轴架在焊接过程中的变形情况,并能及时改变焊接顺序来控制变形。

①艉轴架横支臂与艉柱的焊缝坡口应开成不对称的 K 形坡口,平焊面坡口深度约为支臂厚度的 2/3。

②艉柱上的焊接区域在安装横支臂前应彻底清除锈及油等杂物。

③当铸钢件含碳量按船级社规范要求需预热时,焊前应将焊缝边缘 150 mm 范围内均匀预热至 150~250 ℃(具体温度按材料的碳当量而定)。

④采用 CO_2 焊进行焊接,注意上下对称焊接。

⑤左右艉轴架可单独或同时进行焊接。每层多道焊时,应在焊缝两侧先各焊一道,以保证两边缘焊透,然后再焊中间部分。

⑥艉轴架横支臂的焊接应一次连续进行,焊后将焊缝及其周围区域用石棉布包扎缓冷。

（2）艉轴架竖支臂与构架、外板的焊接

单支轴架的焊接与竖支臂的焊接方法类似，只是刚性固定条件差些，更应注意变形情况。

①竖支臂焊接应在横支臂与艉柱的焊缝焊接结束后才能进行。

②焊接竖支臂与纵横构架的连接焊缝时，应先焊立角接焊缝，再焊平角接焊缝。由两名焊工对称地进行。由于竖支臂的厚度较船外板和加强板大得多，散热更快，所以操作时，焊接电弧应略偏于竖支臂，以便竖支臂和板材之间热量均匀，容易焊接，减少未焊透的概率。

③焊接加强板的塞焊缝时应对称跳焊。焊接时要避免未熔合。

8.7.10　水密门及门框的焊接

1. 水密门的焊接

为了增强水密门的刚性，水密门闪板都压制成凹槽，或在门上焊 2 条加强筋，同时还要焊上一圈扁铁制成的用来安装橡皮的槽，为了减少焊后变形，这些焊缝均采用小电流细焊条和间断角焊或使用 CO_2 焊。焊接前用"马"将水密门固定在平台上，等焊好冷却后，再拆除"马"。

2. 水密门框的焊接

水密门框有 2 种制造方法：一种是直接在隔舱壁门的开口边上装焊一圈扁铁圈，即门框；另一种是将门框与其四周部分的隔舱壁预先在平台上焊成部件，并与门合成一体，然后再上船平贴在隔舱壁的开口处。焊接时，外侧为搭接连续角接焊缝，内侧为搭接间断角接焊缝。

焊接水密门框的主要问题是防止变形，如果焊接工艺不当，就可能发生挠曲变形。为了减小焊接变形，焊接时先焊间断角接焊缝，后焊连续角接焊缝，并采用 CO_2 焊，若用焊条电弧焊，则要用细直径焊条，长焊缝用分段跳焊法，另外还应将门框固定。对用第一种方法制造的水密门框焊接，可在定位焊后将水密门扣紧在门框上，以增加门框的刚性。对用第二种方法制造的水密门框，可以用"马"将水密门框固定在平台上再焊，这样就可以减小焊接变形。

8.7.11　管子的焊接

管子焊接在整个舾装件焊接中占很大的比重，如船舶主辅机管子的连接，各种输油、水、气管之间的连接等，一般都采用 CO_2 焊来焊接，也可用焊条电弧焊来焊接。管子的焊接质量直接影响船舶建造质量和使用性能。

1. 管子的对接形式

在船舶制造中管子的对接形式较多，根据不同的用途和部位有管子的对接、管子用套管的对接、管子用法兰的对接等，可以使用多种不同的焊接方法。无论何种焊接方法，为了保证管子焊接接头的致密性和强度性能，它们都有如下几方面的共同要求。

①应尽量采用双面焊，如果管子直径小不能采用双面焊，应采用单面焊双面成形的工艺方法，打底焊时，要适当增加装配间隙，以利于背面成形。当管壁厚度大于 8 mm 时，间隙应为 3 ~ 4 mm。管壁厚度超过 5 mm 时就应开 V 形坡口，坡口角度为 50°，钝边为 1.5 ~ 2.5 mm。

②对于耐高压的重要管子应采用氩弧焊打底,以获得较好的背面成形,填充材料用等强度或成分相近的焊丝,其余各层焊缝可用其他焊接方法来完成。

③定位焊时要求要焊透,还要避免焊穿。焊打底焊时应先把定位焊焊缝两端修成凹圆弧形,以保证焊缝接头的质量及焊缝的光顺。

④多层焊时,第一层焊缝应保证焊透,引弧点应在管子的对接焊缝内,其他各层应按坡口的宽度选择适当的运条方式来焊接。

⑤镀锌管在施工中一般不应开孔焊接,以免损坏镀层质量,特殊情况除外。

⑥甲板疏排水、暖气、凝水等需焊装支管时,应取较小夹角焊接,避免水流方向突变及节流。

⑦直径 20 mm 以下管子切割,一律不允许使用气割,应用机械方法,以免管道口阻塞。

⑧管壁较薄的管子切割后,先要校正圆度,才能进行装配焊接,以免不圆引起的错边影响管子对接焊缝的焊接质量。

⑨管子穿过水密或气密结构处时,应采用贯通件或座板;穿过非水密平台、甲板或非水密隔墙时,应加装防护罩,并双面焊接。

2. 管子的焊接方法

管子空间位置有垂直位置和水平位置两种,管子状态分为可转动和不可转动两种,因此,对管子的焊接方法就有很多形式,对于它们的工艺特点及操作要点,前面章节已作详细介绍。下面仅对几种应用面较广的焊接工艺方法作原则性介绍。

(1)管子转动焊接

焊接时,管子按焊接速度的要求进行旋转,旋转可采用手工转动或自动转动。水平位置转动管子的焊接一般有两种焊接位置。

①对于不带垫板的管子的转动焊接,为了保证根部熔透,一般在半立焊部位焊接,如图 8 – 48(a)所示。

②对于带垫板的管子的转动焊接,一般比较容易焊透,为了操作方便,一般选择直平焊部位焊接,相当于上坡焊,如图 8 – 48(b)所示。

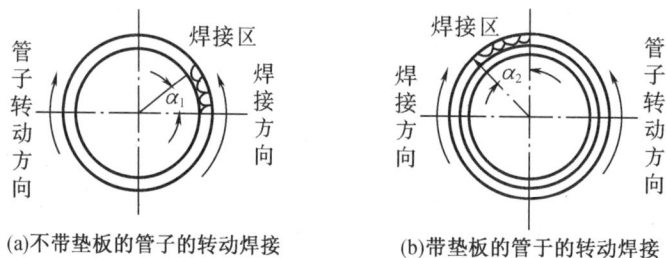

(a)不带垫板的管子的转动焊接　　(b)带垫板的管子的转动焊接

图 8 – 48　水平管的转动焊接

(2)管子不转动的焊接

当管子处于水平位置固定,如上船安装就需要围绕管子的对接焊缝进行焊接。焊接时应注意仰焊起弧点及平焊熄弧点的接头位置需离垂直中心线 10～20 mm,这样有利于把接头接好。焊接过程中应正确掌握仰、立和平焊的操作技术,并尽量采用短弧焊。

当管子处于垂直位置固定,需要围绕管子的对接焊缝进行焊接时,应采用横焊方法,一般根据管子直径的大小可分为两半焊接法(直径小于200 mm)或分段焊接法(直径大于200 mm)。

当管子进行多层焊时,各层焊缝接头应互相错开,一般应错开20 mm以上。由于结构原因焊缝局部遇到障碍时,可采用弯曲焊条的方法进行焊接,弯曲时焊条的药皮不可弄掉。

(3)管子纵向对接焊和焊接钢管的对接焊

焊接管子纵向对接焊缝的方法选用可参见起重杆的焊接,可采用逐步退焊法或分段跳焊法等。当两根焊接钢管需对接焊时,装配时要注意把相邻两管接头的纵向焊缝错开一定的距离,这个距离应大于200 mm。

(4)套管的焊接

为了方便管系的安装,目前在船上较多采用套管焊接来取代管子的对接,在加热管系上应用得更多。套管的焊接就是在两根管子的外部套上一小段管子,将套管两端与管子焊接在一起。套管的焊接与管子的对接焊相似,它的主要困难是如果操作过程中运条方法和焊条角度不当,易在套管边缘产生咬边或焊偏现象。因此,在焊接时应注意焊接操作手法,在立焊和仰焊时更应注意。如果管子可移动,最好将管子放在垂直位置进行平角焊。

(5)管子与法兰焊接

管子与法兰焊接接头形式比较多。焊接方法可采用焊条电弧焊或CO_2焊,焊接电流和焊脚尺寸大小的选择,主要根据管壁厚度来决定。具体的焊接方法与管子对接焊相似,但因管壁厚度比法兰薄,为了防止管壁形成咬边或焊穿,电弧需适当偏向法兰,使管壁与法兰均匀受热,改善焊缝成形。

8.8 船体维修的焊接工艺

船舶在运载过程中,经常受到各种外力的作用,海水腐蚀作用,以及人为因素的影响,会发生渗漏、凹陷、裂纹、腐蚀(船舶在水中由于电化学作用与化学反应而遭到腐蚀,甚至发生剥落)、破洞(由于船舶碰撞、触礁或中弹而使船身出现破洞)与折断等损坏。因此,需要通过修理来消除这些缺陷。在修船过程中当然少不了焊接工艺,下面介绍几种典型的船舶修理的焊补工艺。

8.8.1 焊缝的焊补

金属腐蚀是因为金属与周围介质发生了化学反应和电化学作用而出现的,船体的腐蚀是相当严重的,一般容易出现的部位是:水线变化区的外板、艏艉柱部分,泄水孔周围和舭部转周处,护舷材以下部位和焊缝区域等。船舶的焊缝遭受腐蚀后,其完整性就逐渐受到破坏,局部强度逐渐下降,在腐蚀严重处会产生渗漏现象,必须进行焊补修复。焊补工艺如下。

①焊补前,焊缝两侧20~30 mm处,应将锈层等污物清除干净,并用碳弧气刨将需焊补焊缝刨槽,使之露出金属光泽,不露出金属光泽是焊补不好的。刨槽应尽量圆滑过渡和全长宽窄均匀、深浅一致。焊补焊缝的清理如图8-49所示。

②根据焊补焊缝的部位选取合适的焊条,并根据焊补处的位置选取合适的焊接电流。

③焊补时,从焊补焊缝两端向中间施焊。对长焊缝应采用分段退焊法。

④要注意焊补焊缝的表面成形和尺寸,不要焊成比原来焊缝过高或过宽,新旧焊缝的连接应均匀圆滑。

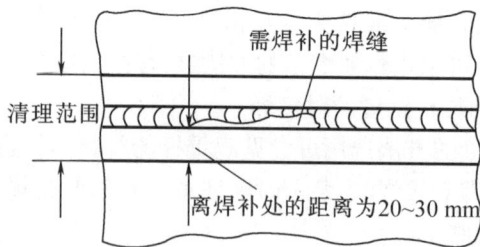

图 8 − 49　焊补焊缝的清理

8.8.2　裂纹的焊补

船体裂纹产生的原因很多。如:船体在装配过程中,各构件没有达到规定的公差要求就进行焊接,使填充量过大,产生的内应力也很大,船舶工作时再受到其他的外力时,叠加起来往往会产生裂纹;船体结构所用的材料性能不符合要求,如果在焊接过程中不注意而造成夹渣、气孔、裂纹、未焊透等缺陷,再加上不合理施焊顺序造成了应力集中,也容易产生裂纹;再就是金属遭到腐蚀和船舶在波浪上反复受到交变应力的作用及推进器、主机、辅机等工作时产生的船舶振动而引起金属的疲劳,也容易产生船体裂纹。一旦产生了裂纹,就会导致渗漏,这样是很危险的,因此裂纹是不允许存在的缺陷,必须清除后焊补修复。其焊补工艺如下。

①仔细检查裂纹的起点和终止点,必要时还应检查与出现裂纹部位处于相同受力情况的同类构件有无裂纹。

②清除裂纹。如果采用风铲来消除裂纹,应先在裂纹的两端钻止裂孔。以防止裂纹扩展。钻止裂孔时,采用直径 6 ~ 8 mm 的钻头,钻头尖角最好为 116° ~ 118°,钻孔深度应比裂纹深度深 3 ~ 5 mm。如果是穿透性裂纹,应沿板厚钻穿。如果采用碳弧气刨消除裂纹,就应先从裂纹两端向裂纹中间方向刨削,直至裂纹彻底清除为止。应尽量采用碳弧气刨方法来消除裂纹。

③在裂纹处按照焊缝的要求和标准开坡口。尽量采用碳弧气刨方法来修正坡口形状,对未穿透裂纹的焊补,坡口底部要圆滑过渡。如果是穿透性裂纹,应开成对称性双面坡口形式。

④采用低氢型碱性焊条焊补或 CO_2 焊。焊接时,应从坡口两端向中间施焊。如果焊补处钢板较厚或焊补处的结构部位刚性较大,应在焊完每一段焊缝后立即锤击焊缝消除应力,以防止再次产生裂纹。不要轻易预热。

8.8.3　船体外板的挖补

根据船体的损坏程度,在船舶修理中,常采用补板或换新的方法。补板就是在发现漏水焊缝处或局部腐蚀严重处挖补或贴补一块比漏水焊缝长的钢板,四周进行连续对接焊或连续搭接焊。在漏水严重而补板又不可能的情况下,就采取换新的办法,即将漏水焊缝两侧的钢板或损坏变形处的钢板全部割掉换上新钢板。

1. 小块矩形补板的焊接

①补板与船体外板的接缝开成四角为圆弧过渡。如图8-50所示,要求圆弧半径 $R = 10\delta$(δ 为板厚)并小于50 mm,$a > b$。

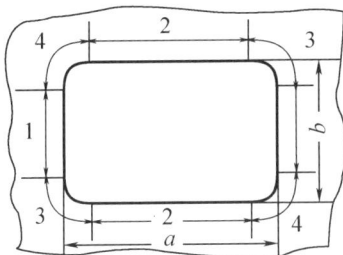

②在船体外板外面用定位焊将补板焊牢固定,然后采用碳弧气刨在补板接缝的内面刨削坡口,选择合适的焊条直径和焊接电流焊接对接焊缝,或采用 CO_2 焊进行焊接。

图8-50　小矩形补板焊接顺序

③为防止焊接应力过大而产生焊接裂纹。焊接时,由2名焊工对称进行焊接,先焊接横向和纵向接缝中间部分。在焊接第一层时,要求焊缝无缺陷,然后根据钢板厚度连续焊接。

④焊完横、纵向中间部分的焊缝后,焊接四角圆弧部分接缝。为了防止产生裂纹,从焊补第二层开始,每焊完一层都要轻轻锤击焊缝,以减小内应力。如果补板所处部位刚性较大,应在四角圆弧部留一角暂不焊,等四周焊缝焊完盖面焊缝并冷却后,再焊此一角接焊缝,以此减缓应力集中。焊接最后一段焊缝时,要一点一点慢慢焊,不可大电流焊接,焊完一点就轻轻锤击焊缝减少应力。

⑤焊完内部焊缝后,采用碳弧气刨在接缝外面刨槽,然后进行封底焊。同样道理,也可以在四角圆弧部分留一角暂不焊,等待冷却后再最后焊。

2. 整张钢板换新的焊接

①将保留钢板的边角缝用氧-乙炔火焰或丙烷气火焰割开约300 mm,以利于端接缝的焊接,如图8-51所示。

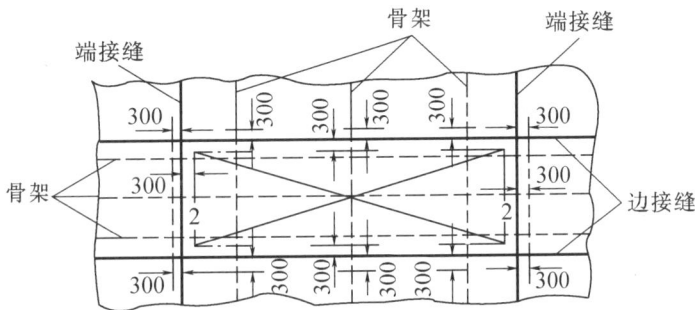

图8-51　整张钢板换新的焊接顺序

②将被换钢板四角的保留钢板与构件的所有角接焊缝割开约300 mm,并用碳弧气刨将向舱内的对接焊缝刨削坡口。

③根据被换板的位置选取焊条牌号、直径或采用 CO_2 焊。然后先焊被换钢板与纵、横构件的角接焊缝,但距被换钢板边缘300 mm宽度内的角接焊缝暂不焊。

④焊接钢板的边接缝(横焊缝)后焊端接缝(立焊缝),焊接边接缝时,应采用分中分段退焊法施焊,最好由双数焊工同时进行。

⑤用碳弧气刨在钢板对接焊缝外面刨槽,再进行封底焊。封底焊时,同样先焊边接缝,后焊端接缝。

8.8.4 铜螺旋桨叶片割换焊补

螺旋桨一般采用铜合金铸造而成。由于多种原因,铜螺旋桨往往会在叶片上产生裂纹、断裂、叶片厚度严重变薄等缺陷,这些缺陷都必须进行焊补。焊补方法有:气焊、焊条电弧焊、手工钨极氩弧焊和熔化极氩弧焊等。现在大部分以氩弧焊进行修补。

1. 螺旋桨补焊中存在的问题

①基体疏松严重,补焊前如果未将缺陷彻底清除干净,补焊后会因残余应力的作用而导致焊缝边缘组织拉裂。

②使用氩弧焊时一定要把铸造缺陷清理干净,不能有油、污,焊丝也要清理干净。

③电流不能过大,过大会产生较大内应力,还会引起陶瓷喷嘴烧损,使焊缝渗硅。

2. 补焊的工艺要点

①根据螺旋桨材料正确选择焊丝。

②清除铸造缺陷、铲除缺陷时,疏松缺陷往往被挤压而不易暴露,因此补焊前应先熔化一遍。

③根据材料的特点进行预热。具体预热温度见相关资料。

思考题

1. 什么叫工艺规程?

2. 船体结构焊接顺序的基本原则有哪些?

3. 什么叫整体造船法?

4. 试比较双层底分段中"倒装法"与"顺装法"的工艺特点。

5. 试述船台船体大接缝焊接方法。

6. 船体主机座焊接时要注意哪些问题?

7. 试述船体维修时焊缝的焊补工艺。

8. 标出题图 8 – 1 中平板拼接焊的焊接顺序。

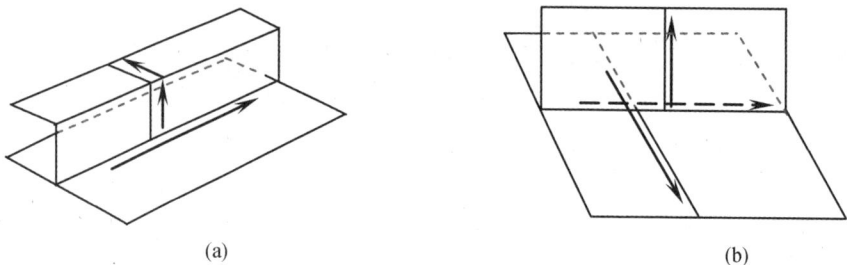

(a)   (b)

题图 8 – 1　思考题 8 图

第9章　船舶焊接检验

9.1　船舶检验概述

优秀的船舶建造质量,是保证船舶安全运行的重要条件。如船体结构焊接接头存在严重的焊接缺陷,在恶劣环境下就有可能造成部分结构断裂,甚至引起船体断裂、沉没的重大事故。

影响船舶建造质量的因素包括船舶设计、船舶审图、船舶建造、建造检验及船用产品质量等方面,任何环节出现问题均会影响船舶建造质量。

9.1.1　船舶建造质量检验的目的

船级社进行船舶建造质量检验,其目的是确保:

①在建船舶按批准的图纸施工;

②在整个建造阶段,其建造计划、材料、设备和工艺满足船级社规范、国际公约和船旗国政府(法规)的有关规定;

③要求认可持证的船用产品,符合预定的要求;完成所有规定的检验、试验和试航项目,且结果满意;

④完成所有规定的检验和试验项目,且结果满足要求;

⑤申请书经评审并确认客户的要求得以满足。

为保证船舶的建造质量,各船级社除了执行国际公约,船旗国政府的法规、规则、标准等有关规定外,还制定了相关船舶入级规范和规则。为达到上述要求,对任何违背船级社批准的图纸,或不符合船级社规范及有关公约和船旗国政府的有关规定的产品或活动,船级社担当检验的验船师都有责任督促建造厂采取措施予以纠正。

9.1.2　船舶检验的发展

18世纪初,随英国海运事业的迅速发展,船舶的各种海损事故也持续不断,致使船舶保险业迅速兴起,为船舶投保作公证签证的近代船舶检验业也随之诞生。1760年,在英国伦敦的劳埃德咖啡馆里成立了船舶质量检验机构,"劳埃德船级社"(Llovd's Register of Shipping,LR),即英国劳氏船级社前身。英国劳氏船级社在世界上成立最早,在世界船舶界享有盛名,是国际公认的船舶界权威认证机构。

此后航运发达的国家相继成立了船级社,并在世界主要港口设立分支机构,如美国船舶检验局、挪威船级社、法国船级社和日本海事协会等。船级社主要业务是对新造船舶进行技术检验,合格者给予船舶的各项安全设施并授予相应证书;根据检验业务的需要,制定相应的技术规范和标准;受本国或他国政府委托,代表其参与海事活动。

船级社有一套入级规范、标准和船级符号,经过对申请入级的船舶的检验,对符合要求的船舶授予船级符号、签发船级证书和登入船名录,为船东、船厂、保险商等各方提供服务。

我国为造船古国,在船舶检验方面也曾有辉煌的历史,但近代的船舶检验体制出现在20世纪50年代。中国的船检机构1951年开始筹备,1956年8月1日,我国第一个专业性质的船检机构——中华人民共和国船舶登记局正式成立,并以"ZC"为标志开展船舶检验业务。1957年6月,交通部确定船舶登记局对外同时起船级社作用,负责办理船舶入级和公证检验业务。1958年6月,船舶登记局改名为"中华人民共和国船舶检验局",同年8月,首次完成江南造船厂建造的内河客船"江蓉"号以及大连造船厂建造的沿海货船"和平25"号的建造检验与发证。

在较长时间内,中国并没有专门的与国际航运社会接轨的船级社及船舶建造规范,所有内贸船和外贸船的检验均由一个统一的组织管理。1973年中国恢复了联合国席位后,也逐步参与、加入了国际海事组织的各项公约。1987年1月1日,交通部颁布《中国船级社章程》,认定中国船级社(China Classification Society,CCS)为船舶检验局内负责入级检验的机构,并从事船舶和海上设施的入级检验和有关的公证检验。1988年5月,CCS加入国际船级社协会(International Association of Classification Societies,IACS),成为其正式成员。1992年,按照国际船级社协会质量认证体系的要求,我国建立了中国船级社质量管理体系。1998年10月,在国务院机构改革中,中华人民共和国船舶检验局与中国船级社实行"局社、政事分开",同时与中华人民共和国港务监督局(交通部港监局)合组中华人民共和国交通运输部海事局。

9.1.3　船舶检验机构

1. 国际海事组织

国际海事组织(International Maritime Organization,IMO)是联合国负责海上航行安全和防止船舶造成海洋污染的一个专门机构,是促进各国政府和各国航运业界在改进海上安全、防止海洋污染以及海事技术合作的国际组织,并组织制定了众多的国际公约。

2. 国际船级社协会

国际船级社协会(IACS)于1968年正式成立,其使命为与有关的国际组织和海事组织进行合作,以促进海上安全标准的提高。IACS致力于联合各船级社利用技术支持、检测证明和开发研究,透过海事安全与海事规范维护与追求全球船舶安全与海洋环境清洁。

截至2012年12月31日,国际船级社协会共有13家正式会员,它们分别是美国船舶检验局(American Bureau of Shipping,ABS)、法国船级社(Bureau Veritas,BV)、挪威船级社(Det Norske Veritas,DNV)、德国劳氏船级社(Germanischer Lloyd,GL)、韩国船级社(Korean Register of Shipping,KR)、英国劳氏船级社(LR)、日本海事协会(Nippon Kaiji Kyoka,NK)、意大利船级社(Registro Italiano Navale,RINA)、中国船级社(CCS)、波兰船级社(Polish Register of Shipping,PRS)、印度船级社(India Register of Shipping,IRS)、俄罗斯船级社(Russian Maritime Register of Shipping,RS)及克罗地亚船舶登记局(Croatian Register of Shipping,CRS)。

3. 中国船检机构

①中华人民共和国海事局为交通运输部直属机构,实行垂直管理体制,标志如图9-1所示。中华人民共和国海事局负责行使国家水上安全监督和防止船舶污染、船舶及海上设施检验、航海保障管理和行政执法,并履行交通部安全生产等管理职能。

②中国船级社(CCS),成立于1956年,是中国唯一从事船舶入级检验业务的专业机构,

于1988年加入IACS,其标志如图9-2所示。

图9-1 中华人民共和国海事局标志

图9-2 中国船级社(CCS)标志

CCS通过对船舶和海上设施提供合理和安全可靠的入级标准,提供独立、公正和诚实的入级及法定服务,为航运、造船、海上开发及相关的制造业和保险业服务,为促进和保障人命和财产安全、防止水域环境污染服务。

中国船级社的主要任务为承担国内外船舶、海上设施、集装箱及相关工业产品的入级检验、公证检验、鉴证检验和经中国政府、外国(地区)政府主管机关授权,执行法定检验等具体检验业务,以及经有关主管机构核准的其他业务。

③中华人民共和国渔业船舶检验局(农业部渔船检验局),为直属农业部的正局级机构,其主要职责为从事渔业船舶检验及履行有关国际公约的义务。

9.1.4 船舶检验分类及依据

船舶检验是船检机构对船舶的船体(包括设备)和船舶机械(包括电器设备)的技术状况,进行检验、审核、测试和鉴定的总称。船舶通过相应的检验,才能取得船舶技术状况的技术证书或保持技术证书继续有效。

按照检验内容,船舶检验可以分为船舶船体检验及船舶机电(轮机、电气设备)检验等。按照检验性质,船舶检验又可以分为法定检验、入级检验和公证检验三种基本类型。

1. 法定检验

法定检验是指按照船旗国政府的法规以及该国政府接受的国际公约的要求,由船旗国政府的主管机构或政府授权的船级社或个人执行的检验。

法定检验的内容包括吨位丈量、载重线、构造、救生、消防、航行信号、无线电话与电报等安全方面的和防污染方面的检验,具体类型包括制造检验、营运检验和船用产品及集装箱检验等。

(1)制造检验

制造检验包括船舶设计图纸审查及制造中的检验。

船舶设计图纸审查一般由设计单位向验船部门提交申请,制造中的检验由生产厂报验。

(2)营运检验

其一般由船厂提交检验,或由船舶使用者报检,具体包括以下几项内容:法定初次检验、法定年度检验、法定换证检验、法定期间检验、法定定期检验、船底外部检查和法定附加检验。

（3）船用产品及集装箱检验

①船用产品检验。指按有关规定，对船用产品的监督检验，分别进行工厂认可和形式认可，认可后还应接受产品制造检验、出厂检验或不定期抽查。检验合格发给船用产品检验证书，并在产品的规定位置打上检验合格标志。未取得船用产品检验证书的产品，不得装船使用。

②集装箱检验。集装箱制造厂在投入生产前，首先向船舶检验机构申请样箱检验及试验，合格后发给相应的样箱证书。制造厂按样箱质量标准和批准的资料进行批量生产，然后对集装箱进行制造检验，合格的发给集装箱合格证书、印上规定的标记。

使用中的集装箱还要按规定进行定期检验。

（4）法定检验授权

中国船级社受中国政府授权，对国际航行船舶进行法定检验，并颁发国际船舶吨位证书、国际船舶载重线证书、货船设备安全证书、货船构造安全证书、货船无线电报安全证书、货船无线电话安全证书、客船安全证书、国际防止油污证书、船舶起重和起货设备检验簿及其检验和试验证书等法定证书。

2. 入级检验

入级检验是实施船舶入级规范和规则，对船舶的主要构件及其附件的结构强度和水密分隔，船舶的推进、操纵和辅助系统以及其他功能的相对安全性和可靠性进行客观、公正的评价，满足规范及规定要求，以促进船舶海上安全航行和防止污染海域为目的，满足政府、船东、保险人、船厂、船用产品或材料生产厂的需要。

船舶的船体、轮机、电气设备，如果符合入级规范的要求，并且符合适用的稳性要求，船级社将授予相应的船级，并用相应的入级符号和附加标志来表示。

（1）船舶船级

船级的最低要求为在全世界范围内，船体的所有主要结构及其附件的结构强度（必要时包括水密完整性）、推进和操纵系统的安全和可靠性，及其他特性和安装在船上为建立和保持船舶基本运行状况的辅助系统满足规范和规则，从而确保船舶适合于预定航行。

船舶入级一般由船东选择，但也有政府规定的。例如，我国规定挂中国旗的船应入 CCS 级，美国规定挂美国旗的船应入 ABS 级。

（2）入级检验种类和要求

入级检验一般包括初次入级检验和保持船级检验。

CCS 的初次入级检验包括新造船舶的建造检验，以及不在本社检验下建造的船舶的初次入级检验。保持船级检验主要包括为保持船级有效性的检验、循环检验、机械计划保养系统检验、重新入级和恢复船级检验、损坏和修理检验、改装或改建检验，以及临时检验等。

3. 公证检验

公证检验是指船检机构或个人以第三方的身份应当事人申请，站在公正的立场对所申请检验项目所进行的检验鉴定。通过对所申请检验项目技术状况进行勘察、鉴定，并出具相应的检验报告。

公证检验的申请人一般为船东和船舶的保险公司，公证检验为申请人在解决或处理问题时提供凭证或依据。

公证检验主要包括海损检验，起、退租检验，索赔检验，及其他公证检验等。

4.船舶检验依据

船舶检验依据主要包括公约、规范、规则、IACS 统一要求、统一解释、检验指南、程序文件、验船师须知,以及检验机构认可或接受的技术标准、通函等,均在不同程度上对检验提出了各种要求。

9.2　船舶焊接检验

焊接已是现代造船的关键工艺技术之一,在船体建造中焊接工时占船体建造工时的30%以上,焊接质量的好坏直接影响船舶的安全和使用寿命。在船舶焊接的生产中,焊接接头的质量好坏将直接影响产品结构的安全使用。当船舶的主要焊接接头存在严重缺陷时,它必然经受不了大风大浪的冲击,很有可能断裂,严重时甚至会导致沉船事故。每个焊接工作者都必须在船舶焊接生产过程中,努力保证焊缝的质量符合技术要求。

焊接质量主要取决于下列因素:基本金属和焊接材料的质量、焊件坡口的加工和清理工作、焊件装配的质量、焊接规范、工艺规程、焊接设备、焊工的技能和工作情绪等。

焊接工作的检验通常分为三个阶段进行,焊前检验、焊接过程中检验和成品检验。

焊前检验是防止废品产生的重要措施之一。经验证明,多花些时间将焊前检验做得好些,要比因检验不好造成废品后进行修补经济得多。焊前检验的内容主要是检验技术文件(图纸)、焊接材料、电焊设备、装焊的工夹具和工作质量、焊件边缘清洁程度等是否符合技术要求。

焊接过程中检验是从焊接工作开始至全部焊接工作完成期间的检验,主要检查焊接过程中使用的装焊工夹具,焊接工艺规程和焊接规范的执行情况等。

成品检验是最后一个检验阶段,也是决定性的鉴定焊接质量优劣的阶段。焊接检验的方法根据船舶结构的工作要求来确定。

9.2.1　焊工及无损检测人员资格认可

1.焊工

为保证焊接质量,各船舶、海上设施或船用产品制造厂焊工应按 CCS《材料与焊接规范》要求参加焊工资格考试。只有持有 CCS 颁发或承认的焊工资格证书的焊工才可从事与其证书相应的焊接工作。

CCS《材料与焊接规范》(2012)中规定:根据产品类型将焊工资格分为船舶与海上设施焊工、船用锅炉压力容器焊工两大类,其焊工等级根据焊接位置来划分。对于板材分为Ⅰ级、Ⅱ级和Ⅲ级,对于管材分为ⅠP、ⅡP、ⅢP 和ⅢPR 级。水下湿法定位焊为 T 级。

不同试件形式的考试科目代号及焊接位置见表 9-1。

表 9-1　不同试件形式的考试科目代号及焊接位置

试件形式	考试科目(焊接位置)代号	焊接位置
板材对接焊	F	平焊
	V	立向上焊

表 9 – 1（续）

试件形式	考试科目（焊接位置）代号	焊接位置
板材对接焊	H	横焊
	O	仰焊
管子对接焊	1G	管子水平滚动焊
	2G	管子垂直固定焊
	5G	管子水平固定焊
	6G	管子倾斜45°固定焊
	6GR	带有限制环的管子倾斜45°固定焊
板填角焊	FF	船型角焊
	FH	平角焊
	FVu	立向上角焊
	FVd	立向下角焊
	FO	仰角焊
管板角接焊	2FG	垂直固定平焊
	4FG	垂直固定仰焊
	5FG	水平固定焊
	6FG	倾斜45°固定焊

不同焊工等级对应的考试科目见表 9 – 2。

表 9 – 2　不同焊工等级对应的考试科目

试件形式	焊工等级	常规焊工考试科目	水下焊工考试科目
板材对接焊	I	F	F
	II	H、V	H、V
	III	H、V、O	O
管子对接焊	I P	1G	2G
	II P	2G 或 5G	5G
	III P	2G + 5G 或 6G	6G
	III PR	6GR	—
水下湿法定位焊	T	—	F、H、V

注：①不同产品类型焊工等级加字母以区分：船舶与海上设施焊工加"S"；船用锅炉压力容器焊工加"B"。

特殊需要时，可根据产品实际焊接位置进行填角焊考试。对船用锅炉压力容器焊工，需要时还应进行管板角接焊的专门考试。

焊工考试合格后,由 CCS 发给焊工资格证书,焊工应严格按照证书所规定的工作范围进行焊接操作。焊工资格证书的有效期为发证之日起 3 年。定位焊科目的焊工资格证书为长期有效。

2. 无损检测人员

无损检测人员应持有 CCS 颁发的或接受的无损检测人员资格证书,并从事与证书的种类和等级相符的无损检测工作。船舶、海上设施和船用产品的制造厂焊接生产开工建造前焊接工艺须经 CCS 认可。

无损检测人员应参加 CCS 资格认证委员会举办的相应级别的考试,无损检测共分七个类别:射线(RT)、超声波(UT)、磁粉(MT)、渗透(PT)、水下目视(UWVT)、水下磁粉(UWMT)、水下超声波(UWUT)。每类人员分为:实习,Ⅰ级、Ⅱ级、Ⅲ级。无损检测人员必须具有高中及以上学历,Ⅱ级及以上人员有独立评定结果的能力,且可出具检测报告,陆上人员的证书为 5 年有效,水下人员的证书为 3 年有效,到期应重新认可考试。详细内容见CCS 无损检测认可规范。

9.2.2 船舶用焊接材料要求

中国船级社《材料与焊接规范》(2012 年)中,对船舶用焊接材料提出了下列规定。

1. 工厂认可

焊接材料应由 CCS 认可的工厂进行制造,其制造焊接材料所用的金属材料亦应由 CCS 认可的制造厂提供。

焊接材料制造厂应具有良好的生产条件、成熟的制造工艺和完善的质量管理体系,以确保产品质量稳定、可靠。

船舶和海上设施及产品制造厂应采用 CCS 认可的焊接材料。

2. 认可试验

焊接材料制造厂应向 CCS 验船师提交焊接材料的试验报告,试验报告应包括下列内容:

①试验日期、环境条件、焊接材料预处理状态;

②焊接材料认可等级、牌号、型号、尺寸;

③试板材料(牌号)、等级、力学性能、化学成分(包括细化晶粒元素);

④焊接位置;

⑤焊接采用的电流、电压、焊接速度和设备型号、保护气体成分;

⑥各项试验的结果。

3. 认可保持

经认可的焊接材料应每年进行 1 次年度检查和试验,以继续保持该焊接材料的认可。

焊接材料制造厂若对已认可的焊接材料作制造工艺上的改动,应通知 CCS。CCS 将根据变动的情况确定认可是否继续保持或重新做认可试验。

在下列情况下,CCS 将通知焊接材料制造厂,撤销对其产品的认可:

①年度检查和试验不合格;

②无特殊理由而未进行年度检查和试验;

③抽样检查表明产品质量比认可时有明显下降以至不合格。

4.标志和说明书

凡经 CCS 认可的焊接材料,应在每盒或每包上明显地标上 CCS 认可的标志。

对已认可的焊接材料应在每一包装盒中附上 1 份使用说明书。该说明书应包括制造厂对该焊接材料所推荐的贮存、焙烘和使用的参数。

5.熔敷金属试验

所有焊条均应进行熔敷金属试验。

焊条应按制造厂推荐的该类焊条的使用位置,如平焊、横焊、立焊(垂直上行焊或垂直下行焊)及仰焊位置,进行各种位置的对接焊试验。

若焊条同时满足平焊和垂直上行焊要求,则可认为其已满足横焊要求。全位置焊条应进行平、立和仰三种位置的对接焊试验。

具有角焊性能的普通焊条除上述要求外,还应加做平角焊位置的角接焊试验。

对仅角焊用的焊条除进行熔敷金属试验外,还应按焊条制造厂推荐的焊接位置(平、立和仰焊位置)进行角接焊试验。

对扩散氢有要求的焊条(如低氢或超低氢焊条等),在满足相应级别的力学性能要求后,还应进行测氢试验。

6.船舶结构钢焊接材料力学性能

结构钢焊接材料按其屈服强度可以分为 9 个等级,各个等级按其缺口冲击韧性可进一步划分为若干个级别,各级焊接材料的表达方式参见《材料与焊接规范》。

冲击韧性以数字 1 至 5 表示,高强度焊接材料以字母 Y 表示。若焊接材料的屈服强度大于或等于 $400 \ N/mm^2$,则在字母 Y 后接以数字 40 至 69。含镍低合金钢焊接材料则以其钢中镍合金的含量分为 0.5Ni、1.5Ni、3.5Ni、5Ni 和 9Ni5 个级别。

对每一等级的结构钢焊接材料,凡符合较高韧性级别要求者可以认为该材料也符合较低级别的要求。结构钢焊接材料的力学性能应符合《材料与焊接规范》中的具体要求。

9.2.3 船舶焊接工艺认可

中国船级社《材料与焊接规范》(2012)中,对船舶焊接工艺的制订及实施提出了以下规定。

1.焊接工艺文件

(1)焊接工艺计划书

焊接工艺计划书(Pre Welding Procedure Specification,PWPS)是由船厂或产品制造厂在焊接工艺认可试验前编制,用以指导完成焊接工艺认可试验的技术文件。焊接工艺计划书应包括焊接工艺规程中所有的技术参数。在认可试验中,可根据试验的结果对相关的技术参数进行修改和完善。

(2)焊接工艺试验报告

焊接工艺试验报告(Welding Procedure Qualification Record,WPQR)是准确描述和详细记录焊接工艺认可试验中实际使用和得到的技术参数的技术文件,用作焊接工艺规程认可的依据。报告中涉及的每项试验结果(包括复试结果)均应予以评价。

(3)焊接工艺规程

焊接工艺规程(Welding Procedure Specification,WPS)是工厂根据合格的焊接工艺试验报告,对焊接工艺计划书修改完善后并经 CCS 正式批准的技术文件,用以指导产品生产焊接。

2. 焊接工艺认可

建立并证明一项焊接工艺规程是否对某一具体用途适用是制造者的责任。在开工建造前,工厂应结合本厂的技术条件和生产经验,制定产品建造焊接工艺汇总表交验船师认可。汇总表中应针对建造中焊缝出现于结构与结点的不同位置、形式和尺寸,列出拟使用的焊接工艺规程的名称和编号。

(1)焊接工艺认可试验内容

通常在采用新材料、新工艺时,应进行工艺认可试验。

工厂应制定详细的焊接工艺计划书,提交认可的焊接工艺计划书应包括下列内容:

①母材的牌号、级别、厚度和交货状态;

②焊接材料(焊条、焊丝、焊剂和保护气体)的型号、等级和规格;

③焊接设备的型号和主要性能参数;

④坡口设计、加工要求及衬垫材料(如有时);

⑤焊道布置和焊接顺序;

⑥焊接位置(平、立、横、仰焊等);

⑦焊接工艺参数(电源极性、焊接电流、电弧电压、焊接速度和保护气体流量);

⑧焊前预热和道间温度、焊后热处理及焊后消除应力的措施等;

⑨施焊环境,现场施焊或车间施焊;

⑩其他有关的特殊要求。

(2)试验过程及认可

试件的焊接和试样的试验应由验船师在场见证。试验过程中应将试验用的参数和结果记入焊接工艺试验报告,见证验船师应在试验报告上签名。

工厂应根据试验结果,编写完整的焊接工艺规程,并附试验报告提交 CCS 认可。

当工厂对已批准的焊接工艺规程进行改动时,应将所有改动的内容提交 CCS 审核。CCS 根据改动的具体内容决定是否重做焊接工艺认可试验。

一个制造厂取得的合格的焊接工艺规程适用于具有相同的技术和质量管理条件的车间。

(3)认可焊接工艺的适用范围

下列各项条件相互独立,任一项目的变化范围超过适用范围时,一般均应重新进行焊接工艺认可试验。

①焊接方法的认可范围通常仅限于认可试验所用的方法。

认可的多道焊工艺不能应用于单道焊,并且在铝合金焊接中认可的单道焊工艺也不能应用于多道焊。组合焊的工艺规程仅适用于相同顺序的组合焊工艺。

②焊接工艺规程对钢材的适用范围规定。

a. 对每一强度级别的钢材,适用于与试验母材韧性等级相同或较低的钢材。

b. 对每一韧性等级的钢材,规定屈服强度小于或等于 390 N/mm^2 的钢,适用于与试验母材强度级别相同或低两个等级的钢材;对高强度淬火回火钢,适用于与试验母材强度级别相同或低一个级别的钢材。

c. 当采用热输入大于 50 kJ/cm 的焊接方法时,焊接工艺仅可覆盖与试验母材韧性等级相同,强度低一个级别的钢材。

d.对锻钢与铸钢(碳钢和碳锰钢),适用的强度等级范围为等于或低于试验母材的强度。

e.对交货态与认可试验母材不同的钢材,CCS将根据情况提出试验要求。但对于淬火加回火状态和以形变 – 温度控制轧制状态的钢材互相不能覆盖。

③焊接工艺规程对铝合金材料的适用范围规定。

a.铝合金焊接工艺认可按母材化学成分分组如下:

A 组:$w(Mg) < 4\%$ 的铝 – 镁系铝合金(5754、5454)。

B 组:$4\% \leqslant w(Mg) \leqslant 7.0\%$ 的铝 – 镁系铝合金(5059、5083、5086、5383、5456、5A01)。

C 组:铝 – 硅 – 镁系铝合金(6005A,6061,6082)。

b.认可用于某一铝合金的焊接工艺也可用于同组材料中强度相等或较低的铝合金。认可用于 B 组的铝合金焊接工艺可用于 A 组铝合金的焊接。

④焊接工艺对厚度的适用范围规定。

a.钢材和铝合金厚度适用范围应分别符合表9 – 3、表9 – 4的规定。

表9 – 3　钢材厚度的适用范围

试件厚度[①]t/mm	认可范围	
	单面单道焊或双面单道焊的对接接头和 T 形接头	多道焊的对接接头和 T 形接头以及填角接焊[②]
$t \leqslant 3$	$(0.7 \sim 1.1)t$	$(1 \sim 2)t$
$3 < t \leqslant 12$	$(0.7 \sim 1.1)t$	3 mm $\sim 2t$
$12 < t \leqslant 100$	$(0.7 \sim 1.1)t$[③]	$(0.5 \sim 2)t$(最大 150 mm)

注:①对组合焊工艺,记录的每种方法所涉及厚度可作为确定各独立焊接方法厚度认可范围的基础。
　②对填角接焊缝,认可范围适用于两个母材金属的厚度。
　③对热输入超过 50 kJ/cm 的焊接方法,认可的厚度上限是 t。

表9 – 4　铝合金厚度的适用范围

试件厚度[①②]t/mm	认可范围[③]
$t \leqslant 3$	$(0.5 \sim 2)t$
$3 < t \leqslant 20$	3 mm $\sim 2t$
$t > 20$	$\geqslant 0.8t$

注:①对组合焊工艺,记录的每种方法所涉及厚度可作为确定各独立焊接方法厚度认可范围的基础。
　②对填角接焊缝,为较厚板的厚度。
　③对自动单道焊工艺,认可的最大熔深为试验时所达到的最大熔深。

b.填角接焊缝的焊喉厚度适用范围。

钢材:单道焊时,为试验焊缝焊喉厚度的 0.75 ~ 1.5 倍;多道焊时,为试验焊缝焊喉厚度的 0.5 ~ 2 倍。

铝合金:一般为试验焊缝焊喉厚度的 0.75 ~ 1.5 倍,但当试验焊缝的焊喉厚度大于或等于 10 mm 时,适用于焊喉厚度不小于 7.5 mm 的焊缝。

c. 对于下行立焊,试板的厚度即为认可厚度的上限。

d. 对于不等厚板材对接焊,表9-3、表9-4中适用厚度范围按较薄板计算。

e. 若在认可试验中测得的热影响区内硬度值中有三个值在最大允许值以下25 HV内,该工艺适用的最大厚度仅限于试验板厚。

⑤焊接工艺对管材外径的适用范围(表9-5)。

表9-5　焊接工艺对管材外径的适用范围

试件管子外径 D/mm	适用范围 d/mm
<168	$0.5D \leqslant d \leqslant 2D$
≥168	$d \geqslant 0.5D$(包括板)

⑥焊接材料和辅助材料的适用范围:

a. 除热输入超过50 kJ/cm的工艺外,焊接材料的适用范围为与试验所用焊接材料相同等级(包括后缀)者。

b. 铝合金。焊接材料的适用范围为与试验所用焊接材料具有相同强度或较高强度者。

c. 保护气体成分或混合气体的混合比变化不超过规范中分组范围。

⑦焊接位置的适用范围。一般仅限于认可试验的焊接位置。但当考核最高热输入焊接位置和最低热输入焊接位置合格后,允许该工艺适用于其他焊接位置。管子外径不小于168 mm的管对接适用于相应焊接位置的板对接。

⑧热输入量的适用范围。焊接工艺认可试验时使用的值的±25%,但最高不超过55 kJ/cm。对热输入超过50 kJ/cm的焊接方法,其使用上限为不超过焊接工艺认可试验时使用值的10%。

⑨若电流种类(直流、交流、脉冲)和极性(正极性、反极性)变化通常应重新进行焊接工艺认可。

⑩生产焊接时,预热温度应不低于认可试验时所使用的预热温度;道间温度应不高于认可试验所使用的道间温度。

⑪如认可试验时需要进行焊后热处理或时效处理,则生产中也应进行相应的焊后热处理或时效处理。对6000系列铝合金试验时可用人工时效来代替自然时效。

⑫焊接接头形式的适用范围(表9-6)。

表9-6　焊接接头形式的适用范围

试件焊接接头形式				适用范围	
焊接方法		名称	代号	钢材	铝合金
对接焊	双面焊	清根	C	C	C
		不清根	D	D,C	D,C,A
	单面焊	带衬垫	A	A,C,D	A,C
		不带衬垫	B	B,A,C,D	B,A,C,D

通常对接焊合格的焊接工艺也适用于相应厚度的角接焊,但对铝合金及屈服强度大于或等于 355 N/mm² 的钢材应按结构要求进行角接焊试验。

⑬合格的带车间底漆的焊接工艺可以用于不带底漆的焊接,但反之则不允许。

⑭有关其他变量的认可范围可按照船级社要求执行。

9.2.4　船舶焊接质量检验

1. 焊接缺欠

《金属熔化焊焊缝缺欠分类及说明》(GB/T 6417.1—2005)解释:在焊接过程中因焊接产生的金属不连续、不致密或连接不良的现象,称为焊接缺欠,超过规定限值的缺欠称为焊接缺陷。

熔焊焊接缺欠的种类很多,根据 GB/T 6417.1—2005 规定,可将其按性质、特征分为裂纹、孔穴、固体杂质、未熔合及未焊透、形状和尺寸不良及其他缺陷 6 类。此外对于焊接接头,除焊接缺欠外还有金相组织不符合要求(如晶粒粗大),焊接接头理化性能(化学成分、力学性能等)不符合要求等缺欠形式。

为便于使用,一般应采用缺欠代号表示焊接缺欠。需要对缺欠标注时,应采用"缺欠 + 标准编号 + 代号"的表示方法,例如裂纹(100),可标记为"缺欠 GB/T 6417.1—100"。

2. 焊缝的焊前检验

接缝经定位焊后对接缝间隙、坡口、对接焊缝错边定位焊质量,以及焊缝清洁状况等项目的检验,称为焊缝的焊前检验。

接缝通常在装配工序施行定位焊后交焊接工序,该交接阶段在船体建造流程中有以下工位:部件装配定位焊后、板列拼板定位焊后、组件装配定位焊后、型材端头拼接定位焊后、胎架上拼板定位焊后、分段制造定位焊后和分段安装定位焊后等。其中,第 1~5 工位一般采用工人自控、专职检验员巡视形式;第 6 工位应由检验员检验;第 7 工位通常应提交验船师、船东检验。检验合格后经焊妥,若大接缝的对接形式并非衬垫焊,则反面用碳刨加工坡口后通常不再检验,待封底焊完工再交验。

焊缝的焊前检验为焊接提供符合质量要求的焊接坡口,是确保焊接质量的必要措施。

3. 焊缝的焊接规格和表面质量检验

焊缝的焊接规格,是指对焊缝的形式与尺寸的规定。焊缝表面质量是焊缝质量检验时首先应检查的项目,经检查合格后再进行内部质量抽样检查,最后进行焊缝的密性试验。

焊缝的焊接规格与表面质量,是验船师与船东必须检验的项目,但两者的侧重点有所不同。验船师侧重检查焊接规格(涉及船体强度),而船东侧重检查焊缝的表面质量与飞溅颗粒,它涉及以后进行涂装的涂层的质量与寿命。

(1)检验前的准备工作

检验员检验前应阅读所验分段工作图与焊接工艺文件,了解各种焊缝所在钢材的牌号、应选用的焊条型号及焊接规格,以及相应规范规定等。

(2)检验内容精度标准

目前船舶领域涉及的生产标准较多,其中包括国际公约、法规、规则、IACS 统一要求和统一解释、现行国家标准及行业标准等,如《钢质海船入级规范》(2009)、《中国造船质量标准》(CB/T 34000—2016)、《船体焊接表面质量检验要求》(CB/T 3802—2019)、《材料与焊接规范》(2012)及《船舶焊接检验指南》(2013)等。

具体应用中,应根据具体情况选择相应标准。如中国船级社《材料与焊接规范》(2012)中,对焊工取证焊缝外观质量评定规定如下:

①焊缝表面成形良好,焊缝边缘应平顺过渡到母材,焊缝宽度均匀。

②焊缝表面应无裂纹、未熔合、夹渣、气孔和焊瘤等缺陷。

③焊缝表面凹陷深度应不低于母材表面 0.8 mm。

④焊缝咬边深度应不大于 0.5 mm。焊缝两侧咬边累计总长度对于板试件应不超过焊缝全长的 10%;对于管试件应不超过焊缝全长的 20%。

⑤无衬垫的试件焊接后,不应有未焊透部位,但允许有深度不超过 0.1t(t 为试件厚度)且不大于 1.5 mm、累计长度不超过焊缝全长的 10% 的局部内凹。

⑥平焊位置的焊缝余高应不大于 3 mm,其他位置应不大于 4 mm;每侧焊缝宽度应不大于坡口宽度 2.5 mm。

⑦无衬垫的试件,焊后其根部焊瘤应不大于 3 mm。

(3)检验方法

检验时应先将焊缝表面的熔渣、两侧的飞溅和其他污物清除,然后用目视和焊缝量具检验,必要时借助放大镜。

4. 焊缝内部质量检验

焊缝内部质量检验,应在焊缝焊接规格与表面质量检验所发现的缺陷修补完工,并复检合格后进行。

焊缝的内部质量,可采用射线探伤、超声探伤或其他适当方法(如对焊缝表面或接近表面的内部缺陷可用渗透探伤或磁粉探伤)进行无损探伤。

射线探伤是采用照相法,焊缝经射线透照后,焊缝缺陷在照相底片上显现出各种特征,通过辨认和判别决定焊缝内部缺陷的性质、位置及大小,然后按经验船师确认的有关标准评定焊缝的质量等级。

超声探伤是由探头在焊缝两侧向焊缝发出超声波束,当遇到缺陷或焊接接头底面时,就分别产生反射波束,然后根据反射信号在荧光屏上显示的脉冲波形来判别缺陷的性质、位置及大小,按有关标准评定焊缝的质量等级。

射线探伤由于直观性比超声探伤强,又便于保存底片备查,因此是焊缝内部质量检验的主要检验方法,广泛应用于外板板缝及纵向主要构件的对接焊缝检验。超声探伤对面积性的缺陷如裂纹、未焊透等的显示比射线探伤敏感,主要用于自动焊缝和角接焊缝检验,例如舷顶列板与强力甲板边板的角接焊缝的检验。

(1)检验前的准备工作

检验员在船体分段开工建造时,应将船体焊缝无损探伤布置图交验船师。该图内容为反映船体左右舷的外板板缝的外板展开图与强力甲板板缝平面图,图中应包含大接缝和纵向主要构件的位置,如肋位号、纵骨号、纵桁编号、板列编号等均应标注完整,以利于检测人员寻找。

船体焊缝无损探伤的数量,应查阅所验船舶的焊接工艺文件,探伤位置先由检验员标注在探伤布置图上,然后交验船师审阅。

焊缝内部质量检验,必须在焊缝焊接规格与表面质量检验合格后进行。

(2)检验内容与评级标准

船体焊缝无损探伤的数量和位置,根据不同船舶的入级要求,按相应的船级社建造规范由船厂技术部门编制在有关船体焊接工艺的文件中。

有关规范与专业标准目录提供如下。

①钢质海船。

《钢质海船入级与建造规范》《船舶钢焊缝射线照相和超声波检查规则》（CB/T 3177—1994）、《船舶钢焊缝射线检测工艺和质量分级》（CB/T 3558—2011）、《船舶钢焊缝超声波检测工艺和质量分级》（CB/T 3559—2011）及《焊缝射线照相技术条件》（CB 3127—1982）等。

如《船舶钢焊缝射线检测工艺和质量分级》（CB/T 3559—2011）中规定:底片评定范围内的缺陷按性质分为裂纹、未熔合、未焊透、条形缺陷和圆形缺陷。根据底片评定范围内的缺陷存在的性质、数量和密集程度,焊缝质量等级划分为Ⅰ、Ⅱ、Ⅲ、Ⅳ、Ⅴ级。只要出现裂纹、未熔合或未焊透,即评定为Ⅴ级。当各类缺陷评定的质量级别不同时,以质量最差的级别作为焊缝质量等级。

a. 圆形缺陷的分级评定。

缺陷评定区选取:圆形缺陷评定区取一个长边和焊缝方向平行的矩形,其尺寸见表9-7。圆形缺陷评定区应选在缺陷最为严重的区域。

表9-7　缺陷评定区尺寸

母材公称厚度/mm	≤25	25~100	≥100
评定区尺寸/(mm×mm)	10×10	10×20	10×30

在圆形缺陷评定区内或与圆形缺陷评定区界线相割的缺陷应划入评定区内。

b. 缺陷换算及评定。圆形缺陷评定区内的缺陷按表9-8的规定换算为点数,按表9-9规定评定焊缝质量级别。

表9-8　圆形缺陷点数换算表

缺陷长径/mm	≤1	1~2	2~3	3~4	4~6	6~8	>8
点数	1	2	3	6	10	15	25

表9-9　各级允许的圆形缺陷点数

评定区尺寸/(mm×mm)		10×10			10×20		10×30
母材公称厚度 T/mm		≤10	10~15	15~25	25~50	50~100	>100
评定等级	Ⅰ	1	2	3	4	5	6
	Ⅱ	3	6	9	12	15	18
	Ⅲ	6	12	18	24	30	36
	Ⅳ	9	18	27	36	45	54
	Ⅴ	缺陷点数大于Ⅳ级或缺陷长径尺寸大于 $T/2$					

注:当母材公称厚度不同时,取较薄板的厚度。

当缺陷点数小于表9－10的规定时,分级评定时不计该缺陷的点数。质量等级为Ⅰ级的焊接接头和母材公称厚度 $T\leqslant5$ mm的Ⅱ级焊接接头,不计点数的缺陷在圆形缺陷评定区内不应多于10个,否则其焊缝质量等级应降低一级。

表9－10　不计点数的缺陷尺寸

母材公称厚度/mm	缺陷长径/mm
≤25	≤0.5
25～50	≤0.7
>50	≤0.014T

由于材质或结构等原因,返修可能会产生不利影响的焊缝,各级别的圆形缺陷可放宽1～2点。

对致密性要求高的焊接接头,制造方底片评定人员应考虑将圆形缺陷黑度作为评定依据,将黑度大的圆形缺陷定义为深孔缺陷,当评定区域内存在深孔缺陷时,焊缝质量评定为Ⅴ级。

c.条形缺陷的分级评定。单个条形缺陷按表9－11规定进行分级评定。

表9－11　各级焊缝允许的单个条形缺陷长度　　单位:mm

评定等级	单个缺陷的允许长度	评定等级	单个缺陷允许长度
Ⅰ	$T_a/3$,最小 b4,最大 c16	Ⅳ	5T/6,最小10,最大40
Ⅱ	T/2,最小6,最大24	Ⅴ	大于Ⅳ
Ⅲ	2T/3,最小8,最大32		

注:Ta 为被检焊缝母材厚度,两侧母材厚度不同时取较薄侧母材厚度。
　　最小 b 指 T 小于某一厚度时的允许值;如Ⅰ级焊缝,当 $T\leqslant12$ mm 时,允许单个缺陷长度为4 mm。
　　最大 c 指 T 大于某一厚度时的上限值;如Ⅰ级焊缝,当 $T\geqslant48$ mm 时,允许单个缺陷长度不应大于16 mm。

相邻条形缺陷的间距(最短的直线距离)不大于其中较长缺陷尺寸时,将各缺陷的长度及间距相加,作为单个缺陷的长度,并按表9－11规定评定。

在任意12T焊缝长度内,各级焊缝中条形缺陷的累计长度按表9－12规定评定。

表9－12　12T焊缝长度内各级焊缝允许的条形缺陷累计长度　　单位:mm

评定等级	条形缺陷累计长度	评定等级	条形缺陷累计长度
Ⅰ	≤T	Ⅳ	≤2T
Ⅱ	≤3T/2	Ⅴ	大于Ⅳ
Ⅲ	≤2T		

被检焊缝长度小于12T时,表9－12中的限值可按比例折算,当折算后的允许累计长度

小于单个缺陷的允许长度时,以单个缺陷的允许长度作为限值。

②钢质内河船

《内河钢船建造规范》(中国船级社)。

(3)检验注意事项

①对无损探伤评定的等级,由具有2级或2级以上资格证书的人员进行复评审核,然后出具报告。

②被评定为不合格的焊缝,应及时进行返修。返修工艺可按照《船体建造精度标准和偏差许可》要求进行。

③如返修后经探伤复查仍不合格,对该段焊缝中认为缺陷有可能延伸的一端或两端应延伸增加检查段,直至达到邻近合格的焊缝为止。

④当所有被检焊缝的一次合格率低于80%时,应对重要部位焊缝追加检查,其数量为总检查段数的10% ~ 20%,并应对全部焊接工艺引起注意。具体要求也可按相应标准执行。

9.3　常见的焊缝缺陷

为了预防和消除焊接缺陷,我们必须对焊缝缺陷的主要特征、产生的原因有所了解。下面介绍焊接过程中一些常见缺陷的主要特征、产生原因及其预防和消除措施。

焊缝的缺陷按其所处位置可分为两大类:外部缺陷——缺陷位于焊缝的表面;内部缺陷——缺陷位于焊缝的内部。

焊缝的外部缺陷有:焊缝尺寸不符合要求、咬边、弧坑、焊瘤、表面气孔、焊穿、表面裂纹等。焊缝的内部缺陷有:未焊透、内气孔、内裂纹、夹渣等。

9.3.1　焊缝尺寸不符合要求

焊接结构的焊缝尺寸不符合设计要求时,将影响焊接接头的质量,一般有如下特征:

①焊缝成形粗劣。

②焊缝宽度过窄、过宽或不均匀。

③焊缝增强量过高或过低。

④角接焊缝单边或下陷量过大,焊脚尺寸不合要求。

产生这些缺陷的原因很多,主要有如下几种:

①焊件坡口开得不当,或装配间隙不均匀。

②焊接电流过大或过小。

③运条速度或手势不当,以及焊条(或半自动焊手把)角度选择不当。

④在埋弧自动焊中主要是焊接工艺参数选择不当。

上列缺陷会增大焊缝内部的应力集中,降低接头的强度并损坏焊缝形状,对焊接结构的强度是不利的。针对这些缺陷的预防措施如下:

①选择正确的焊接坡口角度、尺寸和装配质量。

②选择合适的焊接电流。

③熟练掌握运条手势和速度,随时适应焊件装配间隙的变化,以保持焊缝的均匀。

④角焊时,注意保持正确的焊条角度。

⑤焊脚尺寸必须符合设计要求。

如果焊缝尺寸不符合要求,应进行焊补修复。一般用风铲或碳弧气刨进行修整后,低的加高,窄的加宽,单边的可加焊一道,太高的可适当用风铲修复。

9.3.2　咬边

咬边是电弧将焊缝边缘熔化后没有得到熔化金属的补充而留下的沟槽,如图9-3所示。咬边是一种危险的缺陷,它不但减少了母材的厚度,还在咬边处造成应力集中,承受载荷(特别是动载荷)时有可能在咬边处产生裂缝,导致焊接结构破坏。

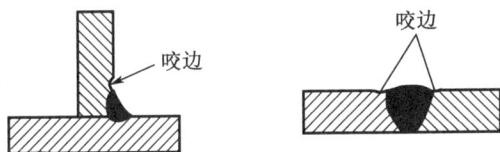

图9-3　咬边

产生咬边的原因主要是焊接电流太大以及运条方法不当,在角焊时,经常是由焊条角度不当或电弧太长造成,在埋弧自动焊时往往由焊接速度过快而引起。

防止产生咬边的措施主要有:正确选择焊接电流和运条方法,角焊时采用合适的焊条角度,并保持一定的电弧长度,埋弧自动焊时正确选择焊接工艺参数。

在焊接生产中,对咬边都有一定的限度。如在一般的结构中,咬边深度不允许超过0.5 mm;在较不重要的中厚板构件中,允许咬边深度不大于1.5 mm,长度不超过焊缝长度的10%;特别重要的结构如高压容器、管道等中,咬边是不允许存在的。对超过允许的咬边,可将咬边处清理干净,进行焊补填满,但不允许以磨光母材的办法来修正。

9.3.3　弧坑

在焊缝尾部或焊缝接头处低于基本金属表面的凹坑称为弧坑,如图9-4所示。

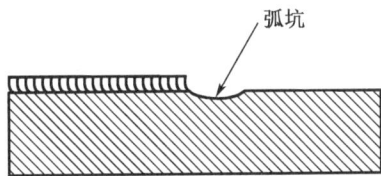

图9-4　弧坑

产生弧坑的原因是焊条收尾时未能供给足够的焊着金属而使焊缝在该处有较明显的缺陷,焊接电流较大时更易产生。

防止产生弧坑的措施是焊条可在收尾处停留一会儿。有时停留时间过长会导致熔池温度过高,造成熔池过大或产生焊瘤。此时应采用断续灭弧焊法来填满,即焊条在该处稍停留后就灭弧,待其稍冷后再引弧并填充一些熔化金属,这样往复几次便可将弧坑填满。但采用碱性焊条焊接时不宜采用断续灭弧焊法,以免产生气孔。

弧坑形成凹陷表面,其中常有气孔、夹渣或微裂纹,所以应将弧坑内的这些缺陷加以清除,然后进行焊补填满。

9.3.4　焊瘤

焊瘤是正常焊缝外多余的焊着金属。焊瘤经常产生在横焊、仰焊和立焊焊缝中,如图 9-5 所示。埋弧自动焊焊接小环缝时,也常常出现焊瘤。焊瘤影响焊缝的成形美观,而且往往在焊瘤处存在夹渣和未焊透。

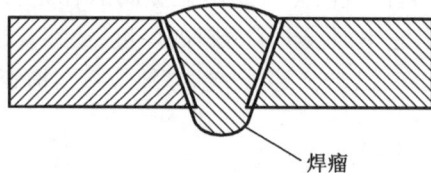

图 9-5　焊瘤

产生焊瘤的主要原因是:焊接电流太大使焊条熔化太快,电弧过长或运条方法不当,焊接速度太慢。这些因素都使熔池金属温度太高而造成下淌形成焊瘤。

防止焊瘤产生的措施,主要是应严格掌握熔池温度(不能过高),选择合适的焊接电流,压短电弧施焊,运条方法要正确等。

严重的焊瘤应采用风铲或碳弧气刨铲除,并使焊缝边缘平滑而无槽痕。

9.3.5　夹渣

夹渣是夹杂在焊缝金属内部的非金属熔渣,它是焊缝金属中最常见的缺陷之一。夹渣的存在会降低焊缝强度。某些连续状的夹渣是危险的缺陷,裂缝就往往发生在这些地方,如图 9-6 所示。

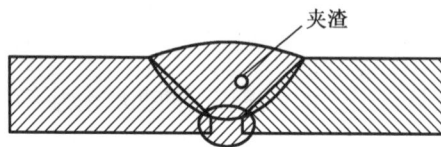

图 9-6　夹渣

产生夹渣的原因主要有:焊件边缘和坡口不清洁,运条不当和焊条角度不当,使熔化金属与熔渣混杂在一起,焊接电流或坡口角度过小,焊条的工艺性能不好,多层多道焊时每层熔渣清理不干净。另外,第一层焊缝的形状不好或焊缝冷却太快也会使熔渣来不及排出而造成夹渣。

避免产生夹渣的主要措施有:采用工艺性能好的焊条,正确选用焊接电流;焊接坡口角度不能太小,多层多道焊必须层层彻底清除熔渣,在操作过程中注意熔渣流动性的方向。

要分清熔化金属和熔渣,根据熔池的情况正确运条,特别是在使用酸性焊条焊接时,必须使熔渣在熔池的后面,若熔渣流到熔池的前面,就很容易产生夹渣。另外,碱性焊条在立焊或仰焊时,除了正确选用焊接电流外,还应采用短弧焊接,运条要均匀,以免产生焊瘤,因为焊瘤处往往会出现夹渣。

如果焊缝内的夹渣数量超过允许限度,就应采用碳弧气刨将焊缝内的夹渣彻底清除干净,然后焊补修复。

9.3.6　未焊透

未焊透是焊缝不透彻,未焊透根据产生的部位不同,可分为根部未焊透、层间未焊透和边缘未焊透等,如图9-7所示。

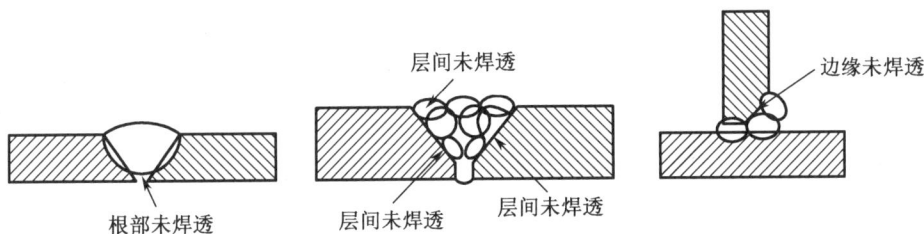

图9-7　各种接头的未焊透

未焊透会使焊缝的强度严重降低,容易引起裂缝,使结构破坏。它是不允许存在的缺陷,必须消除后重新焊补。

产生未焊透的原因是:焊件边缘和坡口不清洁,电流过小或焊接速度太快,坡口角度太小,钝边太高和间隙太小,焊条直径过大未能将焊条伸进根部或焊条角度运条方法不当,双面焊时背面挑焊根不彻底亦能造成未焊透。

防止产生未焊透的措施是:焊件边缘和坡口焊前应彻底清理干净,正确选择焊接电流和焊接速度,正确选用坡口形式、角度和间隙,选择合适的焊条直径,同时要认真操作。焊缝产生未焊透,应采用风铲或碳弧气刨将它彻底清除干净,然后开合适的焊接坡口进行焊补修复。

9.3.7　气孔

气孔是熔池中的气体来不及逸出而停留在焊缝中产生的孔眼,如图9-8所示。气孔也是焊缝中常见的一种缺陷。气孔根据产生的部位可分为表面气孔和内部气孔,根据分布情况又可分为单个气孔、密集气孔和链状气孔。由于产生的原因不同,气孔的形状也不同,有球形、椭圆形等,大小也不同,小至用显微镜方能看清楚,大至几毫米。

气孔的存在对焊缝强度影响很大,它使焊缝有效工作截面减小,降低了焊缝的力学性能,特别对弯曲和冲击韧性影响较大,同时也破坏焊缝的致密性。严重的气孔还会导致焊接结构破坏。因此,必须认真分析气孔产生的原因,并防止气孔的产生。

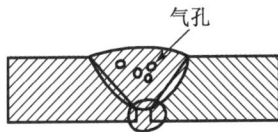

图9-8　气孔

产生气孔的主要原因如下:
①使用受潮,药皮变质、脱落或焊芯锈蚀的焊条焊接。
②埋弧焊时,焊丝严重油锈或焊剂受潮未按规定要求烘焙。
③焊件坡口和坡口两侧焊前未将油锈、油漆、水、气割残渣等污物清理干净。
④焊接时采用过大的电流造成焊条发红而保护失效。
⑤由于焊条药皮偏芯或磁偏吹造成电弧强烈的不稳定。

⑥埋弧焊时,电弧电压过高或网络电压波动太大。

⑦手工立焊、仰焊时,运条手势不熟练,引弧与操作不当。

防止焊缝产生气孔的主要措施如下:

①焊条或焊剂必须按规定的烘焙温度进行焊前烘焙,干燥后才能使用。

②已经变质的焊条(如药皮脱落和焊芯锈蚀等)不能使用。已经生锈的焊丝必须在除锈或重新冷拔除锈后才能使用。

③焊前应将焊件坡口以及坡口两侧的水、油、锈、油漆、气割残渣等污物彻底清除干净。

④正确选择焊接电流,认真操作。使用碱性焊条时要用划擦引弧和短弧操作。若发生磁偏吹,要立即转动焊条角度纠正。对偏芯过大的焊条应禁止使用。

⑤在保证不焊穿的前提下,适当加大焊接电流,降低焊接速度,以延长熔池停留时间,有利于气体逸出焊缝。

9.3.8 裂纹

裂纹是指存在于焊缝或基本金属(母材)上的缝隙,它是焊缝中最危险的缺陷,大部分焊接结构的破坏,都是由裂纹造成的,因此裂纹在焊缝任何部位都不允许存在。

裂纹按其产生的部位可分为纵向裂纹、横向裂纹、熔合线裂纹、根部裂纹、弧坑裂纹和热影响区裂纹等,如图9-9所示;裂缝按其产生温度又可分为热裂纹和冷裂纹两大类。

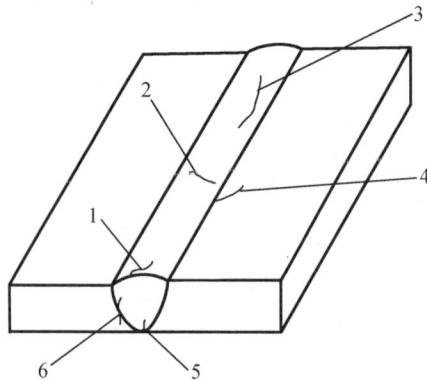

1—弧坑裂纹;2—横向裂纹;3—纵向裂纹;4—热影响区裂纹;5—根部裂纹;6—熔合线裂纹。

图9-9 裂纹

裂纹产生的原因不仅与焊接时的冶金因素有关,也与焊件的化学成分,以及它们的可焊性有关。如焊件含碳量或碳当量较高,以及使用含硫、磷量很高的焊接材料时,如不采取一定的工艺措施,就很可能产生焊接裂纹。

裂纹的产生也常与结构在焊后产生的应力和变形有关:

①焊接结构设计得不合理,使焊缝过于集中。

②焊接结构的刚性过强,焊接时的收缩应力超过了焊缝金属的强度极限。

③焊接程序不恰当而造成强大的焊接应力。

裂纹的产生还与焊接的预热规范有关,这对焊接一些可焊性较差的合金钢结构尤为重要。

防止产生裂纹的主要措施如下:

①根据焊件的化学成分正确选用焊接材料。

②根据焊件的可焊性和气温的不同,正确选用焊接预热规范,焊后保温缓冷和焊后热处理。

③正确选择焊接程序。

④设计焊接结构时,要选择合理的结构形式,尽量避免焊缝过于集中。

经过检验,如果发现裂纹,应彻底清除,方法是用风铲或碳弧气刨将裂纹彻底消除,然后加以焊补。

思考题

1. 船舶建造质量检验有什么目的?

2. 船舶检验有哪些机构? 中国船检机构有哪些?

3. 什么是法定检验? 什么是入级检验? 什么是公正检验?

4. 焊接质量与哪些因素有关?

5. 焊接检验分为几个阶段?

6. 常见的焊接缺陷有哪些?

7. 焊接缺陷检验方法有几种?

参 考 文 献

[1] 崔忠圻,覃耀春.金属学与热处理[M].2版.北京:机械工业出版社,2011.

[2] 丁建生.金属学与热处理[M].北京:机械工业出版社,2004.

[3] 石德珂.材料科学基础[M].2版.北京:机械工业出版社,2003.

[4] 朱张校.工程材料[M].3版.北京:清华大学出版社,2001.

[5] 周凤云.工程材料及应用[M].2版.武汉:华中科技大学出版社,2002.

[6] 束德林.金属力学性能[M].2版.北京:机械工业出版社,1999.

[7] 曾平.船舶材料与焊接工艺[M].哈尔滨:哈尔滨工程大学出版社,2006.